GS그룹

온라인 인적성검사

시대에듀

2025 최신판 시대에듀 GS그룹 온라인 인적성검사 최신기출유형 + 모의고사 4회

Always **with you**

사람의 인연은 길에서 우연하게 만나거나 함께 살아가는 것만을 의미하지는 않습니다.
책을 펴내는 출판사와 그 책을 읽는 독자의 만남도 소중한 인연입니다.
시대에듀는 항상 독자의 마음을 헤아리기 위해 노력하고 있습니다. 늘 독자와 함께하겠습니다.

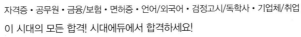

머리말 PREFACE

GS그룹은 2005년 3월 31일, 'CI 및 경영이념 선포식'을 열어 그룹 출범을 선언하며 에너지 · 유통 · 서비스 분야의 선도기업이 될 것이라고 밝혔다. 이처럼 GS그룹은 '고객과 함께 내일을 꿈꾸며 새로운 삶의 가치를 창조한다.'는 경영이념과 고객만족, 생활가치 향상, 보감, 존경과 배려, 열정과 활력 등의 임직원 공유가치를 기반으로 최고의 가치를 지닌 기업(Value No.1 GS)을 만들어가고 있다.

이에 따라 GS그룹은 채용절차에서 지원자들이 업무에 필요한 역량을 갖추고 있는지를 평가하기 위해 인적성검사를 실시하여 맞춤인재를 선발하고 있다. 인적성검사는 계열사별로 상이하지만 보편적으로 인성검사와 적성검사로 구성되어 있으며, 일부 계열사에서는 인재상과의 적합성 여부를 검증하기 위한 인성검사만을 실시하고 있다. 실제 GS그룹의 인적성검사는 미리 문제 유형을 익혀 대비하지 않으면 자칫 시간이 부족해 문제를 다 풀지 못하고 나올 수 있다.

이에 시대에듀에서는 수험생들이 GS그룹 입사를 준비하는 데 부족함이 없도록 다음과 같은 특징을 가진 본서를 출간하게 되었다.

도서의 특징

1. 3개년(2024～2022년) 주요기업 기출복원문제를 수록하여 다른 기업의 기출유형을 접해 보고 최근 출제경향을 파악하며 시험의 변화에 대비할 수 있도록 하였다.
2. 영역별 대표기출유형과 기출응용문제를 수록하여 단계별로 학습이 가능하도록 하였다.
3. 한국사 영역을 별도로 구성하여 시험에 완벽하게 대비할 수 있도록 하였다.
4. 최종점검 모의고사 2회분과 도서 동형 온라인 실전연습 서비스를 제공하여 실전과 같은 연습이 가능하도록 하였다.
5. 인성검사부터 면접까지 채용 관련 내용을 꼼꼼하게 다루어 본서 한 권으로 마지막 관문까지 무사히 통과할 수 있도록 구성하였다.

끝으로 본서를 통해 GS그룹 입사를 준비하는 여러분 모두에게 합격의 기쁨이 있기를 진심으로 기원한다.

SDC(Sidae Data Center) 씀

GS그룹 이야기 INTRODUCE

◇ 핵심 경영가치

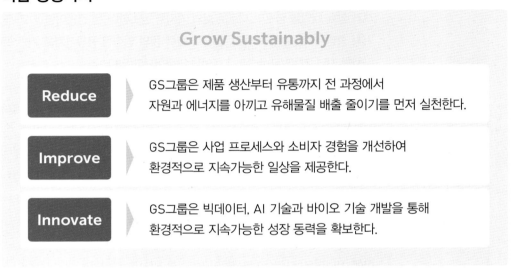

Grow Sustainably

Reduce	GS그룹은 제품 생산부터 유통까지 전 과정에서 자원과 에너지를 아끼고 유해물질 배출 줄이기를 먼저 실천한다.
Improve	GS그룹은 사업 프로세스와 소비자 경험을 개선하여 환경적으로 지속가능한 일상을 제공한다.
Innovate	GS그룹은 빅데이터, AI 기술과 바이오 기술 개발을 통해 환경적으로 지속가능한 성장 동력을 확보한다.

◇ 인재상

GSC Way 실천을 통해 비전을 달성하기 위해 도전하는 사람들

신뢰	역할에 대한 이해, 원칙준수, 책임감
유연	다양성 존중, 상호협력, 창의성
도전	도전적인 목표설정, 지속적 변화추구, 끈기 있는 도전
탁월	최고에 대한 열정, 역량발휘, 성과추구

※ 인재상은 GS칼텍스 기준입니다.

◇ 공유가치

GS그룹은 고객과 함께 내일을 꿈꾸며 새로운 삶의 가치를 창조한다

1

고객만족

GS가 추구하는 제1의 가치이며, GS의 궁극적인 사명이자 존재 이유이다.

2

존경과 배려

이해관계자 모두에 대한 배려와 상호존중의 정신으로 서로의 발전에 도움이 되는 관계를 구축한다. 투명 경영을 실천하고 사회공동체의 발전에 기여해 신뢰와 사랑을 받는 기업시민이 된다.

3

생활가치 향상

고객의 생활에 편리함(Convenience), 편안함(Comfort), 즐거움(Fun)을 더할 수 있는 상품과 서비스를 제공하는 생활가치 향상의 리더가 된다.

4

열정과 활력

창조적 사고, 꿈에 대한 도전, 탁월한 성과를 추구하는 열정과 활력이 넘치는 역동적인 조직문화를 조성한다.

5

보람

스스로 만족하고 자부심이 있는 구성원만이 진심 어린 서비스로 고객을 감동시킬 수 있다. 구성원들이 즐겁게 일하고, 일을 통해 자신과 회사의 꿈을 실현할 수 있는 기회와 환경을 제공한다.

2024년 상반기 기출분석 ANALYSIS

총평

2024년 상반기 GS그룹 온라인 적성검사는 2023년 하반기 적성검사와 비슷하게 출제되었다. 영역은 지난 시험과 동일하게 언어비평, 수리비평, 한국사로 진행되었으며 전반적으로 어렵거나 난해하지 않은 수준으로 출제되었다. 언어비평의 경우, 낯선 개념을 다루는 지문 앞에서도 당황하지 않기 위해서 최대한 많은 유형의 문제를 접해 보는 것이 도움이 될 것이다. 또한 온라인으로 시행되기에 손으로 풀어볼 수 없는 수리비평의 자료해석 문제는 필기 없이 풀어보는 연습이 필요하며, 주어진 시간이 길지 않은 만큼 시간 내에 빠르고 정확하게 풀이하는 것이 중요하다.

◇ 영역별 출제비중

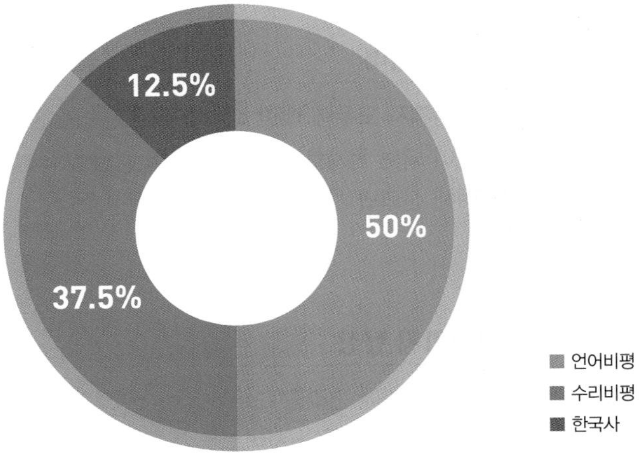

◇ 영역별 출제특징

구분	영역	출제특징	
적성검사	언어비평	명제	• 삼단논법을 이용하여 주어진 명제를 읽고 참, 거짓, 알 수 없음 중에 고르는 문제
		언어논리	• 글을 읽고 참, 거짓, 알 수 없음 중에 고르는 문제
	수리비평	자료해석	• 주어진 자료를 보고 해석하거나 추론하는 문제
		자료변환	• 주어진 자료를 다른 형태의 자료로 변환하는 문제
	한국사	• 각 시기의 지배세력을 등장 순서나 주어진 나라의 건국 순서에 따라 나열하는 문제 • 원시시대와 고조선, 삼국, 고려, 조선, 근현대사에 대한 기본 상식을 묻는 문제	

온라인 시험 Tip TEST TIP

◇ 필수 준비물

❶ 타인과 접촉이 없으며 원활한 네트워크 환경이 조성된 응시 장소
❷ 권장 사양에 적합한 PC, 스마트폰 및 주변기기(웹캠, 마이크, 스피커, 키보드, 마우스)
❸ 신분증(주민등록증, 주민등록 발급 확인서, 운전면허증, 여권, 외국인거소증 중 택 1)

◇ 유의사항

❶ 같은 계열사라도 직군에 따라 문제 유형이나 시험 방식에 차이가 있을 수 있다.
❷ 노트북 웹캠과 스마트폰으로 시험 감독이 진행되므로 행동에 유의한다.
❸ 실제 시험시간 이외에도 별도의 점검 시간이 소요되므로 시간 관리에 유의한다.

◇ 시험 진행

영역	문항 수	응시시간
언어비평	40문항	20분
수리비평	30문항	25분
한국사	10문항	10분

※ 2022년 하반기 GS칼텍스 기준입니다.

❖ 시험 내용은 채용유형, 채용직무, 채용시기 등에 따라 변동될 수 있으므로 반드시 발표되는 채용공고를 확인하기 바랍니다.

삼성

2024년 적중

수리 ▶ 자료추론

04 S유통에서 근무하는 W사원은 A, B작업장에서 발생하는 작업 환경의 유해 요인을 조사한 후 다음과 같이 정리하였다. 이에 대한 〈보기〉의 설명 중 옳은 것을 모두 고르면?

〈A, B작업장의 작업 환경 유해 요인〉

구분	작업 환경 유해 요인	사례 수		
		A작업장	B작업장	합계
1	소음	3	1	4
2	분진	1	2	3
3	진동	3	0	3
4	바이러스	0	5	5
5	부자연스러운 자세	5	3	8
합계		12	11	23

2024년 적중

추리 ▶ 명제

02

전제1. 로맨스를 좋아하면 액션을 싫어한다.
전제2. ________________
결론. 로맨스를 좋아하면 코미디를 좋아한다.

① 액션을 싫어하면 코미디를 싫어한다.
② 액션을 싫어하면 코미디를 좋아한다.
③ 코미디를 좋아하면 로맨스를 싫어한다.
④ 코미디를 좋아하면 액션을 좋아한다.
⑤ 액션을 좋아하면 코미디를 좋아한다.

2024년 적중

추리 ▶ 진실게임

Hard
04 S그룹에서 근무하는 A ~ E사원 중 한 명은 이번 주 금요일에 열리는 세미나에 참석해야 한다. 다음 A ~ E사원의 대화에서 2명이 거짓말을 하고 있다고 할 때, 다음 중 이번 주 금요일 세미나에 참석하는 사람은?(단, 거짓을 말하는 사람은 거짓만을 말한다)

A사원 : 나는 금요일 세미나에 참석하지 않아.
B사원 : 나는 금요일에 중요한 미팅이 있어. D사원이 세미나에 참석할 예정이야.
C사원 : 나와 D는 금요일에 부서 회의에 참석해야 하므로 세미나는 참석할 수 없어.
D사원 : C와 E 중 한 명이 참석할 예정이야.
E사원 : 나는 목요일부터 금요일까지 휴가라 참석할 수 없어. 그리고 C의 말은 모두 사실이야.

① A사원
② B사원
③ C사원
④ D사원
⑤ E사원

SK

언어이해 ▶ 비판적 독해

2024년 적중

16 다음 글의 주장에 대한 반박으로 가장 적절한 것은?

우리는 우리가 생각한 것을 말로 나타낸다. 또 다른 사람의 말을 듣고, 그 사람이 무슨 생각을 가지고 있는가를 짐작한다. 그러므로 생각과 말은 서로 떨어질 수 없는 깊은 관계를 가지고 있다.
그러면 말과 생각이 얼마만큼 깊은 관계를 가지고 있을까? 이 문제를 놓고 사람들은 오랫동안 여러 가지 생각을 하였다. 그 가운데 가장 두드러진 것이 두 가지 있다. 그 하나는 말과 생각이 서로 꼭 달라붙은 쌍둥이인데 한 놈은 생각이 되어 속에 감추어져 있고 다른 한 놈은 말이 되어 사람 귀에 들리는 것이라는 생각이다. 다른 하나는 생각이 큰 그릇이고 말은 생각 속에 들어가는 작은 그릇이어서 생각에는 말 이외에도 다른 것이 더 있다는 생각이다.
이 두 가지 생각 가운데서 앞의 것은 조금만 깊이 생각해 보면 틀렸다는 것을 즉시 깨달을 수 있다. 우리가 생각한 것은 거의 대부분 말로 나타낼 수 있지만, 누구든지 가슴 속에 응어리진 어떤 생각이 분명히 있기는 한데 그것을 어떻게 말로 표현해야 할지 애태운 경험을 가지고 있을 것이다. 이것 한 가지만 보더라도 말과 생각이 서로 안팎을 이루는 쌍둥이가 아님은 쉽게 판명된다.
인간의 생각이라는 것은 매우 넓고 큰 것이며, 말이란 결국 생각의 일부분을 주워 담는 작은 그릇에 지나지 않는다. 그러나 아무리 인간의 생각이 말보다 범위가 넓고 큰 것이라고 하여도 그것을 가능한 한 말로 바꾸어 놓지 않으면 그 생각의 위대함이나 오묘함이 다른 사람에게 전달되지 않기 때문에 생각이 형님이요, 말이 동생이라고 할지라도 생각은 동생의 신세를 지지 않을 수가 없게 되어

창의수리 ▶ 일률

2024년 적중

02 톱니가 각각 24개, 60개인 두 톱니바퀴 A, B가 서로 맞물려 회전하고 있다. 이 두 톱니바퀴가 한 번 맞물린 후 같은 톱니에서 처음으로 다시 맞물리려면 톱니바퀴 A는 최소한 몇 바퀴 회전해야 하는가?

① 2바퀴
② 3바퀴
③ 5바퀴
④ 6바퀴
⑤ 8바퀴

언어추리 ▶ 명제

2024년 적중

03

- 술을 많이 마시면 간에 무리가 간다.
- ______________________
- 스트레스를 많이 받으면 술을 많이 마신다.

그러므로 운동을 꾸준히 하지 않으면 간에 무리가 간다.

① 운동을 꾸준히 하지 않아도 술을 끊을 수 있다.
② 간이 건강하다면 술을 마실 수 있다.
③ 술을 마시지 않는다는 것은 스트레스를 주지 않는다는 것이다.
④ 스트레스를 많이 받지 않는다는 것은 운동을 꾸준히 했다는 것이다.
⑤ 운동을 꾸준히 한다고 해도 스트레스를 많이 받지 않는다는 것은 아니다.

KT

언어 ▶ 주제 · 제목 찾기

2024년 적중

02 다음 글의 핵심 내용으로 가장 적절한 것은?

> 영양분이 과도하게 많은 물에서는 오히려 물고기의 생존이 어렵다. 농업용 비료나 하수 등에서 배출되는 질소와 인 등으로 영양분이 많아진 하천의 수온이 상승하면 식물성 플랑크톤이 대량으로 증식하게 된다. 녹색을 띠는 플랑크톤이 수면을 뒤덮으면 물속으로 햇빛이 닿지 못하고 결국 물속의 산소가 고갈되어 물고기는 숨을 쉬기 어려워진다. 즉, 물속의 과도한 영양분이 오히려 물고기의 생존을 위협하는 것이다.
> 이처럼 부영양화 된 물에서의 플랑크톤 증식으로 인한 녹조 현상은 경제발전과 각종 오염물질 배출량의 증가로 인해 심각한 사회문제가 되고 있다. 녹조는 냄새를 유발하는 물질과 함께 독소를 생성하여 수돗물의 수질을 저하시킨다. 특히 독성물질을 배출하는 녹조를 유해 녹조로 지정하여 관리하고 있는 현실을 고려하면 이제 녹조는 생태계뿐만 아니라 먹는 물의 안전까지도 위협한다.
> 하천의 생태계를 보호하고 우리가 먹는 물을 보호하기 위해서는 녹조의 발생 원인을 사전에 제거해야 한다. 이를 위해서는 무엇보다 생활 속에서의 작은 실천이 중요하다. 질소나 인이 첨가되지 않은 세제를 사용하고, 농가에서는 화학 비료 사용을 최소화하며 하천에 오염된 물이 흘러 들어가지 않도

언어 · 수추리 ▶ 수추리

2024년 적중

16

96	24	6	6	3	( )

① 1　　② 2
③ 3　　④ 4
⑤ 5

수리 ▶ 자료해석

2024년 적중

09 다음은 동북아시아 3개국 수도의 30년간 인구변화를 나타낸 자료이다. 자료에 대한 설명으로 옳지 않은 것은?

〈동북아시아 3개국 수도 인구수〉

(단위 : 천 명)

구분	1990년	2000년	2010년	2020년
서울	9,725	10,342	10,011	9,860
베이징	6,017	8,305	12,813	20,384
도쿄	30,304	33,587	35,622	38,001

① 2010년을 기점으로 인구수가 2번째로 많은 도시가 바뀐다.
② 세 도시 중 해당 기간 동안 인구가 감소한 도시가 있다.
③ 베이징은 해당 기간 동안 언제나 세 도시 중 가장 높은 인구 증가율을 보인다.
④ 연도별 인구가 최소인 도시의 인구수 대비 인구가 최대인 도시의 인구수의 비는 계속 감소한다.
⑤ 해당 기간 동안 인구가 최대인 도시와 인구가 최소인 도시의 인구의 차는 계속적으로 증가한다.

포스코

언어이해 ▶ 나열하기

09 다음 문단을 논리적 순서대로 바르게 나열한 것은?

(가) 다만 각자에게 느껴지는 감각질이 뒤집혀 있을 뿐이고 경험을 할 때 겉으로 드러난 행동과 하는 말은 똑같다. 예컨대 그 사람은 신호등이 있는 건널목에서 똑같이 초록 불일 때 건너고 빨간 불일 때는 멈추며, 초록 불을 보고 똑같이 "초록 불이네."라고 말한다. 그러나 그는 자신의 감각질이 뒤집혀 있는지 전혀 모른다. 감각질은 순전히 사적이며 다른 사람의 감각질과 같은지를 확인할 수 있는 방법이 없기 때문이다.

(나) 그래서 어떤 입력이 들어올 때 어떤 출력을 내보낸다는 기능적·인과적 역할로써 정신을 정의하는 기능론이 각광을 받게 되었다. 기능론에서는 정신이 물질에 의해 구현되므로 그 둘이 별개의 것은 아니라고 주장한다는 점에서 이원론과 다르면서도, 정신의 인과적 역할이 뇌의 신경세포에서든 로봇의 실리콘 칩에서든 어떤 물질에서도 구현될 수 있음을 보여 준다는 점에서

자료해석 ▶ 자료추론

03 다음은 4개 고등학교의 대학진학 희망자의 학과별 비율과 그 중 희망대로 진학한 학생의 비율을 나타낸 자료이다. 이에 대해 바르게 추론한 사람을 모두 고르면?

〈A ~ D고 진학 통계〉

고등학교		국문학과	경제학과	법학과	기타	진학 희망자 수
A	진학 희망자 비율	60%	10%	20%	10%	700명
	실제 진학 비율	20%	10%	30%	40%	
B	진학 희망자 비율	50%	20%	40%	20%	500명
	실제 진학 비율	10%	30%	30%	30%	
C	진학 희망자 비율	20%	50%	40%	60%	300명
	실제 진학 비율	35%	40%	15%	10%	

추리 ▶ 버튼도식

※ 다음 규칙을 바탕으로 〈보기〉에 제시된 도형을 변환하려 한다. 도형을 보고 이어지는 질문에 답하시오. [5~6]

작동 버튼	기능
◨	모든 칸의 색을 바꾼다(흰색 ↔ 회색).
▲	홀수가 적힌 곳의 색을 바꾼다(흰색 ↔ 회색).
▽	모든 숫자를 1씩 뺀다(단, 1의 경우 4로 바꾼다).
○	도형을 180° 회전한다.

Easy

05 〈보기〉의 왼쪽 도형에서 버튼을 눌렀더니 오른쪽 도형으로 변형되었다. 다음 중 작동 버튼의 순서를 바르게 나열한 것은?

보기

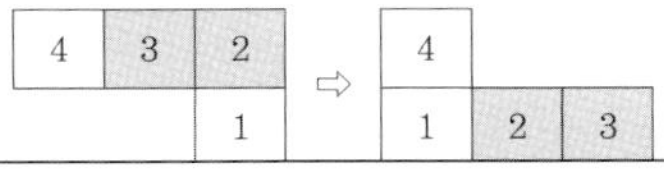

도서 200% 활용하기 STRUCTURES

1 3개년 주요기업 기출복원문제로 출제경향 파악

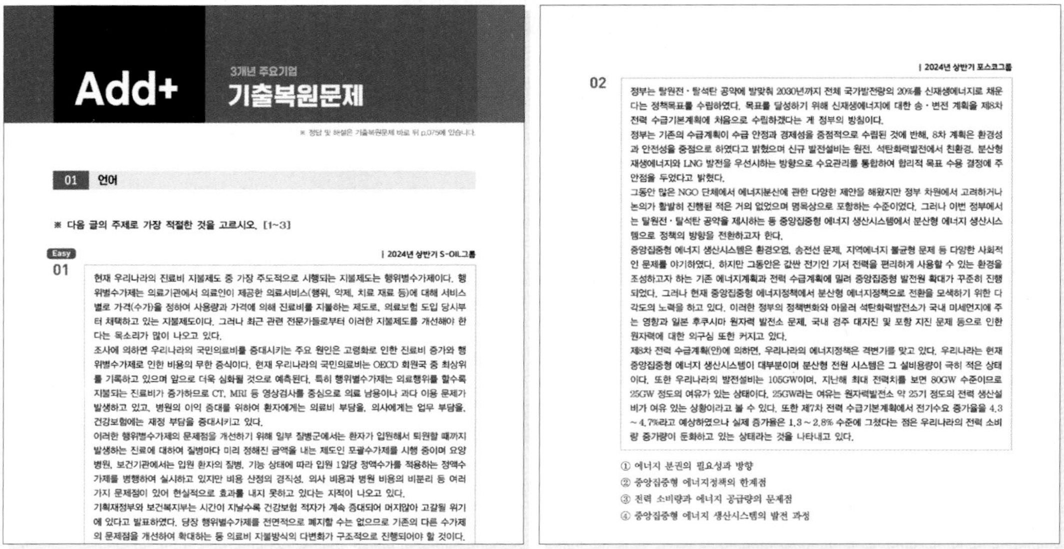

▶ 3개년(2024～2022년) 주요기업 기출복원문제를 영역별로 수록하여 최근 출제경향에 대비할 수 있도록 하였다.

2 이론점검, 대표기출유형, 기출응용문제로 영역별 단계적 학습

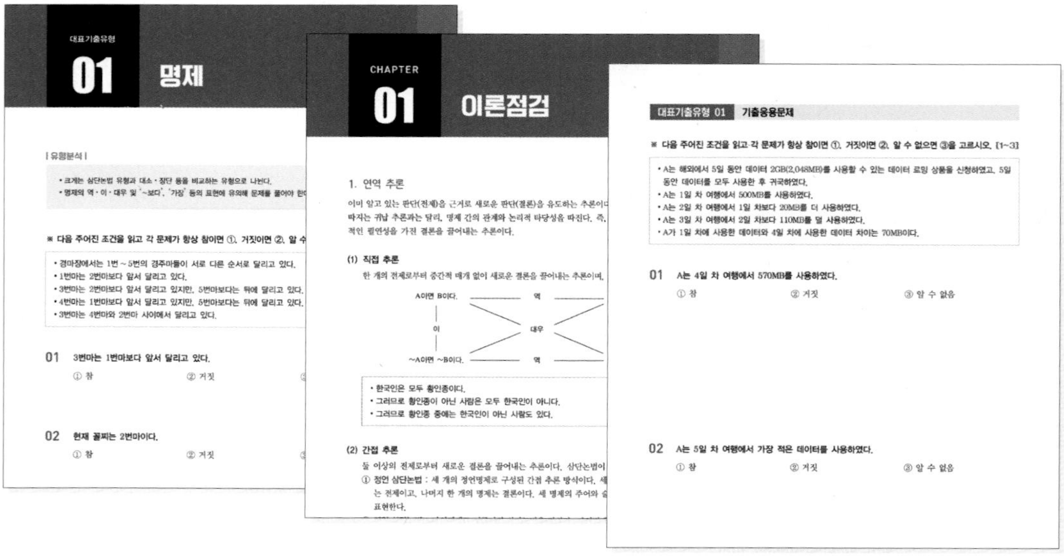

▶ 출제되는 영역에 대한 이론점검, 대표기출유형과 기출응용문제를 수록하였다.

▶ 최근 출제되는 유형을 체계적으로 학습하고 점검할 수 있도록 하였다.

3 최종점검 모의고사 + 도서 동형 온라인 실전연습 서비스로 반복 학습

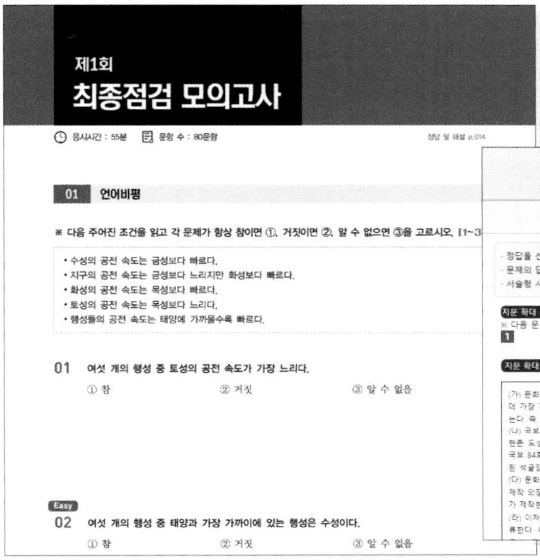

제1회
최종점검 모의고사

응시시간 : 55분 문항 수 : 80문항 정답 및 해설 p.014

01 언어비평

※ 다음 주어진 조건을 읽고 각 문제가 항상 참이면 ①, 거짓이면 ②, 알 수 없으면 ③을 고르시오. [1~3]

- 수성의 공전 속도는 금성보다 빠르다.
- 지구의 공전 속도는 금성보다 느리지만 화성보다 빠르다.
- 화성의 공전 속도는 목성보다 빠르다.
- 토성의 공전 속도는 목성보다 느리다.
- 행성들의 공전 속도는 태양에 가까울수록 빠르다.

01 여섯 개의 행성 중 토성의 공전 속도가 가장 느리다.
① 참 ② 거짓 ③ 알 수 없음

Easy
02 여섯 개의 행성 중 태양과 가장 가까이에 있는 행성은 수성이다.
① 참 ② 거짓 ③ 알 수 없음

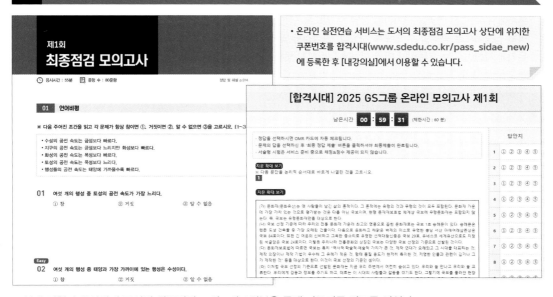

- 온라인 실전연습 서비스는 도서의 최종점검 모의고사 상단에 위치한 쿠폰번호를 합격시대(www.sdedu.co.kr/pass_sidae_new)에 등록한 후 [내강의실]에서 이용할 수 있습니다.

[합격시대] 2025 GS그룹 온라인 모의고사 제1회

남은시간 00 : 59 : 31 (제한시간 : 60 분)

- 정답을 선택하시면 OMR 카드에 자동 체크됩니다.
- 문제의 답을 선택하신 후 '최종 정답 제출' 버튼을 클릭하셔야 최종제출이 완료됩니다.
- 서술형 시험은 서비스 준비 중으로 채점&점수 제공이 되지 않습니다.

지문 확대 보기
※ 다음 문단을 논리적 순서대로 바르게 나열한 것을 고르시오.
1

지문 확대 보기

(가) 문화재(문화유산)는 옛 사람들이 남긴 삶의 흔적이다. 그 흔적에는 유형의 것과 무형의 것이 모두 포함된다. 문화재 가운데 가장 가치 있는 것으로 평가받는 것은 다름 아닌 국보이며, 현행 문재재보호법 체계상 국보에 무형문화재는 포함되지 않는다. 즉, 국보는 유형문화재만을 대상으로 한다.
(나) 국보 선정 기준에 따라 우리의 전통 문화재 가운데 최고의 명품으로 꼽힌 문화재로는 국보 1호 숭례문이 있다. 숭례문은 현존 도성 건축물 중 가장 오래된 건물이다. 다음으로 온화하고 해맑은 백제의 미소로 유명한 충남 서산 마애여래삼존상은 국보 84호이다. 또한 긴 여운의 신비하고 그윽한 종소리로 유명한 선덕대왕신종은 국보 29호, 유네스코 세계유산으로도 지정된 석굴암은 국보 24호이다. 이렇듯 우리나라 전통문화의 상징인 국보는 다양한 국보 선정의 기준으로 선발된 것이다.
(다) 문화재보호법에 따르면 국보는 특히 "역사적·학술적·예술적 가치가 큰 것, 제작 연대가 오래되고 그 시대를 대표하는 것, 제작 의장이나 제작 기법이 우수해 그 유례가 적은 것, 형태 품질 용도가 현저히 특이한 것, 저명한 인물과 관련이 깊거나 그가 제작한 것" 등을 대상으로 한다. 이것이 국보 선정의 기준인 셈이다.
(라) 이처럼 국보 선정의 기준으로 선발된 문화재는 지금 우리 주변에서 여전히 숨쉬고 있다. 우리와 늘 만나고 우리와 늘 교류한다. 우리에게 감동과 정보를 주기도 하고, 때로는 이 시대의 사람들과 갈등을 겪기도 한다. 그렇기에 국보를 둘러싼 현장

답안지
1 ① ② ③ ④ ⑤
2 ① ② ③ ④ ⑤
3 ① ② ③ ④ ⑤
4 ① ② ③ ④ ⑤
5 ① ② ③ ④ ⑤
6 ① ② ③ ④ ⑤
7 ① ② ③ ④ ⑤
8 ① ② ③ ④ ⑤

▸ 실제 시험과 유사하게 구성된 최종점검 모의고사 2회분을 통해 마무리를 하도록 하였다.
▸ 이와 동일하게 구성된 온라인 실전연습 서비스로 실제 시험처럼 연습하도록 하였다.

4 인성검사부터 면접까지 한 권으로 최종 마무리

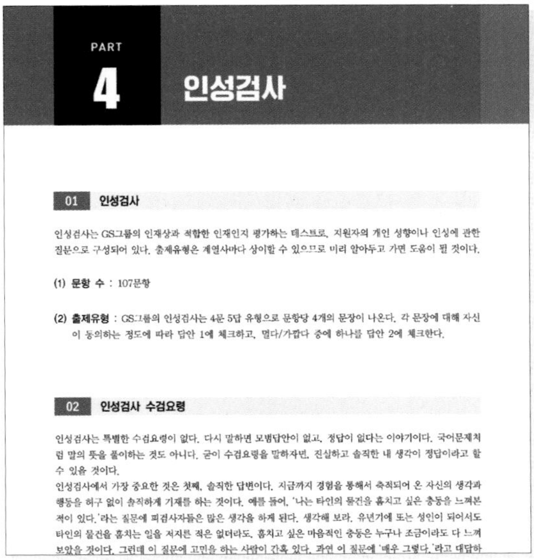

PART 4 인성검사

01 인성검사

인성검사는 GS그룹의 인재상과 적합한 인재인지 평가하는 테스트로, 지원자의 개인 성향이나 인성에 관한 질문으로 구성되어 있다. 출제유형은 계열사마다 상이할 수 있으므로 미리 알아두고 가면 도움이 될 것이다.

(1) 문항 수 : 107문항

(2) 출제유형 : GS그룹의 인성검사는 4문 5답 유형으로 문항당 4개의 문장이 나온다. 각 문장에 대해 자신이 동의하는 정도에 따라 답안 1에 체크하고, 멀다/가깝다 중에 하나를 답안 2에 체크한다.

02 인성검사 수검요령

인성검사는 특별한 수검요령이 없다. 다시 말하면 모범답안이 없고, 정답이 없다는 이야기이다. 국어문제처럼 말의 뜻을 풀이하는 것도 아니다. 굳이 수검요령을 말하자면, 진실하고 솔직한 내 생각이 정답이라고 할 수 있을 것이다.
인성검사에서 가장 중요한 것은 첫째, 솔직한 답변이다. 지금까지 경험을 통해서 축적되어 온 자신의 생각과 행동을 허구 없이 솔직하게 기재를 하는 것이다. 예를 들어, '나는 타인의 물건을 훔치고 싶은 충동을 느껴본 적이 있다.'라는 질문에 피검사자들은 많은 생각을 하게 된다. 생각해 보라. 유년기에 또는 성인이 되어서도 타인의 물건을 훔치는 일을 저지른 적은 없더라도, 훔치고 싶은 마음적인 충동은 누구나 조금이라도 다 느껴 보았을 것이다. 그런데 이 질문에 고민을 하는 사람이 간혹 있다. 과연 이 질문에 '매우 그렇다.'라고 대답하

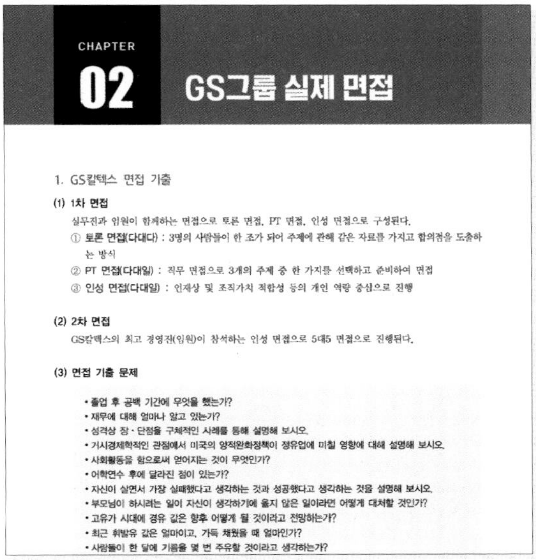

CHAPTER 02 GS그룹 실제 면접

1. GS칼텍스 면접 기출

(1) 1차 면접
실무진과 임원이 함께하는 면접으로 토론 면접, PT 면접, 인성 면접으로 구성된다.
① 토론 면접(다대다) : 3명의 사람들이 한 조가 되어 주제에 관해 같은 자료를 가지고 합의점을 도출하는 방식
② PT 면접(다대일) : 직무 면접으로 3개의 주제 중 한 가지를 선택하고 준비하여 면접
③ 인성 면접(다대일) : 인재상 및 조직가치 적합성 등의 개인 역량 중심으로 진행

(2) 2차 면접
GS칼텍스의 최고 경영진(임원)이 참석하는 인성 면접으로 5대5 면접으로 진행된다.

(3) 면접 기출 문제
- 졸업 후 공백 기간에 무엇을 했는가?
- 재무에 대해 얼마나 알고 있는가?
- 성격상 장·단점을 구체적인 사례를 통해 설명해 보시오.
- 거시경제학적인 관점에서 미국의 양적완화정책이 정유업에 미칠 영향에 대해 설명해 보시오.
- 사회활동을 함으로써 얻어지는 것이 무엇인가?
- 어학연수 후에 달라진 점이 있는가?
- 자신이 살면서 가장 실패했다고 생각하는 것과 성공했다고 생각하는 것을 설명해 보시오.
- 부모님이 하시려는 일이 자신이 생각하기에 옳지 않은 일이라면 어떻게 대처할 것인가?
- 고유가 시대에 경유 값은 향후 어떻게 될 것이라고 전망하는가?
- 최근 휘발유 값은 얼마이고, 가득 채웠을 때 얼마인가?
- 사람들이 한 달에 기름을 몇 번 주유할 것이라고 생각하는가?

▸ 인성검사 모의연습을 통해 GS그룹의 인재상에 부합하는지 판별할 수 있도록 하였다.
▸ 면접 기출 질문을 통해 실제 면접에서 나오는 질문에 미리 대비할 수 있도록 하였다.

학습플랜 STUDY PLAN

1주 완성 학습플랜

본서에 수록된 전 영역을 단기간에 끝낼 수 있도록 구성한 학습플랜이다. 한 번에 전 영역을 공부하지 않고, 한 영역을 집중적으로 공부할 수 있도록 하였다. 인성검사 및 필기시험에 대한 기초 학습은 되어 있으나, 학습 계획 세우기에 자신이 없는 분들이나 미리 시험에 대비하지 못해 단시간에 많은 분량을 봐야 하는 수험생에게 추천한다.

ONE WEEK STUDY PLAN

Start!	1일 차 ☐	2일 차 ☐	3일 차 ☐
	____월 ____일	____월 ____일	____월 ____일
4일 차 ☐	**5일 차 ☐**	**6일 차 ☐**	**7일 차 ☐**
____월 ____일	____월 ____일	____월 ____일	____월 ____일

STUDY CHECK BOX							
구분	1일 차	2일 차	3일 차	4일 차	5일 차	6일 차	7일 차
기출복원문제							
PART 1							
PART 2							
제1회 최종점검 모의고사							
제2회 최종점검 모의고사							
다회독 1회							
다회독 2회							
오답분석							

스터디 체크박스 활용법

1주 완성 학습플랜에서 계획한 학습량을 어느 정도 실천하였는지 표시하여 자신의 학습량을 효율적으로 관리한다.

구분	1일 차	2일 차	3일 차	4일 차	5일 차	6일 차	7일 차
PART 1	언어비평	×	×	완료			

이 책의 차례 CONTENTS

Add+

3개년 주요기업 기출복원문제

※ 기출복원문제는 수험생들의 후기를 통해 시대에듀에서 복원한 문제로 실제 문제와 다소 차이가 있을 수 있으며, 본 저작물의 무단전재 및 복제를 금합니다.

Add+ 3개년 주요기업 기출복원문제

※ 정답 및 해설은 기출복원문제 바로 뒤 p.075에 있습니다.

01 언어

※ 다음 글의 주제로 가장 적절한 것을 고르시오. [1~3]

Easy

| 2024년 상반기 S-OIL그룹

01

현재 우리나라의 진료비 지불제도 중 가장 주도적으로 시행되는 지불제도는 행위별수가제이다. 행위별수가제는 의료기관에서 의료인이 제공한 의료서비스(행위, 약제, 치료 재료 등)에 대해 서비스별로 가격(수가)을 정하여 사용량과 가격에 의해 진료비를 지불하는 제도로, 의료보험 도입 당시부터 채택하고 있는 지불제도이다. 그러나 최근 관련 전문가들로부터 이러한 지불제도를 개선해야 한다는 목소리가 많이 나오고 있다.

조사에 의하면 우리나라의 국민의료비를 증대시키는 주요 원인은 고령화로 인한 진료비 증가와 행위별수가제로 인한 비용의 무한 증식이다. 현재 우리나라의 국민의료비는 OECD 회원국 중 최상위를 기록하고 있으며 앞으로 더욱 심화될 것으로 예측된다. 특히 행위별수가제는 의료행위를 할수록 지불되는 진료비가 증가하므로 CT, MRI 등 영상검사를 중심으로 의료 남용이나 과다 이용 문제가 발생하고 있고, 병원의 이익 증대를 위하여 환자에게는 의료비 부담을, 의사에게는 업무 부담을, 건강보험에는 재정 부담을 증대시키고 있다.

이러한 행위별수가제의 문제점을 개선하기 위해 일부 질병군에서는 환자가 입원해서 퇴원할 때까지 발생하는 진료에 대하여 질병마다 미리 정해진 금액을 내는 제도인 포괄수가제를 시행 중이며 요양병원, 보건기관에서는 입원 환자의 질병, 기능 상태에 따라 입원 1일당 정액수가를 적용하는 정액수가제를 병행하여 실시하고 있지만 비용 산정의 경직성, 의사 비용과 병원 비용의 비분리 등 여러 가지 문제점이 있어 현실적으로 효과를 내지 못하고 있다는 지적이 나오고 있다.

기획재정부와 보건복지부는 시간이 지날수록 건강보험 적자가 계속 증대되어 머지않아 고갈될 위기에 있다고 발표하였다. 당장 행위별수가제를 전면적으로 폐지할 수는 없으므로 기존의 다른 수가제의 문제점을 개선하여 확대하는 등 의료비 지불방식의 다변화가 구조적으로 진행되어야 할 것이다.

① 신포괄수가제의 정의
② 건강보험의 재정 상황
③ 행위별수가제의 한계점
④ 의료비 지불제도의 역할
⑤ 다양한 의료비 지불제도 소개

02

> 정부는 탈원전・탈석탄 공약에 발맞춰 2030년까지 전체 국가발전량의 20%를 신재생에너지로 채운다는 정책목표를 수립하였다. 목표를 달성하기 위해 신재생에너지에 대한 송・변전 계획을 제8차 전력 수급기본계획에 처음으로 수립하겠다는 게 정부의 방침이다.
> 정부는 기존의 수급계획이 수급 안정과 경제성을 중점적으로 수립된 것에 반해, 8차 계획은 환경성과 안전성을 중점으로 하였다고 밝혔으며 신규 발전설비는 원전, 석탄화력발전에서 친환경, 분산형 재생에너지와 LNG 발전을 우선시하는 방향으로 수요관리를 통합하여 합리적 목표 수용 결정에 주안점을 두었다고 밝혔다.
> 그동안 많은 NGO 단체에서 에너지분산에 관한 다양한 제안을 해왔지만 정부 차원에서 고려하거나 논의가 활발히 진행된 적은 거의 없었으며 명목상으로 포함하는 수준이었다. 그러나 이번 정부에서는 탈원전・탈석탄 공약을 제시하는 등 중앙집중형 에너지 생산시스템에서 분산형 에너지 생산시스템으로 정책의 방향을 전환하고자 한다.
> 중앙집중형 에너지 생산시스템은 환경오염, 송전선 문제, 지역에너지 불균형 문제 등 다양한 사회적인 문제를 야기하였다. 하지만 그동안은 값싼 전기인 기저 전력을 편리하게 사용할 수 있는 환경을 조성하고자 하는 기존 에너지계획과 전력 수급계획에 밀려 중앙집중형 발전원 확대가 꾸준히 진행되었다. 그러나 현재 중앙집중형 에너지정책에서 분산형 에너지정책으로 전환을 모색하기 위한 다각도의 노력을 하고 있다. 이러한 정부의 정책변화와 아울러 석탄화력발전소가 국내 미세먼지에 주는 영향과 일본 후쿠시마 원자력 발전소 문제, 국내 경주 대지진 및 포항 지진 문제 등으로 인한 원자력에 대한 의구심 또한 커지고 있다.
> 제8차 전력 수급계획(안)에 의하면, 우리나라의 에너지정책은 격변기를 맞고 있다. 우리나라는 현재 중앙집중형 에너지 생산시스템이 대부분이며 분산형 전원 시스템은 그 설비용량이 극히 적은 상태이다. 또한 우리나라의 발전설비는 105GW이며, 지난해 최대 전력치를 보면 80GW 수준이므로 25GW 정도의 여유가 있는 상태이다. 25GW라는 여유는 원자력발전소 약 25기 정도의 전력 생산설비가 여유 있는 상황이라고 볼 수 있다. 또한 제7차 전력 수급기본계획에서 전기수요 증가율을 4.3 ~ 4.7%라고 예상하였으나 실제 증가율은 1.3 ~ 2.8% 수준에 그쳤다는 점은 우리나라의 전력 소비량 증가량이 둔화하고 있는 상태라는 것을 나타내고 있다.

① 에너지 분권의 필요성과 방향
② 중앙집중형 에너지정책의 한계점
③ 전력 소비량과 에너지 공급량의 문제점
④ 중앙집중형 에너지 생산시스템의 발전 과정

Easy

03

동양 사상이라 해서 언어와 개념을 무조건 무시하는 것은 결코 아니다. 만약 그렇다면 동양 사상은 경전이나 저술을 통해 언어화되지 않고 순전히 침묵 속에서 전수되어 왔을 것이다. 물론 이것은 사실이 아니다. 동양 사상도 끊임없이 언어적으로 다듬어져 왔으며 논리적으로 전개되어 왔다. 흔히 동양 사상은 신비주의적이라고 말하지만, 이것은 동양 사상의 한 면만을 특정 지우는 것이지 결코 동양의 철인(哲人)들이 사상을 전개함에 있어 논리를 무시했다거나 항시 어떤 신비적인 체험에 호소해서 자신의 주장들을 폈다는 것을 뜻하지는 않는다. 그러나 역시 동양 사상은 신비주의적임에 틀림없다. 거기서는 지고(至高)의 진리란 언제나 언어화될 수 없는 어떤 신비한 체험의 경지임이 늘 강조되어 왔기 때문이다. 최고의 진리는 언어 이전, 혹은 언어 이후의 무언(無言)의 진리이다. 엉뚱하게 들리겠지만, 동양 사상의 정수(精髓)는 말로써 말이 필요 없는 경지를 가리키려는 데에 있다고 해도 과언이 아니다. 말이 스스로를 부정하고 초월하는 경지를 나타내도록 사용된 것이다. 언어로써 언어를 초월하는 경지를 나타내고자 하는 것이야말로 동양 철학이 지닌 가장 특징적인 정신이다. 동양에서는 인식의 주체를 심(心)이라는 매우 애매하면서도 포괄적인 말로 이해해 왔다. 심(心)은 물(物)과 항시 자연스러운 교류를 하고 있으며, 이성은 단지 심(心)의 일면일 뿐인 것이다. 동양은 이성의 오만이라는 것을 모른다. 지고의 진리, 인간을 살리고 자유롭게 하는 생동적 진리는 언어적 지성을 넘어선다는 의식이 있었기 때문일 것이다. 언어는 언제나 마음을 못 따르며 둘 사이에는 항시 괴리가 있다는 생각이 동양인들의 의식 저변에 깔려 있는 것이다.

① 동양 사상은 신비주의적인 요소가 많다.

② 언어와 개념을 무시하면 동양 사상을 이해할 수 없다.

③ 동양 사상은 언어적 지식을 초월하는 진리를 추구한다.

④ 인식의 주체를 심(心)으로 표현하는 동양 사상은 이성적이라 할 수 없다.

⑤ 동양 사상에서는 언어는 마음을 따르므로 진리는 마음속에 있다고 주장한다.

04 다음 글의 제목으로 가장 적절한 것은?

> 중세 유럽에서는 토지나 자원을 왕실이 소유하고 있었다. 사람들은 이러한 토지나 자원을 이용하려면 일정한 비용을 지불해야 했다. 예를 들어 광산을 개발하거나 수산물을 얻는 사람들은 해당 자원의 이용에 대한 비용을 왕실에 지불하였고 이는 왕실의 권력과 부의 유지를 돕는 동시에 국가의 재정을 보충하는 역할을 하였는데 이때 지불한 비용이 바로 로열티이다.
> 로열티의 개념은 산업 혁명과 함께 발전하였다. 산업 혁명을 통해 특허, 상표 등의 지적 재산권이 보호되기 시작하면서 기업들은 이러한 권리를 보유한 개인이나 조직에게 사용에 대한 보상을 지불하게 되었다. 지적 재산권은 기업이 특정한 기술, 디자인, 상표 등을 보유하고 있을 때 그들에게 독점적인 권리를 제공하고 이러한 권리의 보호와 보상을 위해 로열티 제도가 도입되었다.
> 로열티는 기업과 지적 재산권 소유자 간의 계약에 의해 설정되는 형태로 발전하였다. 기업이 특정 제품을 판매하거나 특정 기술을 이용하는 경우 지적 재산권 소유자에게 계약에 따라 정해진 로열티를 지불하게 된다. 이로써 지적 재산권을 보유한 개인이나 조직은 자신들의 창작물이나 기술의 사용에 대한 보상을 받을 수 있으며, 기업들은 이러한 지적 재산권의 이용을 허가받아 경쟁 우위를 확보할 수 있게 되었다.
> 현재 로열티는 제품 판매나 라이선스, 저작물의 이용 등 다양한 형태로 나타나며 지적 재산권의 보호와 경제적 가치를 확보하는 중요한 수단으로 작용하고 있다. 로열티는 지식과 창조성의 보상으로서의 역할을 수행하며 기업들의 연구 개발을 촉진하고 혁신을 격려한다. 이처럼 로열티 제도는 기업과 지적 재산권 소유자 간의 상호 협력과 혁신적인 경제 발전에 기여하는 중요한 구조적 요소이다.

① 지적 재산권의 정의
② 로열티 제도의 모순
③ 로열티 지급 시 유의사항
④ 로열티 제도의 유래와 발전
⑤ 지적 재산권을 보호하는 방법

05 다음 글의 중심 내용으로 가장 적절한 것은?

> 쇼펜하우어에 따르면 우리가 살고 있는 세계의 진정한 본질은 의지이며 그 속에 있는 모든 존재는 맹목적인 삶의 의지에 의해서 지배당하고 있다. 쇼펜하우어는 우리가 일상적으로 또는 학문적으로 접근하는 세계는 단지 표상의 세계일 뿐이라고 주장하는데, 인간의 이성은 단지 이러한 표상의 세계만을 파악할 수 있을 뿐이다. 그에 따르면 존재하는 세계의 모든 사물들은 우선적으로 표상으로서 드러나게 된다. 시간과 공간 그리고 인과율에 의해서 파악되는 세계가 나의 표상인데, 이러한 표상의 세계는 오직 나에 의해서, 즉 인식하는 주관에 의해서만 파악되는 세계이다. 쇼펜하우어에 따르면 이러한 주관은 모든 현상의 세계, 즉 표상의 세계에서 주인의 역할을 하는 '나'이다.
> 이러한 주관을 이성이라고 부를 수도 있는데, 이성은 표상의 세계를 이끌어가는 주인공의 역할을 하는 것이다. 그러나 쇼펜하우어는 여기서 한발 더 나아가 표상의 세계에서 주인의 역할을 하는 주관 또는 이성은 의지의 지배를 받는다고 주장한다. 즉, 쇼펜하우어는 이성에 의해서 파악되는 세계의 뒤편에는 참된 본질적 세계인 의지의 세계가 있으므로 표상의 세계는 제한적이며 표면적인 세계일 뿐, 결코 이성에 의해서 또는 주관에 의해서 결코 파악될 수 없다고 주장한다. 오히려 그는 그동안 인간이 진리를 파악하는 데 최고의 도구로 칭송받던 이성이나 주관을 의지에 끌려 다니는 피지배자일 뿐이라고 비판한다.

① 세계의 본질로서 의지의 세계
② 표상 세계의 극복과 그 해결 방안
③ 의지의 세계와 표상의 세계 간의 차이
④ 표상 세계 안에서의 이성의 역할과 한계

※ 다음 글을 논리적 순서대로 바르게 나열한 것을 고르시오. [6~11]

| 2024년 상반기 삼성그룹

06

(가) 이 전위차에 의해 전기장이 형성되어 전자가 이동하게 된다. 일반적으로 전자가 이동하더라도 얇은 산화물에 이동이 막힐 것으로 생각하기 쉽지만, 이의 경우 전자 터널링 현상이 발생하여 전자가 얇은 산화물을 통과하게 된다. 이 전자들은 플로팅 게이트로 전자가 모이게 되고, 이러한 과정을 거쳐 데이터가 저장되게 된다.

(나) 어떻게 NAND 플래시 메모리에 데이터가 저장될까? 플로팅 게이트에 전자가 없는 상태의 NAND 플래시 메모리의 컨트롤 게이트에 높은 전압을 가하면 수직 방향으로 컨트롤 게이트는 높은 전위, 기저 상태는 낮은 전위를 갖게 되어 전위차가 발생한다.

(다) 반대로 플로팅 게이트에 전자가 저장된 상태에서 컨트롤 게이트에 0V를 가하면 전위차가 반대로 발생하고, 전자 터널링 현상에 의해 플로팅 게이트에 저장된 전자가 얇은 산화물을 통과하여 기저상태로 되돌아간다. 이런 과정을 거쳐 데이터가 지워지게 된다.

(라) NAND 플래시 메모리는 MOSFET 구조 위에 얇은 산화물, 플로팅 게이트, 얇은 산화물, 컨트롤 게이트를 순서대로 쌓은 구조이며, 데이터의 입력 및 삭제를 반복하여 사용할 수 있는 비휘발성 메모리의 한 종류이다.

① (나) – (가) – (라) – (다)
② (나) – (다) – (가) – (라)
③ (나) – (라) – (가) – (다)
④ (라) – (가) – (다) – (나)
⑤ (라) – (나) – (가) – (다)

| 2024년 상반기 KT그룹

07

(가) 이글루가 따뜻해지는 원리를 과정에 따라 살펴보면 먼저 눈 벽돌로 이글루를 만든 후에 이글루 안에서 불을 피워 온도를 높이는 것을 알 수 있다.

(나) '에스키모'라고 하면 연상되는 것 중의 하나가 이글루이다.

(다) 이 과정을 반복하여 눈 벽돌집은 얼음집으로 변하며, 눈 사이에 들어 있던 공기는 빠져나가지 못하고 얼음 속에 갇히면서 내부가 따뜻해진다.

(라) 이글루는 눈을 벽돌 모양으로 잘라 만든 집임에도 불구하고 사람이 거주할 수 있을 정도로 따뜻하다.

(마) 온도가 올라감에 따라 눈이 녹으면서 벽의 빈틈을 메워 주고, 어느 정도 눈이 녹으면 출입구를 열어 물이 얼도록 한다.

① (가) – (다) – (나) – (라) – (마)
② (나) – (라) – (가) – (마) – (다)
③ (나) – (라) – (다) – (마) – (가)
④ (라) – (나) – (다) – (마) – (가)
⑤ (라) – (다) – (나) – (가) – (마)

08

(가) 동아시아의 문명 형성에 가장 큰 영향력을 끼친 책을 꼽을 때, 그 중에 『논어』가 빠질 수 없다. 『논어』는 공자(B.C 551 ~ 479)가 제자와 정치인 등을 만나서 나눈 이야기를 담고 있다. 공자의 활동기간으로 따져보면 『논어』는 지금으로부터 대략 2,500년 전에 쓰인 것이다. 지금의 우리는 한나절에 지구 반대편으로 날아다니고 여름에 겨울 과일을 먹는, 그야말로 공자는 상상할 수도 없는 세상에 살고 있다.

(나) 2,500년 전의 공자와 그가 대화한 사람 역시 우리와 마찬가지로 '호모 사피엔스'이기 때문이다. 2,500년 전의 사람도 배고프면 먹고, 졸리면 자고, 좋은 일이 있으면 기뻐하고, 나쁜 일이 있으면 화를 내는 오늘날의 사람과 다름없었다. 불의를 보면 공분하고, 전쟁보다 평화가 지속되기를 바라고, 예술을 보고 들으며 즐거워했는데, 오늘날의 사람도 마찬가지이다.

(다) 물론 2,500년의 시간으로 인해 달라진 점도 많고 시대와 문화에 따라 '사람다움이 무엇인가?'에 대한 답은 다를 수 있지만, 사람은 돌도 아니고 개도 아니고 사자도 아니라 여전히 사람일 뿐인 것이다. 즉 현재의 인간이 과거보다 자연의 힘에 두려워하지 않고 자연을 합리적으로 설명할 수는 있지만, 인간적 약점을 극복하고 신적인 존재가 될 수는 없는 그저 인간일 뿐인 것이다.

(라) 『논어』의 일부는 여성과 아동, 이민족에 대한 당시의 편견을 드러내고 있어 이처럼 달라진 시대의 흐름에 따라 폐기될 수밖에 없지만, 이를 제외한 부분은 '오래된 미래'로서 읽을 가치가 있는 것이다.

(마) 이론의 생명 주기가 짧은 학문의 경우, 2,500년 전의 책은 역사적 가치가 있을지언정 이론으로서는 폐기 처분이 당연시된다. 그런데 왜 21세기의 우리가 2,500년 전의 『논어』를 지금까지도 읽고, 또 읽어야 할 책으로 간주하고 있는 것일까?

① (가) – (다) – (나) – (라) – (마)
② (가) – (라) – (다) – (나) – (마)
③ (가) – (마) – (나) – (다) – (라)
④ (라) – (다) – (가) – (마) – (나)
⑤ (마) – (가) – (나) – (다) – (라)

Hard

09

(가) 칸트의 '무관심성'에 대한 논의에서 이에 대한 단서를 얻을 수 있다. 칸트는 미적 경험의 주체가 '객체가 존재한다.'는 사실성 자체로부터 거리를 둔다고 주장한다.
이에 따르면, 영화관에서 관객은 영상의 존재 자체에 대해 '무관심한' 상태에 있다. 영상의 흐름을 냉정하고 분석적인 태도로 받아들이는 것이 아니라, 영상의 흐름이 자신에게 말을 걸어오는 듯이, 자신이 미적 경험의 유희에 초대된 듯이 공감하며 체험하고 있다. 미적 거리 두기와 공감적 참여의 상태를 경험하는 것이다. 주체와 객체가 엄격하게 분리되거나 완전히 겹쳐지는 것으로 이해하는 통상적인 동일시 이론과 달리, 칸트는 미적 지각을 지각 주체와 지각 대상 사이의 분리와 융합의 긴장감 넘치는 '중간 상태'로 본 것이다.

(나) 관객은 영화를 보면서 영상의 흐름을 어떻게 지각하는 것일까? 그토록 빠르게 변화하는 앵글, 인물, 공간, 시간 등을 어떻게 별 어려움 없이 흥미진진하게 따라가는 것일까? 흔히 영화의 수용에 대해 설명할 때 관객의 눈과 카메라의 시선 사이에 일어나는 동일시 과정을 내세운다. 그러나 동일시 이론은 어떠한 조건을 기반으로, 어떠한 과정을 거쳐서 동일시가 일어나는지, 영상의 흐름을 지각할 때 일어나는 동일시의 고유한 방식이 어떤 것인지에 대해 의미 있는 설명을 제시하지 못하고 있다.

(다) 이렇게 볼 때 영화 관객은 자신의 눈을 단순히 카메라의 시선과 직접적으로 동일시하는 것이 아니다. 관객은 영화를 보면서 영화 속 공간, 운동의 양상 등을 유희적으로 동일시하며, 장소 공간이나 방향 공간 등 다양한 공간의 층들을 동시에 인지할 뿐만 아니라 감정 공간에서 나오는 독특한 분위기의 힘을 감지하고, 이를 통해 영화 속의 공간과 공감하며 소통하고 있는 것이다.

(라) 관객이 영상의 흐름을 생동감 있게 체험할 수 있는 이유는, 영화 속의 공간이 단순한 장소로서의 공간이라기보다는 '방향 공간'이기 때문이다. 카메라의 다양한 앵글 선택과 움직임, 자유로운 시점 선택이 방향 공간적 표현을 용이하게 해 준다.
두 사람의 대화 장면을 보여 주는 장면을 생각해 보자. 관객은 단지 대화에 참여한 두 사람의 존재와 위치만 확인하는 것이 아니라, 두 사람의 시선 자체가 지닌 방향성의 암시, 즉 두 사람의 얼굴과 상반신이 서로를 향하고 있는 방향 공간적 상황을 함께 지각하고 있는 것이다.

(마) 영화의 매체적 강점은 방향 공간적 표현이라는 데에만 그치지 않는다. 영상의 흐름에 대한 지각은 언제나 생생한 느낌을 동반한다. 관객은 영화 속 공간과 인물의 독특한 감정에서 비롯된 분위기의 힘을 늘 느끼고 있다. 따라서 영화 속 공간은 근본적으로 이러한 분위기의 힘을 느끼도록 해 주는 '감정 공간'이라 할 수 있다.

① (가) – (라) – (나) – (마) – (다)
② (나) – (가) – (라) – (마) – (다)
③ (나) – (다) – (가) – (라) – (마)
④ (나) – (라) – (마) – (다) – (가)
⑤ (라) – (가) – (다) – (나) – (마)

10

(가) 개념사를 역사학의 한 분과로 발전시킨 독일의 역사학자 코젤렉은 '개념은 실재의 지표이자 요소'라고 하였다. 이 말은 실타래처럼 얽혀 있는 개념과 정치・사회적 실재, 개념과 역사적 실재의 관계를 정리하기 위한 중요한 지침으로 작용한다. 그에 의하면 개념은 정치적 사건이나 사회적 변화 등의 실재를 반영하는 거울인 동시에 정치・사회적 사건과 변화의 실제적 요소이다.

(나) 개념은 정치적 사건과 사회적 변화 등에 직접 관련되어 있거나 그것을 기록, 해석하는 다양한 주체들에 의해 사용된다. 이러한 주체들, 즉 '역사 행위자'들이 사용하는 개념은 여러 의미가 포개어진 층을 이룬다. 개념사에서는 사회・역사적 현실과 관련하여 이러한 층들을 파헤치면서 개념이 어떻게 사용되어 왔는가, 이 과정에서 그 의미가 어떻게 변화했는가, 어떤 함의들이 거기에 투영되었는가, 그 개념이 어떠한 방식으로 작동했는가 등에 대해 탐구한다.

(다) 이상에서 보듯이 개념사에서는 개념과 실재를 대조하고 과거와 현재의 개념을 대조함으로써, 그 개념이 대응하는 실재를 정확히 드러내고 있는가, 아니면 실재의 이해를 방해하고 더 나아가 왜곡하는가를 탐구한다. 이를 통해 코젤렉은 과거에 대한 '단 하나의 올바른 묘사'를 주장하는 근대 역사학의 방법을 비판하고, 과거의 역사 행위자가 구성한 역사적 실재와 현재 역사가가 만든 역사적 실재를 의미있게 소통시키고자 했다.

(라) 사람들이 '자유', '민주', '평화' 등과 같은 개념들을 사용할 때, 그 개념이 서로 같은 의미를 갖는 것은 아니다. '자유'의 경우, '구속받지 않는 상태'를 강조하는 개념으로 쓰이는가 하면, '자발성'이나 '적극적인 참여'를 강조하는 개념으로 쓰이기도 한다. 이러한 정의와 해석의 차이로 인해 개념에 대한 논란과 논쟁이 늘 있어 왔다. 바로 이러한 현상에 주목하여 출현한 것이 코젤렉의 '개념사'이다.

(마) 또한 개념사에서는 '무엇을 이야기 하는가.'보다는 '어떤 개념을 사용하면서 그것을 이야기하는가.'에 관심을 갖는다. 개념사에서는 과거의 역사 행위자가 자신이 경험한 '현재'를 서술할 때 사용한 개념과 오늘날의 입장에서 '과거'의 역사 서술을 이해하기 위해 사용한 개념의 차이를 밝힌다. 그리고 과거의 역사를 현재의 역사로 번역하면서 양자가 어떻게 수렴될 수 있는가를 밝히는 절차를 밟는다.

① (가) – (나) – (다) – (라) – (마)
② (라) – (가) – (나) – (마) – (다)
③ (라) – (나) – (가) – (다) – (마)
④ (마) – (나) – (가) – (다) – (라)
⑤ (마) – (라) – (나) – (다) – (가)

Easy

11

| 2023년 상반기 삼성그룹

(가) 상품의 가격은 기본적으로 수요와 공급의 힘으로 결정된다. 시장에 참여하고 있는 경제 주체들은 자신이 가진 정보를 기초로 하여 수요와 공급을 결정한다.
(나) 이런 경우에는 상품의 가격이 우리의 상식으로는 도저히 이해하기 힘든 수준까지 일시적으로 뛰어오르는 현상이 나타날 가능성이 있다. 이런 현상은 특히 투기의 대상이 되는 자산의 경우 자주 나타나는데, 우리는 이를 '거품 현상'이라고 부른다.
(다) 그러나 현실에서는 사람들이 서로 다른 정보를 갖고 시장에 참여하는 경우가 많다. 어떤 사람은 특정한 정보를 갖고 있는데 거래 상대방은 그 정보를 갖고 있지 못한 경우도 있다.
(라) 일반적으로 거품 현상이란 것은 어떤 상품 – 특히 자산 – 의 가격이 지속해서 급격히 상승하는 현상을 가리킨다. 이와 같은 지속적인 가격 상승이 일어나는 이유는 애초에 발생한 가격 상승이 추가적인 가격 상승의 기대로 이어져 투기 바람이 형성되기 때문이다.
(마) 이들이 똑같은 정보를 함께 갖고 있으며 이 정보가 아주 틀린 것이 아닌 한, 상품의 가격은 어떤 기본적인 수준에서 크게 벗어나지 않을 것이라고 예상할 수 있다.

① (가) – (다) – (나) – (라) – (마)
② (가) – (마) – (다) – (나) – (라)
③ (라) – (가) – (다) – (나) – (마)
④ (라) – (다) – (가) – (나) – (마)
⑤ (마) – (가) – (다) – (라) – (나)

| 2022년 하반기 LG그룹

12 다음 문장 뒤에 이어질 글을 논리적 순서대로 바르게 나열한 것은?

어떤 문화의 변동은 결코 외래문화의 압도적 영향이나 이식에 의해 이루어지는 것이 아니라, 수용 주체의 창조적·능동적 측면과 관련되어 이루어지는 매우 복합적인 성격의 것이다.

(가) 그리하여 외래문화 중에서 이러한 결핍 부분의 충족에 유용한 부분만을 선별해서 선택적으로 수용하게 된다.
(나) 이러한 수용 주체의 창조적·능동적 측면은 문화 수용과 변동에서 무엇보다도 우선하는 것인데, 이것이 외래문화 요소의 수용을 결정짓는다.
(다) 즉, 어떤 문화의 내부에 결핍 요인이 있을 때, 그 문화의 창조적·능동적 측면은 이를 자체적으로 극복하려 노력하지만, 이러한 극복이 내부에서 성취될 수 없을 때, 그것은 외래 요소의 수용을 통해 이를 이루고자 한다.
다시 말해, 외래문화는 수용 주체의 내부 요인에 따라 수용 또는 거부되는 것이다.

① (가) – (나) – (다)
② (가) – (다) – (나)
③ (나) – (가) – (다)
④ (나) – (다) – (가)
⑤ (다) – (나) – (가)

13 다음 글을 〈보기〉와 같은 순서로 재구성하려고 할 때, 논리적 순서대로 바르게 나열한 것은?

(가) 최근 전자상거래 시장에서 소셜 커머스 열풍이 거세게 불고 있다. 할인율 50%라는 파격적인 조건으로 검증된 상품을 구매할 수 있다는 입소문이 나면서 국내 소셜 커머스 시장의 규모가 급성장하고 있다. 시장 규모가 커지다 보니 개설된 소셜 커머스 사이트가 수백 개에 달하고, 소셜 커머스 모임 사이트까지 등장할 정도로 소셜 커머스의 인기가 날로 높아지고 있다.

(나) 현재 국내 소셜 커머스는 일정 수 이상의 구매자가 모일 경우 파격적인 할인가로 상품을 판매하는 방식의 소셜 쇼핑이 주를 이루고 있다. 그러나 소셜 쇼핑 외에도 SNS상에 개인화된 쇼핑 환경을 만들거나 상거래 전용공간을 여는 방식의 소셜 커머스도 등장하고 있다. 소셜 커머스의 소비자는 판매자(생산자)의 상품을 구매하는 데서 그치지 않고 판매자들로 하여금 자신들이 원하는 물건을 판매하도록 유도할 수 있으며, 자신들 스스로가 새로운 소비자를 끌어모을 수도 있다. 이러한 소비자의 변모는 소비자의 역할뿐만 아니라 상거래 지형이 크게 변화할 것임을 시사한다. 소셜 커머스 시대에는 소비자가 상거래의 주도권을 쥐는 일이 가능해진 것이다.

(다) 소셜 커머스란 소셜 네트워크 서비스(SNS)를 통하여 이루어지는 전자상거래를 가리키는 말이다. 소셜 커머스는 상품의 구매를 원하는 사람들이 항인을 성사하기 위하여 공동 구매자를 모으는 과정에서 주로 SNS를 이용하는 데서 그 명칭이 유래되었다. 소셜 커머스는 2005년 '야후(Yahoo)'의 장바구니 공유서비스인 '쇼퍼스피어(Shopersphere)'같은 사이트를 통하여 처음 소개되었다.

보기

국내 소셜 커머스의 현황 → 소셜 커머스의 명칭 유래 및 등장 배경 → 소셜 커머스의 유형 및 전망

① (가) – (나) – (다)
② (가) – (다) – (나)
③ (나) – (가) – (다)
④ (나) – (다) – (가)

※ 다음 글을 읽고 추론한 내용으로 적절하지 않은 것을 고르시오. [14~16]

Easy

14

| 2024년 상반기 삼성그룹

레이저 절단 가공은 고밀도, 고열원의 레이저를 절단하고자 하는 소재로 쏘아 절단 부위를 녹이고 증발시켜 소재를 절단하는 최첨단 기술이다. 레이저 절단 가공은 일반 가공법으로는 작업이 불가능한 절단면 및 복잡하고 정교한 절단 형상을 신속하고 정확하게 절단하여 가공할 수 있고, 절단하고자 하는 소재의 제약도 일반 가공법에 비해 자유롭다. 또한, 재료와 직접 접촉하지 않으므로 절단 소재의 물리적 변형이 적어 깨지기 쉬운 소재도 다루기 쉽고, 다른 열 절단 가공에 비해 열변형의 우려가 적다. 이런 장점으로 반도체 소자가 나날이 작아지고 더욱 정교해지면서 레이저 절단 가공은 반도체 산업에서는 이제 없어서는 안 될 필수적인 과정이 되었다.

① 레이저 절단 가공 작업 중에는 기체가 발생한다.
② 과거 반도체 소자의 정교함은 현재 반도체 소자에 미치지 못하였을 것이다.
③ 레이저 절단 가공은 절단 부위를 녹이므로 열변형의 우려가 큰 가공법이다.
④ 현재 기술력으로는 다른 가공법을 사용하여 반도체 소자를 다루기 힘들 것이다.
⑤ 두께가 얇아 깨지기 쉬운 반도체 웨이퍼는 레이저 절단 가공으로 가공하여야 한다.

15

초기의 독서는 소리 내어 읽는 음독 중심이었다. 고대 그리스인들은 쓰인 글이 완전해지려면 소리 내어 읽는 행위가 필요하다고 생각했다. 또한, 초기의 두루마리 책은 띄어쓰기나 문장부호 없이 이어 쓰는 연속 기법으로 표기되어 어쩔 수 없이 독자가 자기 목소리로 문자의 뜻을 더듬어가며 읽어봐야 글을 이해할 수 있었다. 흡사 종교의식을 치르듯 성서나 경전을 진지하게 암송하는 낭독이나, 필자나 전문 낭독가가 낭독하는 것을 들음으로써 간접적으로 책을 읽는 낭독 – 듣기가 보편적이었다.
그러던 12세기 무렵 독서 역사에 큰 변화가 일어나는데, 그것은 유럽 수도원의 필경사들 사이에서 시작된 '소리를 내지 않고 읽는 묵독'의 발명이었다. 공동생활에서 소리를 최대한 낮춰 읽는 것이 불가피했던 것이다. 비슷한 시기에 두루마리 책을 완전히 대체하게 된 책자형 책은 주석을 참조하거나 앞부분을 다시 읽는 것을 가능하게 하여 묵독을 도왔다. 묵독이 시작되자 낱말의 간격이나 문장의 경계 등을 표시할 필요성이 생겨 띄어쓰기와 문장부호가 발달했다. 이와 함께 반체제, 에로티시즘, 신앙심 등 개인적 체험을 기록한 책도 점차 등장했다. 이러한 묵독은 꼼꼼히 읽는 분석적 읽기를 가능하게 했다.
음독과 묵독이 공존하던 18세기 중반에 새로운 독서 방식으로 다독이 등장했다. 금속활자와 인쇄술의 보급으로 책 생산이 이전의 3 ~ 4배로 증가하면서 다양한 장르의 책들이 출판되었다. 이전에 책을 접하지 못했던 여성들이 독자로 대거 유입되었고, 독서 조합과 대출 도서관 등 독서 기관이 급격히 증가했다. 이전 시대에는 제한된 목록의 고전을 여러 번 정독하는 집중형 독서가 주로 행해졌던 반면, 이제는 분산형 독서가 행해졌다. 이것은 필독서인 고전의 권위에 대항하여 자신이 읽고 싶은 것을 골라 읽는 자유로운 선택적 읽기를 뜻한다. 이처럼 오늘날 행해지는 다양한 독서 방식들은 장구한 시간의 흐름 속에서 하나씩 등장했다. 그래서 거기에는 당대의 지식사를 이끌었던 흔적들이 남아 있다.

① 다양한 내용의 책을 읽는 데에는 분산형 독서가 효과적이다.
② 분산형 독서는 고전이 전에 가졌던 권위를 약화시켰다.
③ 18세기 중반 이전에는 여성 독자의 수가 제한적이었다.
④ 책의 형태가 변화하면 독서의 방식도 따라서 변화한다.
⑤ 책자형 책의 출현으로 인해 낭독의 확산이 가능해졌다.

16

김치는 넓은 의미에서 소금, 초, 장 등에 '절인 채소'를 말한다. 김치의 어원인 '딤채(沈菜)'도 '담근 채소'라는 뜻이다. 그러므로 깍두기, 오이지, 오이소박이, 단무지는 물론 장아찌까지도 김치류에 속한다고 볼 수 있다. 우리나라의 김치는 '지'라고 불렸다. 그래서 짠지, 싱건지, 오이지 등의 김치에는 지금도 '지'가 붙는다. 초기의 김치는 단무지나 장아찌에 가까웠을 것이다.
처음에는 서양의 피클이나 일본의 쓰케모노와 비슷했던 김치가 이들과 전혀 다른 음식이 된 것은 젓갈과 고춧가루를 쓰기 시작하면서부터이다. 하지만 이때에도 김치의 주재료는 무나 오이였다. 우리가 지금 흔히 먹는 배추김치는 18세기 말 중국으로부터 크고 맛이 좋은 배추 품종을 들여온 뒤로 사람들이 널리 담그기 시작하였고, 20세기에 들어와서야 무김치를 능가하게 되었다.
김치와 관련하여 우리나라 향신료의 대명사로 쓰이는 고추는 생각만큼 오랜 역사를 갖고 있지 못하다. 중미 멕시코가 원산지인 고추는 '남만초'나 '왜겨자'라는 이름으로 16세기 말 조선에 전래되어 17세기부터 서서히 보급되다가 17세기 말부터 가루로 만들어 비로소 김치에 쓰이게 되었다. 조선 전기까지 주요 향신료는 후추, 천초 등이었고, 이 가운데 후추는 값이 비싸 쉽게 얻을 수 없었다. 19세기 무렵에 와서 고추는 향신료로서 압도적인 우위를 차지하게 되었다. 그 결과 후추는 더 이상 고가품이 아니게 되었으며, '산초'라고도 불리는 천초의 경우 지금에 와서는 간혹 추어탕에나 쓰일 정도로 되었다.
우리나라의 고추는 다른 나라의 고추 품종과 달리 매운맛에 비해 단맛 성분이 많고, 색소는 강렬하면서 비타민C 함유량이 매우 많다. 더구나 고추는 소금이나 젓갈과 어우러져 몸에 좋은 효소를 만들어 내고 몸의 지방 성분을 산화시켜 열이 나게 함으로써 겨울의 추위를 이기게 하는 기능이 있다. 고추가 김장김치에 사용되기 시작한 것도 이 때문이라고 한다.

① 19세기 이후 후추와 천초는 향신료로서의 우위를 고추에 빼앗겼다.
② 배추김치가 김치의 대명사가 된 것은 불과 100여 년밖에 되지 않았다.
③ 초기의 김치는 서양의 피클이나 일본의 쓰케모노와 크게 다르지 않았다.
④ 김장김치에 고추가 사용되기 시작한 것은 몸에 열을 발생시키는 효능 때문이다.
⑤ 고추가 들어오기 전까지는 김치에 고추 대신 후추, 천초와 같은 향신료를 사용하였다.

※ 다음 글을 읽고 추론한 내용으로 가장 적절한 것을 고르시오. [17~20]

| 2024년 상반기 KT그룹

17

환경 결정론을 간단히 정의하면 모든 인간의 행동, 노동과 창조 등은 환경 내의 자연적 요소들에 의해 미리 결정되거나 통제된다는 것이다. 이에 대하여 환경 가능론은 자연 환경은 단지 인간이 반응할 수 있는 다양한 가능성의 기회를 제공할 뿐이며, 인간은 환경을 변화시킬 수 있는 능동적인 힘을 가지고 있다고 반박한다.

환경 결정론 사조 형성에 영향을 준 사상은 1859년에 발표된 다윈의 진화론이다. 다윈의 진화 사상과 생물체가 환경에 적응한다는 개념은 인간도 특정 환경에 적응해야 한다는 것으로 수용되었다. 이러한 철학적 배경하에 형성되기 시작한 환경 결정론의 발달에 공헌한 사람으로는 라첼, 드모랭, 샘플 등이 있다. 라첼은 인간도 자연 법칙 아래에서 살고 있다고 보았으며, 문화의 형태도 자연적 조건에 의해 결정되고 적응한 결과로 간주하였다. 드모랭은 보다 극단적으로 사회 유형은 환경적 힘의 산물로 보고 초원 지대의 유목 사회, 지중해 연안의 상업 사회를 환경 결정론적 사고에 입각하여 해석하였다.

환경 결정론이 인간의 의지와 선택의 자유를 인정하지 않는다는 점이 문제라면, 환경 가능론은 환경이 제공한 많은 가능성 중 왜 어떤 가능성이 선택되어야 하는가를 설명하기 힘든 점이 문제이다. 과학 기술의 발달에 의해 인간이 자연의 많은 장애물을 극복하게 된 것은 사실이지만, 실패로 인해 고통받는 사례도 많다. 사실, 결정론이냐 가능론이냐 결론을 내리는 것은 그리 중요하지 않다. 인간과 환경의 관계는 매우 복잡하며, 지표상의 경관은 자연적인 힘과 문화적인 힘에 의해 이루어지기 때문에 어떤 한 가지 결정 인자를 과소평가하거나 과장하면 안 된다. 인간 활동의 결과로 인한 총체적인 환경 파괴 문제가 현대 문명 전반의 위기로까지 심화되는 오늘날, 인간과 자연의 진정한 상호 관계는 어떠해야 할지 생각해야 할 것이다. 이제 자연이 부여한 여러 가지 가능성 중에서 자연 환경과 조화를 이룰 수 있는 가능성을 선택해야 할 때이다.

① 인간과 자연은 항상 대립하고 있어. 자연의 위력 앞에서 우리는 맞서 싸워야 해.
② 자연의 힘은 대단해. 몇 해 전 동남아 대해일을 봤지? 인간이 얼마나 무력한지 알겠어.
③ 우리는 잘 살기 위해서 자연을 너무 훼손했어. 이제는 자연과 공존하는 삶을 생각해야 해.
④ 인간은 자연의 위대함 앞에 굴복해야 돼. 인간의 끝없는 욕망이 오늘의 재앙을 불러왔다고 봐야 해.
⑤ 인간의 능력은 초자연적이야. 이런 능력을 잘 살려 나간다면 에너지 부족 사태쯤이야 충분히 해결할 거야.

18

두뇌 연구는 지금까지 뉴런을 중심으로 진행되어 왔다. 뉴런 연구로 노벨상을 받은 카얄은 뉴런이 '생각의 전화선'이라는 이론을 확립하여 사고와 기억 등 두뇌에서 일어나는 모든 현상을 뉴런의 연결망과 뉴런 간의 전기 신호로 설명했다. 그러나 두뇌에는 뉴런 외에도 신경교 세포가 존재한다. 신경교 세포는 뉴런처럼 그 수가 많지만 전기 신호를 전달하지 못한다. 이 때문에 과학자들은 신경교 세포가 단지 두뇌 유지에 필요한 영양 공급과 두뇌 보호를 위한 전기 절연의 역할만을 가진다고 여겼다.

최근 과학자들은 신경교 세포에서 그 이상의 기능을 발견했다. 신경교 세포 중에도 '성상세포'라 불리는 별 모양의 세포는 자신만의 화학적 신호를 가진다는 것이 밝혀졌다. 성상세포는 뉴런처럼 전기를 이용하지는 않지만, '뉴런 송신기'라고 불리는 화학물질을 방출하고 감지한다. 과학자들은 이러한 화학적 신호의 연쇄반응을 통해 신경교 세포가 전체 뉴런을 조정한다고 추론했다.

A연구팀은 신경교 세포가 전체 뉴런을 조정하면서 기억력과 사고력을 향상시킨다고 예상하고서, 이를 확인하기 위해 인간의 신경교 세포를 갓 태어난 생쥐의 두뇌에 주입했다. 쥐가 자라면서 주입된 인간의 신경교 세포도 성장했다. 이 세포들은 쥐의 뉴런들과 완벽하게 결합되어 쥐의 두뇌 전체에 걸쳐 퍼지게 되었다. 심지어 어느 두뇌 영역에서는 쥐의 뉴런의 숫자를 능가하기도 했다. 뉴런과 달리 쥐와 인간의 신경교 세포는 비교적 쉽게 구별된다. 인간의 신경교 세포는 매우 길고 무성한 섬유질을 가지기 때문이다. 쥐에 주입된 인간의 신경교 세포는 그 기능을 그대로 간직한다. 그렇게 성장한 쥐들은 다른 쥐들과 잘 어울렸고, 다른 쥐들의 관심을 끄는 것에 흥미를 보였다. 이 쥐들은 미로를 통과해 치즈를 찾는 테스트에서 더 뛰어났다. 보통의 쥐들은 네다섯 번의 시도 끝에 올바른 길을 배웠지만, 인간의 신경교 세포를 주입받은 쥐들은 두 번 만에 학습했다.

① 인간의 신경교 세포를 쥐에게 주입하면, 쥐의 뉴런은 전기 신호를 전달하지 못할 것이다.

② 인간의 뉴런 세포를 쥐에게 주입하면, 쥐의 두뇌에는 화학적 신호의 연쇄 반응이 더 활발해질 것이다.

③ 인간의 뉴런 세포를 쥐에게 주입하면, 그 뉴런 세포는 쥐의 두뇌 유지에 필요한 영양을 공급할 것이다.

④ 인간의 신경교 세포를 쥐에게 주입하면, 그 신경교 세포는 쥐의 뉴런을 보다 효과적으로 조정할 것이다.

⑤ 인간의 신경교 세포를 쥐에게 주입하면, 그 신경교 세포는 쥐의 신경교 세포의 기능을 갖도록 변화할 것이다.

19

1896년 『독립신문』 창간을 계기로 여러 가지의 애국가 가사가 신문에 게재되기 시작했는데, 어떤 곡조에 따라 이 가사들을 노래로 불렀는지는 명확하지 않다. 다만 대한제국이 서구식 군악대를 조직해 1902년 '대한제국 애국가'라는 이름의 국가(國歌)를 만들어 나라의 주요 행사에 사용했다는 기록은 남아 있다. 오늘날 우리가 부르는 애국가의 노랫말은 외세의 침략으로 나라가 위기에 처해있던 1907년을 전후하여 조국애와 충성심을 북돋우기 위하여 만들어졌다.
1935년 해외에서 활동 중이던 안익태는 오늘날 우리가 부르고 있는 국가를 작곡하였다. 대한민국 임시정부는 이 곡을 애국가로 채택해 사용했으나 이는 해외에서만 퍼져나갔을 뿐, 국내에서는 광복 이후 정부수립 무렵까지 애국가 노랫말을 스코틀랜드 민요에 맞춰 부르고 있었다. 그러다가 1948년 대한민국 정부가 수립된 이후 현재의 노랫말과 함께 안익태가 작곡한 곡조의 애국가가 정부의 공식 행사에 사용되고 각급 학교 교과서에도 실리면서 전국적으로 애창되기 시작하였다.
애국가가 국가로 공식화되면서 1950년대에는 대한뉴스 등을 통해 적극적으로 홍보가 이루어졌다. 그리고 「국기게양 및 애국가 제창 시의 예의에 관한 지시(1966)」 등에 의해 점차 국가의례의 하나로 간주되었다.
1970년대 초에는 공연장에서 본공연 전에 애국가가 상영되기 시작하였다. 이후 1980년대 중반까지 주요 방송국에서 국기강하식에 맞춰 애국가를 방송하였다. 주요 방송국의 국기강하식 방송, 극장에서의 애국가 상영 등은 1980년대 후반 중지되었으며 음악회와 같은 공연 시 애국가 연주도 이때 자율화되었다.
오늘날 주요 행사 등에서 애국가를 제창하는 경우에는 부득이한 경우를 제외하고 4절까지 제창하여야 한다. 애국가는 모두 함께 부르는 경우에는 전주곡을 연주한다. 다만, 약식 절차로 국민의례를 행할 때 애국가를 부르지 않고 연주만 하는 의전행사(외국에서 하는 경우 포함)나 시상식·공연 등에서는 전주곡을 연주해서는 안 된다.

① 1940년에 해외에서는 안익태가 만든 애국가 곡조를 들을 수 없었다.
② 1990년대 초반에는 국기강하식 방송과 극장에서의 애국가 상영이 의무화되었다.
③ 오늘날 우리가 부르는 애국가의 노랫말은 1896년 『독립신문』에 게재되지 않았다.
④ 시상식에서 애국가를 부르지 않고 연주만 하는 경우에는 전주곡을 연주할 수 있다.

20

> 아파트를 분양받을 경우 전용면적, 공용면적, 공급면적, 계약면적, 서비스면적이라는 용어를 자주 접하게 된다.
> 전용면적은 아파트의 방이나 거실, 주방, 화장실 등을 모두 포함한 면적으로, 개별 세대 현관문 안쪽의 전용 생활공간을 말한다. 다만 발코니 면적은 전용면적에서 제외된다.
> 공용면적은 주거공용면적과 기타공용면적으로 나뉜다. 주거공용면적은 세대가 거주를 위하여 공유하는 면적으로 세대가 속한 건물의 공용계단, 공용복도 등의 면적을 더한 것을 말한다. 기타공용면적은 주거공용면적을 제외한 지하층, 관리사무소, 노인정 등의 면적을 더한 것이다.
> 공급면적은 통상적으로 분야에 사용되는 용어로 전용면적과 주거공용면적을 더한 것이다. 계약면적은 공급면적과 기타공용면적을 더한 것이다. 서비스면적은 발코니 같은 공간의 면적으로 전용면적과 공용면적에서 제외된다.

① 발코니 면적은 계약면적에 포함된다.
② 관리사무소 면적은 공급면적에 포함된다.
③ 공용계단과 공용복도의 면적은 공급면적에 포함되지 않는다.
④ 개별 세대 내 거실과 주방의 면적은 주거공용면적에 포함된다.
⑤ 계약면적은 전용면적, 주거공용면적, 기타공용면적을 더한 것이다.

※ 다음 글의 내용으로 가장 적절한 것을 고르시오. [21~23]

| 2024년 상반기 LG그룹

21

조선 후기의 대표적인 관료 선발제도 개혁론인 유형원의 공거제 구상은 능력주의적, 결과주의적 인재 선발의 약점을 극복하려는 의도와 함께 신분적 세습의 문제점도 의식한 것이었다. 중국에서는 17세기 무렵 관료 선발에서 세습과 같은 봉건적인 요소를 부분적으로 재도입하려는 개혁론이 등장했다. 고염무는 관료제의 상층에는 능력주의적 제도를 유지하되, 지방관인 지현들은 어느 정도의 검증 기간을 거친 이후 그 지위를 평생 유지시켜 주고 세습의 길까지 열어 놓는 방안을 제안했다. 황종희는 지방의 관료가 자체적으로 관리를 초빙해서 시험한 후에 추천하는 '벽소'와 같은 옛 제도를 되살리는 방법으로 과거제를 보완하자고 주장했다.

이러한 개혁론은 갑작스럽게 등장한 것이 아니었다. 과거제를 시행했던 국가들에서는 수백 년에 걸쳐 과거제를 개선하라는 압력이 있었다. 시험 방식이 가져오는 부작용들은 과거제의 중요한 문제였다. 치열한 경쟁은 학문에 대한 깊이 있는 학습이 아니라 합격만을 목적으로 하는 형식적 학습을 하게 만들었고, 많은 인재들이 수험생활에 장기간 매달리면서 재능을 낭비하는 현상도 낳았다. 또한 학습 능력 이외의 인성이나 실무 능력을 평가할 수 없다는 이유로 시험의 익명성에 대한 회의도 있었다.

과거제의 부작용에 대한 인식은 과거제를 통해 임용된 관리들의 활동에 대한 비판적 시각으로 연결되었다. 능력주의적 태도는 시험뿐 아니라 관리의 업무에 대한 평가에도 적용되었다. 세습적이지 않으면서 몇 년의 임기마다 다른 지역으로 이동하는 관리들은 승진을 위해서 빨리 성과를 낼 필요가 있었기에, 지역사회를 위해 장기적인 전망을 가지고 정책을 추진하기보다 가시적이고 단기적인 결과만을 중시하는 부작용을 가져왔다. 개인적 동기가 공공성과 상충되는 현상이 나타났던 것이다. 공동체 의식의 약화 역시 과거제의 부정적 결과로 인식되었다. 과거제 출신의 관리들이 공동체에 대한 소속감이 낮고 출세 지향적이기 때문에 세습 엘리트나 지역에서 천거된 관리에 비해 공동체에 대한 충성심이 약했던 것이다.

① '벽소'는 과거제를 없애고자 등장한 새로운 제도이다.

② 과거제 출신의 관리들은 공동체에 대한 소속감이 낮고 출세 지향적이었다.

③ 과거제는 학습 능력 이외의 인성이나 실무능력까지 정확하게 평가할 수 있는 제도였다.

④ 과거제를 통해 임용된 관리들은 지역 사회를 위해 장기적인 전망을 가지고 정책을 추진하였다.

⑤ 고염무는 관료제의 상층에는 세습제를 실시하고, 지방관에게는 능력주의적 제도를 실시하자는 방안을 제안했다.

22

지진해일은 지진, 해저 화산폭발 등으로 바다에서 발생하는 파장이 긴 파도이다. 지진에 의해 바다 밑바닥이 솟아오르거나 가라앉으면 바로 위의 바닷물이 갑자기 상승 또는 하강하게 된다. 이 영향으로 지진해일파가 빠른 속도로 퍼져나가 해안가에 엄청난 위험과 피해를 일으킬 수 있다.

전 세계의 모든 해안 지역이 지진해일의 피해를 받을 수 있지만, 우리에게 피해를 주는 지진해일의 대부분은 태평양과 주변해역에서 발생한다. 이는 태평양의 규모가 거대하고 이 지역에서 대규모 지진이 많이 발생하기 때문이다. 태평양에서 발생한 지진해일은 발생 하루 만에 발생지점에서 지구의 반대편까지 이동할 수 있으며, 수심이 깊을 경우 파고가 낮고 주기가 길기 때문에 선박이나 비행기에서도 관측할 수 없다.

먼 바다에서 지진해일 파고는 해수면으로부터 수십 cm 이하이지만 얕은 바다에서는 급격하게 높아진다. 수심이 6,000m 이상인 곳에서 지진해일은 비행기의 속도와 비슷한 시속 800km로 이동할 수 있다. 지진해일은 얕은 바다에서 파고가 급격히 높아짐에 따라 그 속도가 느려지며 지진해일이 해안가의 수심이 얕은 지역에 도달할 때 그 속도는 시속 45 ~ 60km까지 느려지면서 파도가 강해진다. 이것이 해안을 강타함에 따라 파도의 에너지는 더 짧고 더 얕은 곳으로 모여 무시무시한 파괴력을 가져 우리의 생명을 위협하는 파도로 발달하게 된다. 최악의 경우, 파고가 15m 이상으로 높아지고 지진의 진앙 근처에서 발생한 지진해일의 경우 파고가 30m를 넘을 수도 있다. 파고가 3 ~ 6m 높이가 되면 많은 사상자와 피해를 일으키는 아주 파괴적인 지진해일이 될 수 있다.

지진해일의 파도 높이와 피해 정도는 에너지의 양, 지진해일의 전파 경로, 앞바다와 해안선의 모양 등으로 결정될 수 있다. 또한 암초, 항만, 하구나 해저의 모양, 해안의 경사 등 모든 것이 지진해일을 변형시키는 요인이 된다.

① 태평양 인근에서 발생한 지진해일은 대부분 한 달에 걸쳐 지구 반대편으로 이동하게 된다.
② 지진해일이 해안가에 도달할수록 파도가 강해지며 속도는 800km에 달한다.
③ 지진해일은 파장이 짧으며, 화산폭발 등으로 인해 발생한다.
④ 해안의 경사는 지진해일에 아무런 영향을 주지 않는다.
⑤ 바다가 얕을수록 지진해일의 파고가 높아진다.

Hard

23

보름달 중에 가장 크게 보이는 보름달을 슈퍼문이라고 한다. 이때 보름달이 크게 보이는 이유는 달이 평소보다 지구에 가까이 있기 때문이다. 슈퍼문이 되려면 보름달이 되는 시점과 달이 지구에 가장 가까워지는 시점이 일치하여야 한다. 달의 공전 궤도가 완벽한 원이라면 지구에서 달까지의 거리가 항상 똑같을 것이다. 하지만 실제로는 타원 궤도여서 달이 지구에 가까워지거나 멀어지는 현상이 생긴다. 유독 달만 그런 것은 아니고 태양계의 모든 행성이 태양을 중심으로 타원 궤도로 돈다. 이것이 바로 그 유명한 케플러의 행성운동 제1법칙이다.
지구와 달의 평균 거리는 약 38만km인 반면 슈퍼문일 때는 그 거리가 35만 7,000km 정도로 가까워진다. 달의 반지름은 약 1,737km이므로, 지구와 달의 거리가 평균 정도일 때 지구에서 보름달을 바라보는 시각도*는 0.52도 정도인 반면, 슈퍼문일 때는 시각도가 0.56도로 커진다. 반대로 보름달이 가장 작게 보일 때, 다시 말해 보름달이 지구에서 제일 멀 때는 그 거리가 약 40만km여서 보름달을 보는 시각도가 0.49도로 작아진다.
밀물과 썰물이 생기는 원인은 지구에 작용하는 달과 태양의 중력 때문인데, 달이 태양보다는 지구에 훨씬 더 가깝기 때문에 더 큰 영향을 미친다. 달이 지구에 가까워지면 평소 달이 지구를 당기는 힘보다 더 강하게 지구를 당긴다. 그리고 달의 중력이 더 강하게 작용하면, 달을 향한 쪽의 해수면은 평상시보다 더 높아진다. 실제 우리나라에서도 슈퍼문일 때 제주도 등 해안가에 바닷물이 평소보다 더 높게 밀려 들어와서 일부 지역이 침수 피해를 겪기도 했다.
한편 달의 중력 때문에 높아진 해수면이 지구와 함께 자전을 하다보면 지구의 자전을 방해하게 된다. 일종의 브레이크가 걸리는 셈이다. 이 때문에 지구의 자전 속도가 느려지게 되고 그 결과 하루의 길이에 미세하게 차이가 생긴다. 실제 연구 결과에 따르면 100만 년에 17초 정도씩 길어지는 효과가 생긴다고 한다.

*시각도 : 물체의 양끝에서 눈의 결합점을 향하여 그은 두 선이 이루는 각

① 해수면의 높이는 지구와 달의 거리와 관계가 없다.
② 지구에서 태양까지의 거리는 1년 동안 항상 일정하다.
③ 달의 중력 때문에 지구가 자전하는 속도는 점점 빨라지고 있다.
④ 달이 지구에서 멀어지면 궤도에서 벗어나지 않기 위해 평소보다 더 강하게 지구를 잡아당긴다.
⑤ 지구와 달의 거리가 36만km 정도인 경우, 지구에서 보름달을 바라보는 시각도는 0.49도보다 크다.

※ 다음 글의 내용으로 적절하지 않은 것을 고르시오. [24~29]

| 2024년 상반기 CJ그룹

24

인류의 역사를 석기시대, 청동기시대 그리고 철기시대로 구분한다면 현대는 '플라스틱시대'라고 할 수 있을 만큼 플라스틱은 현대 사회에서 가장 혁명적인 물질 중 하나이다. "플라스틱은 현대 생활의 뼈, 조직, 피부가 되었다."는 미국의 과학 저널리스트 수잔 프라인켈(Susan Freinkel)의 말처럼 플라스틱은 인간 생활에 많은 부분을 차지하고 있다. 저렴한 가격과 필요에 따라 내구성, 강도, 유연성 등을 조절할 수 있는 장점 덕분에 일회용 컵부터 옷, 신발, 가구 등 플라스틱이 아닌 것이 거의 없을 정도이다. 그러나 플라스틱에는 치명적인 단점이 있다. 플라스틱이 지닌 특성 중 하나인 영속성(永續性)이다. 즉, 인간이 그동안 생산한 플라스틱은 바로 분해되지 않고 어딘가에 계속 존재하고 있어 플라스틱은 환경오염의 원인이 된 지 오래이다.
치약, 화장품, 피부 각질제거제 등 생활용품, 화장품에 들어 있는 작은 알갱이의 성분은 '마이크로비드(Microbead)'라는 플라스틱이다. 크기가 1mm보다 작은 플라스틱을 마이크로비드라고 하는데 이 알갱이는 정수처리과정에서 걸러지지 않고 생활 하수구에서 강으로, 바다로 흘러간다. 이 조그만 알갱이들은 바다를 떠돌면서 생태계의 먹이사슬을 통해 동식물 체내에 축적되어 면역체계 교란, 중추신경계 손상 등의 원인이 되는 잔류성유기오염물질(Persistent Organic Pollutants)을 흡착한다. 그리고 물고기, 새 등 여러 생물은 마이크로비드를 먹이로 착각해 섭취한다. 마이크로비드를 섭취한 해양생물은 다시 인간의 식탁에 올라온다. 우리가 버린 플라스틱을 우리가 다시 먹게 되는 셈이다.
플라스틱 포크로 음식을 먹고, 플라스틱 컵으로 물을 마시는 등 플라스틱을 음식을 먹기 위한 수단이라고만 생각했지 직접 먹게 되리라고는 상상도 못했을 것이다. 우리가 먹은 플라스틱이 우리 몸에 남아 분해되지 않고 큰 질병을 키우게 될 것을 말이다.

① 플라스틱은 바로 분해되지 않고 어딘가에 존재한다.
② 마이크로비드는 잔류성유기오염물질을 분해하는 역할을 한다.
③ 물고기 등 해양생물은 마이크로비드를 먹이로 착각해 먹는다.
④ 플라스틱은 필요에 따라 유연성, 강도 등을 조절할 수 있고, 값이 싼 장점이 있다.
⑤ 마이크로비드는 크기가 작기 때문에 정수처리과정에서 걸러지지 않고 바다로 유입된다.

Easy

| 2023년 하반기 SK그룹

25

'갑'이라는 사람이 있다고 하자. 이때 사회가 갑에게 강제적 힘을 행사하는 것이 정당화되는 근거는 무엇일까? 그것은 갑이 다른 사람에게 미치는 해악을 방지하려는 데 있다. 특정 행위가 갑에게 도움이 될 것이라든가, 이 행위가 갑을 더욱 행복하게 할 것이라든가 또는 이 행위가 현명하다든가 혹은 옳은 것이라든가 하는 이유를 들면서 갑에게 이 행위를 강제하는 것은 정당하지 않다. 이러한 이유는 갑에게 권고하거나 이치를 이해시키거나 무엇인가를 간청하거나 할 때는 충분한 이유가 된다. 그러나 갑에게 강제를 가하는 이유 혹은 어떤 처벌을 가할 이유는 되지 않는다. 이와 같은 사회적 간섭이 정당화되기 위해서는 갑이 행하려는 행위가 다른 어떤 이에게 해악을 끼칠 것이라는 점이 충분히 예측되어야 한다. 한 사람이 행하고자 하는 행위 중에서 그가 사회에 대해서 책임을 져야 할 유일한 부분은 다른 사람에게 관계되는 부분이다.

① 타인과 관계되는 행위는 사회적 책임이 따른다.
② 개인에 대한 사회의 간섭은 어떤 조건이 필요하다.
③ 행위 수행 혹은 행위 금지의 도덕적 이유와 법적 이유는 구분된다.
④ 한 사람의 행위는 타인에 대한 행위와 자신에 대한 행위로 구분된다.
⑤ 사회는 개인의 해악에 관해서는 관심이 있지만, 그 해악을 방지할 강제성의 근거는 가지고 있지 않다.

| 2023년 상반기 LG그룹

26

수소와 산소는 H_2와 O_2의 분자 상태로 존재한다. 수소와 산소가 화합해서 물 분자가 되려면 이 두 분자가 충돌해야 하는데, 충돌하는 횟수가 많으면 많을수록 물 분자가 생기는 확률은 높아진다. 또한 반응하기 위해서는 분자가 원자로 분해되어야 한다. 좀 더 정확히 말한다면, 각각의 분자에서 산소 원자끼리 그리고 수소 원자끼리의 결합력이 약해져야 한다. 높은 온도는 분자 간의 충돌 횟수를 증가시킬 뿐 아니라 분자를 강하게 진동시켜 분자의 결합력을 약하게 한다. 그리하여 수소와 산소는 이전까지 결합하고 있던 자신과 동일한 원자와 떨어져, 산소 원자 하나에 수소 원자 두 개가 결합한 물(H_2O)이라는 새로운 화합물이 되는 것이다.

① 수소 분자와 산소 분자가 충돌해야 물 분자가 생긴다.
② 높은 온도는 분자를 강하게 진동시켜 결합력을 약하게 한다.
③ 수소 분자와 산소 분자가 원자로 분해되어야 반응을 할 수 있다.
④ 산소 분자와 수소 분자가 각각 물(H_2O)이라는 새로운 화합물이 된다.
⑤ 산소 분자와 수소 분자의 충돌 횟수가 많아지면 물 분자가 될 확률이 높다.

27

최근 국내 건설업계에서는 3D프린팅 기술을 건설 분야와 접목하고자 노력하고 있다. 해외 건설사들도 3D프린팅 기술을 이용한 건축 시장을 선점하기 위한 경쟁이 활발히 이루어지고 있으며 이미 미국 텍사스 지역에서 3D프린팅 기술을 이용하여 주택 4채를 1주일 만에 완공한 바 있다. 또한 우리나라에서도 인공 조경 벽 등 건설 현장에서 3D프린팅 건축물을 차차 도입해 가고 있다.
왜 건설업계에서는 3D프린팅 기술을 주목하게 되었을까? 3D프린팅 건축 방식은 전통 건축 방식과 비교하여 비용을 절감할 수 있고 공사 기간이 단축되는 점을 장점으로 꼽을 수 있다. 특히 공사 기간이 짧은 점은 천재지변으로 인한 이재민 등을 위한 주거시설을 빠르게 준비할 수 있다는 점에서 호평받고 있다. 또한 전통 건축 방식으로는 구현하기 힘든 다양한 디자인을 구현할 수 있는 점과 건축 폐기물 감소 및 CO_2 배출량 감소 등 환경보호 면에서도 긍정적인 평가를 받고 있으며 각 국가 간 이해관계 충돌로 인한 직·간접적 자재 수급난을 해결할 수 있는 점도 긍정적 평가를 받는 요인이다.
어떻게 3D프린터로 건축물을 세우는 것일까? 먼저 일반적인 3D프린팅의 과정을 알아야 한다. 일반적인 3D프린팅은 컴퓨터로 물체를 3D 형태로 모델링한 후 용융성 플라스틱이나 금속 등을 3D프린터 노즐을 통해 분사하여 아래부터 층별로 겹겹이 쌓는 과정을 거친다.
3D프린팅 건축 방식도 마찬가지이다. 컴퓨터를 통해 건축물을 모델링 후 모델링한 정보에 따라 콘크리트, 금속, 폴리머 등의 건축자재를 노즐을 통해 분사시켜 층층이 쌓아 올리면서 컴퓨터로 설계한 대로 건축물을 만든다. 기계가 대신 건축물을 만든다는 점에서 사람의 힘으로 한계가 있는 기존 건축방식의 해결은 물론 코로나19 사태로 인한 인건비 상승 및 전문인력 수급난을 해결할 수 있다는 점 또한 호평받고 있다.
하지만 아쉽게도 우리나라에서의 3D프린팅 건설 사업은 관련 인증 및 안전 규정 미비 등의 제도적 한계와 기술적 한계가 있어 상용화 단계가 이루어지기는 힘들다. 특히 3D프린터로 구조물을 적층하여 구조물을 쌓아 올리는 데에는 로봇 팔이 필요한데 아직은 5층 이하의 저층 주택 준공이 한계이고 현 대한민국 주택시장은 고층 아파트 등 고층 건물이 주력이므로 3D프린터 고층 건축물 제작 기술을 개발해야 한다는 주장도 더러 나오고 있다.

① 현재 우리나라는 3D프린팅 건축 기술의 제도적 장치 및 기술적 한계를 해결해야만 하는 과제가 있다.
② 3D프린팅 건축 기술은 전통 건축 기술과는 달리 환경에 영향을 덜 끼친다.
③ 3D프린팅 건축 기술은 인력난을 해소할 수 있는 새로운 기술이다.
④ 이미 해외에서는 3D프린팅을 이용하여 주택을 시공한 바 있다.
⑤ 3D프린팅 건축 기술로 인해 대량의 실업자가 발생할 것이다.

28

'위기지학(爲己之學)'이란 15세기의 사림파 선비들이 『소학(小學)』을 강조하면서 내세운 공부 태도를 가리킨다. 원래 이 말은 '위인지학(爲人之學)'과 함께 『논어(論語)』에 나오는 말이다. '옛날에 공부하던 사람들은 자기를 위해 공부했는데, 요즘 사람들은 남을 위해 공부한다.' 즉, 공자는 공부하는 사람의 관심이 어디에 있느냐를 가지고 학자를 두 부류로 구분했다. 어떤 학자는 '위기(爲己)란 자아가 성숙하는 것을 추구하며, 위인(爲人)이란 남들에게서 인정받기를 바라는 태도'라고 했다.
조선 시대를 대표하는 지식인 퇴계 이황(李滉)은 이렇게 말했다. '위기지학이란, 우리가 마땅히 알아야 할 바가 도리이며, 우리가 마땅히 행해야 할 바가 덕행이라는 것을 믿고, 가까운 데서부터 착수해 나가되 자신의 이해를 통해서 몸소 실천하는 것을 목표로 삼는 공부이다. 반면 위인지학이란, 내면의 공허함을 감추고 관심을 바깥으로 돌려 지위와 명성을 취하는 공부이다.' 위기지학과 위인지학의 차이는 공부의 대상이 무엇이냐에 있다기보다 공부를 하는 사람의 일차적 관심과 태도가 자신을 내면적으로 성숙시키는 데 있느냐 아니면 다른 사람으로부터 인정을 받는 데 있느냐에 있다는 것이다.
이것은 학문의 목적이 외재적 가치에 의해서가 아니라 내재적 가치에 의해서 정당화된다는 사고방식이 나타났음을 뜻한다. 이로써 당시 사대부들은 출사(出仕)를 통해 정치에 참여하는 것 외에 학문과 교육에 종사하면서도 자신의 사회적 존재 의의를 주장할 수 있다고 믿었다. 더 나아가 학자 또는 교육자로서 사는 것이 관료 또는 정치가로서 사는 것보다 훌륭한 것이라고 주장할 수 있게 되었다. 또한 위기지학의 출현은 종래 과거제에 종속되어 있던 교육에 독자적 가치를 부여했다는 점에서 역사적 사건으로 평가받아 마땅하다.

① 국가가 위기지학을 권장함으로써 그 위상이 높아졌다.
② 위인지학을 추구하는 사람들은 체면과 인정을 중시했다.
③ 위기적 태도를 견지한 사람들은 자아의 성숙을 추구했다.
④ 공자는 학문을 대하는 태도를 기준으로 삼아 학자들을 나누었다.

Hard

29

운전자 10명 중 3명은 내년 4월부터 전면 시행되는 '안전속도 5030' 정책을 모르는 것으로 나타났다. 한국교통안전공단은 지난 7월 전국 운전자 3,922명을 대상으로 '안전속도 5030 정책 인지도'를 조사한 결과 이를 인지하고 있는 운전자는 68.1%에 그쳤다고 밝혔다. 안전속도 5030 정책은 전국 도시 지역 일반도로의 제한속도를 시속 50km로, 주택가 등 이면도로는 시속 30km 이하로 하향 조정하는 정책이다. 지난해 4월 도로교통법 시행규칙 개정에 따라 내년 4월 17일부터 본격적으로 시행된다. 교통안전공단에 따르면 예기치 못한 사고가 발생하더라도 차량의 속도를 30km로 낮추면 중상 가능성은 15.4%로 크게 낮아진다. 이번 조사에서 특히 20대 이하 운전자의 정책 인지도는 59.7%, 30대 운전자는 66.6%로 전체 평균보다 낮은 것으로 나타났다. 반면 40대(70.2%), 50대(72.1%), 60대 이상(77.3%) 등 연령대가 높아질수록 안전속도 도입을 알고 있다고 응답한 비율이 높았다.

한국교통안전공단은 내년 4월부터 전면 시행되는 안전속도 5030의 성공적 정착을 위해 정책 인지도가 가장 낮은 2030 운전자를 대상으로 온라인 중심의 언택트(Untact) 홍보를 시행할 예정이다. 2030세대가 운전 시 주로 이용하는 모바일 내비게이션사와 협업하여 5030 속도 관리구역 음성안내 및 이미지 표출 등을 통해 제한속도 인식률 향상 및 속도 준수를 유도하고, 유튜브와 SNS 등을 활용한 대국민 참여 이벤트와 공모전 등을 통해 제한속도 하향에 대한 공감대 확산 및 자발적인 속도 하향을 유도할 예정이다.

① 운전자 10명 중 6명 이상은 안전속도 5030 정책을 알고 있다.
② 연령대가 높을수록 안전속도 5030 정책에 대한 인지도가 높다.
③ 안전속도 5030 정책에 대한 연령대별 인식률의 평균은 68.1%이다.
④ 안전속도 5030 정책에 대한 인지도가 가장 낮은 연령대는 20대 이하이다.
⑤ 안전속도 5030 정책이 시행되면 주택가에서의 주행속도는 시속 30km 이하로 제한된다.

※ 다음 밑줄 친 빈칸에 들어갈 내용으로 가장 적절한 것을 고르시오. [30~31]

Easy

❙ 2024년 상반기 CJ그룹

30

현대인들이 부족한 잠으로 인해 만성 피로를 겪고 있다. 성인 평균 권장 수면시간은 7 ~ 8시간이지만, 이를 지키는 이들은 우리나라 성인 기준 단 4%에 불과하다. 국가별 일평균 수면시간 조사에 따르면 한국인의 하루 평균 수면시간은 7시간 41분으로 OECD 18개 회원국 중 최하위를 기록했다. 또한 직장인의 수면시간은 이보다도 짧은 6시간 6분, 권장 수면시간에 2시간 가까이 부족한 수면시간으로 현대인 대부분이 수면 부족에 시달린다 해도 과언이 아닐 정도이다.
수면시간 총량이 적은 것도 문제지만 더 심각한 점은 ______________________, 즉 수면의 질 또한 높지 않다는 것이다. 수면장애를 '단순히 일이 많아서' 또는 '잠버릇 때문에' 발생한 일시적인 가벼운 증상 정도로 여기는 사회적 분위기를 고려하면 실제 수면장애 환자는 더 많을 것으로 추정된다. 특히 대표적인 수면장애인 '수면무호흡증'은 피로감・불안감・우울감은 물론 고혈압・당뇨병과 심혈관질환・뇌졸중까지 다양한 합병증을 유발할 수 있다는 점에서 진단과 치료가 요구된다.

① '어떻게 잘 잤는지'
② '언제 잠을 잤는지'
③ '어디서 잠을 잤는지'
④ '얼마만큼 많이 잤는지'
⑤ '왜 잠이 부족한 것인지'

❙ 2024년 상반기 LG그룹

31

1979년 경찰관 출신이자 샌프란시스코 시의원이었던 댄 화이트는 시장과 시의원을 살해했다는 이유로 1급 살인죄로 기소되었다. 화이트의 변호인은 피고인이 스낵을 비롯해 컵케이크, 캔디 등을 과다 섭취해 당분 과다로 뇌의 화학적 균형이 무너져 정신에 장애가 왔다고 주장하면서 책임 경감을 요구하였다. 재판부는 변호인의 주장을 인정하여 계획 살인죄보다 약한 일반 살인죄를 적용하여 7년 8개월의 금고형을 선고했다. 이 항변은 당시 미국에서 인기 있던 스낵의 이름을 따 '트윙키 항변'이라 불렸고 사건의 사회성이나 의외의 소송 전개 때문에 큰 화제가 되었다.
이를 계기로 1982년 슈엔달러는 교정시설에 수용된 소년범 276명을 대상으로 섭식과 반사회 행동의 상관관계에 대해 실험을 하였다. 기존의 식단에서 각설탕을 꿀로 바꾸어 보고, 설탕이 들어간 음료수에서 천연 과일주스를 주는 등으로 변화를 주었다. 이처럼 정제한 당의 섭취를 원천적으로 차단한 결과 시설 내 폭행, 절도, 규율 위반, 패싸움 등이 실험 전에 비해 무려 45%나 감소했다는 것을 알게 되었다. 따라서 이 실험을 통해 ______________________________

① 과다한 영양 섭취가 범죄 발생에 영향을 미친다는 것을 알 수 있다.
② 과다한 정제당 섭취는 반사회적 행동을 유발할 수 있다는 것을 알 수 있다.
③ 가공식품의 섭취가 일반적으로 폭력 행위를 증가시킨다는 것을 알 수 있다.
④ 정제당 첨가물로 인한 범죄 행위는 그 책임이 경감되어야 한다는 것을 알 수 있다.
⑤ 범죄 예방을 위해 교정시설 내에 정제당을 제공하지 말아야 한다는 것을 알 수 있다.

32 다음 글의 전개 방식으로 가장 적절한 것은?

변혁적 리더십은 리더가 조직 구성원의 사기를 고양하기 위해 미래의 비전과 공동체적 사명감을 강조하고, 이를 통해 조직의 장기적 목표를 달성하는 것을 핵심으로 한다. 거래적 리더십이 협상과 교환을 통해 구성원의 동기를 부여한다면, 변혁적 리더십은 구성원의 변화를 통해 동기를 부여하고자 한다. 또한 거래적 리더십은 합리적 사고와 이성에 호소하는 반면, 변혁적 리더십은 감정과 정서에 호소하는 측면이 크다.

이러한 변혁적 리더십은 조직의 합병을 주도하고 신규 부서를 만들어 내며, 조직 문화를 창출해 내는 등 조직 변혁을 주도하고 관리한다. 따라서 오늘날 급변하는 환경과 조직의 실정에 적합한 리더십 유형으로 주목받고 있다.

변혁적 리더는 주어진 목적의 중요성과 의미에 대한 구성원의 인식 수준을 제고시키고, 개인적 이익을 넘어서 구성원 자신과 조직 전체의 이익을 위해 일하도록 만든다. 그리고 구성원의 욕구 수준을 상위 수준으로 끌어올림으로써 구성원을 근본적으로 변혁시킨다. 즉, 거래적 리더십을 발휘하는 리더는 구성원에게서 기대되었던 성과만을 얻어내지만, 변혁적 리더는 기대 이상의 성과를 얻어낼 수 있다.

① 대상에 대한 여러 가지 견해를 소개한다.
② 구체적 현상을 분석하여 일반적 원리를 도출한다.
③ 시간적 순서에 따라 개념이 형성되어 가는 과정을 밝힌다.
④ 다른 대상과의 비교를 통해 대상이 지닌 특징을 설명한다.
⑤ 개념의 이해를 돕기 위해 친근한 대상을 예로 들어 설명한다.

Easy

| 2024년 상반기 SK그룹

33 다음 글에서 〈보기〉의 문장이 들어갈 위치로 가장 적절한 곳은?

베블런효과는 가격이 오를수록 수요가 증가하는 비정상적인 소비 현상을 설명하는 경제학 이론이다. (가) 일반적인 수요 법칙과 달리 베블런효과는 주로 사치품이나 명품에서 나타나며, 소비자가 높은 가격을 지불함으로써 사회적 지위나 부를 과시하려는 것이다. (나)
베블런효과의 문제점은 경제적 불균형과 과도한 소비를 초래할 수 있다는 점이다. 고가의 사치품에 대한 과시적 소비는 소득 격차를 더욱 부각시키고 사회적 불평등을 심화시킬 수 있다. (다) 또한, 이러한 소비 패턴은 실질적인 필요보다는 과시적 욕구에 기반하므로 자원의 비효율적 배분을 초래할 수 있다. (라) 기업 입장에서는 이러한 소비자 심리를 이용해 가격을 인위적으로 높이는 전략을 구사할 수 있지만, 이는 장기적으로 소비자 신뢰를 저하시킬 위험이 있다. (마) 베블런효과는 소비자 행동 연구와 시장 전략 수립에 중요한 개념이지만 그 부작용을 고려한 신중한 접근이 필요하다.

보기

예를 들어 고가의 명품 가방이나 시계는 그 자체의 기능보다 소유자의 재력 등 우월의식을 드러내는 역할을 한다.

① (가)
② (나)
③ (다)
④ (라)
⑤ (마)

34 다음 글의 전개 방식으로 적절하지 않은 것은?

> 나는 집이 가난해서 말이 없기 때문에 간혹 남의 말을 빌려서 탔다. 그런데 노둔하고 야윈 말을 얻었을 경우에는 일이 아무리 급해도 감히 채찍을 대지 못한 채 금방이라도 쓰러지고 넘어질 것처럼 전전긍긍하기 일쑤요, 개천이나 도랑이라도 만나면 또 말에서 내리곤 한다. 그래서 후회하는 일이 거의 없다. 반면에 발굽이 높고 귀가 쫑긋하며 잘 달리는 준마를 얻었을 경우에는 의기양양하여 방자하게 채찍을 갈기기도 하고 고삐를 놓기도 하면서 언덕과 골짜기를 모두 평지로 간주한 채 매우 유쾌하게 질주하곤 한다. 그러나 간혹 위험하게 말에서 떨어지는 환란을 면하지 못한다.
> 아, 사람의 감정이라는 것이 어쩌면 이렇게까지 달라지고 뒤바뀔 수가 있단 말인가. 남의 물건을 빌려서 잠깐 동안 쓸 때에도 오히려 이와 같은데, 하물며 진짜로 자기가 가지고 있는 경우야 더 말해 무엇 하겠는가.
> 그렇긴 하지만 사람이 가지고 있는 것 가운데 남에게 빌리지 않은 것이 또 뭐가 있다고 하겠는가. 임금은 백성으로부터 힘을 빌려서 존귀하고 부유하게 되는 것이요, 신하는 임금으로부터 권세를 빌려서 총애를 받고 귀한 신분이 되는 것이다. 그리고 자식은 어버이에게서, 지어미는 지아비에게서, 비복(婢僕)은 주인에게서 각각 빌리는 것이 또한 심하고도 많은데, 대부분 자기가 본래 가지고 있는 것처럼 여기기만 할 뿐 끝내 돌이켜 보려고 하지 않는다. 이 어찌 미혹된 일이 아니겠는가.
> 그러다가 혹 잠깐 사이에 그동안 빌렸던 것을 돌려주는 일이 생기게 되면, 만방(萬邦)의 임금도 독부(獨夫)가 되고 백승(百乘)의 대부(大夫)도 고신(孤臣)이 되는 법인데, 더군다나 미천한 자의 경우야 더 말해 무엇 하겠는가.
> 맹자(孟子)가 말하기를 "오래도록 차용하고서 반환하지 않았으니, 그들이 자기의 소유가 아니라는 것을 어떻게 알았겠는가."라고 하였다. 내가 이 말을 접하고서 느껴지는 바가 있기에, 차마설을 지어서 그 뜻을 부연해 보노라.
>
> – 이곡, 『차마설』

① 예화와 교훈의 2단으로 구성하였다.
② 주관적인 사실에 대한 보편적인 의견을 제시한다.
③ 성인의 말을 인용하여 자신의 주장을 뒷받침한다.
④ 자신의 견해를 먼저 제시하고, 그에 맞는 사례를 제시한다.
⑤ 유추의 방법을 통해 개인의 경험을 보편적 깨달음으로 일반화한다.

35 다음 글의 서술상 특징으로 가장 적절한 것은?

> 현대의 도시에서는 정말 다양한 형태를 가진 건축물들을 볼 수 있다. 형태뿐만 아니라 건물 외벽에 주로 사용된 소재 또한 유리나 콘크리트 등으로 다양하다. 이렇듯 현대에는 몇 가지로 규정하는 것이 아예 불가능할 만큼 다양한 건축양식이 존재한다. 그러나 다양하고 복잡한 현대의 건축양식에 비해 고대의 건축양식은 매우 제한적이었다.
> 그리스 시기에는 주주식, 주열식, 원형식 신전을 중심으로 몇 가지의 공통된 건축양식을 보인다. 이러한 신전 중심의 그리스 건축양식은 시기가 지나면서 다른 건축물에 영향을 주었다. 신전에만 쓰이던 건축양식이 점차 다른 건물들의 건축에도 사용이 되며 확대되었던 것이다. 대표적으로 그리스 연못은 신전에 쓰이던 기둥의 양식들을 바탕으로 회랑을 구성하기도 하였다.
> 헬레니즘 시기를 맞이하면서 건축양식을 포함하여 예술 분야가 더욱 발전하며 고대 그리스 시기에 비해 다양한 건축양식이 생겨났다. 뿐만 아니라 건축 기술이 발달하면서 조금 더 다양한 형태의 건축이 가능해졌다. 다층구조나 창문이 있는 벽을 포함한 건축양식 등 필요에 따라서 실용적이고 실측적인 건축양식이 나오기 시작한 것이다. 또한 연극의 유행으로 극장이나 무대 등의 건축양식도 등장하기 시작하였다.
> 로마 시대에 이르러서는 원형 경기장이나 온천, 목욕탕 등 특수한 목적을 가진 건축물에도 아름다운 건축양식이 적용되었다. 현재에도 많은 사람이 관광지로 찾을 만큼, 로마시민들의 위락시설들에는 다양하고 아름다운 건축양식들이 적용되었다.

① 시대별 건축양식의 장단점을 분석하고 있다.
② 전문가의 말을 인용하여 신뢰도를 높이고 있다.
③ 역사적 순서대로 주제의 변천에 대해서 서술하고 있다.
④ 비유적인 표현 방법을 사용하여 문학적인 느낌을 주고 있다.
⑤ 현대에서 찾을 수 있는 건축물의 예시를 들어 독자의 이해를 돕고 있다.

Hard

36 다음 글의 주장에 대한 비판으로 적절하지 않은 것은?

> 동물실험이란 교육, 시험, 연구 및 생물학적 제제의 생산 등 과학적 목적을 위해 동물을 대상으로 실시하는 실험 또는 그 과학적 절차를 말한다. 전 세계적으로 매년 약 6억 마리의 동물들이 실험에 쓰이고 있다고 추정되며, 대부분의 동물들은 실험이 끝난 뒤 안락사를 시킨다.
> 동물실험은 대개 인체실험의 전 단계로 이루어지는데, 검증되지 않은 물질을 바로 사람에게 주입하여 발생하는 위험을 줄일 수 있다는 점에서 필수적인 실험이라고 말할 수 있다. 물론 살아있는 생물을 대상으로 하는 실험이기 때문에 대체(Replacement), 감소(Reduction), 개선(Refinement)으로 요약되는 3R 원칙에 입각하여 실험하는 것이 당연하다. 굳이 다른 방법이 있다면 그 방법을 채택할 것이며, 희생이 되는 동물의 수를 최대한 줄이고, 필수적인 실험 조건 외에는 자극을 주지 않아야 한다.
> 하지만 그럼에도 보다 안전한 결과를 도출해 내기 위한 동물실험은 필요악이며, 이러한 필수적인 의약 실험조차 금지하려 한다는 것은 기술 발전 속도를 늦춰 약이 필요한 누군가의 고통을 감수하자는 이기적인 주장과 같다고 할 수 있다.

① 아무리 엄격하게 통제된 실험이라고 해도 동물 입장에서 바라본 실험이 비윤리적이며 생명체의 존엄성을 훼손하는 행위라는 사실을 벗어날 수는 없다.

② 과거와 달리 현대에서는 인공 조직을 배양하여 실험의 대상으로 삼을 수 있으므로 동물실험 자체를 대체하는 것이 가능하다.

③ 3R 원칙과 같은 윤리적 강령이 법적인 통제력을 지니지 않은 이상 실제로 얼마나 엄격하게 지켜질 것인지는 알 수 없다.

④ 화장품 업체들의 동물실험과 같은 사례를 통해, 생명과 큰 연관이 없는 실험은 필요악이라고 주장할 수 없다.

⑤ 동물실험에서 안전성을 검증받은 이후 인체에 피해를 준 약물의 사례가 존재한다.

37 **다음 중 밑줄 친 ㉠～㉢에 대한 설명으로 적절하지 않은 것은?**

> 국내 연구팀이 반도체 집적회로에 일종의 ㉠ '고속도로'를 깔아 신호의 전송 속도를 높이는 신개념 반도체 소재 기술을 개발했다. 탄소 원자를 얇은 막 형태로 합성한 2차원 신소재인 그래핀을 반도체 회로에 깔아 기존 금속 선로보다 많은 양의 전자를 빠르게 운송하는 것이다.
> 최근 반도체 내에 많은 소자가 집적되면서 소자 사이의 신호를 전송하는 ㉡ '도로'인 금속 재질의 선로에 저항이 기하급수적으로 증가하는 문제가 발생했다. 이러한 집적화의 한계를 극복하기 위해 연구팀은 금속 재질 대신 그래핀을 신호 전송용 길로 활용했다.
> 그래핀은 탄소 원자가 육각형으로 결합한 두께 0.3나노미터의 얇은 2차원 물질로, 전선에 널리 쓰이는 구리보다 전기 전달 능력이 뛰어나며 전자 이동속도도 100배 이상 빨라 이상적인 반도체용 물질로 꼽힌다. 그러나 너무 얇다 보니 전류나 신호를 전달하는 데 방해가 되는 저항이 높고, 전하 농도가 낮아 효율이 떨어진다는 단점이 있었다.
> 연구팀은 이런 단점을 해결하고자 그래핀에 불순물을 얇게 덮는 방법을 생각했다. 그래핀 표면에 비정질 탄소를 흡착시켜 일종의 ㉢ '코팅'처럼 둘러싼 것이다. 연구 결과 이 과정에서 신호 전달을 방해하던 저항은 기존 그래핀 선로보다 60% 감소했고, 신호 손실은 약 절반 정도로 줄어들었으며, 전달할 수 있는 전하의 농도는 20배 이상 증가했다. 이를 통해 연구팀은 금속 선로의 수백분의 1 크기로 작으면서도 효율성은 그대로인 고효율, 고속 신호 전송 선로를 완성하였다.

① 연구팀은 ㉡을 ㉠으로 바꾸었다.
② 반도체 내에 많은 소자가 집적될수록 ㉡에 저항이 증가한다.
③ ㉠은 구리보다 전기 전달 능력과 전자 이동속도가 뛰어나다.
④ 연구팀은 전자의 이동 속도를 높이기 위해 ㉠에 ㉢을 하였다.
⑤ ㉠은 그래핀, ㉡은 금속 재질, ㉢은 비정질 탄소를 의미한다.

Easy

38 다음 글의 논지를 이끌 수 있는 첫 문장으로 가장 적절한 것은?

| 2022년 상반기 SK그룹

> 사람과 사람이 직접 얼굴을 맞대고 하는 접촉이 라디오나 텔레비전 등의 매체를 통한 접촉보다 결정적인 영향력을 미친다는 것이 일반적인 견해로 알려져 있다. 매체는 어떤 마음의 자세를 준비하게 하는 구실을 하여 나중에 직접 어떤 사람에게서 새 어형을 접했을 때 그것이 텔레비전에서 자주 듣던 것이면 더 쉽게 그쪽으로 마음의 문을 열게 하는 면에서 영향력을 행사하기는 하지만, 새 어형이 전파되는 것은 매체를 통해서보다 상면하는 사람과의 직접적인 접촉에 의해서라는 것이 더 일반화된 견해이다. 사람들은 한두 사람의 말만 듣고 언어변화에 가담하지는 않고, 주위의 여러 사람들이 다 같은 새 어형을 쓸 때 비로소 그것을 받아들이게 된다고 한다. 매체를 통해서보다 자주 접촉하는 사람들을 통해 언어변화가 진전된다는 사실은 언어변화의 여러 면을 바로 이해하는 하나의 핵심적인 내용이라 해도 좋을 것이다.

① 일반적으로 젊은 층이 언어변화를 주도한다.
② 언어변화는 결국 접촉에 의해 진행되는 현상이다.
③ 접촉의 형식도 언어변화에 영향을 미치는 요소로 지적되고 있다.
④ 매체의 발달이 언어변화에 중요한 영향을 미치는 것으로 알려져 있다.
⑤ 언어변화는 외부와의 접촉이 극히 제한되어 있는 곳일수록 속도가 느리다.

※ 다음 글을 읽고 이어지는 질문에 답하시오. [39~40]

우리의 눈을 카메라에 비유했을 때 렌즈에 해당하는 부분을 수정체라고 한다. 수정체는 먼 거리를 볼 때 두께가 얇아지고 가까운 거리를 볼 때 두께가 두꺼워지는데, 이러한 과정을 조절이라고 한다. 노화가 시작되어 수정체의 탄력이 떨어지면 조절 능력이 저하되고 이로 인해 가까운 거리의 글씨가 잘 안 보이는 노안이 발생한다.

노안은 주로 40대 중반부터 시작되는데 나이가 들수록 조절력은 감소하게 된다. 최근에는 30・40대가 노안 환자의 절반가량을 차지하고 있으며, 빠르면 20대부터 노안이 발생하기도 한다.

노안이 발생하면 가까운 거리의 시야가 흐리게 보이는 증세가 나타나며, 책을 읽거나 컴퓨터 작업을 할 때 눈이 쉽게 피로하고 두통이 있을 수 있다. 젊은 연령대에서는 이러한 증상을 시력 저하로 생각하고 병원을 찾았다가 노안으로 진단받아 당황하는 경우가 종종 있다.

가장 활발하게 사회생활을 하는 젊은 직장인들의 경우 스마트폰과 PC를 이용한 근거리 작업이 수정체의 조절 능력을 떨어뜨리면서 눈의 노화를 발생시킨다. 또한 전자 기기에서 나오는 블루라이트(모니터, 스마트폰, TV 등에서 나오는 380 ~ 500 나노미터 사이의 파란색 계열의 광원) 불빛이 눈을 쉽게 피로하게 만들어 노안 발생 연령을 앞당기기도 한다.

최근에는 주위에서 디지털 노안을 방지하기 위한 블루라이트 차단 안경이나 필름 등을 어렵지 않게 찾아볼 수 있다. 기업에서도 블루라이트를 최소화한 전자 기기를 출시하는 등 젊은이들에게도 노안은 더 이상 먼 이야기가 아니다. '몸이 천 냥이면 눈이 구백 냥'이라는 말이 있듯이 삶의 질을 유지하는 데 있어 눈은 매우 중요한 기관이다. 몸이 피로하고 지칠 때 편안하게 쉬듯이 눈에도 충분한 휴식을 주어 눈에 부담을 덜어주는 것이 필요하다.

| 2022년 상반기 포스코그룹

39 다음 중 노안 예방 방법으로 적절하지 않은 것은?

① 눈에 충분한 휴식을 준다.
② 전자기기사용을 줄인다.
③ 눈 운동을 한다.
④ 블루라이트 차단 제품을 사용한다.

| 2022년 상반기 포스코그룹

40 다음 중 노안 테스트 질문으로 적절한 것을 〈보기〉에서 모두 고르면?

보기

ㄱ. 항상 안경을 착용한다.
ㄴ. 하루에 세 시간 이상 스마트폰을 사용한다.
ㄷ. 갑작스럽게 두통이나 어지럼증을 느낀다.
ㄹ. 최신 스마트폰을 사용한다.
ㅁ. 먼 곳을 보다가 가까운 곳을 보면 눈이 침침하다.
ㅂ. 조금만 책을 읽어도 눈이 쉽게 피로해진다.

① ㄱ, ㄴ, ㄹ
② ㄱ, ㄷ, ㅂ
③ ㄴ, ㄷ, ㅁ
④ ㄴ, ㅁ, ㅂ

| 2024년 상반기 삼성그룹

01 영업부 5명의 직원이 지방으로 1박 2일 출장을 갔다. 이때 1, 2, 3인실 방에 배정되는 경우의 수는?(단, 각 방은 하나씩 있으며 2, 3인실이 꼭 다 채워질 필요는 없다)

① 50가지
② 60가지
③ 70가지
④ 80가지
⑤ 90가지

| 2024년 상반기 삼성그룹

02 한 학교의 올해 남학생과 여학생 수는 작년에 비해 남학생은 8% 증가, 여학생은 10% 감소했다. 작년의 전체 학생 수는 820명이고, 올해는 작년에 비해 10명이 감소하였다고 할 때, 작년의 여학생 수는?

① 400명
② 410명
③ 420명
④ 430명
⑤ 440명

Easy

| 2024년 상반기 KT그룹

03 과일가게에서는 토마토와 배를 각각 1개당 90원, 210원에 판매를 하고, 1개의 무게는 각각 120g, 450g이다. 한 바구니에 토마토와 배를 몇 개씩 담아 무게를 재어보니 6.15kg이었고, 가격은 3,150원이었다. 바구니의 무게가 990g이며 가격은 300원이라고 할 때, 바구니 안에 들어있는 배의 개수는?

① 5개
② 6개
③ 7개
④ 8개
⑤ 9개

| 2024년 상반기 삼성그룹

04 S베이커리에서 제조되는 초콜릿의 개수가 다음과 같은 규칙을 보일 때, 2023년 11월에 제조되는 초콜릿의 개수는?

〈S베이커리 제조되는 초콜릿 수 변화〉

(단위 : 개)

연/월	2023년 1월	2023년 2월	2023년 3월	2023년 4월	2023년 5월	2023년 6월
초콜릿의 개수	10	20	30	50	80	130

① 210개
② 340개
③ 550개
④ 890개
⑤ 1,440개

| 2024년 상반기 KT그룹

05 집에서 마트까지 시속 6km의 속력으로 걸어가서 40분 동안 물건을 구매한 후 같은 길을 시속 4km로 걸어 집으로 돌아왔더니 2시간 30분이 걸렸다. 이때 집에서 마트까지의 거리는?

① 4.1km
② 4.4km
③ 4.9km
④ 5.4km
⑤ 6.3km

Hard

| 2024년 상반기 KT그룹

06 A～E 5명은 여름휴가를 떠나기 전 원피스를 사러 백화점에 갔다. 모두 마음에 드는 원피스 하나를 발견해 각자 원하는 색깔을 고르기로 하였다. 원피스가 노란색 2벌, 파란색 2벌, 초록색 1벌이 있을 때, 5명이 각자 1벌씩 고를 수 있는 경우의 수는?

① 28가지
② 30가지
③ 32가지
④ 34가지
⑤ 36가지

| 2024년 상반기 LG그룹

07

흰 구슬 4개, 검은 구슬 6개가 들어 있는 주머니에서 연속으로 2개의 구슬을 꺼낼 때, 흰 구슬과 검은 구슬을 각각 1개씩 뽑을 확률은?(단, 꺼낸 구슬은 다시 넣지 않는다)

① $\frac{2}{15}$
② $\frac{4}{15}$
③ $\frac{7}{15}$
④ $\frac{8}{15}$
⑤ $\frac{11}{15}$

Easy

| 2024년 상반기 LG그룹

08

같은 헤어숍에 다니고 있는 A와 B는 일요일에 헤어숍에서 마주쳤다. 서로 마주친 이후 A는 10일 간격으로, B는 16일마다 방문했다. 두 사람이 다시 헤어숍에서 만났을 때의 요일은?

① 월요일
② 화요일
③ 수요일
④ 목요일
⑤ 금요일

| 2024년 상반기 S-OIL그룹

09

아이스링크장에서 2종목의 경기가 열리고 있다. 참가자는 피겨 스케이팅 4명, 쇼트트랙 8명이다. 모든 경기가 토너먼트 방식으로 진행된다고 할 때, 두 경기의 가능한 대진표의 경우의 수의 합은?

① 100가지
② 102가지
③ 108가지
④ 115가지
⑤ 120가지

| 2024년 상반기 S-OIL그룹

10

철수가 각각 1개의 주사위와 동전을 2번씩 던진다. 이때, 주사위의 눈의 합이 7이 나오면서 동전이 둘 다 앞면이 나올 확률은?

① $\frac{1}{20}$
② $\frac{1}{22}$
③ $\frac{1}{24}$
④ $\frac{1}{26}$
⑤ $\frac{1}{28}$

Hard

| 2024년 상반기 S-OIL그룹

11 갑, 을, 병 3명에게 같은 양의 물건을 한 사람씩 똑같이 나누어 주면 각각 30일, 60일, 40일 동안 사용할 수 있다고 한다. 만약 세 사람에게 나누어 줄 물건의 양을 모두 합하여 세 사람이 함께 사용한다면, 세 사람이 함께 모든 물건을 사용하는 데 걸리는 시간은?

① 20일
② 30일
③ 35일
④ 40일
⑤ 45일

| 2023년 하반기 삼성그룹

12 A～H 8명의 후보 선수 중 4명을 뽑을 때, A, B, C를 포함하여 뽑을 확률은?

① $\frac{1}{14}$
② $\frac{1}{5}$
③ $\frac{3}{8}$
④ $\frac{1}{2}$
⑤ $\frac{3}{5}$

Easy

| 2023년 하반기 SK그룹

13 하이킹을 하는데 올라갈 때는 시속 10km로 달리고, 내려올 때는 올라갈 때보다 10km 더 먼 길을 시속 20km로 달렸다. 올라갔다가 내려오는 데 총 5시간이 걸렸다면, 올라갈 때 달린 거리는?

① 15km
② 20km
③ 25km
④ 30km
⑤ 35km

| 2023년 하반기 KT그룹

14 세빈이는 이번 주말에 등산을 하였다. 올라갈 때에는 시속 4km로 걷고 내려올 때에는 올라갈 때보다 2km 더 먼 거리를 시속 6km의 속력으로 걸어 내려왔다. 올라갈 때와 내려올 때 걸린 시간이 같았다면 내려올 때 걸린 시간은?

① 1시간
② 1.5시간
③ 2시간
④ 2.5시간
⑤ 3시간

Easy

| 2023년 하반기 SK그룹

15 농도가 20%인 소금물 100g을 50g 덜어낸 뒤, 남아있는 소금물에 물을 더 넣어 10%의 소금물을 만들려고 한다. 이때, 필요한 물의 양은?

① 10g
② 20g
③ 30g
④ 40g
⑤ 50g

| 2023년 상반기 삼성그룹

16 작년 S사의 일반 사원 수는 400명이었다. 올해 진급하여 직책을 단 사원은 작년 일반 사원 수의 12%이고, 20%는 퇴사를 하였다. 올해 전체 일반 사원 수가 작년보다 6% 증가했을 때, 올해 채용한 신입사원은 몇 명인가?

① 144명
② 146명
③ 148명
④ 150명
⑤ 152명

Easy

| 2023년 상반기 삼성그룹

17 남학생 4명과 여학생 3명을 원형 모양의 탁자에 앉힐 때, 여학생 3명이 이웃해서 앉을 확률은?

① $\frac{1}{21}$
② $\frac{1}{7}$
③ $\frac{1}{5}$
④ $\frac{1}{15}$
⑤ $\frac{1}{20}$

| 2023년 상반기 LG그룹

18 A와 B가 같이 일을 하면 12일이 걸리고, B와 C가 같이 일을 하면 6일, C와 A가 같이 일을 하면 18일이 걸리는 일이 있다. 만약 A ~ C 모두 함께 72일 동안 일을 하면 기존에 했던 일의 몇 배의 일을 할 수 있는가?

① 9배
② 10배
③ 11배
④ 12배
⑤ 13배

Hard

| 2022년 하반기 SK그룹

19 농도가 14%로 오염된 물 50g이 있다. 깨끗한 물을 채워서 오염농도를 4%p 줄이기 위해 넣어야 하는 깨끗한 물의 양은?

① 5g
② 10g
③ 15g
④ 20g
⑤ 25g

Easy

| 2022년 하반기 SK그룹

20 어떤 자연수로 245를 나누면 5가 남고, 100을 나누면 4가 남는다고 한다. 이러한 어떤 자연수 중 가장 큰 수는?

① 12
② 24
③ 36
④ 48
⑤ 60

| 2022년 하반기 SK그룹

21 어떤 두 소행성 간의 거리는 150km이다. 이 두 소행성이 서로를 향하여 각각 초속 10km와 5km로 접근한다면, 둘은 몇 초 후에 충돌하겠는가?

① 5초
② 10초
③ 15초
④ 20초
⑤ 25초

| 2022년 하반기 LG그룹

22 남자 5명과 여자 3명 중에서 4명의 대표를 선출할 때, 적어도 1명의 여자가 포함되도록 선출하는 경우의 수는?

① 55가지
② 60가지
③ 65가지
④ 70가지
⑤ 75가지

| 2022년 상반기 LG그룹

23 어느 모임의 여자 회원의 수는 남자 회원 수의 80%이다. 남자 회원 5명이 모임을 탈퇴하고 여자 회원 1명이 새로 가입한다면 남자 회원과 여자 회원의 수가 같아진다. 이 모임의 회원 수는?

① 26명
② 30명
③ 50명
④ 54명
⑤ 62명

Easy

| 2022년 상반기 삼성그룹

24 S사에서 판매 중인 두 제품 A와 B의 원가의 합은 50,000원이다. 각각 10%, 12% 이익을 붙여서 5개씩 팔았을 때 마진이 28,200원이라면 B의 원가는?

① 12,000원
② 17,000원
③ 22,000원
④ 27,000원
⑤ 32,000원

| 2022년 상반기 LG그룹

25 1km 떨어진 지점을 왕복하는 데 20분 동안 30m/min의 속력으로 갔다. 총 1시간 안에 왕복할 때, 이후 속력은?

① 25m/min
② 30m/min
③ 35m/min
④ 40m/min
⑤ 45m/min

| 2022년 상반기 SK그룹

26 가로의 길이가 5m, 세로의 길이가 12m인 직사각형 모양의 농구코트가 있다. 철수는 농구코트의 모서리에 서 있으며, 농구공은 농구코트 안에서 철수로부터 가장 멀리 떨어진 곳에 존재하고 있다. 최단거리로 농구공을 가지러 간다면 철수의 이동거리는?

① 5m
② 6m
③ 12m
④ 13m
⑤ 15m

Hard

| 2022년 상반기 SK그룹

27

농도가 서로 다른 소금물 A, B가 있다. 소금물 A를 200g, 소금물 B를 300g 섞으면 농도가 9%인 소금물이 되고, 소금물 A를 300g, 소금물 B를 200g 섞으면 농도 10%인 소금물이 될 때, 소금물 B의 농도는?

① 7%
② 10%
③ 13%
④ 20%
⑤ 25%

| 2024년 상반기 KT그룹

28

다음은 국민연금 운용수익률 추이에 대한 자료이다. 이에 대한 내용으로 옳은 것은?

〈국민연금 운용수익률 추이〉

(단위 : %)

구분	11년 연평균 (2013 ~ 2023년)	5년 연평균 (2019 ~ 2023년)	3년 연평균 (2021 ~ 2023년)	2023년 (2023년 1년간)
전체	5.24	3.97	3.48	−0.92
금융부문	5.11	3.98	3.49	−0.93
국내주식	4.72	1.30	3.07	−16.77
해외주식	5.15	4.75	3.79	−6.19
국내채권	4.84	3.60	2.45	4.85
해외채권	4.37	3.58	2.77	4.21
대체투자	8.75	9.87	8.75	11.80
단기자금	4.08	1.58	1.59	2.43
공공부문	8.26	−	−	−
복지부문	6.34	−1.65	−1.51	−1.52
기타부문	1.69	0.84	0.73	0.96

① 단기자금 운용수익률은 매년 증가하고 있다.
② 2023년 현재 운용수익률은 모든 부문에서 적자를 기록했다.
③ 공공부문은 조사기간 내내 운용수익률이 가장 높은 부문이다.
④ 금융부문 운용수익률은 연평균기간이 짧을수록 꾸준히 증가하고 있다.
⑤ 국민연금 전체 운용수익률은 연평균기간이 짧을수록 점차 감소하고 있다.

Hard

29 다음은 1인 1일 이메일과 휴대전화 스팸 수신량을 나타낸 자료이다. 이에 대한 설명으로 옳은 것은?

〈1인 1일 스팸 수신량〉

(단위 : 통)

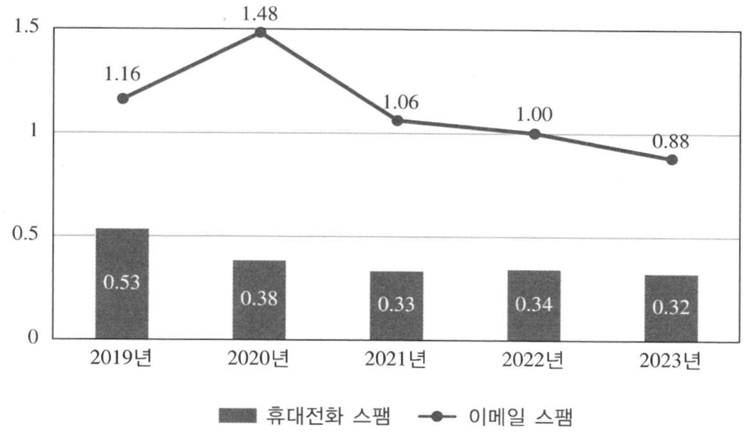

① 이메일 스팸 수신량은 같은 해의 휴대전화 스팸 수신량보다 항상 2.5배 이상이다.

② 2021년부터 2023년까지 휴대전화 스팸 수신량과 이메일 스팸 수신량 증감 추이는 같다.

③ 전년 대비 2021년 이메일 스팸 수신량 감소율은 전년 대비 2022년 감소율의 4배 이하이다.

④ 전년 대비 2022년도 휴대전화 스팸 증가량과 2021년 대비 2023년도 휴대전화 스팸 감소량은 같다.

⑤ 이메일 스팸 수신량이 가장 많은 해는 2020년이고, 휴대전화 스팸 수신량이 가장 적은 해는 2022년이다.

30 다음은 S센터의 2015 ~ 2023년 공연예술 행사 추이를 나타낸 자료이다. 이에 대한 설명으로 옳은 것은?

〈공연예술 행사 추이〉

(단위 : 건)

구분	2015년	2016년	2017년	2018년	2019년	2020년	2021년	2022년	2023년
양악	250	260	270	300	315	380	395	415	460
국악	68	110	100	113	135	145	180	187	238
무용	60	60	70	105	150	135	미집계	140	138
연극	60	45	55	70	140	117	130	195	180

① 이 기간 동안 매년 국악 공연 건수가 연극 공연 건수보다 많았다.

② 연극 공연 건수가 무용 공연 건수보다 많아진 것은 2022년부터였다.

③ 2015년 대비 2023년 공연 건수의 증가율이 가장 높은 장르는 국악이다.

④ 2022년에 비해 2023년에 공연 건수가 가장 많이 증가한 장르는 양악이다.

⑤ 이 기간 동안 매년 양악 공연 건수가 국악, 무용, 연극 공연 건수의 합보다 많았다.

31 다음은 지역별 인구 및 인구밀도에 대한 자료이다. 이에 대한 설명으로 옳은 것을 〈보기〉에서 모두 고르면?

〈지역별 인구 및 인구밀도〉

(단위 : 천 명, 명/km^2)

구분	2021년		2022년		2023년	
	인구	인구밀도	인구	인구밀도	인구	인구밀도
서울	10,032	16,574	10,036	16,582	10,039	16,593
부산	3,498	4,566	3,471	4,531	3,446	4,493
대구	2,457	2,779	2,444	2,764	2,431	2,750
인천	2,671	2,602	2,645	2,576	2,655	2,586

※ $(\text{인구밀도})=\frac{(\text{인구})}{(\text{면적})}$

보기

ㄱ. 2021년에서 2022년까지 감소한 인구가 2022년 전체 인구에서 차지하는 비율은 부산보다 대구가 더 크다.

ㄴ. 인천의 면적은 1,000km^2보다 넓다.

ㄷ. 부산의 면적은 대구의 면적보다 넓다.

① ㄱ
② ㄴ
③ ㄱ, ㄴ
④ ㄴ, ㄷ
⑤ ㄱ, ㄴ, ㄷ

32 다음은 주요 선진국과 BRICs의 고령화율을 나타낸 자료이다. 2040년의 고령화율이 2010년 대비 3배 이상이 되는 나라를 〈보기〉에서 모두 고르면?

〈주요 선진국과 BRICs 고령화율〉

(단위 : %)

구분	한국	미국	프랑스	영국	독일	일본	브라질	러시아	인도	중국
1990년	5	12	14	13	15	11	4	10	2	5
2000년	7	12	16	15	16	17	5	12	3	6
2010년	11	13	20	16	20	18	7	13	4	10
2020년	15	16	20	20	23	28	9	17	6	11
2030년(예상치)	24	20	25	25	28	30	16	21	10	16
2040년(예상치)	33	26	30	32	30	36	21	26	16	25

보기

㉠ 한국
㉡ 미국
㉢ 일본
㉣ 브라질
㉤ 인도

① ㉠, ㉡, ㉢
② ㉠, ㉡, ㉣
③ ㉠, ㉣, ㉤
④ ㉡, ㉢, ㉤

33 화물 출발지와 도착지 간 거리가 A기업은 100km, B기업은 200km이며, 운송량은 A기업 5톤, B기업 1톤이다. 국내 운송 시 수단별 요금체계가 다음과 같을 때, A기업과 B기업의 운송비용에 대한 설명으로 옳은 것은?(단, 다른 조건은 같다)

〈운송비용 정보〉

구분		화물자동차	철도	연안해송
운임	기본운임	200,000원	150,000원	100,000원
	추가운임	1,000원	900원	800원
부대비용		100원	300원	500원

※ 추가운임 및 부대비용은 거리(km)와 무게(톤)를 곱하여 산정함

① A, B 모두 화물자동차 운송이 저렴하다.
② A는 화물자동차가 저렴하고, B는 모든 수단이 같다.
③ A는 모든 수단이 같고, B는 연안해송이 저렴하다.
④ A, B 모두 철도운송이 저렴하다.
⑤ A는 연안해송, B는 철도운송이 저렴하다.

Hard

| 2024년 상반기 삼성그룹

34 다음은 남성과 여성의 희망 자녀수에 대한 자료이다. 이에 대한 설명으로 옳은 것은?

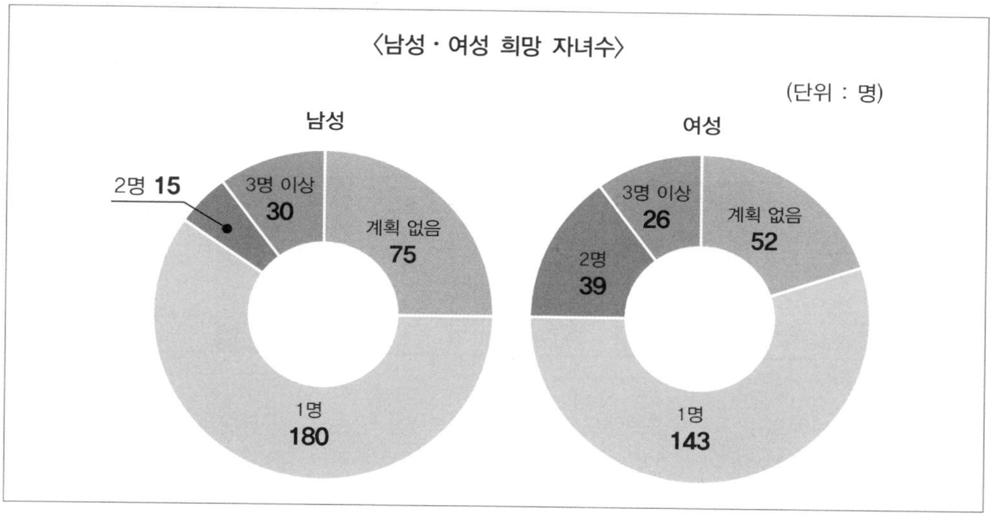

① 남성과 여성의 전체 조사 인원은 600명 이상이다.

② 희망 자녀수가 1명인 여성 인원은 전체 여성 인원의 60%이다.

③ 각 성별의 각 항목을 인원수가 많은 순서대로 나열하면 모든 항목의 순위는 같다.

④ 희망 자녀수가 2명인 여성 인원의 전체 여성 인원에 대한 비율은 응답이 같은 남성 인원의 전체 남성 인원에 대한 비율의 2배이다.

⑤ 자녀 계획이 없는 남성 인원의 전체 남성 인원에 대한 비율은 응답이 같은 여성 인원의 전체 여성 인원에 대한 비율보다 5%p 더 크다.

35 다음은 중성세제 브랜드별 용량 및 가격을 정리한 자료이다. 브랜드마다 용량에 대한 가격을 조정했을 때, 브랜드별 판매 가격 및 용량의 변경 전과 변경 후에 대한 판매 금액 차이가 바르게 연결된 것은?

〈브랜드별 중성세제 판매 가격 및 용량〉

(단위 : 원, L)

구분		1L당 가격	용량		1L당 가격	용량
A브랜드	변경 전	8,000	1.3	변경 후	8,200	1.2
B브랜드		7,000	1.4		6,900	1.6
C브랜드		3,960	2.5		4,000	2.0
D브랜드		4,300	2.4		4,500	2.5

	A브랜드	B브랜드	C브랜드	D브랜드
①	550원 증가	1,220원 감소	2,000원 증가	930원 증가
②	550원 감소	1,240원 증가	1,900원 증가	930원 증가
③	560원 감소	1,240원 증가	1,900원 감소	930원 증가
④	560원 증가	1,240원 감소	2,000원 감소	900원 감소
⑤	560원 감소	1,220원 증가	1,900원 감소	900원 감소

Easy

36 다음은 주요 온실가스의 연평균 농도 변화 추이를 나타낸 자료이다. 이에 대한 설명으로 옳지 않은 것은?

〈주요 온실가스의 연평균 농도 변화 추이〉

구분	2016년	2017년	2018년	2019년	2020년	2021년	2022년
이산화탄소(CO_2, ppm)	387.2	388.7	389.9	391.4	392.5	394.5	395.7
오존전량(O_3, DU)	331	330	328	325	329	343	335

① 이산화탄소의 농도는 계속해서 증가하고 있다.
② 오존전량은 계속해서 증가하고 있다.
③ 2022년 오존전량은 2016년의 오존전량보다 4DU 증가했다.
④ 2022년 이산화탄소의 농도는 2017년보다 7ppm 증가했다.
⑤ 오존전량이 가장 크게 감소한 해는 2022년이다.

Easy

| 2023년 하반기 SK그룹

37 다음은 어느 지역에서 세대 간 직업이동성을 알아보기 위하여 임의로 표본 추출하여 조사한 자료이다. 직업은 편의상 A, B, C로 구분하였다. 이에 대한 〈보기〉의 설명 중 옳은 것을 모두 고르면?

〈세대 간 직업이동성 비율〉

(단위 : %)

부모의 직업 \ 자녀의 직업	A	B	C
A	45	48	7
B	5	70	25
C	1	50	49

※ 전체 부모 세대의 직업은 A가 10%, B가 40%, C가 50%이고, 조사한 부모당 자녀 수는 한 명임

보기

ㄱ. 자녀의 직업이 C일 확률은 $\frac{81}{100}$ 이다.

ㄴ. 자녀의 직업이 B인 경우에 부모의 직업이 C일 확률은 구할 수 없다.

ㄷ. 부모와 자녀의 직업이 모두 A일 확률은 $0.1 \times \frac{45}{100}$ 이다.

ㄹ. 자녀의 직업이 A일 확률은 부모의 직업이 A일 확률보다 낮다.

① ㄱ, ㄷ
② ㄱ, ㄹ
③ ㄴ, ㄷ
④ ㄴ, ㄹ
⑤ ㄷ, ㄹ

| 2023년 하반기 SK그룹

38 S사는 최근 미세먼지와 황사로 인해 실내 공기질이 많이 안 좋아졌다는 건의가 들어와 내부 검토 후 예산 400만 원으로 공기청정기 40대를 구매하기로 하였다. 다음 두 업체 중 어느 곳에서 공기청정기를 구매하는 것이 유리하며, 얼마나 더 저렴한가?

〈공기청정기 할인 정보〉

업체	할인 정보	가격
A전자	• 8대 구매 시, 2대 무료 증정 • 구매 금액 100만 원당 2만 원 할인	8만 원/대
B마트	• 20대 이상 구매 : 2% 할인 • 30대 이상 구매 : 5% 할인 • 40대 이상 구매 : 7% 할인 • 50대 이상 구매 : 10% 할인	9만 원/대

※ 1,000원 단위 이하는 절사함

① A전자, 82만 원
② A전자, 148만 원
③ B마트, 12만 원
④ B마트, 20만 원
⑤ A전자, 120만 원

Hard

39 다음은 어느 지역의 주화 공급에 대한 자료이다. 이에 대한 설명으로 적절한 것을 〈보기〉에서 모두 고르면?

〈주화 공급량 및 공급기관 수〉

구분	액면가				
	10원	50원	100원	500원	합계
공급량(만 개)	3,469	2,140	2,589	1,825	10,023
공급기관 수(개)	1,519	929	801	953	4,202

※ $(\text{평균 주화 공급량})=\frac{(\text{주화 종류별 공급량의 합})}{(\text{주화 종류 수})}$

※ (주화 공급액)=(주화 공급량)×(액면가)

보기

ㄱ. 주화 공급량이 주화 종류별로 각각 200만 개씩 증가한다면, 이 지역의 평균 주화 공급량은 2,700만 개 이상이다.

ㄴ. 주화 종류별 공급기관당 공급량은 10원 주화가 500원 주화보다 적다.

ㄷ. 10원과 500원 주화는 각각 10%씩, 50원과 100원 주화는 각각 20%씩 공급량이 증가한다면, 이 지역의 평균 주화 공급량의 증가율은 15% 이하이다.

ㄹ. 총 주화 공급액 규모가 12% 증가해도 주화 종류별 주화 공급량의 비율은 변하지 않는다.

① ㄱ, ㄴ

② ㄱ, ㄷ

③ ㄷ, ㄹ

④ ㄱ, ㄷ, ㄹ

⑤ ㄴ, ㄷ, ㄹ

Hard

40 퇴직 후 네일아트를 전문적으로 하는 뷰티숍을 개점하려는 S씨는 평소 눈여겨 본 지역의 고객 분포를 알아보기 위해 직접 설문조사를 하였다. 설문조사 결과가 다음과 같을 때, S씨가 이해한 내용으로 가장 적절한 것은?(단, 복수응답과 무응답은 없다)

〈응답자의 연령대별 방문횟수〉

(단위 : 명)

방문횟수 \ 연령대	20 ~ 25세	26 ~ 30세	31 ~ 35세	합계
1회	19	12	3	34
2 ~ 3회	27	32	4	63
4 ~ 5회	6	5	2	13
6회 이상	1	2	0	3
합계	53	51	9	113

〈응답자의 직업〉

(단위 : 명)

직업	응답자
학생	49
회사원	43
공무원	2
전문직	7
자영업	9
가정주부	3
합계	113

① 전체 응답자 중 20 ~ 25세 응답자가 차지하는 비율은 50% 이상이다.

② 26 ~ 30세 응답자 중 4회 이상 방문한 응답자 비율은 10% 이상이다.

③ 31 ~ 35세 응답자의 1인당 평균 방문횟수는 2회 미만이다.

④ 전체 응답자 중 직업이 학생 또는 공무원인 응답자 비율은 50% 이상이다.

⑤ 전체 응답자 중 20 ~ 25세인 전문직 응답자 비율은 5% 미만이다.

| 2023년 상반기 LG그룹

41 다음은 L사의 등급별 인원비율 및 성과 상여금을 나타낸 자료이다. 마케팅부서의 인원은 15명이고, 영업부서 인원은 11명일 때, 상여금에 대한 설명으로 옳지 않은 것은?(단, 인원은 소수점 첫째 자리에서 반올림한다)

〈등급별 인원비율 및 성과 상여금〉

(단위 : %, 만 원)

구분	S등급	A등급	B등급	C등급
인원비율	15	30	40	15
상여금	500	420	330	290

① 마케팅부서에 지급되는 총 상여금은 5,660만 원이다.
② A등급 1인당 상여금은 B등급 1인당 상여금보다 약 27% 많다.
③ 영업부서 A등급과 B등급의 인원은 마케팅부서 인원보다 각각 2명씩 적다.
④ 영업부서에 지급되는 총 상여금은 마케팅부서 총 상여금보다 1,200만 원이 적다.
⑤ 마케팅부서의 S등급 상여금을 받는 인원과 영업부서의 C등급 상여금을 받는 인원의 수가 같다.

Easy

| 2023년 상반기 삼성그룹

42 어떤 동굴의 한 석순의 길이를 10년 단위로 측정한 결과가 다음과 같은 규칙으로 자랄 때, 2050년에 측정될 석순의 길이는?

〈연도별 석순 길이〉

(단위 : cm)

연도	1960년	1970년	1980년	1990년	2000년
석순 길이	10	12	13	15	16

① 22cm
② 23cm
③ 24cm
④ 25cm
⑤ 26cm

| 2023년 상반기 삼성그룹

43 세계 물 위원회에서는 전 세계의 물 문제 해결을 위한 공동 대응을 목적으로 '세계 물 포럼'을 주기적으로 개최하고 있다. 제1회 세계 물 포럼은 1997년 모로코의 마라케시에서 개최되었고 개최 연도에 다음과 같은 규칙으로 개최될 때, 제10회 세계 물 포럼이 개최되는 연도는?

〈세계 물 포럼 개최 연도〉

(단위 : 년)

구분	제1회	제2회	제3회	제4회	제5회
연도	1997	2000	2003	2006	2009

① 2022년
② 2023년
③ 2024년
④ 2025년
⑤ 2026년

| 2022년 상반기 CJ그룹

44 다음은 2021년 1월 기준 코로나19 확진자 발생 현황에 대한 자료이다. 이에 대한 설명으로 적절하지 않은 것을 〈보기〉에서 모두 고르면?

〈코로나19 확진자 발생 현황〉

(단위 : 명)

구분	확진자	치료중	퇴원	소속기관별 확진자							
				유	초	중	고	특수	각종	학평	행정기관
학생	1,203	114	1,089	56	489	271	351	14	12	10	–
교직원	233	7	226	16	73	68	58	9	3	–	6

보기

ㄱ. 확진자 중 퇴원수의 비율은 교직원이 학생보다 6% 이상 높다.
ㄴ. 학생 확진자 중 초등학생 비율은 전체 확진자 중 초등 소속(학생+교직원) 비율보다 낮다.
ㄷ. 전체 확진자 중 고등학생의 비율은 전체 확진자 중 유치원생의 비율의 8배 이상이다.
ㄹ. 고등학교와 중학교 소속 확진자는 전체 확진자의 과반수 이상이다.

① ㄱ, ㄴ
② ㄴ, ㄷ
③ ㄴ, ㄹ
④ ㄷ, ㄹ
⑤ ㄱ, ㄴ, ㄷ

Easy

| 2022년 상반기 포스코그룹

45 다음은 공공도서관 현황에 대한 자료이다. 이에 대한 설명으로 적절하지 않은 것은?

〈공공도서관의 수〉

구분	2018년	2019년	2020년	2021년
공공도서관 수(단위 : 개관)	644	703	759	786
1관당 인구 수(단위 : 명)	76,926	70,801	66,556	64,547
1인당 장서(인쇄, 비도서) 수(단위 : 권)	1.16	1.31	1.10	1.49
장서(인쇄, 비도서) 수(단위 : 천 권)	58,365	65,366	70,539	75,575
방문자 수(단위 : 천 명)	204,919	235,140	258,315	270,480

① 공공도서관 수는 점점 증가하고 있는 추세이다.

② 2021년 1인당 장서 수는 1.49권이다.

③ 2020년의 공공도서관에는 258,315,000명이 방문했다.

④ 2021년 1관당 인구 수는 2018년 1관당 인구 수에 비해 12,379명 증가했다.

| 2022년 상반기 포스코그룹

46 다음은 연도별 자원봉사 참여현황을 나타낸 자료이다. 이에 대한 설명으로 적절한 것을 〈보기〉에서 모두 고르면?

〈연도별 자원봉사 참여현황〉

(단위 : 명)

구분	2017년	2018년	2019년	2020년	2021년
총 성인 인구수	41,649,010	42,038,921	43,011,143	43,362,250	43,624,033
자원봉사 참여 성인 인구수	2,667,575	2,874,958	2,252,287	2,124,110	1,383,916

보기

ㄱ. 자원봉사에 참여하는 성인 참여율은 2018년도가 가장 높다.

ㄴ. 2019년도의 성인 자원봉사 참여율은 2020년보다 높다.

ㄷ. 자원봉사 참여 인구 증가율이 가장 높은 해는 2018년도이고 가장 낮은 해는 2020년이다.

ㄹ. 2017년부터 2020년까지의 총 자원봉사 참여한 성인 인구수는 천만 명 이상이다.

① ㄱ, ㄴ
② ㄱ, ㄷ
③ ㄴ, ㄹ
④ ㄷ, ㄹ

47 다음은 19세 이상 성별 흡연율에 대한 자료이다. 이에 대한 설명으로 적절하지 않은 것은?

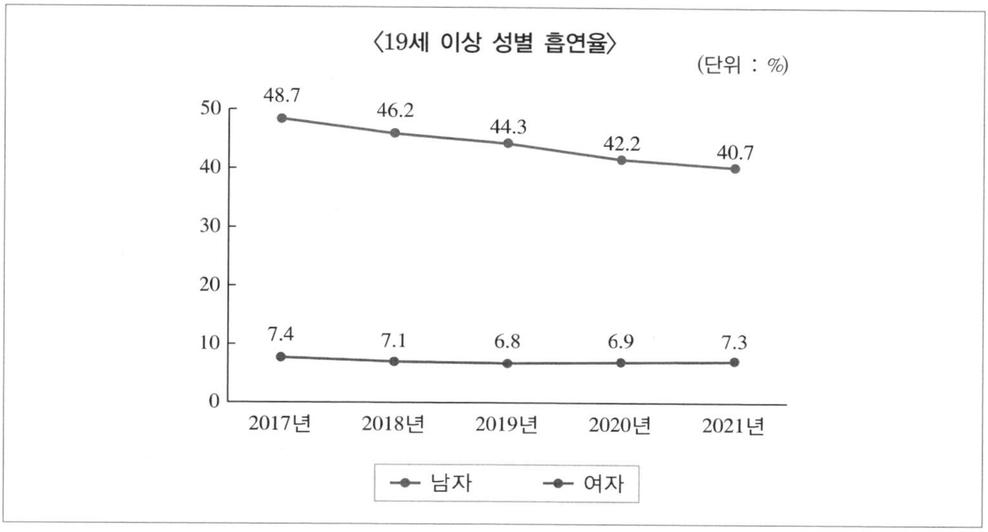

① 남자의 흡연율은 감소하고 있다.

② 여자의 흡연율은 감소에서 증가로 바뀌었다.

③ 남자와 여자의 흡연율 차이는 감소하고 있다.

④ 남자의 흡연율이 전년도와 가장 많은 차이를 보이는 해는 2018년이다.

⑤ 여자의 흡연율이 전년도와 가장 많은 차이를 보이는 해는 2019년이다.

48 다음은 최근 5년 동안 아동의 비만율을 나타낸 자료이다. 이에 대한 설명으로 적절한 것을 〈보기〉에서 모두 고르면?

〈연도별 아동 비만율〉

(단위 : %)

구분	2017년	2018년	2019년	2020년	2021년
유아(만 6세 미만)	11	10.8	10.2	7.4	5.8
어린이(만 6세 이상 만 13세 미만)	9.8	11.9	14.5	18.2	19.7
청소년(만 13세 이상 만 19세 미만)	18	19.2	21.5	24.7	26.1

보기

ㄱ. 모든 아동의 비만율은 전년 대비 증가하고 있다.
ㄴ. 조사기간 동안의 어린이 비만율은 유아 비만율보다 크고, 청소년 비만율보다 작다.
ㄷ. 2017년 대비 2021년 청소년 비만율의 증가율은 45%이다.
ㄹ. 2021년과 2019년의 비만율 차이가 가장 큰 아동은 어린이이다.

① ㄱ, ㄷ
② ㄱ, ㄹ
③ ㄴ, ㄷ
④ ㄴ, ㄹ
⑤ ㄷ, ㄹ

※ 다음은 2018 ~ 2022년 연도별 해양사고 발생 현황에 대한 자료이다. 이를 읽고 이어지는 질문에 답하시오. [49~50]

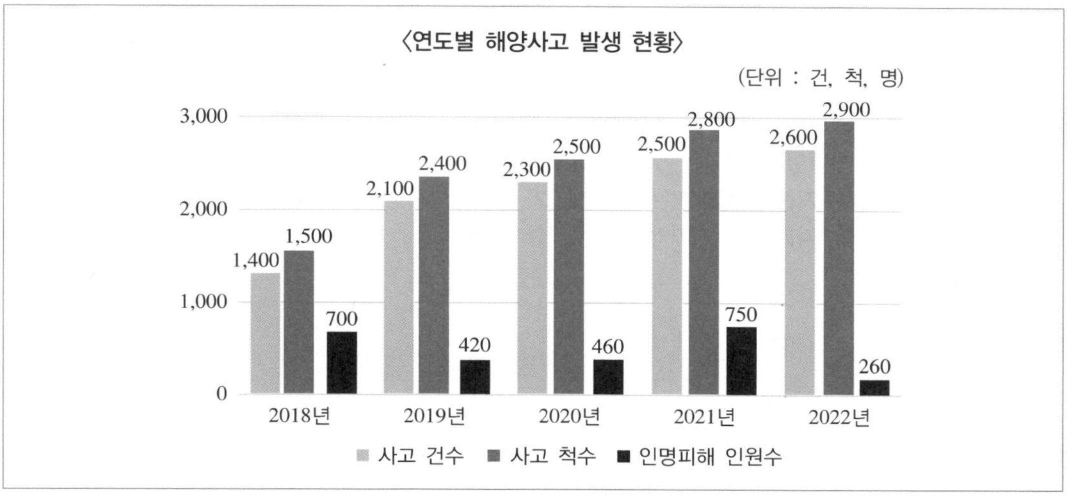

Easy

| 2023년 하반기 삼성그룹

49 다음 중 2018년 대비 2019년 사고 척수의 증가율과 사고 건수의 증가율이 순서대로 나열된 것은?

① 40%, 45%
② 45%, 50%
③ 60%, 50%
④ 60%, 55%
⑤ 60%, 65%

| 2023년 하반기 삼성그룹

50 다음 중 사고 건수당 인명피해의 인원수가 가장 많은 연도는?

① 2018년
② 2019년
③ 2020년
④ 2021년
⑤ 2022년

03 추리

※ 다음 명제가 모두 참일 때, 빈칸에 들어갈 명제로 가장 적절한 것을 고르시오. [1~9]

| 2024년 상반기 삼성그룹

01

전제1. 재고가 있다.
전제2. 설비투자를 늘리지 않는다면, 재고가 있지 않다.
전제3. 건설투자를 늘릴 때에만, 설비투자를 늘린다.
결론. ______________________

① 설비투자를 늘린다.
② 건설투자를 늘리지 않는다.
③ 재고가 있거나 설비투자를 늘리지 않는다.
④ 건설투자를 늘린다면, 공장을 짓는다.
⑤ 설비투자를 늘리지 않을 때만, 공장을 짓는다.

| 2024년 상반기 삼성그룹

02

전제1. 마라톤을 좋아하는 사람은 체력이 좋고, 인내심도 있다.
전제2. 몸무게가 무거운 사람은 체력이 좋다.
전제3. 명랑한 사람은 마라톤을 좋아한다.
결론. ______________________

① 체력이 좋은 사람은 인내심이 없다.
② 인내심이 없는 사람은 명랑하지 않다.
③ 마라톤을 좋아하는 사람은 몸무게가 가볍다.
④ 몸무게가 무겁지 않은 사람은 체력이 좋지 않다.
⑤ 체력이 좋지 않은 사람은 인내심도 없다.

| 2023년 하반기 삼성그룹

03

전제1. 눈을 자주 깜빡이지 않으면 눈이 건조해진다.
전제2. 스마트폰을 이용할 때는 눈을 자주 깜빡이지 않는다.
결론. ____________________

① 눈이 건조해지면 눈을 자주 깜빡이지 않는다.
② 눈이 건조해지지 않으면 눈을 자주 깜빡이지 않는다.
③ 눈을 자주 깜빡이지 않으면 스마트폰을 이용하는 때이다.
④ 스마트폰을 이용할 때는 눈이 건조해진다.
⑤ 눈이 건조해지면 눈을 자주 깜빡인 것이다.

| 2023년 하반기 삼성그룹

04

전제1. 밤에 잠을 잘 못자면 낮에 피곤하다.
전제2. ____________________
전제3. 업무효율이 떨어지면 성과급을 받지 못한다.
결론. 밤에 잠을 잘 못자면 성과급을 받지 못한다.

① 업무효율이 떨어지면 밤에 잠을 잘 못 잔다.
② 낮에 피곤하면 업무효율이 떨어진다.
③ 성과급을 받으면 밤에 잠을 잘 못 잔다.
④ 밤에 잠을 잘 자면 성과급을 받는다.
⑤ 성과급을 받지 못하면 낮에 피곤하다.

| 2023년 상반기 삼성그룹

05

• 스테이크를 먹는 사람은 지갑이 없다.
• ____________________
• 지갑이 있는 사람은 쿠폰을 받는다.

① 스테이크를 먹는 사람은 쿠폰을 받지 않는다.
② 스테이크를 먹지 않는 사람은 쿠폰을 받는다.
③ 쿠폰을 받는 사람은 지갑이 없다.
④ 지갑이 없는 사람은 쿠폰을 받지 않는다.
⑤ 지갑이 없는 사람은 스테이크를 먹지 않는다.

| 2023년 상반기 삼성그룹

06

- 광물은 매우 규칙적인 원자 배열을 가지고 있다.
- 다이아몬드는 광물이다.
- ______________________________

① 다이아몬드는 매우 규칙적인 원자 배열을 가지고 있다.
② 광물이 아니면 규칙적인 원자 배열을 가지고 있지 않다.
③ 다이아몬드가 아니면 광물이 아니다.
④ 광물은 다이아몬드이다.
⑤ 광물이 아니면 다이아몬드이다.

Hard

| 2023년 상반기 삼성그룹

07

- 음악을 좋아하는 사람은 상상력이 풍부하다.
- 음악을 좋아하지 않는 사람은 노란색을 좋아하지 않는다.
- ______________________________

① 노란색을 좋아하지 않는 사람은 음악을 좋아한다.
② 음악을 좋아하지 않는 사람은 상상력이 풍부하지 않다.
③ 상상력이 풍부한 사람은 노란색을 좋아하지 않는다.
④ 노란색을 좋아하는 사람은 상상력이 풍부하다.
⑤ 상상력이 풍부하지 않은 사람은 음악을 좋아한다.

| 2022년 상반기 CJ그룹

08

전제1. 한 씨는 부동산을 구두로 양도했다.
전제2. ______________________
결론. 한 씨의 부동산 양도는 무효다.

① 무효가 아니면, 부동산을 구두로 양도했다.
② 부동산을 구두로 양도하지 않으면, 무효다.
③ 부동산을 구두로 양도하면, 무효다.
④ 부동산을 구두로 양도하면, 무효가 아니다.
⑤ 구두로 양보하지 않으면, 무효가 아니다.

Easy

| 2022년 상반기 SK그룹

09

- ______________________
- 선영이는 경식이보다 나이가 많다.
- 그러므로 재경이가 나이가 가장 많다.

① 재경이는 선영이보다 나이가 많다.
② 재경이는 경식이보다 나이가 많다.
③ 경식이는 재경이보다 나이가 많다.
④ 재경이는 선영이와 나이가 같다.
⑤ 선영이는 나이가 제일 적다.

※ 제시된 내용을 바탕으로 내린 A, B의 결론에 대한 판단으로 항상 옳은 것을 고르시오. [10~13]

| 2024년 상반기 KT그룹

10

• 원숭이를 좋아하면 코끼리를 좋아한다.
• 낙타를 좋아하면 코끼리를 좋아하지 않는다.
• 토끼를 좋아하면 원숭이를 좋아하지 않는다.

A : 코끼리를 좋아하면 토끼를 좋아한다.
B : 낙타를 좋아하면 원숭이를 좋아하지 않는다.

① A만 옳다.
② B만 옳다.
③ A, B 모두 옳다.
④ A, B 모두 틀리다.
⑤ A, B 모두 옳은지 틀린지 판단할 수 없다.

Easy

| 2024년 상반기 CJ그룹

11

각각 다른 심폐기능 등급을 받은 가, 나, 다, 라, 마 5명 중 등급이 가장 낮은 2명의 환자에게 건강 관리 안내문을 발송한다.
• 마보다 심폐기능이 좋은 환자는 2명 이상이다.
• 마는 다보다 한 등급 높다.
• 나는 라보다 한 등급 높다.
• 가보다 심폐기능이 나쁜 환자는 2명이다.

A : 다에게 건강 관리 안내문을 발송한다.
B : 라에게 건강 관리 안내문을 발송한다.

① A만 옳다.
② B만 옳다.
③ A, B 모두 옳다.
④ A, B 모두 틀리다.
⑤ A, B 모두 옳은지 틀린지 판단할 수 없다.

| 2023년 하반기 KT그룹

12

• 휴가는 2박 3일이다.
• 혜진이는 수연이보다 하루 일찍 휴가를 간다.
• 지연이는 수연이보다 이틀 늦게 휴가를 간다.
• 태현이는 지연이보다 하루 일찍 휴가를 간다.
• 수연이는 화요일에 휴가를 간다.

A : 수요일에 휴가 중인 사람의 수와 목요일의 휴가 중인 사람의 수는 같다.
B : 태현이는 금요일까지 휴가이다.

① A만 옳다.
② B만 옳다.
③ A, B 모두 옳다.
④ A, B 모두 틀리다.
⑤ A, B 모두 옳은지 틀린지 판단할 수 없다.

Easy

| 2023년 상반기 LG그룹

13 제시된 내용을 바탕으로 내린 A, B의 결론에 대한 판단으로 옳은 것은?

• 자동차 외판원인 C ~ H 여섯 명의 판매실적을 비교했다.
• C는 D에게 실적에서 앞섰다.
• E는 F에게 실적에서 뒤졌다.
• G는 H에게 실적에서 뒤졌지만, C에게는 실적에서 앞섰다.
• D는 F에게 실적에서 앞섰지만, G에게는 실적에서 뒤졌다.

A : 실적이 가장 좋은 외판원은 H이다.
B : 실적이 가장 나쁜 외판원은 E이다.

① A만 옳다.
② B만 옳다.
③ A, B 모두 옳다.
④ A, B 모두 틀리다.
⑤ A, B 모두 옳은지 틀린지 판단할 수 없다.

ㅣ 2024년 상반기 SK그룹

14 A팀 직원 10명은 S레스토랑에서 회식을 진행하였다. 다음 〈조건〉과 같이 10명 모두 식사와 후식을 하나씩 선택하였을 때, 양식과 커피를 선택한 직원은 모두 몇 명인가?

조건

- 식사는 한식과 양식 2종류가 있고, 후식은 커피, 녹차, 홍차 3종류가 있다.
- 홍차를 선택한 사람은 3명이며, 이 중 2명은 한식을 선택했다.
- 녹차를 선택한 사람은 홍차를 선택한 사람보다 많지만, 5명을 넘지 않았다.
- 한식을 선택한 사람 중 2명은 커피를, 1명은 녹차를 선택했다.

① 1명 ② 2명
③ 3명 ④ 4명
⑤ 5명

Hard

ㅣ 2024년 상반기 SK그룹

15 다음 명제가 모두 참일 때, 반드시 참인 것은?

- 마포역 부근의 어떤 정형외과는 토요일이 휴진이다.
- 공덕역 부근의 어떤 치과는 토요일이 휴진이다.
- 공덕역 부근의 모든 치과는 화요일이 휴진이다.

① 마포역 부근의 어떤 정형외과는 화요일이 휴진이다.
② 모든 공덕역 부근의 치과는 토요일이 휴진이 아니다.
③ 마포역 부근의 모든 정형외과는 화요일이 휴진이 아니다.
④ 공덕역 부근의 어떤 치과는 토요일과 화요일이 모두 휴진이다.
⑤ 마포역 부근의 어떤 정형외과는 토요일과 화요일이 모두 휴진이다.

Hard

| 2024년 상반기 KT그룹

16 **회사원 K씨는 건강을 위해 평일에 다양한 영양제를 먹고 있다. 요일별로 비타민 B, 비타민 C, 비타민 D, 칼슘, 마그네슘을 하나씩 먹는다고 할 때, 다음에 근거하여 바르게 추론한 것은?**

- 비타민 C는 월요일에 먹지 않으며, 수요일에도 먹지 않는다.
- 비타민 D는 월요일에 먹지 않으며, 화요일에도 먹지 않는다.
- 비타민 B는 수요일에 먹지 않으며, 목요일에도 먹지 않는다.
- 칼슘은 비타민 C와 비타민 D보다 먼저 먹는다.
- 마그네슘은 비타민 D보다 늦게 먹고, 비타민 B보다는 먼저 먹는다.

① 비타민 C는 금요일에 먹는다.
② 마그네슘은 수요일에 먹는다.
③ 칼슘은 비타민 C보다 먼저 먹지만, 마그네슘보다는 늦게 먹는다.
④ 마그네슘은 비타민 C보다 먼저 먹는다.
⑤ 월요일에는 칼슘, 금요일에는 비타민 B를 먹는다.

| 2024년 상반기 LG그룹

17 **재은이는 얼마 전부터 건강을 위해 매일 아침마다 달리기를 한다. 다음 명제로부터 추론할 수 있는 것은?**

- 재은이는 화요일에 월요일보다 50m 더 달려 200m를 달렸다.
- 재은이는 수요일에 화요일보다 30m 적게 달렸다.
- 재은이는 목요일에 수요일보다 10m 더 달렸다.

① 재은이는 월요일에 수요일보다 50m 적게 달렸다.
② 재은이는 수요일에 가장 적게 달렸다.
③ 재은이는 목요일에 가장 많이 달렸다.
④ 재은이는 목요일에 가장 적게 달렸다.
⑤ 재은이는 목요일에 화요일보다 20m 적게 달렸다.

Easy

18 **P회사에 재직 중인 A ~ D는 각자 서로 다른 지역인 인천, 세종, 대전, 강릉에서 근무하고 있다. 네 명 모두 연수에 참여하기 위해 서울에 있는 본사를 방문한다고 할 때, 다음에 근거하여 바르게 추론한 것은?(단, A ~ D 모두 같은 종류의 교통수단을 이용하고, 이동 시간은 거리가 멀수록 많이 소요되며, 그 외 소요되는 시간은 서로 동일하다)**

> • 서울과의 거리가 먼 순서대로 나열하면 강릉 – 대전 – 세종 – 인천 순이다.
> • D가 서울에 올 때, B보다 더 많은 시간이 소요된다.
> • C가 서울에 올 때, A보다는 많이 B보다는 적게 시간이 소요된다.

① B는 세종에 근무한다.
② C는 대전에 근무한다.
③ D는 강릉에 근무한다.
④ C는 B보다 먼저 출발해야 한다.

19 **P회사 영업팀의 A ~ E사원은 출장으로 인해 Y호텔에 투숙하게 되었다. Y호텔은 5층 건물로 A ~ E사원이 서로 다른 층에 묵는다고 할 때, 다음에 근거하여 바르게 추론한 것은?**

> • A사원은 2층에 묵는다.
> • B사원은 A사원보다 높은 층에 묵지만, C사원보다는 낮은 층에 묵는다.
> • D사원은 C사원 바로 아래층에 묵는다.

① E사원은 1층에 묵는다.
② B사원은 4층에 묵는다.
③ E사원은 가장 높은 층에 묵는다.
④ C사원은 D사원보다 높은 층에 묵지만, E사원보다는 낮은 층에 묵는다.

| 2024년 상반기 CJ그룹

20 **8조각의 피자를 A, B, C, D가 나눠 먹는다고 할 때, 다음 중 참이 아닌 것은?**

- 네 사람 중 피자를 1조각도 먹지 않은 사람은 없다.
- A는 피자 2조각을 먹었다.
- 피자를 가장 적게 먹은 사람은 B이다.
- C는 D보다 피자 1조각을 더 많이 먹었다.

① 피자 1조각이 남는다.
② 두 사람은 짝수 조각의 피자를 먹었다.
③ A와 D가 먹은 피자 조각 수는 같다.
④ C가 가장 많은 조각의 피자를 먹었다.
⑤ B는 D보다 피자 1조각을 덜 먹었다.

Hard

| 2023년 하반기 삼성그룹

21 **A ~ E가 기말고사를 봤는데, 이 중 2명은 부정행위를 하였다. 부정행위를 한 2명은 거짓을 말하고 부정행위를 하지 않은 3명은 진실을 말할 때, 다음 진술을 보고 부정행위를 한 사람끼리 짝지은 것으로 옳은 것은?**

- A : D는 거짓말을 하고 있어.
- B : A는 부정행위를 하지 않았어.
- C : B가 부정행위를 했어.
- D : 나는 부정행위를 하지 않았어.
- E : C가 거짓말을 하고 있어.

① A, B
② B, C
③ C, D
④ C, E
⑤ D, E

| 2023년 하반기 SK그룹

22 **A ~ E는 S시에서 개최하는 마라톤에 참가하였다. 제시된 내용이 모두 참일 때, 다음 중 항상 참이 아닌 것은?**

- A는 B와 C보다 앞서 달리고 있다.
- D는 A보다 뒤에 달리고 있지만, B보다는 앞서 달리고 있다.
- C는 D보다 뒤에 달리고 있지만, B보다는 앞서 달리고 있다.
- E는 C보다 뒤에 달리고 있지만, 다섯 명 중 꼴찌는 아니다.

① 현재 1등은 A이다.

② 현재 꼴찌는 B이다.

③ E는 C와 B 사이에서 달리고 있다.

④ D는 A와 C 사이에서 달리고 있다.

⑤ 현재 순위에 변동 없이 결승점까지 달린다면 C가 4등을 할 것이다.

Hard

| 2023년 상반기 삼성그룹

23 **S사는 자율출퇴근제를 시행하고 있다. 출근 시간은 12시 이전에 자유롭게 할 수 있으며 본인 업무를 마치면 바로 퇴근한다. 다음 1월 28일의 업무에 대한 일지를 고려하였을 때, 항상 참인 것은?**

- 점심시간은 12시부터 1시까지이며, 점심시간에는 업무를 하지 않는다.
- 업무 1개당 1시간이 소요되며, 출근하자마자 업무를 시작하여 쉬는 시간 없이 근무한다.
- S사에 근무 중인 K팀의 A, B, C, D는 1월 28일에 전원 출근했다.
- A와 B는 오전 10시에 출근했다.
- B와 D는 오후 3시에 퇴근했다.
- C는 팀에서 업무가 가장 적어 가장 늦게 출근하고 가장 빨리 퇴근했다.
- D는 B보다 업무가 1개 더 많았다.
- A는 C보다 업무가 3개 더 많았고, 팀에서 가장 늦게 퇴근했다.
- 이날 K팀은 가장 늦게 출근한 사람과 가장 늦게 퇴근한 사람을 기준으로, 오전 11시에 모두 출근하였으며 오후 4시에 모두 퇴근한 것으로 보고되었다.

① A는 4개의 업무를 하고 퇴근했다.

② B의 업무는 A의 업무보다 많았다.

③ C는 2시에 퇴근했다.

④ A와 B는 팀에서 가장 빨리 출근했다.

⑤ 업무를 마친 C가 D의 업무 중 1개를 대신 했다면 D와 같이 퇴근할 수 있었다.

24 A ~ F는 경기장에서 배드민턴 시합을 하기로 하였다. 경기장에 도착하는 순서대로 다음과 같은 토너먼트 배치표의 1 ~ 6에 한 사람씩 배치한 후 모두 도착하면 토너먼트 경기를 하기로 하였다. 다음 〈조건〉을 참고할 때, 항상 참이 아닌 것은?

〈토너먼트 배치표〉

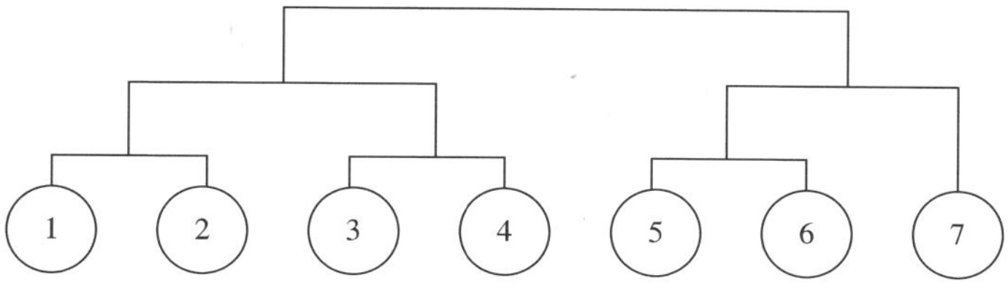

조건

- C는 A 바로 뒤에 도착하였다.
- F는 마지막으로 도착하였다.
- E는 D보다 먼저 도착하였다.
- B는 두 번째로 도착하였다.
- D는 C보다 먼저 도착하였다.

① E는 가장 먼저 경기장에 도착하였다.
② B는 최대 3번까지 경기를 하게 된다.
③ A는 최대 2번까지 경기를 하게 된다.
④ C는 다섯 번째로 도착하여 최대 2번까지 경기를 하게 된다.
⑤ D는 첫 번째 경기에서 A와 승부를 겨룬다.

Hard | 2023년 상반기 LG그룹

25 L사의 A ~ D는 각각 다른 팀에 근무하는데, 각 팀은 2 ~ 5층에 위치하고 있다. 〈조건〉을 참고할 때, 다음 중 항상 참인 것은?

조건
- A ~ D 중 2명은 부장, 1명은 과장, 1명은 대리이다.
- 대리의 사무실은 B보다 높은 층에 있다.
- B는 과장이다.
- A는 대리가 아니다.
- A의 사무실이 가장 높다.

① 부장 중 한 명은 반드시 2층에 근무한다.
② A는 부장이다.
③ 대리는 4층에 근무한다.
④ B는 2층에 근무한다.
⑤ C는 대리이다.

Hard | 2023년 상반기 LG그룹

26 함께 놀이공원에 간 A ~ E 5명 중 1명만 롤러코스터를 타지 않고 회전목마를 탔다. 이들은 집으로 돌아오는 길에 다음과 같은 대화를 나누었다. 5명 중 2명은 거짓을 말하고, 나머지 3명은 모두 진실을 말한다고 할 때, 롤러코스터를 타지 않은 사람은?

- A : 오늘 탄 롤러코스터는 정말 재밌었어. 나는 같이 탄 E와 함께 소리를 질렀어.
- B : D는 회전목마를 탔다던데? E가 회전목마를 타는 D를 봤대. E의 말은 사실이야.
- C : D는 회전목마를 타지 않고 롤러코스터를 탔어.
- D : 나는 혼자서 회전목마를 타고 있는 B를 봤어.
- E : 나는 롤러코스터를 탔어. 손뼉을 칠 만큼 너무 완벽한 놀이기구야.

① A
② B
③ C
④ D
⑤ E

| 2022년 상반기 LG그룹

27 제시된 명제가 항상 참일 때, 다음 중 반드시 참이라고 할 수 없는 것은?

- 모든 사람은 자신에 대해서 호의적인 사람에게 호의적이다.
- 어느 누구도 자신을 비방한 사람에게 호의적이지 않다.
- 모든 사람 중에는 다른 사람을 절대 비방하지 않는 사람이 있다.
- 어느 누구도 자기 자신에 대해서 호의적이지도 않고 자기 자신을 비방하지도 않는다.

① 두 사람이 서로 호의적이라면, 그 두 사람은 서로 비방한 적이 없다.
② 두 사람이 서로 비방한 적이 없다면, 그 두 사람은 서로 호의적이다.
③ 어떤 사람이 다른 모든 사람을 비방한다면, 그 사람에 대해 호의적인 사람은 없다.
④ A가 다른 모든 사람을 비방한다면, A에게 호의적이지 않지만 A를 비방하지 않는 사람이 있다.
⑤ 모든 사람이 자신을 비방하지 않는 사람에게 호의적이라면, 모든 사람에게는 각자가 호의적으로 대하는 사람이 적어도 하나는 있다.

| 2022년 상반기 SK그룹

28 한 마트에서 4층짜리 매대에 과일들을 진열해 놓았고, 매대의 각 층에는 서로 다른 과일이 한 종류씩 진열되어 있다. 〈조건〉을 참고할 때, 다음 중 바르게 추론한 것은?

조건

- 정리된 과일은 사과, 귤, 감, 배의 네 종류이다.
- 사과 위에는 아무 과일도 존재하지 않는다.
- 배는 감보다 아래쪽에 올 수 없다.
- 귤은 감보다는 높이 위치해 있지만, 배보다 높이 있는 것은 아니다.

① 사과는 3층 매대에 있을 것이다.
② 귤이 사과 바로 아래층에 있을 것이다.
③ 배는 감 바로 위층에 있을 것이다.
④ 귤은 감과 배 사이에 있다.
⑤ 귤은 가장 아래층에 있을 것이다.

❙ 2022년 상반기 SK그룹

29 **S백화점 명품관에서 도난 사건이 발생했다. CCTV 확인을 통해 그 시각 백화점 명품관에 있던 A～F 용의자가 검거됐다. 이들 중 범인인 두 사람이 거짓말을 하고 있다면, 거짓말을 한 사람은?**

- A : F가 성급한 모습으로 나가는 것을 봤어요.
- B : C가 가방 속에 무언가 넣는 모습을 봤어요.
- C : 나는 범인이 아닙니다.
- D : B 혹은 A가 훔치는 것을 봤어요.
- E : F가 범인인 게 확실해요. CCTV를 자꾸 신경 쓰고 있었거든요.
- F : 얼핏 봤는데, 제가 본 도둑은 C 아니면 E예요.

① A, C
② B, C
③ B, F
④ D, E
⑤ F, C

Hard

❙ 2022년 상반기 CJ그룹

30 **김대리, 박과장, 최부장 중 한 명은 점심으로 짬뽕을 먹었다. 다음 여러 개의 진술 중 두 개의 진술만 참이고 나머지는 모두 거짓일 때, 짬뽕을 먹은 사람과 참인 진술을 바르게 연결한 것은?(단, 중국집에서만 짬뽕을 먹을 수 있고, 중국 음식은 짬뽕뿐이다)**

- 김대리 : 박과장이 짬뽕을 먹었다. … ㉠
  나는 최부장과 중국집에 갔다. … ㉡
  나는 중국 음식을 먹지 않았다. … ㉢
- 박과장 : 김대리와 최부장은 중국집에 가지 않았다. … ㉣
  나는 점심으로 짬뽕을 먹었다. … ㉤
  김대리가 중국 음식을 먹지 않았다는 것은 거짓말이다. … ㉥
- 최부장 : 나와 김대리는 중국집에 가지 않았다. … ㉦
  김대리가 점심으로 짬뽕을 먹었다. … ㉧
  박과장의 마지막 말은 사실이다. … ㉨

① 김대리, ㉡·㉥
② 박과장, ㉠·㉤
③ 박과장, ㉤·㉨
④ 최부장, ㉡·㉦
⑤ 최부장, ㉡·㉢

Add+

3개년 주요기업

기출복원문제

01 언어

01	02	03	04	05	06	07	08	09	10
③	①	③	④	④	⑤	②	③	②	②
11	12	13	14	15	16	17	18	19	20
②	④	②	③	⑤	⑤	③	④	③	⑤
21	22	23	24	25	26	27	28	29	30
②	⑤	⑤	②	⑤	④	⑤	①	③	①
31	32	33	34	35	36	37	38	39	40
②	④	②	④	③	④	④	③	③	④

01 정답 ③

제시문은 행위별수가제에 대한 것으로 환자, 의사, 건강보험 재정 등 많은 곳에서 한계점이 있다고 설명하면서 건강보험 고갈을 막기 위해 다양한 지불방식을 도입하는 등 구조적인 개편이 필요함을 설명하고 있다. 따라서 글의 주제로 ③ '행위별수가제의 한계점'이 가장 적절하다.

02 정답 ①

제시문은 정부의 탈원전 · 탈석탄 공약에 따른 8차 전력 수급기본계획을 수립하면서 기존의 중앙집중형 에너지 생산시스템의 문제점을 지적하고, 분산형 에너지 생산시스템으로 정책의 전환이 필요함을 이야기하는 글이다. 따라서 글의 주제로 ①이 가장 적절하다.

오답분석

② 다양한 사회적 문제점들과 기후, 천재지변 등에 의한 문제점들을 언급하고 있으나, 이는 글의 주제를 뒷받침하기 위한 이슈이므로 글 전체의 주제로 적절하지 않다.

③ · ④ 제시문에서 언급되지 않았다.

03 정답 ③

'최고의 진리는 언어 이전, 혹은 언어 이후의 무언(無言)의 진리이다.', '동양 사상의 정수(精髓)는 말로써 말이 필요 없는 경지'라고 한 부분을 보았을 때 '동양 사상은 언어적 지식을 초월하는 진리를 추구한다.'가 글의 주제로 가장 적절하다.

04 정답 ④

제시문은 중세 유럽에서 유래된 로열티 제도가 산업 혁명부터 현재까지 지적 재산권에 대한 보호와 가치 확보를 위해 발전되었음을 설명하고 있다. 따라서 글의 제목으로 가장 적절한 것은 '로열티 제도의 유래와 발전'이다.

05 정답 ④

쇼펜하우어는 표상의 세계 안에서의 이성의 역할, 즉 시간과 공간, 인과율을 통해서 세계를 파악하는 주인의 역할을 함에도 불구하고 이 이성이 다시 의지에 종속됨으로써 제한적이며 표면적일 수밖에 없다는 한계를 지적하고 있다. 따라서 글의 중심 내용으로 ④가 가장 적절하다.

오답분석

① 세계의 본질은 의지의 세계라는 내용은 쇼펜하우어가 주장한 핵심 내용이라는 점에서는 옳지만, 제시문의 주요 내용은 주관 또는 이성 인식으로 만들어내는 표상의 세계는 결국 한계를 가질 수밖에 없다는 것이므로 글의 중심 내용으로 적절하지 않다.

② 제시문에서는 표상 세계의 한계를 지적했을 뿐, 표상 세계의 극복과 그 해결 방안에 대한 내용은 없다.

③ 제시문에서 의지의 세계와 표상 세계는 의지가 표상을 지배하는 종속관계라는 차이를 파악할 수는 있으나, 중심 내용으로는 적절하지 않다.

06 정답 ⑤

제시문은 비휘발성 메모리인 NAND 플래시 메모리에 대해 먼저 소개하고, NAND 플래시 메모리에 데이터가 저장되는 과정을 설명한 후 반대로 지워지는 과정을 설명하고 있다. 따라서 (라) NAND 플래시 메모리의 정의 – (나) 컨트롤 게이트와 기저 상태 사이에 전위차 발생 – (가) 전자 터널링 현상으로 전자가 플로팅 게이트로 이동하며 데이터 저장 – (다) 전위차를 반대로 가할 때 전자 터널링 현상으로 전자가 기저상태로 되돌아가며 데이터 삭제 순으로 나열하는 것이 가장 적절하다.

07

정답 ②

제시문은 이글루가 따듯해질 수 있는 원리에 대해 설명하고 있다. 따라서 (나) 에스키모는 이글루를 연상시킴 – (라) 이글루는 눈으로 만든 집임에도 불구하고 따뜻함 – (가) 눈 벽돌로 이글루를 만들고 안에서 불을 피움 – (마) 온도가 올라가면 눈이 녹으면서 벽의 빈틈을 메우고, 눈이 녹으면 출입구를 열어 물을 얼림 – (다) 이 과정을 반복하면서 눈 벽돌집은 얼음집으로 변하여 내부가 따뜻해짐 순으로 연결되어야 한다.

08

정답 ③

제시문은 2,500년 전 인간과 현대의 인간의 공통점을 언급하며 2,500년 전에 쓰인 『논어』가 현대에서 지니는 가치에 대하여 설명하고 있다. 따라서 (가) 『논어』가 쓰인 2,500년 전 과거와 현대의 차이점 – (마) 2,500년 전의 책인 『논어』가 폐기되지 않고 현대에서도 읽히는 이유에 대한 의문 – (나) 인간이라는 공통점을 지닌 2,500년 전 공자와 우리들 – (다) 2,500년의 시간이 흐르는 동안 인간의 달라진 부분과 달라지지 않은 부분에 대한 설명 – (라) 시대가 흐름에 따라 폐기될 부분을 제외하더라도 여전히 오래된 미래로서의 가치를 지니는 『논어』의 순서대로 나열하는 것이 적절하다.

09

정답 ②

제시문은 관객이 영화를 보면서 흐름을 지각하는 것을 제대로 설명하지 못하는 동일시 이론에 대해 문제를 제기하고, 이를 칸트의 무관심성을 통해 설명할 수 있다고 제시한다. 이어서 관객이 영화의 흐름을 생동감 있게 체험할 수 있는 이유로 '방향 공간'과 '감정 공간'을 제시하고 이에 대한 설명을 한 뒤, 이것이 관객이 영화를 지각할 수 있는 원리가 될 수 있음을 정리하며 마치고 있는 글이다. 따라서 (나) 영화를 보면서 흐름을 지각하는 것을 제대로 설명하지 못하는 '동일시 이론' – (가) 영화 흐름의 지각에 대해 설명할 수 있는 칸트의 '무관심성' – (라) 영화의 생동감을 체험할 수 있게 하는 '방향 공간' – (마) 영화의 생동감을 체험할 수 있게 하는 또 다른 이유인 '감정 공간' – (다) 관객이 영화를 지각하는 과정에 대한 정리 순으로 나열하는 것이 적절하다.

10

정답 ②

제시문은 코젤렉의 '개념사'에 대한 정의와 특징에 대한 글이다. 따라서 (라) 개념에 대한 논란과 논쟁 속에서 등장한 코젤렉의 '개념사' – (가) 코젤렉의 '개념사'와 개념에 대한 분석 – (나) 개념에 대한 추가적인 분석 – (마) '개념사'에 대한 추가적인 분석 – (다) '개념사'의 목적과 코젤렉의 주장 순으로 나열하는 것이 적절하다.

11

정답 ②

제시문은 가격을 결정하는 요인과 이를 통해 도출할 수 있는 예상을 언급한다. 하지만 현실적인 여러 요인으로 인해 '거품 현상'이 나타나기도 하며 '거품 현상'이란 구체적으로 무엇인지를 설명하는 글이다. 따라서 (가) 수요와 공급에 의해 결정되는 가격 – (마) 상품의 가격에 대한 일반적인 예상 – (다) 현실적인 가격 결정 요인 – (나) 이로 인해 예상치 못하게 나타나는 '거품 현상' – (라) '거품 현상'에 대한 구체적인 설명 순으로 나열하는 것이 적절하다.

12

정답 ④

논리적 흐름에 따르면, 문화 변동은 수용 주체의 창조적·능동적 측면과 관련되어 이루어짐 – (나) 수용 주체의 창조적·능동적 측면은 외래문화 요소의 수용을 결정지음 – (다) 즉, 문화의 창조적·능동적 측면은 내부의 결핍 요인을 자체적으로 극복하려 노력하나 그렇지 못할 경우 외래 요소를 수용함– (가) 결핍 부분에 유용한 부분만을 선별적으로 수용함 – 다시 말해 외래문화는 수용 주체의 내부 요인에 따라 수용 여부가 결정됨 순으로 나열하는 것이 적절하다.

13

정답 ②

보기의 순서를 고려하여 (가) 전자상거래 시장에서 소셜 커머스 열풍이 불고 있다는 내용을 소개하며 국내 소셜 커머스 현황을 제시 – (다) 소셜 커머스가 주로 SNS를 이용해 공동 구매자를 모으는 것에서 그 명칭이 유래되었다고 언급 – (나) 소셜 쇼핑과 SNS상의 개인화된 쇼핑 등 소셜 커머스의 유형과 전망을 제시 순으로 나열하는 것이 적절하다.

14

정답 ③

레이저 절단 가공은 고밀도, 고열원의 레이저를 쏘아 절단 부위를 녹이고 증발시켜 소재를 절단하는 작업이지만, 다른 열 절단 가공에 비해 열변형의 우려가 적다고 언급되어 있으므로 ③은 추론한 내용으로 적절하지 않다.

오답분석

① 고밀도, 고열원의 레이저를 쏘아 소재를 녹이고 증발시켜 소재를 절단한다 하였으므로 절단 작업 중에는 기체가 발생함을 알 수 있다.
② 반도체 소자가 나날이 작아지고 정교해졌다고 언급되어 있으므로 과거 반도체 소자는 현재 반도체 소자보다 덜 정교함을 추측할 수 있다.
④ 반도체 소자는 나날이 작아지며 정교해지고 있으므로 현재 기술력으로는 레이저 절단 가공 외의 가공법으로는 반도체 소자를 다루기 쉽지 않음을 추측할 수 있다.
⑤ 레이저 절단 가공은 물리적 변형이 적어 깨지기 쉬운 소재도 다룰 수 있다고 언급되어 있다.

15

정답 ⑤

초기의 독서는 낭독이 보편적이었고, 12세기 무렵 책자형 책이 두루마리 책을 대체하면서 묵독이 가능하게 되었다. 따라서 책자형 책의 출현으로 낭독의 확산이 아닌 묵독의 확산이 가능해졌다고 할 수 있으므로 ⑤는 추론한 내용으로 적절하지 않다.

오답분석

①·②·③ 마지막 문단에서 확인할 수 있다.
④ 제시문 전체에서 확인할 수 있다.

16

정답 ⑤

후추나 천초는 고추가 전래되지 않았던 조선 전기까지의 주요 향신료였으며, 19세기 이후 고추가 향신료로서 절대적인 우위를 차지하면서 후추나 천초의 지위가 달라졌다고 하였다. 그러나 후추나 천초가 김치에 쓰였다는 언급은 없으므로 ⑤는 추론한 내용으로 적절하지 않다.

17

정답 ③

제시문의 논지는 인간과 자연의 진정한 조화이다. 따라서 자연과 공존하는 삶을 주장하고 있는 ③이 글을 읽고 추론한 내용으로 가장 적절하다.

18

정답 ④

신경교 세포가 전체 뉴런을 조정하면서 기억력과 사고력을 향상시킨다는 가설하에, 인간의 신경교 세포를 갓 태어난 생쥐의 두뇌에 주입하는 실험을 하였다. 그리고 그 실험결과는 이 같은 가설을 뒷받침해주는 결과를 가져왔으므로 ④는 추론한 내용으로 가장 적절하다.

오답분석

① 인간의 신경교 세포를 생쥐의 두뇌에 주입하였더니 쥐가 자라면서 주입된 인간의 신경교 세포도 성장했고, 이 세포들이 주위의 뉴런들과 완벽하게 결합되어 쥐의 두뇌 전체에 걸쳐 퍼지게 되었다고 하였다. 그러나 이 과정에서 쥐의 뉴런에 어떠한 영향을 주는지에 대해서는 언급하고 있지 않다.
②·③ 제시문의 실험은 인간의 신경교 세포를 쥐의 두뇌에 주입했을 때의 변화를 살펴본 것이지 인간의 뉴런 세포를 주입한 것이 아니므로 추론할 수 없는 내용이다.
⑤ 쥐에 주입된 인간의 신경교 세포는 그 기능을 그대로 간직한다고 하였으므로 적절하지 않은 내용이다.

19

정답 ③

첫 번째 문단에서 오늘날 우리가 부르는 애국가의 노랫말은 외세의 침략으로 나라가 위기에 처해있던 1907년을 전후하여 조국애와 충성심을 북돋우기 위하여 만들어졌음을 알 수 있다. 따라서 1896년 『독립신문』에 현재의 노랫말이 게재되지 않았으므로 ③이 추론한 내용으로 가장 적절하다.

오답분석

① 두 번째 문단에서 1935년 해외에서 활동 중이던 안익태가 오늘날 우리가 부르고 있는 국가를 작곡하였고, 이 곡은 해외에서만 퍼져나갔다고 하였으므로, 1940년에 해외에서는 애국가 곡조를 들을 수 있었다.
② 네 번째 문단에서 국기강하식 방송, 극장에서의 애국가 상영 등은 1980년대 후반 중지되었다고 하였으므로, 1990년대 초반까지 애국가 상영이 의무화되었다는 말은 적절하지 않다.
④ 마지막 문단에서 연주만 하는 의전행사나 시상식·공연 등에서는 전주곡을 연주해서는 안 된다고 하였으므로 적절하지 않다.

20

정답 ⑤

계약면적은 공급면적과 기타공용면적을 더한 것이고, 공급면적은 전용면적과 주거공용면적을 더한 것이다. 따라서 계약면적은 전용면적, 주거공용면적, 기타공용면적을 더한 것이므로 ⑤가 가장 적절하다.

오답분석

① 발코니 면적은 서비스면적에 포함되며, 서비스면적은 전용면적과 공용면적에서 제외된다.
② 관리사무소 면적은 공용면적 중에서도 기타공용면적에 포함된다. 공급면적은 전용면적과 주거공용면적을 더한 것이므로 관리사무소 면적은 공급면적에 포함되지 않는다.
③ 공용계단과 공용복도의 면적은 주거공용면적에 포함되므로 공급면적에 포함된다.
④ 현관문 안쪽의 전용 생활공간인 거실과 주방의 면적은 전용면적에 포함된다.

21

정답 ②

마지막 문단에서 과거제 출신의 관리들이 공동체에 대한 소속감이 낮고 출세 지향적이었다는 내용을 확인할 수 있으므로 ②가 가장 적절하다.

오답분석

① 첫 번째 문단에서 황종희가 '벽소'와 같은 옛 제도를 되살리는 방법으로 과거제를 보완하자고 주장했다는 내용을 볼 수 있다. 따라서 벽소는 과거제를 없애고자 등장한 새로운 제도가 아니라 과거제를 보완하고자 되살린 옛 제도이므로 적절하지 않다.

③ 두 번째 문단에서 과거제는 학습 능력 이외의 인성이나 실무 능력을 평가할 수 없다는 이유로 시험의 익명성에 대한 회의도 있었다고 하였으므로 적절하지 않다.
④ 마지막 문단에서 과거제를 통해 임용된 관리들은 승진을 위해서 빨리 성과를 낼 필요가 있었다. 그러나 지역사회를 위해 장기적인 정책을 추진하기보다 가시적이고 단기적인 결과만을 중시하는 부작용을 가져왔다고 하였으므로 적절하지 않다.
⑤ 첫 번째 문단에서 고염무는 관료제의 상층에는 능력주의적 제도를 유지하되, 지방관인 지현들은 그 지위를 평생 유지시켜 주고 세습의 길까지 열어 놓는 방안을 제안했다고 했으므로 적절하지 않다.

22

정답 ⑤

먼 바다에서 지진해일의 파고는 수십 cm 이하이지만 얕은 바다에서는 급격하게 높아지므로 ⑤가 가장 적절하다.

오답분석

① 태평양에서 발생한 지진해일은 발생 하루 만에 발생지점에서 지구의 반대편까지 이동할 수 있다.
② 지진해일이 해안가에 가까워질수록 파도가 강해지는 것은 맞지만, 속도는 시속 45 ~ 60km까지 느려진다.
③ 지진해일이 화산폭발로 인해 발생하는 건 맞지만 파장이 길다.
④ 해안의 경사 역시 암초, 항만 등과 마찬가지로 지진해일을 변형시키는 요인이 된다.

23

정답 ⑤

슈퍼문일 때는 지구와 달의 거리가 35만 7,000km 정도로 가까워지며, 이때 지구에서 보름달을 바라보는 시각도는 0.56도로 커지므로 0.49의 시각도보다 크다는 판단인 ⑤가 가장 적절하다.

오답분석

① 달이 지구에 가까워지면 달의 중력이 더 강하게 작용하여, 달을 향한 쪽의 해수면이 평상시보다 더 높아진다. 즉, 지구와 달의 거리에 따라 해수면의 높이가 달라지므로 서로 관계가 있다.
② 케플러의 행성운동 제1법칙에 따라 태양계의 모든 행성은 태양을 중심으로 타원 궤도로 돈다. 따라서 지구도 태양을 타원 궤도로 돌기 때문에 지구에서 태양까지의 거리는 항상 일정하지 않을 것이다.
③ 달의 중력 때문에 높아진 해수면이 지구의 자전을 방해하게 되고, 이 때문에 지구의 자전 속도가 느려져 100만 년에 17초 정도씩 길어진다고 하였으므로 지구의 자전 속도는 점점 느려지고 있다.
④ 달이 지구에 가까워지면 평소 달이 지구를 당기는 힘보다 더 강하게 지구를 당긴다. 따라서 이와 반대로 달이 지구에서 멀어지면 지구를 당기는 달의 힘은 약해질 것이다.

24

정답 ②

두 번째 문단에서 마이크로비드는 '면역체계 교란, 중추신경계 손상 등의 원인이 되는 잔류성유기오염물질을 흡착한다.'고 설명하고 있다. 따라서 ②의 내용은 적절하지 않다.

25

정답 ⑤

오답분석

①·④ 마지막 문장을 통해 알 수 있다.
② 두 번째 문장을 통해 알 수 있다.
③ 제시문의 흐름으로 확인할 수 있다.

26

정답 ④

제시문은 분자 상태의 수소와 산소가 결합하여 물이 되는 과정을 설명한 글로, 수소 분자와 산소 분자가 원자로 분해되고, 분해된 산소 원자 하나와 수소 원자 두 개가 결합하여 물이라는 화합물이 생성된다고 했다. 따라서 산소 분자와 수소 분자가 '각각' 물이 된다는 ④의 내용은 적절하지 않다.

27

정답 ⑤

⑤는 제시문에서 알 수 없는 내용이므로 적절하지 않다.

오답분석

① 마지막 문단에서 우리나라의 3D프린팅 건축 기술은 아직 제도적 한계와 기술적 한계가 있음을 알 수 있다.
② 두 번째 문단에서 전통 건축 기술에 비해 3D프린팅 건축 기술은 건축 폐기물 및 CO_2 배출량 감소 등 환경오염이 적음을 알 수 있다.
③ 네 번째 문단에서 코로나19 사태로 인한 인력 수급난을 해소할 수 있음을 알 수 있다.
④ 첫 번째 문단에서 미국 텍사스 지역에서 3D프린팅 건축 기술을 이용한 주택이 완공되었음을 알 수 있다.

28

정답 ①

제시문에서 언급되지 않은 내용이므로 ①은 적절하지 않다.

오답분석

② 두 번째 문단을 통해 알 수 있다.
③ 첫 번째 문단에서 '위기(爲己)란 자아가 성숙하는 것을 추구하며'라고 하였다.
④ 첫 번째 문단에서 '공자는 공부하는 사람의 관심이 어디에 있느냐를 가지고 학자를 두 부류로 구분했다.'라고 하였다.

29

정답 ③

안전속도 5030 정책에 대한 연령대별 인지도의 평균은 $\frac{59.7+66.6+70.2+72.1+77.3}{5}$ =69.18%이므로 ③은 적절하지 않다.

오답분석

① 운전자를 대상으로 안전속도 5030 정책 인지도를 조사한 결과 68.1%의 운전자가 정책을 알고 있다고 하였으므로 10명 중 6명 이상은 정책을 알고 있다.
② 20대는 59.7%, 30대는 66.6%, 40대는 70.2%, 50대는 72.1%, 60대 이상은 77.8%로 연령대가 높을수록 정책에 대한 인지도가 높다.
④ 안전속도 5030 정책에 대한 20대 이하 운전자의 인지도는 59.7%로 가장 낮다.
⑤ 안전속도 5030 정책은 일반도로의 제한속도를 시속 50km로, 주택가 등의 이면도로는 시속 30km 이하로 하향 조정하는 정책이다.

30

정답 ①

빈칸의 뒷부분에서는 수면장애가 다양한 합병증을 유발할 수 있다는 점을 언급하며 낮은 수면의 질이 문제가 되고 있음을 설명하고 있다. 따라서 빈칸에 들어갈 내용으로는 수면의 질과 관련된 ①이 가장 적절하다.

31

정답 ②

제시문에서 '당분 과다로 뇌의 화학적 균형이 무너져 정신에 장애가 왔다고 주장'한 것과 '정제한 당의 섭취를 원천적으로 차단'한 실험 결과를 토대로 추론하면 빈칸에 들어갈 내용은 '과다한 정제당 섭취가 반사회적 행동을 유발할 수 있다.'로 귀결된다. 따라서 빈칸에 ②가 들어가는 것이 가장 적절하다.

32

정답 ④

제시문에서는 변혁적 리더십과 거래적 리더십의 차이를 비교하여 변혁적 리더십의 특징을 효과적으로 설명하고 있다. 따라서 글의 전개 방식으로 ④가 가장 적절하다.

33

정답 ②

보기의 문장은 앞의 내용에 이어서 예시를 드는 문장이므로 재력 등 우월의식을 드러내기 위한 베블런효과의 원인 뒤에 들어가야 가장 적절하다. 따라서 '사회적 지위나 부를 과시하려는 것이다.' 뒷부분인 (나)에 그 예시로서 들어가는 것이 가장 적절하다.

34

정답 ④

이곡의 『차마설』은 말을 빌려 탄 개인적인 경험을 통해 소유에 대한 보편적인 깨달음을 제시하고 올바른 삶의 태도를 촉구하는 교훈적 수필로, 개인적 일상의 경험을 먼저 제시하고 이에 대한 자신의 의견을 제시하고 있다. 따라서 글의 전개 방식으로 ④는 적절하지 않다.

오답분석

① 말을 빌려 탄 개인적 경험의 예화를 통해 소유에 대한 반성의 교훈을 제시하는 2단 구성 방식을 취하고 있다.
② 주관적인 개인적 경험을 통해 소유에 대한 보편적인 의견을 제시하고 있다.
③ 맹자의 말을 인용하여 사람들의 그릇된 소유 관념을 비판하고 있다.
⑤ 말을 빌려 탄 개인의 경험을 소유에 대한 욕망이라는 추상적 대상으로 확장하는 유추의 방법을 사용하고 있다.

35

정답 ③

고대 그리스, 헬레니즘, 로마 시대를 순서대로 나열하여 설명하였으므로, 역사적 순서대로 주제의 변천에 대해 서술하고 있다. 따라서 ③이 글의 서술상 특징으로 가장 적절하다.

36

정답 ④

제시문에서 필자는 3R 원칙을 강조하며 가장 필수적이고 최저한의 동물실험이 필요악임을 주장하고 있다. 특히 '보다 안전한 결과를 도출해 내기 위한 동물실험은 필요악이며, 이러한 필수적인 의약 실험조차 금지하려 한다는 것은 기술 발전 속도를 늦춰 약이 필요한 누군가의 고통을 감수하자는 이기적인 주장'이라는 대목을 통해 약이 필요한 이들을 위한 의약 실험에 초점을 맞추고 있음을 확인할 수 있다. 따라서 ④의 주장처럼 생명과 큰 관련이 없는 동물실험을 비판의 근거로 삼는 것은 적절하지 않다.

37

정답 ④

㉠의 '고속도로'는 그래핀이 사용된 선로를 의미하며, ㉢의 '코팅'은 비정질 탄소로 그래핀을 둘러싼 것을 의미한다. ㉠의 그래핀은 전자의 이동 속도가 빠른 대신 저항이 높고 전하 농도가 낮다. 연구팀은 이러한 그래핀의 단점을 해결하기 위해, 그래핀에 비정질 탄소를 얇게 덮어 저항을 감소시키고 전하 농도를 증가시키는 방법을 생각해 냈다. 따라서 ④는 적절하지 않다.

오답분석

① ㉡의 '도로'는 기존 금속 재질의 선로를 의미한다. 연구팀은 기존의 금속 재질(㉡) 대신 그래핀(㉠)을 반도체 회로에 사용하였다.

② 반도체 내에 많은 소자가 집적되면서 금속 재질의 선로(ⓒ)에 저항이 기하급수적으로 증가하였다.
③ 그래핀(ⓐ)은 구리보다 전기 전달 능력이 뛰어나고 전자 이동속도가 100배 이상 빠르다.
⑤ ⓐ의 '고속도로'는 그래핀, ⓒ의 '도로'는 금속 재질, ⓔ의 '코팅'은 비정질 탄소를 의미한다.

38

정답 ③

제시문의 마지막 문장에서 '언어변화의 여러 면을 이해할 수 있다.'라고 언급했으므로 맨 앞에 나오는 문장으로는 일반적인 상위 진술인 '접촉의 형식도 언어변화에 영향을 미치는 요소로 지적되고 있다.'가 가장 적절함을 알 수 있다.

39

정답 ③

제시문에 따르면 젊은 사람들의 경우 장시간 전자 기기를 사용하는 근거리 작업과 전자 기기에서 나오는 블루라이트 등으로 인해 노안 발생률이 증가하고 있다. 따라서 노안을 예방하기 위해서는 전자 기기 사용을 줄이고 블루라이트 차단 제품을 사용하며, 눈에 충분한 휴식을 주어 눈의 부담을 덜어주어야 한다. 그러나 눈 운동과 관련된 내용은 제시문에서 찾아볼 수 없으므로 ③은 적절하지 않다.

40

정답 ④

ㄴ. 전자기기의 블루라이트 불빛은 노안의 원인이 되므로 장시간 스마트폰을 사용한다면 노안을 의심해볼 수 있다.
ㅁ. 노안이 발생하면 수정체의 조절 능력이 저하되어 가까운 거리의 시야가 흐리게 보인다.
ㅂ. 노안의 대표적인 증상이다.

오답분석

ㄱ. 안경 착용은 노안과 관계가 없다.
ㄷ. 책을 읽거나 컴퓨터 작업을 할 때 두통이 발생한다면 노안을 의심할 수 있지만, 평상시의 갑작스러운 두통이나 어지럼증은 노안의 증상으로 보기 어렵다.
ㄹ. 최신 스마트폰 사용은 노안과 관계가 없으며, 스마트폰의 장시간 사용이 노안의 발생 원인이 된다.

02 수리

01	02	03	04	05	06	07	08	09	10
②	③	④	⑤	②	②	④	③	③	③
11	12	13	14	15	16	17	18	19	20
④	①	④	①	⑤	⑤	③	③	④	④
21	22	23	24	25	26	27	28	29	30
②	③	④	⑤	③	④	①	⑤	④	③
31	32	33	34	35	36	37	38	39	40
②	③	③	⑤	③	②	⑤	①	②	②
41	42	43	44	45	46	47	48	49	50
④	③	③	②	④	①	⑤	⑤	③	①

01

정답 ②

3인실, 2인실, 1인실로 배정되는 인원을 정리하면 다음과 같다.

- (3, 2, 0) : ${}_5C_3 \times {}_2C_2 = 10$가지
- (3, 1, 1) : ${}_5C_3 \times {}_2C_1 \times {}_1C_1 = 20$가지
- (2, 2, 1) : ${}_5C_2 \times {}_3C_2 \times {}_1C_1 = 30$가지

$\therefore$ 10+20+30=60

따라서 방에 배정되는 경우의 수는 총 60가지이다.

02

정답 ③

작년 남학생 수와 여학생 수를 각각 a, b명이라 하면 다음과 같다.

- 작년 전체 학생 수 : $a+b=820$ … ㉠
- 올해 전체 학생 수 : $1.08a+0.9b=810$ … ㉡

㉠과 ㉡을 연립하면

$\therefore a=400,\ b=420$

따라서 작년 여학생의 수는 420명이다.

03

정답 ④

토마토의 개수를 x개, 배의 개수를 y개라고 하자.

$120\times x+450\times y=6,150-990 \rightarrow 4x+15y=172$ … ㉠

$90\times x+210\times y=3,150-300 \rightarrow 3x+7y=95$ … ㉡

㉠과 ㉡을 연립하면 다음과 같다.

$\therefore x=13,\ y=8$

따라서 바구니 안에 배는 8개가 들어있다.

04

정답 ⑤

전월에 제조되는 초콜릿의 개수와 금월에 제조되는 초콜릿의 개수의 합이 명월에 제조되는 초콜릿의 개수이다.

- 2023년 7월 초콜릿의 개수 : 80+130=210개
- 2023년 8월 초콜릿의 개수 : 130+210=340개
- 2023년 9월 초콜릿의 개수: 210+340=550개
- 2023년 10월 초콜릿의 개수 : 340+550=890개
- 2023년 11월 초콜릿의 개수: 550+890=1,440개

따라서 2023년 11월에는 1,440개의 초콜릿이 제조될 것이다.

05

정답 ②

(집에서 마트까지 걸은 시간)+(물건을 구매하는 시간)+(마트에서 집까지 걸은 시간)=2시간 30분이다.

집에서 마트까지의 거리를 $x$km라고 하면 다음과 같은 식이 성립한다.

$$\frac{x}{4}+\frac{2}{3}+\frac{x}{6}=\frac{5}{2}$$

$$\rightarrow \frac{5}{12}x=\frac{11}{6}$$

$$\therefore x=\frac{22}{5}=4.4$$

따라서 집에서 마트까지의 거리는 4.4km이다.

06

정답 ②

5명이 노란색 원피스 2벌, 파란색 원피스 2벌, 초록색 원피스 1벌 중 1벌씩 선택하는 경우의 수를 구하기 위해 먼저 5명을 2명, 2명, 1명으로 이루어진 3개의 팀으로 나누어야 한다. 이때 팀을 나누는 경우의 수는 다음과 같다.

$${}_5C_2\times{}_3C_2\times{}_1C_1\times\frac{1}{2!}=\frac{5\times4}{2}\times3\times1\times\frac{1}{2}=15\text{가지}$$

2벌인 원피스의 색깔은 노란색과 파란색 2가지이므로 선택할 수 있는 경우의 수는 15×2=30가지이다.

07

정답 ④

흰 구슬을 먼저 뽑고, 검은 구슬을 뽑을 확률 : $\frac{4}{10}\times\frac{6}{9}=\frac{4}{15}$

검은 구슬을 먼저 뽑고, 흰 구슬을 뽑을 확률 : $\frac{6}{10}\times\frac{4}{9}=\frac{4}{15}$

$$\therefore \frac{4}{15}+\frac{4}{15}=\frac{8}{15}$$

따라서 흰 구슬과 검은 구슬을 각각 1개씩 뽑을 확률은 $\frac{8}{15}$이다.

08
정답 ③

두 사람이 각각 헤어숍에 방문하는 간격인 10과 16의 최소공배수 80을 일주일 단위로 계산하면 11주 3일(80÷7=11 … 3)이 된다.
따라서 두 사람은 일요일의 3일 후인 수요일에 다시 만난다.

09
정답 ③

i) 피겨 경기 대진표의 경우의 수 : ${}_4C_2\times{}_2C_2\times\frac{1}{2!}$ =3가지

ii) 쇼트트랙 경기 대진표의 경우의 수 : ${}_8C_2\times{}_6C_2\times{}_4C_2\times{}_2C_2\times\frac{1}{4!}$ =105가지

따라서 두 경기 대진표의 경우의 수의 합은 3+105=108가지이다.

10
정답 ③

주사위의 눈의 합이 7이 나오는 경우의 수 : (1, 6), (2, 5), (3, 4), (4, 3), (5, 2), (6, 1) → 6가지

i) 주사위의 눈의 합이 7이 나올 확률 : $\frac{6}{36}=\frac{1}{6}$

ii) 동전이 둘 다 앞면이 나올 확률 : $\frac{1}{2}\times\frac{1}{2}=\frac{1}{4}$

$\therefore\ \frac{1}{6}\times\frac{1}{4}=\frac{1}{24}$

따라서 주사위의 눈의 합이 7이 나오면서 동전이 둘 다 앞면이 나올 확률은 $\frac{1}{24}$이다.

11
정답 ④

같은 양의 물건을 k라고 하면 갑, 을, 병 한 사람이 하루에 사용하는 양은 각각 $\frac{k}{30}$, $\frac{k}{60}$, $\frac{k}{40}$이며, 세 사람이 함께 하루 동안 사용하는 양은 $\frac{k}{30}+\frac{k}{60}+\frac{k}{40}=\frac{9k}{120}=\frac{3k}{40}$이다.
세 사람에게 나누어 줄 물건의 양을 합하면 $3k$이며, $3k$의 물건을 세 사람이 하루에 사용하는 양으로 나누면 $3k\div\frac{3k}{40}=40$이다.
따라서 세 사람이 함께 모두 사용하는 데 걸리는 시간은 40일이다.

12
정답 ①

8명의 선수 중 4명을 뽑는 경우의 수는 ${}_8C_4=\frac{8\times7\times6\times5}{4\times3\times2\times1}$ =70가지이고, A, B, C를 포함하여 4명을 뽑는 경우의 수는 A, B, C를 제외한 5명 중 1명을 뽑으면 되므로 ${}_5C_1$=5가지이다.
따라서 구하고자 하는 확률은 $\frac{5}{70}=\frac{1}{14}$이다.

13
정답 ④

올라갈 때 달린 거리를 $x$km라고 하면, 다음과 같다.

$\frac{x}{10}+\frac{x+10}{20}=5$

→ $2x+x+10=100$

→ $3x=90$

$\therefore\ x=30$

따라서 올라갈 때 달린 거리는 30km이다.

14
정답 ①

올라간 거리를 $x$km라 하면 내려온 거리는 $(x+2)$km이고, 올라간 시간과 내려간 시간이 같으므로 식은 다음과 같다.

$\frac{x}{4}=\frac{x+2}{6}$ → $3x=2(x+2)$

$\therefore\ x=4$

따라서 내려올 때 걸린 시간은 $\frac{4+2}{6}$=1시간이다.

15
정답 ⑤

50g을 덜어낸 뒤 남아있는 소금물의 양은 50g이고, 농도는 20%이다. 이때 남아있는 소금의 양은 다음과 같다.
(소금의 양)=(농도)×(남아있는 소금물의 양)이므로

$\frac{20}{100}\times50=10$g

농도를 10%로 만들기 위해 더 넣은 물의 양을 xg이라고 하면 식은 다음과 같다.

$\frac{10}{50+x}\times100=10\%$

$\therefore\ x=50$

따라서 더 넣은 물의 양은 50g이다.

16

정답 ⑤

작년 사원 수에서 줄어든 인원은 올해 진급한 사원(12%)과 퇴사한 사원(20%)이므로 이를 합하면 $400\times(0.12+0.2)=128$명이며, 작년 사원에서 올해도 사원인 사람은 $400-128=272$명이다. 올해 사원 수는 작년 사원 수에서 6% 증가했으므로 $400\times1.06=424$명이 된다.
따라서 올해 채용한 신입사원은 $424-272=152$명임을 알 수 있다.

17

정답 ③

i) 7명의 학생이 원탁에 앉는 경우의 수 : $(7-1)!=6!$가지
ii) 7명의 학생 중 여학생 3명이 원탁에 이웃해서 앉는 경우의 수 : $[(5-1)!\times3!]$가지

∴ 7명의 학생 중 여학생 3명이 원탁에 이웃해서 앉는 확률 : $\frac{4!\times3!}{6!}=\frac{1}{5}$

따라서 구하고자 하는 확률은 $\frac{1}{5}$이다.

18

정답 ③

전체 일의 양을 1이라고 하고, A～C가 하루에 할 수 있는 일의 양을 각각 $\frac{1}{a}$, $\frac{1}{b}$, $\frac{1}{c}$라고 하자.

$\frac{1}{a}+\frac{1}{b}=\frac{1}{12}$ … ㉠

$\frac{1}{b}+\frac{1}{c}=\frac{1}{6}$ … ㉡

$\frac{1}{c}+\frac{1}{a}=\frac{1}{18}$ … ㉢

㉠, ㉡, ㉢을 모두 더한 다음 2로 나누면 3명이 하루에 할 수 있는 일의 양을 구할 수 있다.

$\frac{1}{a}+\frac{1}{b}+\frac{1}{c}=\frac{1}{2}\left(\frac{1}{12}+\frac{1}{6}+\frac{1}{18}\right)=\frac{1}{2}\left(\frac{3+6+2}{36}\right)=\frac{11}{72}$

따라서 72일 동안 3명이 끝낼 수 있는 일의 양은 $\frac{11}{72}\times72=11$이므로 전체 일의 양의 11배이다.

19

정답 ④

오염물질의 양은 $\frac{14}{100}\times50=7$g이므로 깨끗한 물을 xg 더 넣어 오염농도를 10%로 만든다면 다음과 같은 식이 성립한다.

$\frac{7}{50+x}\times100=10 \rightarrow 700=10\times(50+x)$

∴ $x=20$

따라서 깨끗한 물을 20g 더 넣어야 한다.

20

정답 ④

어떤 자연수를 x라 하면, $245-5=240$과 $100-4=96$으로는 x가 나누어떨어진다고 할 수 있다.
따라서 가장 큰 x는 240과 96의 최대공약수인 48이다.

21

정답 ②

두 소행성이 충돌할 때까지 걸리는 시간을 x초라고 하자.
(거리)=(속력)×(시간)이므로 $10x+5x=150$

∴ $x=10$

따라서 두 소행성은 10초 후에 충돌한다.

22

정답 ③

전체 8명에서 4명을 선출하는 경우의 수에서 남자만 4명을 선출하는 경우의 수를 빼면 된다.

${}_8C_4-{}_5C_4=\frac{8\times7\times6\times5}{4\times3\times2\times1}-\frac{5\times4\times3\times2}{4\times3\times2\times1}=70-5=65$

따라서 구하는 경우의 수는 65가지이다.

23

정답 ④

남자 회원 수를 x명, 여자 회원 수를 y명이라고 하자.

$y=0.8x$ … ㉠

$x-5=y+1$ … ㉡

㉠과 ㉡을 연립하면 $x=30$, $y=24$

∴ $x+y=30+24=54$

따라서 모임의 회원 수는 54명이다.

24

정답 ⑤

두 제품 A와 B의 원가를 각각 a원, b원이라고 하면 다음과 같다.

$a+b=50,000$ … ㉠

$(a\times0.1+b\times0.12)\times5=28,200$

$\rightarrow 5a+6b=282,000$ … ㉡

㉠과 ㉡을 연립하면 $b=282,000-50,000\times5=32,000$

따라서 B의 원가는 32,000원이다.

25

정답 ③

- 20분 동안 30m/min의 속력으로 간 거리 : $20\times30=600$m
- 20분 후 남은 거리 : $2,000-600=1,400$m
- 1시간 중 남은 시간 : $60-20=40$분

따라서 20분 후 속력은 $1,400\div40=35$m/min이므로, 이후에는 35m/min의 속력으로 가야 한다.

26

정답 ④

철수가 농구코트의 모서리에 서 있으며, 농구공은 농구코트 안에서 철수로부터 가장 멀리 떨어진 곳에 있다고 하였다. 즉, 농구공과 철수는 대각선으로 마주 보고 있으므로 농구코트의 가로와 세로 길이를 이용하여 대각선의 길이를 구한다.
따라서 피타고라스의 정리를 이용하면 대각선의 길이는 $\sqrt{5^2+12^2}=13$m이다.

27

정답 ①

소금물 A의 농도를 $x\%$, 소금물 B의 농도를 $y\%$라고 하면, 다음 두 방정식이 성립한다.

$\frac{x}{100}\times200+\frac{y}{100}\times300=\frac{9}{100}\times500$

→ $2x+3y=45$ ⋯ ㉠

$\frac{x}{100}\times300+\frac{y}{100}\times200=\frac{10}{100}\times500$

→ $3x+2y=50$ ⋯ ㉡

㉠과 ㉡을 연립하면 $x=12$, $y=7$
따라서 소금물 A의 농도는 12%, 소금물 B의 농도는 7%이다.

28

정답 ⑤

국민연금 전체 운용수익률은 연평균기간이 짧을수록 5.24% → 3.97% → 3.48% → −0.92%로 감소하고 있다.

오답분석

① 기간별 연평균으로 분류하여 수익률을 나타내므로 매년 증가하고 있는지는 알 수 없다.
② 2023년 운용수익률에서 기타부문은 흑자를 기록했고, 공공부문은 알 수 없다.
③ 공공부문의 경우 11년 연평균(2013 ~ 2023년)의 수치만 있으므로 알 수 없다.
④ 금융부문 운용수익률은 연평균기간이 짧을수록 감소하고 있다.

29

정답 ④

2022년도 휴대전화 스팸 수신량은 2021년보다 0.34−0.33=0.01통 많으며, 2023년에는 2021년보다 0.33−0.32=0.01통이 적다.
따라서 증가량과 감소량이 0.01통으로 같음을 알 수 있으므로 옳은 설명이다.

오답분석

① 2019년의 이메일 스팸 수신량은 1.16통으로 휴대전화 스팸 수신량의 2.5배인 약 1.33통보다 적으므로 옳지 않은 설명이다.
② 2021년부터 2023년까지 휴대전화 스팸 수신량은 2022년도 증가하고 다음 해에 감소했으나 이메일 스팸 수신량은 계속 감소했으므로 옳지 않은 설명이다.
③ 전년 대비 이메일 스팸 수신량 감소율은 2021년에 $\frac{1.48-1.06}{1.48}\times100 ≒ 28.4\%$, 2022년에 $\frac{1.06-1.00}{1.06}\times100 ≒ 5.7\%$로 2021년 감소율이 2022년의 약 5배이므로 옳지 않은 설명이다.
⑤ 이메일 스팸수신량이 가장 많은 해는 2020년이 맞지만 휴대전화 스팸 수신량이 가장 적은 해는 2023년이므로 옳지 않은 설명이다.

30

정답 ③

2015년 대비 2023년 장르별 공연 건수의 증가율은 다음과 같다.

- 양악 : $\frac{460-250}{250}\times100=84\%$
- 국악 : $\frac{238-68}{68}\times100=250\%$
- 무용 : $\frac{138-60}{60}\times100=130\%$
- 연극 : $\frac{180-60}{60}\times100=200\%$

따라서 2015년 대비 2023년 공연 건수의 증가율이 가장 높은 장르는 국악이다.

오답분석

① 2019년과 2022년에는 연극 공연 건수가 국악 공연 건수보다 많았다.
② 2021년의 무용 공연 건수가 제시되어 있지 않으므로 연극 공연 건수가 무용 공연 건수보다 많아진 것이 2022년부터인지 판단할 수 없으므로 옳지 않은 설명이다.
④ 2022년에 비해 2023년에 공연 건수가 가장 많이 증가한 장르는 국악이다.
⑤ 2018년까지는 양악 공연 건수가 국악, 무용, 연극 공연 건수의 합보다 많았지만, 2019년 이후에는 양악 공연 건수가 국악, 무용, 연극 공연 건수의 합보다 적었다. 또한, 2021년에는 무용 공연 건수 자료가 집계되지 않아 양악의 공연 건수가 다른 공연 건수의 합보다 많은지 적은지 판단할 수 없으므로 옳지 않은 설명이다.

31

정답 ②

ㄴ. 단위를 생략한 인천의 인구 수치가 인구밀도 수치보다 크다. 즉, $\frac{(\text{인구})}{(\text{인구밀도})}>1$이므로, 생략된 단위인 1,000을 곱하면 인천의 면적은 1,000km^2보다 넓음을 알 수 있다.

오답분석

ㄱ. 부산의 비율은 $\frac{27}{3,471}$ 이고, 대구의 비율은 $\frac{13}{2,444}$ 이다. 즉, 부산은 분자보다 분모가 약 130배 크고, 대구는 약 180배 크다. 따라서 비율을 직접 계산하지 않아도 부산이 더 큼을 알 수 있다.

ㄷ. 직접 계산을 하지 않더라도, $\frac{(인구)}{(인구밀도)}$ 의 값은 부산보다 대구가 1에 가까움을 알 수 있다. 따라서 대구의 면적이 부산의 면적보다 넓다.

32

정답 ③

보기에 있는 나라의 2010년 대비 2040년 고령화율을 계산하면 다음과 같다.

㉠ 한국 : $\frac{33}{11}$ =3배

㉡ 미국 : $\frac{26}{13}$ =2배

㉢ 일본 : $\frac{36}{18}$ =2배

㉣ 브라질 : $\frac{21}{7}$ =3배

㉤ 인도 : $\frac{16}{4}$ =4배

따라서 2040년의 고령화율이 2010년 대비 3배 이상이 되는 나라는 ㉠ 한국(3배), ㉣ 브라질(3배), ㉤ 인도(4배)이다.

33

정답 ③

- A기업의 경우 :
  화물자동차 : 200,000+(1,000×5×100)+(100×5×100) =750,000원
  철도 : 150,000+(900×5×100)+(300×5×100) =750,000원
  연안해송 : 100,000+(800×5×100)+(500×5×100) =750,000원
- B기업의 경우 :
  화물자동차 : 200,000+(1,000×1×200)+(100×1×200) =420,000원
  철도 : 150,000+(900×1×200)+(300×1×200) =390,000원
  연안해송 : 100,000+(800×1×200)+(500×1×200) =360,000원

따라서 A는 모든 수단에서 동일하고, B는 연안해송이 가장 저렴하다.

34

정답 ⑤

남성의 전체 인원은 75+180+15+30=300명이고, 여성의 전체 인원은 52+143+39+26=260명이다. 따라서 전체 남성 인원엔 대한 자녀 계획이 없는 남성 인원의 비율은 남성이 $\frac{75}{300}$ ×100=25%, 전체 여성 인원에 대한 자녀 계획이 없는 여성 인원의 비율은 $\frac{52}{260}$ ×100=20%로 남성이 여성보다 25−20=5%p 더 크다.

오답분석

① 전체 조사 인원은 300+260=560명으로 600명 미만이다.
② 전체 여성 인원에 대한 희망 자녀수가 1명인 여성 인원의 비율은 $\frac{143}{260}$ ×100=55%이다.
③ 남성의 각 항목을 인원수가 많은 순서대로 나열하면 '1명 – 계획 없음 – 3명 이상 – 2명'이고, 여성의 각 항목을 인원수가 많은 순서대로 나열하면 '1명 – 계획 없음 – 2명 – 3명' 이상이므로 남성과 여성의 항목별 순위는 서로 다르다.
④ 전체 여성 인원에 대한 희망 자녀수가 2명인 여성 인원의 비율은 $\frac{39}{260}$ ×100=15%, 전체 남성 인원에 대한 희망 자녀수가 2명인 남성 인원의 비율은 $\frac{15}{300}$ ×100=5%로 여성이 남성의 3배이다.

35

정답 ③

브랜드별 중성세제의 변경 후 판매 용량에 대한 가격에서 변경 전 가격을 빼면 다음과 같다.

- A브랜드 : (8,200×1.2)−(8,000×1.3)=9,840−10,400 =−560원
- B브랜드 : (6,900×1.6)−(7,000×1.4)=11,040−9,800 =1,240원
- C브랜드 : (4,000×2.0)−(3,960×2.5)=8,000−9,900 =−1,900원
- D브랜드 : (4,500×2.5)−(4,300×2.4)=11,250−10,320 =930원

따라서 A브랜드는 560원 감소, B브랜드는 1,240원 증가, C브랜드는 1,900원 감소, D브랜드는 930원 증가했다.

36

정답 ②

이산화탄소의 농도가 계속해서 증가하고 있는 것과 달리 오존전량은 2017년부터 2019년까지, 그리고 2022년에 감소하였다.

오답분석

① 이산화탄소의 농도는 2016년 387.2ppm에서 시작하여 2022년 395.7ppm으로 해마다 증가했다.
③ 2022년 오존전량은 335DU로, 2016년의 331DU보다 4DU 증가했다.
④ 2022년 이산화탄소 농도는 2017년의 388.7ppm에서 395.7ppm으로 7ppm 증가했다.
⑤ 오존전량은 2017년에는 1DU, 2018년에는 2DU, 2019년에는 3DU 감소하였으며, 2022년에는 8DU 감소하였다.

37

정답 ⑤

ㄷ. 부모와 자녀의 직업이 모두 A일 확률은 $\frac{1}{10}\times\frac{45}{100}$, 즉 $0.1\times\frac{45}{100}$이다.

ㄹ. (자녀의 직업이 A일 확률)$=\frac{1}{10}\times\frac{45}{100}+\frac{4}{10}\times\frac{5}{100}+\frac{5}{10}\times\frac{1}{100}=\frac{7}{100}$

따라서 부모의 직업이 A일 확률은 $\frac{10}{100}$이므로 자녀의 직업이 A일 확률이 더 낮다.

오답분석

ㄱ. (자녀의 직업이 C일 확률)$=\frac{1}{10}\times\frac{7}{100}+\frac{4}{10}\times\frac{25}{100}+\frac{5}{10}\times\frac{49}{100}=\frac{352}{1,000}=\frac{44}{125}$

ㄴ. '부모의 직업이 C일 때, 자녀의 직업이 B일 확률'을 '자녀의 직업이 B일 확률'로 나누면 구할 수 있다.

38

정답 ①

- A전자 : 8대 구매 시 2대를 무료로 증정하기 때문에 32대를 사면 8개를 무료로 증정 받아 32대 가격으로 총 40대를 살 수 있다. 32대의 가격은 $80,000\times32=2,560,000$원이다. 그리고 구매 금액 100만 원당 2만 원이 할인되므로 구매 가격은 $2,560,000-40,000=2,520,000$원이다.
- B마트 : 40대 구매 금액인 $90,000\times40=3,600,000$원에서 40대 이상 구매 시 7% 할인 혜택을 적용하면 $3,600,000\times0.93=3,348,000$원이다. 이때, 1,000원 단위 이하는 절사하므로 구매 가격은 3,340,000원이다.

따라서 B마트에 비해 A전자가 $3,340,000-2,520,000=82$만 원 저렴하다.

39

정답 ②

ㄱ. $\frac{10,023+200\times4}{4}=\frac{10,823}{4}=2,705.75$만 개

ㄷ. • 평균 주화 공급량 : $\frac{10,023}{4}=2,505.75$만 개
- 주화 공급량 증가량 : $3,469\times0.1+2,140\times0.2+2,589\times0.2+1,825\times0.1=1,475.2$만 개
- 증가한 평균 주화 공급량 : $\frac{10,023+1,475.2}{4}=2,874.55$만 개

따라서 $2,505.75\times1.15>2,874.55$이므로, 증가율은 15% 이하이다.

오답분석

ㄴ. • 10원 주화의 공급기관당 공급량 : $\frac{3,469}{1,519}\fallingdotseq2.3$만 개
- 500원 주화의 공급기관당 공급량 : $\frac{1,825}{953}\fallingdotseq1.9$만 개

ㄹ. 총 주화 공급액이 변하면 주화 종류별 공급량 비율도 당연히 변화한다.

40

정답 ②

26 ~ 30세 응답자는 총 51명이다. 그중 4회 이상 방문한 응답자는 5+2=7명이므로, 비율은 $\frac{7}{51}\times100\fallingdotseq13.72\%$이다. 따라서 10% 이상이다.

오답분석

① 전체 응답자 수는 113명이다. 그중 20 ~ 25세 응답자는 53명이므로, 비율은 $\frac{53}{113}\times100\fallingdotseq46.90\%$가 된다.
③ 주어진 자료만으로는 31 ~ 35세 응답자의 1인당 평균 방문횟수를 정확히 구할 수 없다. 그 이유는 방문횟수를 '1회', '2 ~ 3회', '4 ~ 5회', '6회 이상' 등 구간으로 구분했기 때문이다. 다만 구간별 최소값으로 평균을 냈을 때, 평균 방문횟수가 2회 이상이라는 점을 통해 2회 미만이라는 것은 틀렸다는 것을 알 수 있다.
  {1, 1, 1, 2, 2, 2, 2, 4, 4} → 평균$=\frac{19}{9}\fallingdotseq2.11$회
④ 응답자의 직업에서 학생과 공무원 응답자의 수는 51명이다. 즉, 전체 113명의 절반에 미치지 못하므로 비율은 50% 미만이다.
⑤ 주어진 자료만으로 판단할 때, 전문직 응답자 7명 모두 20 ~ 25세일 수 있으므로 비율이 5% 이상이 될 수 있다.

41

정답 ④

영업부서와 마케팅부서에서 S등급과 C등급에 배정되는 인원은 같고, A등급과 B등급의 인원이 영업부서가 마케팅부서보다 2명씩 적다. 따라서 두 부서의 총 상여금액 차이는 $(420\times2)+(330\times2)=1,500$만 원이므로 적절하지 않다.

오답분석

① 마케팅부서 15명에게 지급되는 총 상여금은 $(500\times2)+(420\times5)+(330\times6)+(290\times2)=5,660$만 원이다.

② A등급 상여금은 B등급 상여금보다 $\frac{420-330}{330}\times100 \fallingdotseq 27.3\%$ 많다.

③ · ⑤ 마케팅부서와 영업부서의 등급별 배정인원은 다음과 같다.

구분	S등급	A등급	B등급	C등급
마케팅부서	2명	5명	6명	2명
영업부서	2명	3명	4명	2명

42

정답 ③

제시된 표를 통해 석순의 길이가 10년 단위로 2cm, 1cm 반복하여 자라는 것을 알 수 있다.

- 2010년 : 16+2=18cm
- 2020년 : 18+1=19cm
- 2030년 : 19+2=21cm
- 2040년 : 21+1=22cm
- 2050년 : 22+2=24cm

따라서 2050년에 석순의 길이를 측정한다면 24cm일 것이다.

43

정답 ③

1997년부터 차례대로 3을 더하여 만든 수열은 1997, 2000, 2003, 2006, 2009, …이다.

따라서 제10회 세계 물 포럼은 제1회 세계 물 포럼으로부터 9번째 후에 개최되므로 $1997+3\times9=2024$년에 개최된다.

44

정답 ②

ㄴ. 학생 확진자 중 초등학생의 비율은 $\frac{489}{1,203}\times100 \fallingdotseq 40.6\%$이고, 전체 확진자 중 초등학교 기관의 비율은 $\frac{(489+73)}{(1,203+233)}\times100 \fallingdotseq 39.1\%$로 학생 확진자 중 초등학생 비율이 더 높다.

ㄷ. 전체 확진자 중 고등학생의 비율은 $\frac{351}{(1,203+233)}\times100 \fallingdotseq 24.4\%$이고, 유치원생의 비율은 $\frac{56}{(1,203+233)}\times100 \fallingdotseq 3.9\%$로 확진자는 유치원생의 비율보다 고등학생의 비율이 약 6.3배 이상이다.

오답분석

ㄱ. 확진자 중 퇴원수의 비율은 학생은 $\frac{1,089}{1,203}\times100 \fallingdotseq 90.5\%$이고, 교직원의 비율은 $\frac{226}{233}\times100 \fallingdotseq 97.0\%$으로 약 6% 이상 차이가 난다.

ㄹ. 고등학교와 중학교 소속 확진자 수는 351+58+271+68=748명이고, 이는 전체 확진자 1,203+233=1,436명의 약 52.1%이다.

45

정답 ④

2021년 1관당 인구 수는 2018년 1관당 인구 수에 비해 12,379명 감소했다.

오답분석

① 공공도서관 수는 644 → 703 → 759 → 786개관으로 증가하는 추세이다.

② 2021년 1인당 장서 수는 1.49권임을 표에서 쉽게 확인할 수 있다.

④ 2020년 공공도서관에 258,315,000명이 방문했음을 표에서 쉽게 확인할 수 있다.

46

정답 ①

연도별 성인 참여율과 증가율은 다음과 같다.

(단위 : %)

구분	2017년	2018년	2019년	2020년	2021년
참여 증가율	-	7.8	-21.7	-5.7	-34.8
참여율	6.4	6.8	5.2	4.9	3.2

ㄱ. 성인 참여율은 2018년도가 6.8%로 가장 높다.

ㄴ. 2019년도 참여율은 5.2%로 2020년도 참여율 4.9%보다 높다.

오답분석

ㄷ. 자원봉사 참여 인구는 2018년도 증가 후 계속 감소하였으므로 참여 증가율이 가장 높은 해는 2018년도이며, 참여 증가율이 가장 낮은 해는 2021년이다.

ㄹ. 2017년부터 2020년까지의 자원봉사에 참여한 성인 인구수는 2,667,575+2,874,958+2,252,287+2,124,110=9,918,930명으로 천만 명 이하이다.

47

정답 ⑤

여자 흡연율의 전년도와의 차이를 정리하면 다음과 같다.

(단위 : %, %p)

구분	2017년	2018년	2019년	2020년	2021년
여자 흡연율	7.4	7.1	6.8	6.9	7.3
전년도 대비 차이	–	−0.3	−0.3	+0.1	+0.4

따라서 가장 많은 차이를 보이는 해는 2021년이다.

오답분석

① 2017년부터 2021년까지 계속 감소하고 있다.
② 2019년까지 감소하다가 이후 증가하고 있다.
③ 남자와 여자의 흡연율 차이를 정리하면 다음과 같다.

(단위 : %, %p)

구분	2017년	2018년	2019년	2020년	2021년
남자 흡연율	48.7	46.2	44.3	42.2	40.7
여자 흡연율	7.4	7.1	6.8	6.9	7.3
남자·여자 흡연율 차이	41.3	39.1	37.5	35.3	33.4

따라서 남자와 여자의 흡연율 차이는 감소하고 있다.

④ 남자 흡연율의 전년도와의 차이를 정리하면 다음과 같다.

(단위 : %, %p)

구분	2017년	2018년	2019년	2020년	2021년
남자 흡연율	48.7	46.2	44.3	42.2	40.7
전년도 대비 차이	–	−2.5	−1.9	−2.1	−1.5

따라서 가장 많은 차이를 보이는 해는 2018년이다.

48

정답 ⑤

ㄷ. 2017년 대비 2021년 청소년 비만율의 증가율은 $\frac{26.1-18}{18}\times100=45\%$이다.

ㄹ. 2021년과 2019년의 비만율 차이를 구하면 다음과 같다.
– 유아 : 10.2−5.8=4.4%p
– 어린이 : 19.7−14.5=5.2%p
– 청소년 : 26.1−21.5=4.6%p
따라서 2021년과 2019년의 비만율 차이가 가장 큰 아동은 어린이임을 알 수 있다.

오답분석

ㄱ. 유아의 비만율은 전년 대비 계속 감소하고 있고, 어린이와 청소년의 비만율은 전년 대비 계속 증가하고 있다.
ㄴ. 2018년 이후의 어린이 비만율은 유아보다 크고 청소년보다 작지만, 2017년 어린이 비만율은 9.8%로, 유아 비만율인 11%와 청소년 비만율인 18%보다 작다.

49

정답 ③

• 2018년 대비 2019년 사고 척수의 증가율

: $\frac{2,400-1,500}{1,500}\times100=60\%$

• 2018년 대비 2019년 사고 건수의 증가율

: $\frac{2,100-1,400}{1,400}\times100=50\%$

50

정답 ①

연도별 사고 건수당 인명피해의 인원수를 구하면 다음과 같다.

• 2018년 : $\frac{700}{1,400}$=0.5명/건

• 2019년 : $\frac{420}{2,100}$=0.2명/건

• 2020년 : $\frac{460}{2,300}$=0.2명/건

• 2021년 : $\frac{750}{2,500}$=0.3명/건

• 2022년 : $\frac{260}{2,600}$=0.1명/건

따라서 사고 건수당 인명피해의 인원수가 가장 많은 연도는 2018년이다.

03 추리

01	02	03	04	05	06	07	08	09	10
④	②	④	②	②	①	④	③	①	②
11	12	13	14	15	16	17	18	19	20
①	③	③	①	④	⑤	⑤	③	①	①
21	22	23	24	25	26	27	28	29	30
③	⑤	③	③	②	④	②	④	③	⑤

01

정답 ④

제시된 명제들을 순서대로 논리기호화 하면 다음과 같다.

- 전제1 : 재고
- 전제2 : ~설비투자 → ~재고
- 전제3 : 건설투자 → 설비투자('~때에만'이라는 한정 조건이 들어가면 논리기호의 방향이 바뀐다)

전제1이 참이므로 전제2의 대우(재고 → 설비투자)에 따라 설비를 투자한다. 전제3은 건설투자를 늘릴 때에만 이라는 한정 조건이 들어갔으므로 역(설비투자 → 건설투자) 또한 참이다. 이를 토대로 공장을 짓는다는 결론을 얻기 위해서는 '건설투자를 늘린다면, 공장을 짓는다(건설투자 → 공장건설).'라는 명제가 필요하다.

02

정답 ②

전제1과 전제3을 연결하면 '명랑한 사람 → 마라톤을 좋아하는 사람 → 체력이 좋고, 인내심 있는 사람'이고 전제2는 '몸무게가 무거운 사람 → 체력이 좋은 사람'이다. '명랑한 사람은 인내심이 있다.'가 참이므로, 그 대우도 참인 결론으로 ②가 적절하다.

03

정답 ④

'눈을 자주 깜빡인다.'를 A, '눈이 건조해진다.'를 B, '스마트폰을 이용할 때'를 C라 하면, 전제1과 전제2는 각각 ~A → B, C → ~A이므로 C → ~A → B가 성립한다. 따라서 C → B인 '스마트폰을 이용할 때는 눈이 건조해진다.'가 적절하다.

04

정답 ②

'밤에 잠을 잘 자다.'를 A, '낮에 피곤하다.'를 B, '업무효율이 좋다.'를 C, '성과급을 받는다.'를 D라고 하면, 전제1은 ~A → B, 전제3은 ~C → ~D, 결론은 ~A → ~D이다.
따라서 ~A → B → ~C → ~D가 성립하기 위해서 필요한 전제2는 B → ~C이므로 '낮에 피곤하면 업무효율이 떨어진다.'가 적절하다.

05

정답 ②

'스테이크를 먹음'을 A, '지갑이 없음'을 B, '쿠폰을 받음'을 C라고 할 때, 첫 번째 명제와 마지막 명제는 각각 A → B, ~B → C이다. 이때, 첫 번째 명제의 대우는 ~B → ~A이므로 마지막 명제가 참이 되려면 ~A → C가 필요하다. 따라서 빈칸에 들어갈 명제는 '스테이크를 먹지 않는 사람은 쿠폰을 받는다.'가 적절하다.

06

정답 ①

다이아몬드는 광물이고, 광물은 매우 규칙적인 원자 배열을 가지고 있다. 따라서 '다이아몬드는 매우 규칙적인 원자 배열을 가지고 있다.'가 적절하다.

07

정답 ④

'음악을 좋아함'을 p, '상상력이 풍부함'을 q, '노란색을 좋아함'을 r이라고 할 때, 첫 번째 명제는 $p \rightarrow q$, 두 번째 명제는 $\sim p \rightarrow \sim r$이다. 이때, 두 번째 명제의 대우 $r \rightarrow p$에 따라 $r \rightarrow p \rightarrow q$가 성립한다. 따라서 $r \rightarrow q$이므로 '노란색을 좋아하는 사람은 상상력이 풍부하다.'가 적절하다.

08

정답 ③

'한 씨'를 A, '부동산을 구두로 양도함'을 B, '무효'를 C라고 하여 표로 정리하면 다음과 같다.

구분	명제	대우
전제1	A → B	~B → ~A
결론	A → C	~C → ~A

전제1이 결론으로 연결되려면, 전제2는 'B → C'가 되어야 한다. 따라서 전제2는 '부동산을 구두로 양도하면, 무효다.'인 ③이다.

09

정답 ①

①이 들어가면, 재경–선영–경식 순으로 나이가 많다.

오답분석

②가 들어가면, 재경이와 선영이 중 누가 더 나이가 많은지 알 수 없다.
③이 들어가면, 선영 – 경식 – 재경 순으로 나이가 많아 세 번째 문장과 모순된다.
④가 들어가면, 세 번째 문장과 모순된다.
⑤가 들어가면, 두 번째 문장과 모순된다.

10

정답 ②

제시된 내용을 정리하면 다음과 같다.

P : 원숭이를 좋아한다.
Q : 코끼리를 좋아한다.
R : 낙타를 좋아한다.
S : 토끼를 좋아한다.

- 원숭이를 좋아하면 코끼리를 좋아한다. : $P \rightarrow Q$
- 낙타를 좋아하면 코끼리를 좋아하지 않는다. : $R \rightarrow \sim Q$
- 토끼를 좋아하면 원숭이를 좋아하지 않는다. : $S \rightarrow \sim P$

A : 코끼리를 좋아하면 토끼를 좋아한다. : 추론할 수 없음
B : 낙타를 좋아하면 원숭이를 좋아하지 않는다. : $R \rightarrow \sim Q \rightarrow \sim P$
따라서 B만 옳다.

11

정답 ①

가장 높은 등급을 1등급, 가장 낮은 등급을 5등급이라 하면 네 번째 조건에 의해 가는 3등급을 받는다. 또한 첫 번째 조건에 의해 마는 4등급 또는 5등급이다. 이때 두 번째 조건에 의해 마가 4등급, 다가 5등급을 받음을 알 수 있다. 따라서 다, 마에게 건강 관리 안내문을 발송하므로, A만 옳다.

12

정답 ③

- A : 수요일에는 혜진, 수연, 태현이가 휴가 중이고, 목요일에는 수연, 지연, 태현이가 휴가 중이므로 수요일과 목요일에 휴가 중인 사람의 수는 같다.
- B : 태현이는 금요일까지 휴가이다.

따라서 A, B 모두 옳다.

13

정답 ③

각각의 조건을 수식으로 비교해 보면 다음과 같다.

$C>D$, $F>E$, $H>G>C$, $G>D>F$

$\therefore H>G>C>D>F>E$

따라서 A와 B 모두 옳다.

14

정답 ①

두 번째 조건에 따라 홍차를 선택한 사람은 3명이고, 세 번째 조건에 따라 녹차를 선택한 사람은 4명이다. 따라서 커피를 선택한 사람은 3명이 된다. 이후 네 번째 조건에 따라 한식을 선택한 사람 중 2명이 커피를 선택했으므로 양식과 커피를 선택한 사람은 1명이다.

15

정답 ④

'어떤'과 '모든'이 나오는 명제는 벤다이어그램으로 정리하면 다음과 같다.

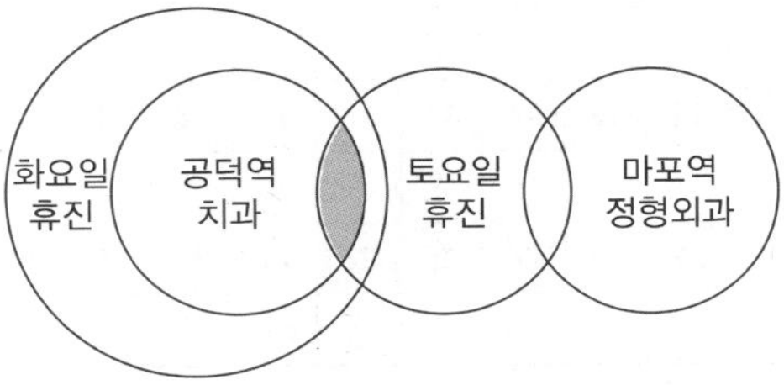

위의 벤다이어그램을 통해 '공덕역 부근의 어떤 치과는 토요일과 화요일이 모두 휴진이다.'를 추론할 수 있다.

오답분석

① 마포역 부근의 어떤 정형외과는 토요일이 휴진이다.
② 공덕역 부근의 어떤 치과는 토요일이 휴진이기 때문에 거짓이다.
③ 제시된 명제만으로는 알 수 없다.
⑤ 마포역 부근의 어떤 정형외과가 화요일도 휴진인지는 알 수 없다.

16

정답 ⑤

월요일에 먹는 영양제는 비타민 B와 칼슘, 마그네슘 중 하나이다. 마그네슘의 경우 비타민 D보다 늦게 먹고, 비타민 B보다는 먼저 먹어야 하므로 마그네슘과 비타민 B는 월요일에 먹을 수 없다. 그러므로 K씨가 월요일에 먹는 영양제는 칼슘이다. 또한 비타민 B는 화요일 또는 금요일에 먹을 수 있는데, 화요일에 먹게 될 경우 마그네슘을 비타민 B보다 먼저 먹을 수 없게 되므로 비타민 B는 금요일에 먹는다. 나머지 조건에 따라 K씨가 요일별로 먹는 영양제를 표로 정리하면 다음과 같다.

월	화	수	목	금
칼슘	비타민 C	비타민 D	마그네슘	비타민 B

따라서 회사원 K씨가 월요일에는 칼슘, 금요일에는 비타민 B를 먹는 것을 알 수 있다.

17

정답 ⑤

재은이가 요일별로 달린 거리를 표로 정리하면 다음과 같다.

월	화	수	목
200−50= 150m	200m	200−30= 170m	170+10= 180m

따라서 재은이가 목요일에 화요일보다 20m 적게 달린 것을 알 수 있다.

18

정답 ③

이동 시간이 긴 순서대로 나열하면 'D－B－C－A'이다. 이때 이동 시간은 거리가 멀수록 많이 소요된다고 하였으므로 서울과의 거리가 먼 순서에 따라 D는 강릉, B는 대전, C는 세종, A는 인천에서 근무하는 것을 알 수 있다.

19

정답 ①

B사원은 2층에 묵는 A사원보다 높은 층에 묵지만, C사원보다는 낮은 층에 묵으므로 3층 또는 4층에 묵을 수 있다. 그러나 D사원이 C사원 바로 아래층에 묵는다고 하였으므로 D사원이 4층, B사원은 3층에 묵는 것을 알 수 있다. 따라서 A～D사원을 높은 층에 묵는 순서대로 나열하면 'C－D－B－A'가 되며, E는 남은 1층에 묵는 것을 알 수 있다.

20

정답 ①

B는 피자 2조각을 먹은 A보다 적게 먹었으므로 피자 1조각을 먹었다. 또한 네 사람 중 B가 가장 적게 먹었으므로 D는 반드시 2조각 이상 먹어야 한다. 따라서 A는 2조각, B는 1조각, C는 3조각, D는 2조각의 피자를 먹었으므로 피자는 남지 않는다.

21

정답 ③

A와 D의 진술이 모순되므로, A의 진술이 참인 경우와 거짓인 경우를 구한다.

- A의 진술이 참인 경우
  A의 진술에 따라 D가 부정행위를 하였으며, 거짓을 말하고 있다. B는 A의 진술이 참이므로 B의 진술도 참이며, B의 진술이 참이므로 C의 진술은 거짓이 되고, E의 진술은 참이 된다. 따라서 부정행위를 한 사람은 C, D이다.
- A의 진술이 거짓인 경우
  A의 진술에 따라 D는 참을 말하고 있고, B는 A의 진술이 거짓이므로 B의 진술도 거짓이 된다. B의 진술이 거짓이므로 C의 진술은 참이 되고, E의 진술은 거짓이 된다. 그러면 거짓을 말한 사람은 A, B, E이지만 조건에서 부정행위를 한 사람은 두 명이므로 모순이 되어 옳지 않다.

22

정답 ⑤

주어진 조건에 따라 앞서 달리고 있는 순서대로 나열하면 'A－D－C－E－B'가 된다. 따라서 이 순위대로 결승점까지 달린다면 C는 3등을 할 것이다.

23

정답 ③

B는 오전 10시에 출근하여 오후 3시에 퇴근하였으므로 업무는 4개이다. D는 B보다 업무가 1개 더 많았으므로 D의 업무는 5개이고, 오후 3시에 퇴근했으므로 출근한 시각은 오전 9시이다. K팀에서 가장 늦게 출근한 사람은 C이고 가장 늦게 출근한 사람을 기준으로 오전 11시에 모두 출근하였으므로 C는 오전 11시에 출근하였다. K팀에서 가장 늦게 퇴근한 사람은 A이고 가장 늦게 퇴근한 사람을 기준으로 오후 4시에 모두 퇴근하였다고 했으므로 A는 오후 4시에 퇴근했다. A는 C보다 업무가 3개 더 많았으므로 C의 업무는 2개이다. 이를 표로 정리하면 다음과 같다.

구분	A	B	C	D
업무	5개	4개	2개	5개
출근 시각	오전 10시	오전 10시	오전 11시	오전 9시
퇴근 시각	오후 4시	오후 3시	오후 2시	오후 3시

따라서 C는 오후 2시에 퇴근했다.

오답분석

① A는 5개의 업무를 하고 퇴근했다.
② B의 업무는 A의 업무보다 적었다.
④ 팀에서 가장 빨리 출근한 사람은 D이다.
⑤ C가 D의 업무 중 1개를 대신 했다면 D가 C보다 빨리 퇴근했을 것이다.

24

정답 ③

B는 두 번째, F는 여섯 번째로 도착하였고, A가 도착하고 바로 뒤에 C가 도착하였으므로 A는 세 번째 또는 네 번째로 도착하였다. 그런데 D는 C보다 먼저 도착하였고 E보다 늦게 도착하였으므로 A는 네 번째로 도착하였음을 알 수 있다. 따라서 도착한 순서는 E－B－D－A－C－F이다. A는 네 번째로 도착하였으므로 토너먼트 배치표에 의해 최대 3번까지 경기를 하게 된다.

25

정답 ②

조건에 따라 A～D의 사무실 위치를 표로 정리하면 다음과 같다.

구분	2층	3층	4층	5층
경우 1	부장	B과장	대리	A부장
경우 2	B과장	대리	부장	A부장
경우 3	B과장	부장	대리	A부장

B가 과장이므로 대리가 아닌 A는 부장이다.

오답분석

① A부장 외의 또 다른 부장은 2층, 3층 또는 4층에 근무한다.
③ 대리는 3층 또는 4층에 근무한다.
④ B는 2층 또는 3층에 근무한다.
⑤ C의 직위는 알 수 없다.

26

정답 ④

B와 C의 말이 모순되므로 B와 C 중 한 명은 반드시 진실을 말하고 다른 한 명은 거짓을 말한다.

- B가 거짓, C가 진실을 말하는 경우
  B가 거짓을 말한다면 E의 말 역시 거짓이 되어 롤러코스터를 타지 않은 사람은 E가 된다. 그러나 A는 E와 함께 롤러코스터를 탔다고 했으므로 A의 말 또한 거짓이 된다. 이때, 조건에서 5명 중 2명만 거짓을 말한다고 했으므로 이는 성립하지 않는다.
- C가 거짓, B가 진실을 말하는 경우
  B가 진실을 말한다면 롤러코스터를 타지 않은 사람은 D가 되며, E의 말은 진실이 된다. 이때, D는 B가 회전목마를 탔다고 했으므로 D가 거짓을 말하는 것을 알 수 있다. 따라서 거짓을 말하는 사람은 C와 D이며, 롤러코스터를 타지 않은 사람은 D이다.

27

정답 ②

제시된 명제만으로는 진실 여부를 판별할 수 없다.

오답분석

① 첫 번째와 두 번째 명제에 의해 참이다.
③ 두 번째 명제로부터 참이라는 것을 알 수 있다.
④ 두 번째와 세 번째 명제를 통해 참이라는 것을 알 수 있다.
⑤ 모든 사람이 자신을 비방하지 않는 사람에게 호의적이라고 했을 때, 세 번째 명제에 의해 참이다.

28

정답 ④

주어진 조건에 따라 과일이 진열된 매대를 추론해 보면 다음과 같다.

4층	사과
3층	배
2층	귤
1층	감

따라서 귤은 2층, 배는 3층, 감은 1층이므로, 귤이 배와 감 사이에 위치한다는 추론은 적절하다.

29

정답 ③

B의 발언이 참이라면 C가 범인이고 F도 참이 된다. F는 C 또는 E가 범인이라고 했으므로 C가 범인이라면 E는 범인이 아니고, E의 발언 역시 참이 되어야 한다. 하지만 E의 발언이 참이라면 F가 범인이어야 하므로 모순이다. 따라서 B의 발언이 거짓이며, C 또는 E가 범인이라고 말한 F 역시 범인임을 알 수 있다.

30

정답 ⑤

㉡과 ㉣·㉦은 상반되며, ㉢과 ㉥·㉧·㉨ 역시 상반된다.

- 김대리가 짬뽕을 먹은 경우 : ㉥, ㉧, ㉨ 3개의 진술이 참이 되므로 성립하지 않는다.
- 박과장이 짬뽕을 먹은 경우 : ㉠, ㉢, ㉤ 3개의 진술이 참이 되므로 성립하지 않는다.
- 최부장이 짬뽕을 먹은 경우 : 최부장이 짬뽕을 먹었으므로 ㉠, ㉤, ㉧은 반드시 거짓이 된다. 이때, ㉢은 반드시 참이 되므로 상반되는 ㉥, ㉨은 반드시 거짓이 되고, ㉣, ㉦ 또한 반드시 거짓이 되므로 상반되는 ㉡이 참이 되는 것을 알 수 있다.

따라서 짬뽕을 먹은 사람은 최부장이고, 참인 진술은 ㉡·㉢이다.

PART 1
대표기출유형

CHAPTER 01
언어비평

합격 CHEAT KEY

직무수행에 필요한 문장 독해력, 이해 능력, 사실 정보에 근거한 논리적 판단 및 추론 능력을 평가한다. 기본적으로 3 ~ 6문장의 조건이나 한 문단 정도의 제시문이 나오고, 이를 통해 문제에 제시된 추론의 참 · 거짓 · 알 수 없음의 여부를 판단하는 문제가 출제된다.

언어비평 유형을 풀 때 가장 필요한 능력은 문장 이해력이다. 특히 조건에 사용된 조사의 의미와 제한사항 등을 제대로 이해해야 정답을 찾을 수 있으므로 문제와 제시된 문장을 꼼꼼히 읽는 습관을 길러야 한다.

학습 포인트

- 주어진 규칙과 조건을 파악한 후 이를 도식화(표, 기호 등으로 정리)하여 문제에 접근해야 한다.

CHAPTER

01 이론점검

1. 연역 추론

이미 알고 있는 판단(전제)을 근거로 새로운 판단(결론)을 유도하는 추론이다. 연역 추론은 진리일 가능성을 따지는 귀납 추론과는 달리, 명제 간의 관계와 논리적 타당성을 따진다. 즉, 연역 추론은 전제들로부터 절대적인 필연성을 가진 결론을 끌어내는 추론이다.

(1) 직접 추론

한 개의 전제로부터 중간적 매개 없이 새로운 결론을 끌어내는 추론이며, 대우 명제가 그 대표적인 예이다.

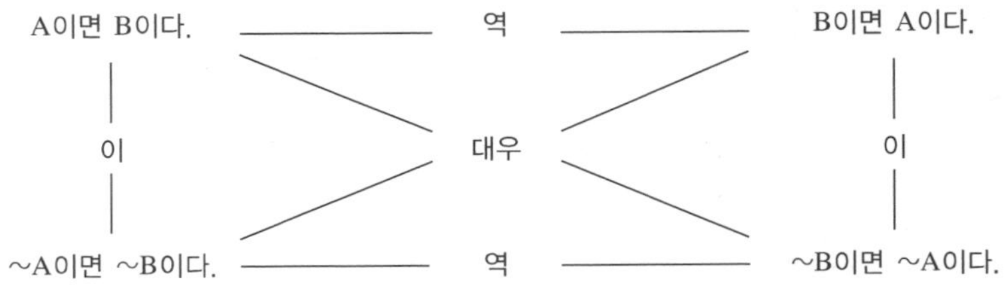

• 한국인은 모두 황인종이다.	(전제)
• 그러므로 황인종이 아닌 사람은 모두 한국인이 아니다.	(결론 1)
• 그러므로 황인종 중에는 한국인이 아닌 사람도 있다.	(결론 2)

(2) 간접 추론

둘 이상의 전제로부터 새로운 결론을 끌어내는 추론이다. 삼단논법이 가장 대표적인 예이다.

① **정언 삼단논법** : 세 개의 정언명제로 구성된 간접 추론 방식이다. 세 개의 명제 가운데 두 개의 명제는 전제이고, 나머지 한 개의 명제는 결론이다. 세 명제의 주어와 술어는 세 개의 서로 다른 개념을 표현한다.

② **가언 삼단논법** : 가언명제로 이루어진 삼단논법을 말한다. 가언명제란 두 개의 정언명제가 '만일 ~이라면'이라는 접속사에 의해 결합된 복합명제이다. 여기서 '만일'에 의해 이끌리는 명제를 전건이라고 하고, 그 뒤의 명제를 후건이라고 한다. 가언 삼단논법의 종류로는 혼합가언 삼단논법과 순수가언 삼단논법이 있다.

㉠ 혼합가언 삼단논법 : 대전제만 가언명제로 구성된 삼단논법이다. 긍정식과 부정식 두 가지가 있으며, 긍정식은 'A면 B이다. A이다. 그러므로 B이다.'이고, 부정식은 'A면 B이다. B가 아니다. 그러므로 A가 아니다.'이다.

- 만약 A라면 B이다.
- B가 아니다.
- 그러므로 A가 아니다.

㉡ 순수가언 삼단논법 : 대전제와 소전제 및 결론까지 모두 가언명제들로 구성된 삼단논법이다.

- 만약 A라면 B이다.
- 만약 B라면 C이다.
- 그러므로 만약 A라면 C이다.

③ 선언 삼단논법 : '~이거나 ~이다.'의 형식으로 표현되며 전제 속에 선언명제를 포함하고 있는 삼단논법이다.

- 내일은 비가 오거나 눈이 온다(A 또는 B이다).
- 내일은 비가 오지 않는다(A가 아니다).
- 그러므로 내일은 눈이 온다(그러므로 B이다).

④ 딜레마 논법 : 대전제는 두 개의 가언명제로, 소전제는 하나의 선언명제로 이루어진 삼단논법으로, 양도 추론이라고도 한다.

- 만일 네가 거짓말을 하면, 신이 미워할 것이다. (대전제)
- 만일 네가 거짓말을 하지 않으면, 사람들이 미워할 것이다. (대전제)
- 너는 거짓말을 하거나, 거짓말을 하지 않을 것이다. (소전제)
- 그러므로 너는 미움을 받게 될 것이다. (결론)

2. 귀납 추론

특수한 또는 개별적인 사실로부터 일반적인 결론을 끌어내는 추론을 말한다. 귀납 추론은 구체적 사실들을 기반으로 하여 결론을 끌어내기 때문에 필연성을 따지기보다는 개연성과 유관성, 표본성 등을 중시하게 된다. 여기서 개연성이란 관찰된 어떤 사실이 같은 조건 하에서 앞으로도 관찰될 수 있는가 하는 가능성을 말하고, 유관성은 추론에 사용된 자료가 관찰하려는 사실과 관련되어야 하는 것을 일컬으며, 표본성은 추론을 위한 자료의 표본 추출이 공정하게 이루어져야 하는 것을 가리킨다. 이러한 귀납 추론은 일상생활 속에서 많이 사용하고, 우리가 알고 있는 과학적 사실도 이와 같은 방법으로 밝혀졌다.
그러나 전제들이 참이어도 결론이 항상 참인 것은 아니다. 단 하나의 예외로 인하여 결론이 거짓이 될 수 있다.

- 성냥불은 뜨겁다.
- 연탄불도 뜨겁다.
- 그러므로 모든 불은 뜨겁다.

위 예문에서 '성냥불이나 연탄불이 뜨거우므로 모든 불은 뜨겁다.'라는 결론이 나왔는데, 반딧불은 뜨겁지 않으므로 '모든 불이 뜨겁다.'라는 결론은 거짓이 된다.

(1) 완전 귀납 추론

관찰하고자 하는 집합의 전체를 다 검증함으로써 대상의 공통 특질을 밝혀내는 방법이다. 이는 예외 없는 진실을 발견할 수 있다는 장점은 있으나, 집합의 규모가 크고 속성의 변화가 다양할 경우에는 적용하기 어려운 단점이 있다.

예 1부터 10까지의 수를 다 더하여 그 합이 55임을 밝혀내는 방법

(2) 통계적 귀납 추론

통계적 귀납 추론은 관찰하고자 하는 집합의 일부에서 발견한 몇 가지 사실을 열거함으로써 그 공통점을 결론으로 이끌어내려는 방식을 가리킨다. 관찰하려는 집합의 규모가 클 때 그 일부를 표본으로 추출하여 조사하는 방식이 이에 해당하며, 표본 추출의 기준이 얼마나 적합하고 공정한가에 따라 그 결과에 대한 신뢰도가 달라진다는 단점이 있다.

예 여론조사에서 일부의 국민에 대한 설문 내용을 바탕으로, 이를 전체 국민의 여론으로 제시하는 것

(3) 인과적 귀납 추론

관찰하고자 하는 집합의 일부 원소들이 지닌 인과관계를 인식하여 그 원인이나 결과를 끌어내려는 방식을 말한다.

① **일치법** : 공통적인 현상을 지닌 몇 가지 사실 중에서 각기 지닌 요소 중 어느 한 가지만 일치한다면 이 요소가 공통 현상의 원인이라고 판단

예 마을 잔칫집에서 돼지고기를 먹은 사람들이 집단 식중독을 일으켰다. 따라서 식중독의 원인은 상한 돼지고기가 아닌가 생각한다.

② **차이법** : 어떤 현상이 나타나는 경우와 나타나지 않은 경우를 놓고 보았을 때, 각 경우의 여러 조건 중 단 하나만이 차이를 보인다면 그 차이를 보이는 조건이 원인이 된다고 판단

예 현수와 승재는 둘 다 지능이나 학습 시간, 학습환경 등이 비슷한데 공부하는 태도에는 약간의 차이가 있다. 따라서 두 사람이 성적 차이를 보이는 것은 학습 태도의 차이 때문으로 생각된다.

③ **일치 · 차이 병용법** : 몇 개의 공통 현상이 나타나는 경우와 몇 개의 그렇지 않은 경우를 놓고 일치법과 차이법을 병용하여 적용함으로써 그 원인을 판단

예 학업 능력 정도가 비슷한 두 아동 집단에 대해 처음에는 같은 분량의 과제를 부여하고 나중에는 각기 다른 분량의 과제를 부여한 결과, 많이 부여한 집단의 성적이 훨씬 높게 나타났다. 이로 보아, 과제를 많이 부여하는 것이 적게 부여하는 것보다 학생의 학업성적 향상에 도움이 된다고 판단할 수 있다.

④ **공변법** : 관찰하는 어떤 사실의 변화에 따라 현상의 변화가 일어날 때 그 변화의 원인이 무엇인지 판단

예 담배를 피우는 양이 각기 다른 사람들의 집단을 조사한 결과, 담배를 많이 피울수록 폐암에 걸릴 확률이 높다는 사실이 발견되었다.

⑤ **잉여법** : 앞의 몇 가지 현상이 뒤의 몇 가지 현상의 원인이며, 선행 현상의 일부분이 후행 현상의 일부분이라면, 선행 현상의 나머지 부분이 후행 현상의 나머지 부분의 원인임을 판단

예 어젯밤 일어난 사건의 혐의자는 정은이와 규민이 두 사람인데, 정은이는 알리바이가 성립되어 혐의 사실이 없는 것으로 밝혀졌다. 따라서 그 사건의 범인은 규민이일 가능성이 높다.

3. 유비 추론

두 개의 대상 사이에 일련의 속성이 동일하다는 사실에 근거하여 그것들의 나머지 속성도 동일하리라는 결론을 끌어내는 추론, 즉 이미 알고 있는 것에서 다른 유사한 점을 찾아내는 추론을 말한다. 그렇기 때문에 유비 추론은 잣대(기준)가 되는 사물이나 현상이 있어야 한다. 유비 추론은 가설을 세우는 데 유용하다. 이미 알고 있는 사례로부터 아직 알지 못하는 것을 생각해 봄으로써 쉽게 가설을 세울 수 있다. 이때 유의할 점은 이미 알고 있는 사례와 이제 알고자 하는 사례가 매우 유사하다는 확신과 증거가 있어야 한다. 그렇지 않은 상태에서 유비 추론에 의해 결론을 끌어내면, 그것은 개연성이 거의 없고 잘못된 결론이 될 수도 있다.

- 지구에는 공기, 물, 흙, 햇빛이 있다(A는 a, b, c, d의 속성을 가지고 있다).
- 화성에는 공기, 물, 흙, 햇빛이 있다(B는 a, b, c, d의 속성을 가지고 있다).
- 지구에 생물이 살고 있다(A는 e의 속성을 가지고 있다).
- 그러므로 화성에도 생물이 살고 있을 것이다(그러므로 B도 e의 속성을 가지고 있을 것이다).

대표기출유형

01 명제

| 유형분석 |

- 크게는 삼단논법 유형과 대소·장단 등을 비교하는 유형으로 나뉜다.
- 명제의 역·이·대우 및 '~보다', '가장' 등의 표현에 유의해 문제를 풀어야 한다.

※ 다음 주어진 조건을 읽고 각 문제가 항상 참이면 ①, 거짓이면 ②, 알 수 없으면 ③을 고르시오. [1~3]

- 경마장에서는 1 ~ 5번의 경주마들이 서로 다른 순서로 달리고 있다.
- 1번마는 2번마보다 앞서 달리고 있다.
- 3번마는 2번마보다 앞서 달리고 있지만, 5번마보다는 뒤에 달리고 있다.
- 4번마는 1번마보다 앞서 달리고 있지만, 5번마보다는 뒤에 달리고 있다.
- 3번마는 4번마와 2번마 사이에서 달리고 있다.

01 3번마는 1번마보다 앞서 달리고 있다.

① 참 ② 거짓 ③ 알 수 없음

02 현재 꼴찌는 2번마이다.

① 참 ② 거짓 ③ 알 수 없음

03 현재 순위대로 결승점까지 달린다면 5번마가 1등을 할 것이다.

① 참 ② 거짓 ③ 알 수 없음

01

정답 ③

1번마와 3번마는 2번마보다 앞서 달리고 있지만, 4번마보다는 뒤에서 달리고 있다. 그러나 주어진 조건만으로는 1번마와 3번마를 서로 비교할 수 없으므로 '3번마는 1번마보다 앞서 달리고 있다.'의 성립 여부는 알 수 없다.

02

정답 ①

1번마와 3번마는 서로 비교할 수 없으므로 현재 달리고 있는 경주마를 순서대로 나열하면 '5번 – 4번 – 1번 – 3번 – 2번' 또는 '5번 – 4번 – 3번 – 1번 – 2번'의 순이 된다. 이때, 어느 경우라도 2번마가 꼴찌로 달리고 있는 것을 알 수 있다.

03

정답 ①

현재 달리고 있는 경주마를 순서대로 나열하면 '5번 – 4번 – 1번 – 3번 – 2번' 또는 '5번 – 4번 – 3번 – 1번 – 2번'의 순이 된다. 이때, 어느 경우라도 5번마가 1등으로 달리고 있는 것을 알 수 있다. 따라서 '현재 순위대로 결승점까지 달린다면 5번마가 1등을 할 것이다.'는 참이 된다.

30초 컷 풀이 Tip

명제 문제를 풀 때는 각 명제들을 간단하게 기호화한 다음, 관계에 맞게 순서대로 도식화하면 깔끔한 풀이를 할 수 있어 시간단축이 가능하다. 참인 명제의 대우 명제도 반드시 참이라는 점을 가장 먼저 활용한다.

대표기출유형 01 기출응용문제

※ 다음 주어진 조건을 읽고 각 문제가 항상 참이면 ①, 거짓이면 ②, 알 수 없으면 ③을 고르시오. [1~3]

- A는 해외에서 5일 동안 데이터 2GB(2,048MB)를 사용할 수 있는 데이터 로밍 상품을 신청하였고, 5일 동안 데이터를 모두 사용한 후 귀국하였다.
- A는 1일 차 여행에서 500MB를 사용하였다.
- A는 2일 차 여행에서 1일 차보다 20MB를 더 사용하였다.
- A는 3일 차 여행에서 2일 차보다 110MB를 덜 사용하였다.
- A가 1일 차에 사용한 데이터와 4일 차에 사용한 데이터 차이는 70MB이다.

01 A는 4일 차 여행에서 570MB를 사용하였다.

① 참　　② 거짓　　③ 알 수 없음

02 A는 5일 차 여행에서 가장 적은 데이터를 사용하였다.

① 참　　② 거짓　　③ 알 수 없음

03 A가 5일 차 여행에서 100MB 이상의 영상을 시청하였다면, A는 2일 차 여행에서 가장 많은 데이터를 사용하였을 것이다.

① 참　　② 거짓　　③ 알 수 없음

※ **다음 주어진 조건을 읽고 각 문제가 항상 참이면 ①, 거짓이면 ②, 알 수 없으면 ③을 고르시오. [4~6]**

- A ~ E는 지역 주민 행사에 참여하여 부채, 수건, 손거울 세 가지 종류의 기념품 중 하나의 기념품을 선택하여 받았다.
- A는 B와 같은 기념품을 받았다.
- 부채는 C 이외에 아무도 받지 않았다.
- D는 E와 서로 다른 기념품을 받았다.
- E는 수건을 기념품으로 받았다.

04 A는 수건을 기념품으로 받았다.

① 참　② 거짓　③ 알 수 없음

Easy

05 D는 손거울을 기념품으로 받았다.

① 참　② 거짓　③ 알 수 없음

06 A ~ E가 가장 많이 선택한 기념품은 수건이다.

① 참　② 거짓　③ 알 수 없음

대표기출유형

02 언어논리

| 유형분석 |

- 제시문과 같거나 알 수 없는 부분, 혹은 명시적으로 드러나지 않은 부분을 추론하여 답을 도출해야 하는 유형이다.
- 자신의 주관적인 판단보다는 글의 세부적 내용에 대한 이해를 기반으로 문제를 풀어야 한다.

※ 다음 글을 읽고 각 문제가 항상 참이면 ①, 거짓이면 ②, 알 수 없으면 ③을 고르시오. [1~3]

'지문 인식'이란 이용자가 지문 인식 센서를 이용해 지문을 입력하면, 그것을 시스템에 등록되어 있는 지문 영상과 비교하여 본인 여부를 확인하는 기술이다. 이용자가 본인임을 인증받기 위해서는 먼저 자신의 지문을 시스템에 등록해야 한다. '지문 등록'을 위해 이용자가 지문을 센서에 대면 지문의 특징이 추출되어 영상으로 저장된다. 이 영상은 본인 여부를 판정하는 기준이 된다.
등록된 영상으로 본인 여부를 판정하는 과정을 '정합 판정' 과정이라 한다. 정합 판정 과정에서는 이용자가 지문을 센서에 대면 지문의 특징이 추출되어 영상이 만들어지고, 이 영상과 시스템에 등록되어 있는 영상의 비교가 이루어진다. 그 결과 두 영상의 유사도가 기준치 이상이면 이용자의 지문을 등록되어 있는 지문과 동일한 것으로 판정한다.

01 **지문 인식은 지문을 이용해 본인 여부를 확인하는 기술이다.**

① 참　　② 거짓　　③ 알 수 없음

02 **'지문 등록'과 '정합 판정' 과정에서는 지문선이 끊어지거나 갈라지는 것을 통해 지문의 유사도를 확인한다.**

① 참　　② 거짓　　③ 알 수 없음

03 **'정합 판정' 과정이 있으려면 '지문 등록' 과정이 선행되어야 한다.**

① 참　　② 거짓　　③ 알 수 없음

01

정답 ①

제시문은 '지문 인식이란 이용자가 지문 인식 센서를 이용해 지문을 입력하면, 그것을 시스템에 등록되어 있는 지문영상과 비교하여 본인 여부를 확인하는 기술이다.'라고 설명한다.

02

정답 ③

두 과정 모두 지문의 특징을 이용하여 유사도를 측정한다. 그러나 지문의 특징이 '지문선이 끊어지거나 갈라지는 것'인지는 알 수 없다.

03

정답 ①

'정합 판정' 과정은 시스템에 등록되어 있는 영상과 새로운 영상을 비교하는 것이다. 따라서 시스템에 영상을 등록하는 지문 등록 과정이 선행되어야 한다.

30초 컷 풀이 Tip

- 글을 먼저 읽는 것보다는 제시된 문제와 관련된 키워드를 단초로 제시문에서 해당하는 문단을 찾아 읽는 것이 시간을 줄일 수 있다.
- 글의 구조를 파악하고 핵심적인 키워드를 표시하면 제시문을 다시 봐야 할 때도 빠르게 찾을 수 있다.

대표기출유형 02 기출응용문제

※ 다음 글을 읽고 각 문제가 항상 참이면 ①, 거짓이면 ②, 알 수 없으면 ③을 고르시오. [1~3]

갑, 을, 병은 산행하다가 식용으로 보이는 버섯을 채취하였다. 하산 후 갑은 생 버섯 5g과 술 5잔, 을은 끓는 물에 삶은 버섯 5g과 술 5잔, 병은 생 버섯 5g만을 먹었다.
다음 날 아침에 갑과 을은 턱 윗부분만 검붉게 변하는 악취(顎醉) 증상이 나타났으며, 둘 다 5일 동안 지속되었으나 병은 그러한 증상이 없었다. 또한 세 명은 버섯을 먹은 다음 날 오후부터 미각을 상실했다가, 7일 후 모두 회복되었다. 한 달 후 건강 검진을 받은 세 명은 백혈구가 정상치의 1/3 수준으로 떨어진 것이 발견되어 무균 병실에 입원하였다. 세 명 모두 일주일이 지나 백혈구 수치가 정상이 되어 퇴원하였고 특별한 치료를 한 것은 없었다.
담당 의사는 만성 골수성 백혈병의 권위자였다. 만성 골수성 백혈병은 비정상적인 유전자에 의해 백혈구를 필요 이상으로 증식시키는 티로신 키나아제 효소가 만들어짐으로써 나타난다. 담당 의사는 3개월 전 문제의 버섯을 30g 섭취한 사람이 백혈구의 급격한 감소로 사망한 보고가 있다는 것을 알고 있었으며, 해당 버섯에서 악취 증상 원인 물질 A, 미각 상실 원인 물질 B, 백혈구 감소 원인 물질 C를 분리하였다.

Easy

01 A는 알코올과의 상호작용에 의해서 증상을 일으킨다.

① 참 ② 거짓 ③ 알 수 없음

02 B는 알코올과의 상관관계는 없고, 물에 끓여도 효과가 약화되지 않는다.

① 참 ② 거짓 ③ 알 수 없음

03 C는 물에 끓이면 효과가 약화되며, 티로신 키나아제의 작용을 억제하는 물질로 적정량을 사용하면 만성 골수성 백혈병 치료제의 가능성이 있다.

① 참 ② 거짓 ③ 알 수 없음

※ 다음 글을 읽고 각 문제가 항상 참이면 ①, 거짓이면 ②, 알 수 없으면 ③을 고르시오. [4~6]

뉴턴은 빛이 눈에 보이지 않는 작은 입자라고 주장하였고, 이것은 그의 권위에 의지하여 오랫동안 정설로 여겨졌다. 그러나 19세기 초에 토머스 영의 겹실틈 실험은 빛의 파동성을 증명하였다. 이 실험의 방법은 먼저 한 개의 실틈을 거쳐 생긴 빛이 다음에 설치된 두 개의 겹실틈을 지나가게 하여 스크린에 나타나는 무늬를 관찰하는 것이다. 이때 빛이 파동이냐 입자이냐에 따라 결괏값이 달라진다. 즉, 빛이 입자라면 일자 형태의 띠가 두 개 나타나야 하는데, 실험 결과 스크린에는 예상과 다른 무늬가 나타났다. 마치 두 개의 파도가 만나면 골과 마루가 상쇄와 간섭을 일으키듯이, 보강간섭이 일어난 곳은 밝아지고 상쇄간섭이 일어난 곳은 어두워지는 간섭무늬가 연속적으로 나타난 것이다. 하지만 19세기 말부터 빛의 파동성으로는 설명할 수 없는 몇 가지 실험적 사실이 나타났다. 1905년에 아인슈타인은 빛은 광량자라고 하는 작은 입자로 이루어졌다는 광량자설을 주장하였다. 빛의 파동성은 명백한 사실이었으므로 이것은 빛이 파동이면서 동시에 입자인 이중적인 본질을 가지고 있다는 것을 의미하는 것이다.

PART 1

Hard

04 아인슈타인의 광량자설은 뉴턴과 토머스 영의 가설을 모두 포함한다.

① 참 ② 거짓 ③ 알 수 없음

05 뉴턴의 가설은 그의 권위에 의해 현재까지도 정설로 여겨진다.

① 참 ② 거짓 ③ 알 수 없음

06 겹실틈 실험 결과, 일자 형태의 띠가 두 개 나타났으므로 빛은 입자이다.

① 참 ② 거짓 ③ 알 수 없음

CHAPTER 02
수리비평

합격 CHEAT KEY

수리비평 영역은 자료해석 유형으로만 총 30문제가 출제되며, 25분의 시간이 주어진다. 일반적인 표와 다양한 그래프를 활용하여 자료를 해석하는 능력, 주어진 표를 그래프로 바꾸는 능력을 평가한다. 자료해석은 기본적으로 난도가 어려운 유형 중 하나이지만, GS그룹 인적성검사의 경우 온라인으로 전환되면서 계산이 단순해졌으므로 빠르게 풀이하는 연습을 한다.

도표, 그래프 등의 통계자료를 보고 세부적인 내용을 분석하거나, 제시된 공식을 활용 또는 비율, 증감률, 평균 등을 구하는 공식을 활용하여 일정한 값을 도출하는 문제가 출제된다. 객관적인 사실만을 풀어서 쓰는 경우도 있지만 자료를 보고 미래의 추세를 예측하는 형태로 출제되기도 한다.

학습 포인트

- 표, 꺾은선그래프, 막대그래프, 원그래프 등 다양한 형태의 자료를 눈에 익힌다. 그래야 실제 시험에서 자료가 제시되었을 때 중점을 두고 파악해야 할 부분이 더욱 선명하게 보일 것이다.
- 한 문제당 제시되는 정보의 양이 매우 많으므로 시간을 절약하기 위해서는 문제를 읽고 바로 풀이에 들어가는 것보다는, 선택지를 먼저 읽고 필요한 정보만 추출하여 답을 찾는 것이 좋다.

CHAPTER

02 이론점검

01 기초통계능력

(1) 통계

집단현상에 대한 구체적인 양적 기술을 반영하는 숫자로 특히, 사회집단 또는 자연집단의 상황을 숫자로 나타낸 것이다.

예 서울 인구의 생계비, 한국 쌀 생산량의 추이, 추출 검사한 제품 중 불량품의 개수 등

(2) 통계치

① **빈도** : 어떤 사건이 일어나거나 증상이 나타나는 정도

② **빈도 분포** : 빈도를 표나 그래프로 종합적이면서도 일목요연하게 표시하는 것

③ **평균** : 모든 자료 값의 합을 자료의 개수로 나눈 값

④ **백분율** : 전체의 수량을 100으로 볼 때의 비율

(3) 통계의 계산

① **범위** : (최댓값)−(최솟값)

② **평균** : $\frac{\text{(자료 값의 총합)}}{\text{(자료의 개수)}}$

③ **분산** : $\frac{[\{\text{(관찰값)}-\text{(평균)}\}^2 \text{의 총합}]}{\text{(자료의 개수)}}$

※ (편차)=(관찰값)−(평균)

④ **표준편차** : $\sqrt{\text{분산}}$(평균으로부터 얼마나 떨어져 있는가를 나타냄)

02 도표분석능력

(1) 꺾은선(절선)그래프

① 시간적 추이(시계열 변화)를 표시하는 데 적합하다.

예 연도별 매출액 추이 변화 등

② 경과·비교·분포를 비롯하여 상관관계 등을 나타날 때 사용한다.

〈중학교 장학금, 학비감면 수혜현황〉

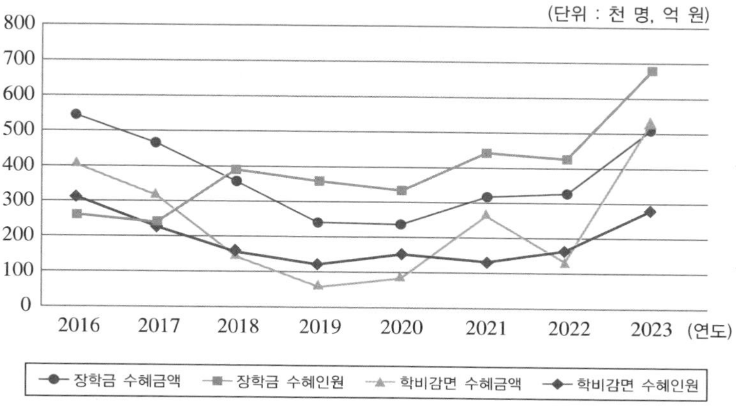

(2) 막대그래프

① 비교하고자 하는 수량을 막대 길이로 표시하고, 그 길이를 비교하여 각 수량 간의 대소 관계를 나타내는 데 적합하다.

예 영업소별 매출액, 성적별 인원분포 등

② 가장 간단한 형태로 내역·비교·경과·도수 등을 표시하는 용도로 사용한다.

〈연도별 암 발생 추이〉

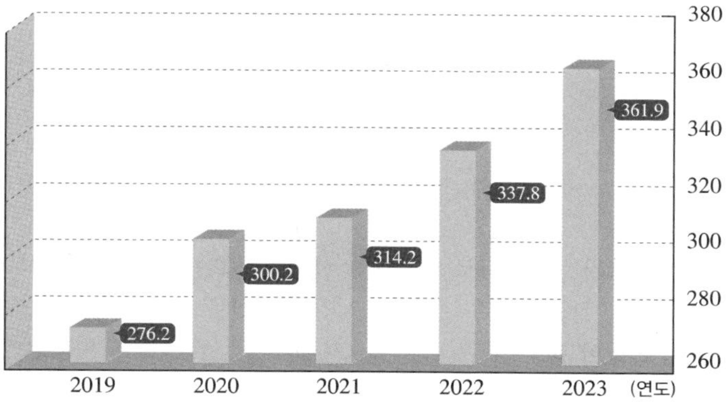

(3) 원그래프

① 내역이나 내용의 구성비를 분할하여 나타내는 데 적합하다.

　예 제품별 매출액 구성비 등

② 원그래프를 정교하게 작성할 때는 수치를 각도로 환산해야 한다.

〈C국의 가계 금융자산 구성비〉

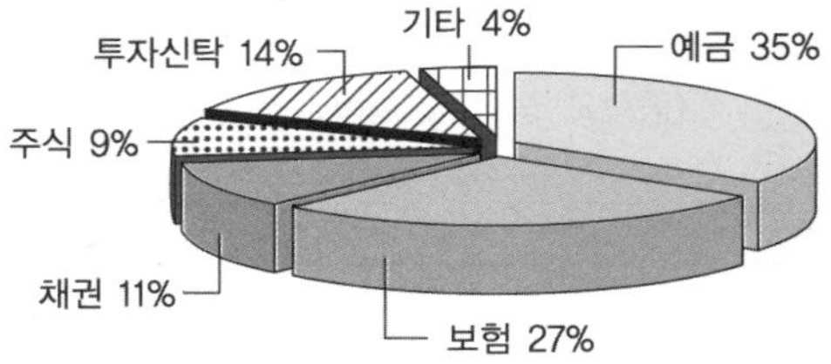

(4) 점그래프

① 지역분포를 비롯하여 도시, 지방, 기업, 상품 등의 평가나 위치, 성격을 표시하는 데 적합하다.

　예 광고비율과 이익률의 관계 등

② 종축과 횡축에 두 요소를 두고, 보고자 하는 것이 어떤 위치에 있는가를 알고자 할 때 사용한다.

〈OECD 국가의 대학졸업자 취업률 및 경제활동인구 비중〉

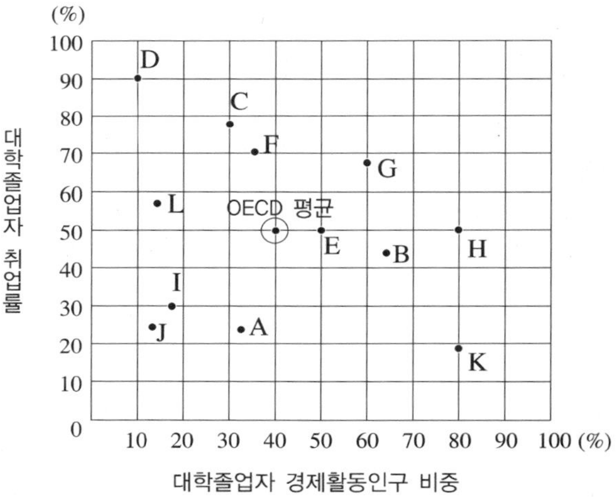

(5) 층별그래프

① 합계와 각 부분의 크기를 백분율로 나타내고 시간적 변화를 보는 데 적합하다.

② 합계와 각 부분의 크기를 실수로 나타내고 시간적 변화를 보는 데 적합하다.

　예 상품별 매출액 추이 등

③ 선의 움직임보다는 선과 선 사이의 크기로써 데이터 변화를 나타내는 그래프이다.

〈우리나라 세계유산 현황〉

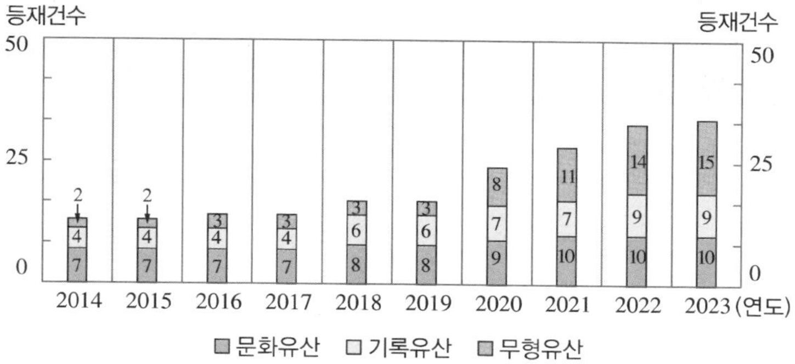

(6) 레이더 차트(거미줄그래프)

① 다양한 요소를 비교할 때, 경과를 나타내는 데 적합하다.

예 매출액의 계절변동 등

② 비교하는 수량을 직경, 또는 반경으로 나누어 원의 중심에서의 거리에 따라 각 수량의 관계를 나타내는 그래프이다.

〈외환위기 전후 한국의 경제상황〉

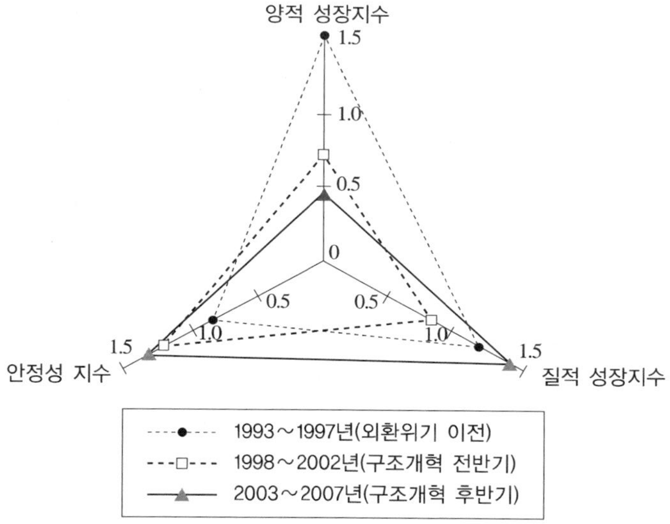

대표기출유형

01 자료해석

| 유형분석 |

- 자료를 보고 해석하거나 추론한 내용을 고르는 문제가 출제된다.
- 증감 추이, 증감률, 증감폭 등의 간단한 계산이 포함되어 있다.
- %, %p 등의 차이점을 알고 적용할 수 있어야 한다.
  %(퍼센트) : 어떤 양이 전체(100)에 대해서 얼마를 차지하는가를 나타내는 단위
  %p(퍼센트 포인트) : %로 나타낸 수치가 이전 수치와 비교했을 때 증가하거나 감소한 양

다음은 G회사의 구성원을 대상으로 한 2023년 전·후로 가장 선호하는 언론매체에 대한 설문조사 결과 자료이다. 이에 대한 설명으로 옳은 것은?

〈2023년 전·후로 선호하는 언론매체별 G회사의 구성원 수〉

(단위 : 명)

2023년 이전 \ 2023년 이후	TV	인터넷	라디오	신문
TV	40	55	15	10
인터넷	50	30	10	10
라디오	40	40	15	15
신문	35	20	20	15

① 2023년 전·후로 가장 인기 없는 매체는 라디오이다.
② 2023년 이후에 가장 선호하는 언론매체는 인터넷이다.
③ 2023년 이후에 인터넷을 선호하는 구성원 모두 2023년 이전에도 인터넷을 선호했다.
④ 2023년 이후에 가장 선호하는 언론매체를 신문에서 인터넷으로 바꾼 구성원은 20명이다.
⑤ TV에서 라디오를 선호하게 된 구성원 수는 인터넷에서 라디오를 선호하게 된 구성원 수와 같다.

정답 ④

2023년 이전 신문 선호에서 2023년 이후 인터넷으로 바꾼 구성원은 20명이므로 ④는 옳은 설명이다.

오답분석

① 2023년 전·후로 가장 인기 없는 매체는 신문이다.
② 2023년 이후에 가장 선호하는 언론매체는 TV이다.
③ 2023년 이후 인터넷을 선호하는 구성원 수는 145명이고, 2023년 이전은 100명이라고 하더라도 2023년 이후의 구성원 수가 2023년 이전의 구성원 수를 모두 포함한다고 보기는 어렵다.
⑤ TV에서 라디오를 선호하게 된 구성원 수는 15명으로, 인터넷에서 라디오를 선호하게 된 구성원 수인 10명보다 많다.

30초 컷 풀이 Tip

간단한 선택지부터 해결하기

계산이 필요 없거나 단순히 눈으로만 풀 수 있는 선택지를 먼저 해결한다.
예) ①은 제시된 수치의 증감 추이를 판단하는 문제이므로 가장 먼저 풀이 가능하다.

적절한 것 / 적절하지 않은 것 헷갈리지 않게 표시하기

자료해석은 적절한 것 또는 적절하지 않은 것을 찾는 문제가 출제된다. 문제마다 매번 바뀌므로 이를 확인하는 것은 매우 중요하다. 따라서 선택지에 표시할 때에도 선택지가 적절하지 않은 내용이라서 '×' 표시를 했는지, 적절한 내용이지만 문제가 적절하지 않은 것을 찾는 문제라 '×' 표시를 했는지 헷갈리지 않도록 표시 방법을 정해야 한다.

제시된 자료를 통해 계산할 수 있는 값인지 확인하기

제시된 자료만으로 계산할 수 없는 값을 묻는 선택지인지 먼저 판단해야 한다. 문제를 읽고 바로 계산부터 하면 함정에 빠지기 쉽다.

대표기출유형 01 기출응용문제

01 다음은 특정 기업 47개를 대상으로 제품전략, 기술개발 종류 및 기업 형태별 기업 수를 조사한 자료이다. 이에 대한 설명으로 옳은 것은?

〈제품전략, 기술개발 종류 및 기업 형태별 기업 수〉

(단위 : 개)

제품전략	기술개발 종류	기업 형태	
		벤처기업	대기업
시장 견인	존속성 기술	3	9
	와해성 기술	7	8
기술 추동	존속성 기술	5	7
	와해성 기술	5	3

※ 각 기업은 한 가지 제품전략을 취하고 한 가지 종류의 기술을 개발함

① 와해성 기술을 개발하는 기업 중에는 벤처기업의 비율이 대기업의 비율보다 낮다.
② 대기업 중에서 시장 견인 전략을 취하는 비율은 기술 추동 전략을 취하는 비율보다 낮다.
③ 존속성 기술을 개발하는 기업의 비율이 와해성 기술을 개발하는 기업의 비율보다 높다.
④ 벤처기업 중에서 기술 추동 전략을 취하는 비율은 시장 견인 전략을 취하는 비율보다 높다.
⑤ 기술 추동 전략을 취하는 기업 중에는 존속성 기술을 개발하는 비율이 와해성 기술을 개발하는 비율보다 낮다.

02 다음은 자동차 판매현황을 나타낸 자료이다. 이에 대한 〈보기〉의 설명 중 옳은 것을 모두 고르면?

〈자동차 판매현황〉

(단위 : 천 대)

구분	2021년	2022년	2023년
소형	30	50	40
준중형	200	150	180
중형	400	200	250
대형	200	150	100
SUV	300	400	200

보기

ㄱ. 2021 ~ 2023년 동안 판매량이 지속적으로 감소하는 차종은 2종류이다.
ㄴ. 2022년 대형 자동차 판매량은 전년 대비 30% 미만 감소했다.
ㄷ. 2021 ~ 2023년 동안 SUV 자동차의 총판매량은 대형 자동차 총판매량의 2배이다.
ㄹ. 2022년 대비 2023년에 판매량이 증가한 차종 중 증가율이 가장 높은 차종은 준중형이다.

① ㄱ, ㄷ
② ㄴ, ㄷ
③ ㄴ, ㄹ
④ ㄱ, ㄴ, ㄹ
⑤ ㄱ, ㄷ, ㄹ

PART 1

03 G은행에 근무 중인 귀하는 퇴직연금 계약관리를 맡고 있다. 자사의 성과를 평가하기 위해 퇴직연금 시장의 현황을 파악하고자 할 때, 이에 대한 설명으로 적절하지 않은 것은?

〈퇴직연금사업장 취급실적 현황〉

(단위 : 건)

구분		합계	확정급여형(DB)	확정기여형(DC)	확정급여 · 기여형(DB&DC)	IRP 특례
2021년	1분기	152,910	56,013	66,541	3,157	27,199
	2분기	167,458	60,032	75,737	3,796	27,893
	3분기	185,689	63,150	89,571	3,881	29,087
	4분기	203,488	68,031	101,086	4,615	29,756
2022년	1분기	215,962	70,868	109,820	4,924	30,350
	2분기	226,994	73,301	117,808	5,300	30,585
	3분기	235,716	74,543	123,650	5,549	31,974
	4분기	254,138	80,107	131,741	6,812	35,478
2023년	1분기	259,986	80,746	136,963	6,868	35,409
	2분기	263,373	80,906	143,450	6,886	32,131
	3분기	272,455	83,003	146,952	7,280	35,220
	4분기	275,547	83,643	152,904	6,954	32,046

① 퇴직연금을 도입한 사업장 수는 매 분기 꾸준히 증가하고 있다.

② 퇴직연금제도 형태별로는 확정기여형이 확정급여형보다 많은 것으로 나타난다.

③ 2021년부터 2023년까지 분기별 확정급여형 취급실적은 동기간 IRP 특례의 2배 이상이다.

④ 2022년 중 전년 동분기 대비 확정기여형을 도입한 사업장 수가 가장 많이 증가한 시기는 2분기이다.

⑤ 2023년 4분기에 IRP 특례를 제외한 나머지 퇴직연금 취급실적은 모두 전년 동분기 대비 증가하였다.

Hard

04 다음은 G보험사에서 조사한 직업별 생명보험 가입 건수를 나타내는 자료이다. 이에 대한 설명으로 적절하지 않은 것은?(단, 가입 건수는 소수점 둘째 자리에서 반올림한다)

〈직업별 생명보험 가입 건수〉

(단위 : %)

구분	사례 수	1건	2건	3건	4건	5건	6건	7건 이상	평균
관리자	40건	1.6	30.2	14.9	25.9	3.9	8.9	14.6	4건
전문가 및 관련 종사자	108건	7.3	20.1	19.5	18.3	5.3	12.6	16.9	4.3건
사무 종사자	410건	10.3	16.9	16.8	24.1	18.9	5.9	7.1	3.8건
서비스 종사자	259건	13.4	18.9	20.5	20.8	12.1	4.1	10.2	3.7건
판매 종사자	443건	10.6	22.2	14.5	18.6	12	10.7	11.4	4건
농림어업 숙련 종사자	86건	26.7	25.2	22.2	13.6	6.1	4.1	2.1	2.7건
기능원 및 관련 종사자	124건	7.3	25.6	17.1	21.3	19.4	6.2	3.1	3.5건
기계조작 및 조립 종사자	59건	11.0	18.3	18.2	25.4	17.6	5.4	4.1	3.7건
단순 노무 종사자	65건	26.0	33.8	15.4	9.3	3.5	7.2	4.8	2.8건
주부	9건	55.2	13.7	20.8	0	10.3	0	0	2건
기타	29건	19.9	39.2	6.1	15.1	6.2	5.6	7.9	3.1건

① 3건 가입한 사례 수를 비교하면 판매 종사자 가입 건수가 서비스 종사자 가입 건수보다 많다.

② 5건 가입한 사례 수를 비교하면 가입 건수가 가장 많은 직업은 사무 종사자이다.

③ 전문가 및 관련 종사자와 단순 노무 종사자 모두 가입 건수는 2건 가입한 사례 수가 가장 많다.

④ 기계조작 및 조립 종사자가 단순 노무 종사자보다 평균적으로 생명보험을 많이 가입함을 알 수 있다.

⑤ 6건 가입한 사례 수를 비교하면, 서비스 종사자 가입 건수가 기능원 및 관련 종사자 가입 건수보다 적다.

대표기출유형

02 자료변환

| 유형분석 |

- 제시된 표를 그래프로 바르게 변환한 것을 묻는 유형이다.
- 복잡한 표가 제시되지 않으므로 수의 크기만을 판단하여 풀이할 수 있다.
- 정확한 수치가 제시되지 않을 수 있으므로 그래프의 높낮이나 넓이를 판단하여 풀이해야 한다.
- 제시된 표나 그래프의 수치를 계산하여 변환하는 유형도 출제될 수 있다.

다음은 외상 후 스트레스 장애 진료인원에 대한 자료이다. 이를 바르게 나타낸 그래프는?(단, 성비는 소수점 첫째 자리에서 반올림한 값이다)

〈연도별 외상 후 스트레스 장애 진료인원〉

(단위 : 명)

구분	전체	남성	여성	성비
2020년	7,268	2,966	4,302	69
2021년	7,901	3,169	4,732	67
2022년	8,282	3,341	4,941	68
2023년	9,648	3,791	5,857	65
2024년	10,570	4,170	6,400	65

※ $(\text{성비})=\frac{(\text{남성 수})}{(\text{여성 수})}\times 100$

①
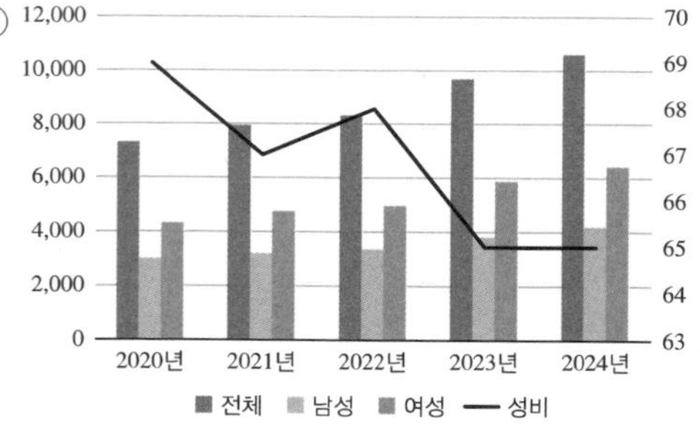

②
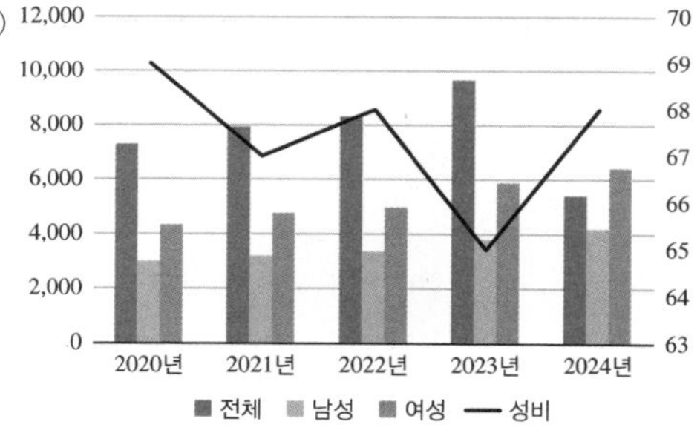

③

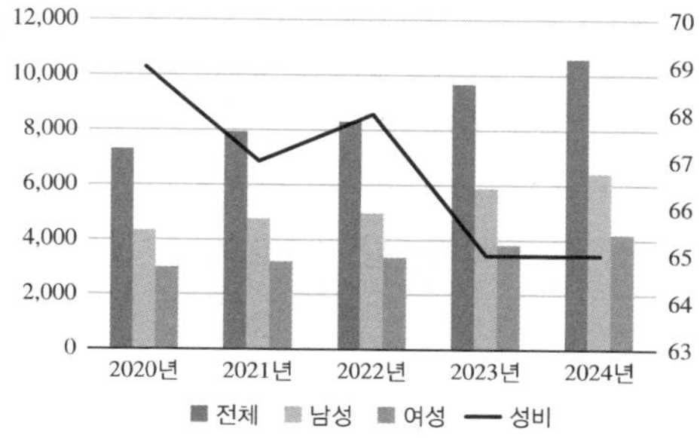

④

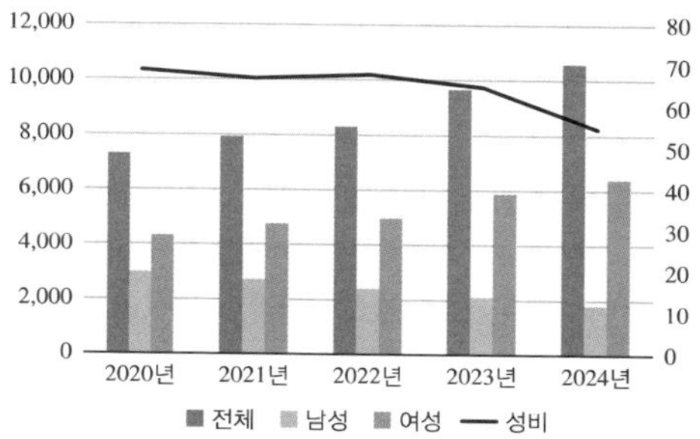

⑤

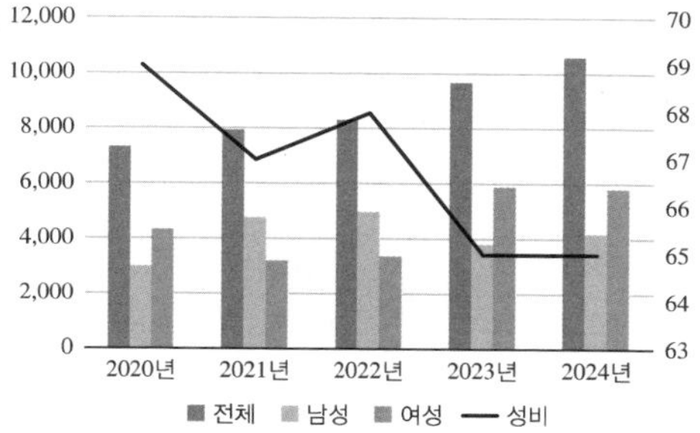

정답 ①

오답분석

② 2024년 성비가 자료와 다르다.
③ 남성과 여성의 자료가 전체적으로 바뀌었다.
④ 자료에 따르면 남성의 경우 진료인원이 계속 증가하는데 그래프는 계속 감소하고 있다.
⑤ 2021 ~ 2022년 남성 진료인원과 여성 진료인원의 수가 바뀌었다.

30초 컷 풀이 Tip

- 빠르게 확인 가능한 선택지부터 확인한다.
- 수치를 일일이 확인하는 것보다 증감추이를 먼저 판단해서 선택지를 1차적으로 거르고 나머지 선택지 중 그래프의 모양이 크게 차이나는 곳을 확인한다.
- 선택지의 제목과 자료에서 필요한 정보를 확인한다.
- 선택지에서 특징적인 부분이 있는 선택지를 먼저 판단한다.

01 다음은 2020 ~ 2024년까지 가정에서 사용하는 인터넷 접속기기를 조사한 것으로 가구별 접속기기를 한 개 이상 응답한 결과를 나타낸 그래프이다. 이를 바르게 변환한 것으로 가장 적절한 것은? (단, 모든 그래프의 단위는 '%'이다)

〈가구별 인터넷 접속기기 현황〉

(단위 : %)

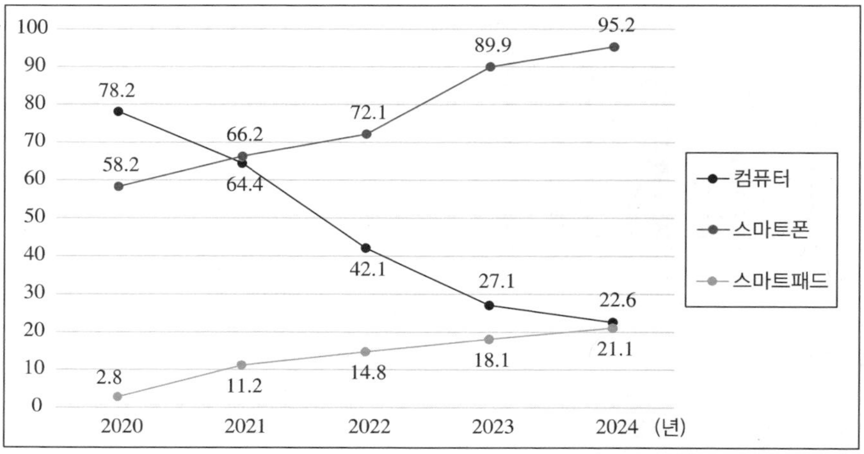

①

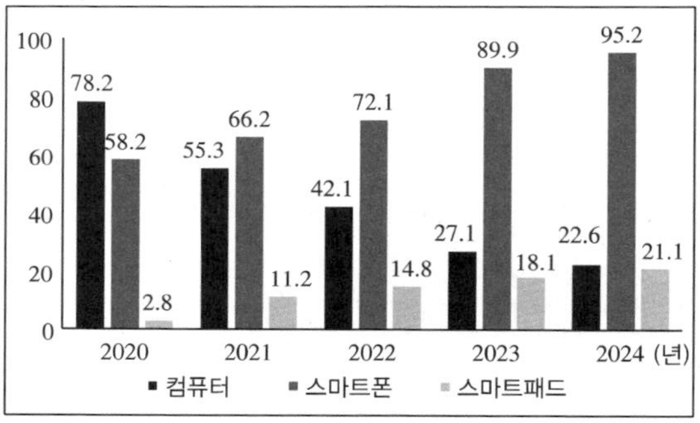

②

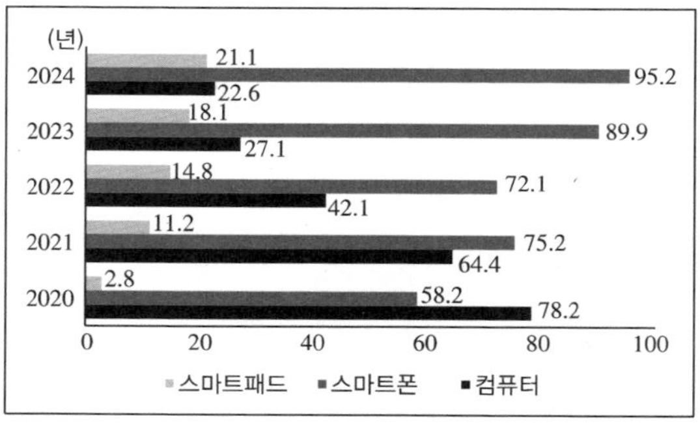

③

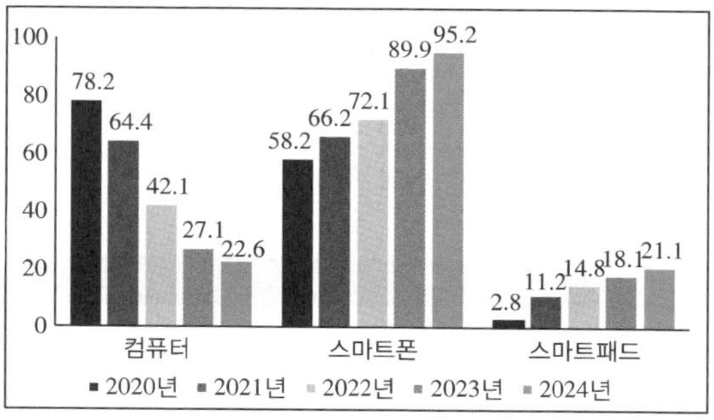

100
80
60
40
20
0
78.2
64.4
42.1
27.1
22.6
58.2
66.2
72.1
89.9
95.2
2.8
11.2
14.8
18.1
21.1
컴퓨터
스마트폰
스마트패드
2020년
2021년
2022년
2023년
2024년

④

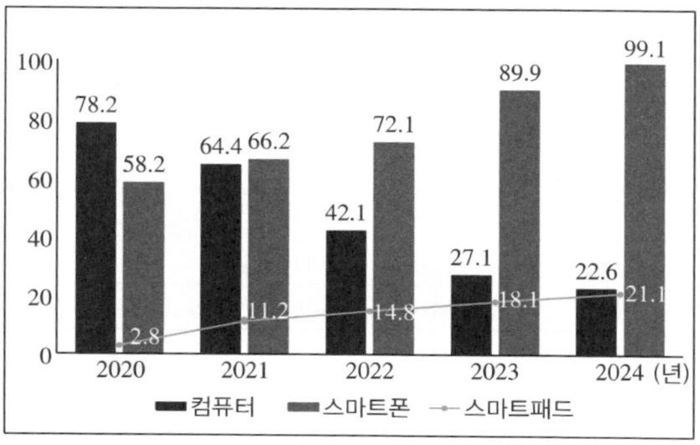

100
80
60
40
20
0
78.2
58.2
64.4
66.2
42.1
72.1
27.1
89.9
22.6
99.1
2.8
11.2
14.8
18.1
21.1
2020
2021
2022
2023
2024 (년)
컴퓨터
스마트폰
스마트패드

⑤

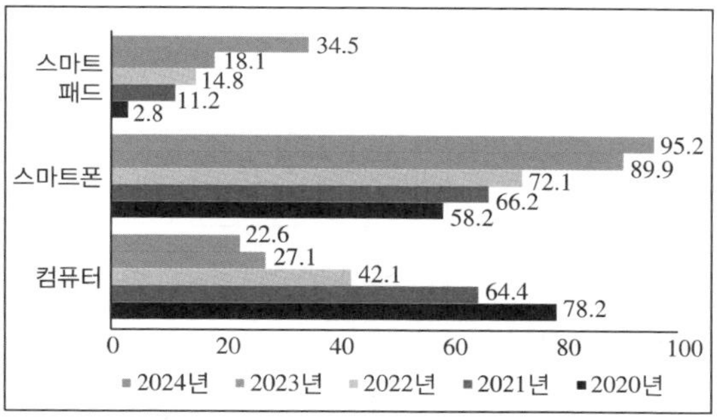

스마트
패드
34.5
18.1
14.8
11.2
2.8
스마트폰
95.2
89.9
72.1
66.2
58.2
컴퓨터
22.6
27.1
42.1
64.4
78.2
0
20
40
60
80
100
2024년
2023년
2022년
2021년
2020년

PART 1

02 다음은 G연구기관의 직종별 인력 현황을 나타낸 자료이다. 인력 현황 중 연령을 그래프로 나타내려고 할 때, 이를 바르게 나타낸 그래프는?

〈G연구기관의 직종별 인력 현황〉

(단위 : 명, 세, 만 원)

구분		2019년	2020년	2021년	2022년	2023년
정원	연구 인력	80	80	85	90	95
	지원 인력	15	15	18	20	25
	소계	95	95	103	110	120
현원	연구 인력	79	79	77	75	72
	지원 인력	12	14	17	21	25
	소계	91	93	94	96	97
박사 학위 소지자	연구 인력	52	53	51	52	55
	지원 인력	3	3	3	3	3
	소계	55	56	54	55	58
평균 연령	연구 인력	42.1	43.1	41.2	42.2	39.8
	지원 인력	43.8	45.1	46.1	47.1	45.5
평균 연봉 지급액	연구 인력	4,705	5,120	4,998	5,212	5,430
	지원 인력	4,954	5,045	4,725	4,615	4,540

①
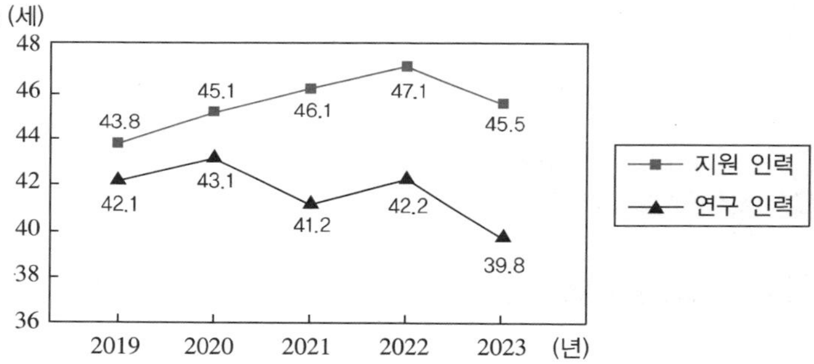

②
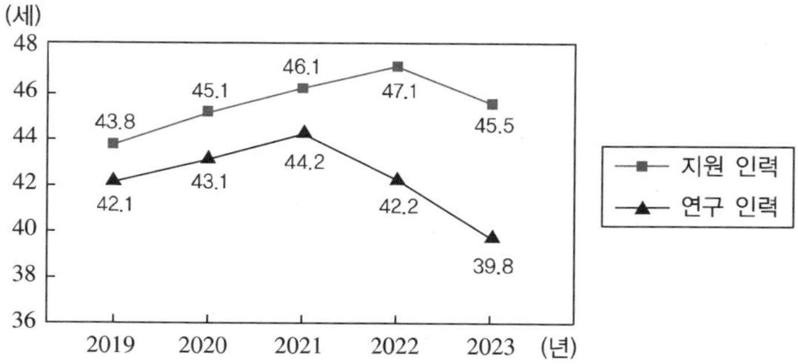

③
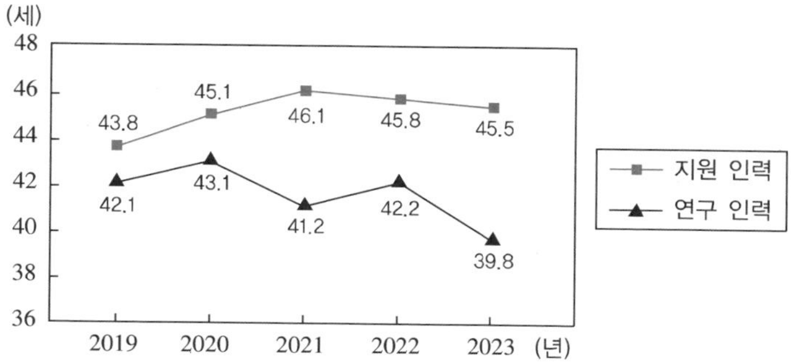
(세)
48
46
44
42
40
38
36
43.8
45.1
46.1
45.8
45.5
42.1
43.1
41.2
42.2
39.8
2019
2020
2021
2022
2023
(년)
지원 인력
연구 인력

④
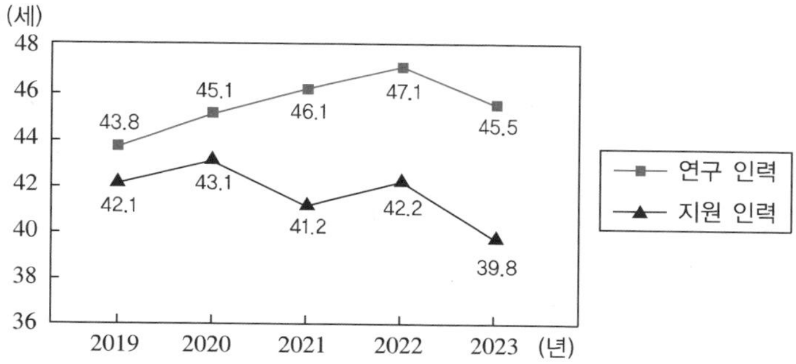
(세)
48
46
44
42
40
38
36
43.8
45.1
46.1
47.1
45.5
42.1
43.1
41.2
42.2
39.8
2019
2020
2021
2022
2023
(년)
연구 인력
지원 인력

⑤
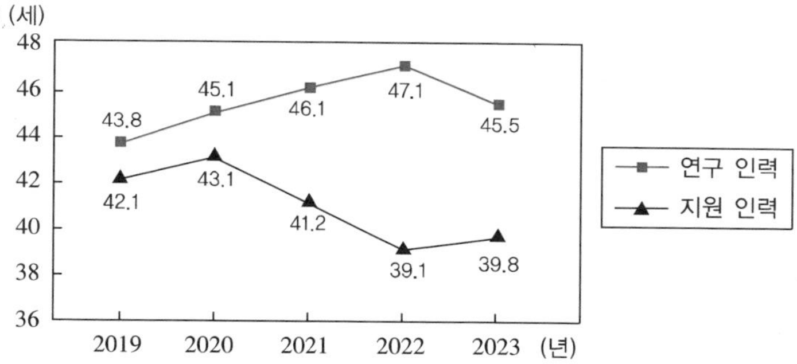
(세)
48
46
44
42
40
38
36
43.8
45.1
46.1
47.1
45.5
42.1
43.1
41.2
39.1
39.8
2019
2020
2021
2022
2023
(년)
연구 인력
지원 인력

PART 1

교육은 우리 자신의 무지를 점차 발견해 가는 과정이다.

- 윌 듀란트 -

PART 2

한국사

PART 2
한국사

합격 CHEAT KEY

평이한 난도로 출제되고 있기 때문에 큰 사건 위주로 공부하면 도움이 된다. 고조선, 삼국시대, 고려, 조선시대 등을 시대별로 정리해 두면 좋을 것이다.

한국사의 전체적인 난도는 어렵지 않은 편으로, 지금까지의 주요기업 출제유형을 살펴보면 각 시기의 지배세력을 등장순서에 따라 나열하는 문제나 주어진 나라를 건국 순서대로 나열하는 문제, 국가와 해당 국가의 건국자를 찾는 문제, 시대별 유물 사진을 제시하고 순서대로 나열하는 문제 등이 출제되었다.

| 학습 포인트 |

- 짧은 시간 안에 모든 범위를 공부하기 어렵기 때문에 한국사의 주요한 역사적 사건이나 흐름 위주로 공부하는 것이 좋다.

PART 2 이론점검

1. 원시시대와 고조선

(1) 정치

① 정치제도

군장 중에서 왕을 추대 → 왕의 권력 취약

② 지방행정

군장 세력이 각기 자기 부족 통치 : 군장의 관료 명칭이 왕의 관료와 동일한 명칭으로 사용 → 왕의 권력 취약

③ 군사제도 : 군장 세력이 독자적으로 지휘

(2) 사회

① 신분제

㉠ 구석기 : 무리생활, 평등사회(이동 생활)

㉡ 신석기 : 부족사회, 평등사회(정착 생활 시작)

㉢ 청동기 : 사유재산제, 계급 발생(고인돌), 군장국가(농경 보편화)

㉣ 초기 철기 : 연맹왕국 형성

② 사회조직

㉠ 구석기 : 가족 단위의 무리 생활

㉡ 신석기 : 씨족이 족외혼을 통해 부족 형성

㉢ 청동기 : 부족 간의 정복활동, 군장사회

㉣ 초기 철기 : 군장이 부족을 지배하면서 국왕 선출

(3) 경제

① 구석기

㉠ 빙하기 : 고기잡이와 사냥, 채집 생활 → 무리생활 → 이동 생활 → 동굴과 막집 생활(뗀석기, 골각기)

㉡ 주먹도끼 : 연천군 전곡리 출토 → 서구 우월주의 비판

② 신석기

㉠ 농경의 시작 → 정착 생활 → 강가나 해안가(물고기 잡이 병행) : 움집 생활, 씨족 공동체사회(부족 · 평등사회)

㉡ 빗살무늬 토기, 간석기 사용, 원시 신앙 발달

③ 청동기

㉠ 청동기 사용 → 전반적인 기술의 급격한 발달 → 부와 권력에 의한 계급 발생 → 국가(고조선) 등장

㉡ 비파형 동검과 미송리식 토기(고조선의 세력 범위와 일치)

㉢ 벼농사의 시작과 농경의 보편화 → 구릉지대 생활

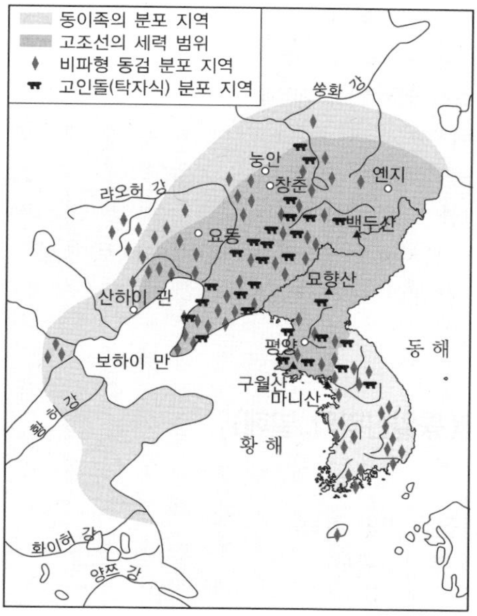

〈동이족과 고조선의 세력 범위〉

④ 철기

㉠ 세형동검, 명도전과 거푸집, 암각화

㉡ 연맹왕국이 나타나기 시작

㉢ 배산임수의 취락 구조 정착, 장방형 움집, 지상가옥화

(4) 문화

① **신석기** : 애니미즘, 샤머니즘, 토테미즘, 영혼숭배와 조상숭배(원시신앙)

② **청동기** : 선민사상(정치이념)

(5) 고조선

① 청동기 문화를 바탕으로 기원전 2333년에 건국

② 만주의 요령 지방과 한반도 서북 지방의 여러 부족을 통합

③ **건국이념** : 홍익인간(弘益人間, 널리 인간을 이롭게 한다)

④ **변천과정** : 건국 → 중국의 연과 대립으로 쇠퇴 → 철기 도입 → 위만조선 건국(기원전 194년) → 철기와 중계무역으로 성장 → 한의 침입으로 멸망

⑤ **의의** : 민족사의 유구성과 독자성

⑥ **사회 모습**

㉠ 선민사상 : 환인과 환웅의 후손

㉡ 농경사회 : 농사에 필요한 비, 바람, 구름을 주관

㉢ 토테미즘 : 곰과 호랑이 숭배

㉣ 제정일치 사회

(6) 여러 나라의 성장

① 고조선이 멸망할 무렵 철기 문화를 바탕으로 성립 → 각 부족의 연합 또는 전쟁을 통해 국가 형성

② **만주지방** : 부여, 고구려

③ **한반도 북부 동해안** : 옥저, 동예

④ **한반도 남부** : 마한, 변한, 진한

㉠ 마한 : 54개의 소국, 목지국의 지배자가 마한의 왕으로 행세

㉡ 진한과 변한 : 각각 12개의 소국으로 구성

2. 삼국시대와 남북국시대(통일신라와 발해)

(1) 정치

① **삼국시대(민족문화의 동질적 기반 확립)**

㉠ 정치제도(왕권강화와 중앙집권화)

- 왕위세습, 율령반포, 관등제
- 귀족합의제도 : 제가, 정사암, 화백회의는 국가 중대사 결정 → 왕권 중심의 귀족국가정치

㉡ 지방행정

- 군사적 성격, 부족적 전통
- 고구려 : 5부(욕살)
- 백제 : 5방(방령)
- 신라 : 5주(군주)

㉢ 군사제도 : 군사조직은 지방제도와 관련, 국왕이 직접 군사를 지휘

② **남북국 시대**

㉠ 정치제도(왕권의 전제화 – 신라 중대)

- 집사부 시중의 권한 강화
- 국학설치 : 유교정치이념 수용

※ 발해 : 왕위의 장자상속, 독자적 연호 사용

㉡ 지방행정(지방제도 정비)

- 신라
  - 9주(도독) : 행정 중심
  - 5소경 : 지방세력 통제
- 발해 : 5경 · 15부 · 62주

㉢ 군사제도
- 신라 : 9서당(왕권강화, 민족 융합), 10정(지방군)
- 발해 : 8위

(2) 경제

① 토지제도

㉠ 왕토사상 : 토지 공유

㉡ 통일신라의 토지 분급, 녹읍(귀족의 농민 징발도 가능) → 관료전 지급(신문왕, 왕권강화) → 녹읍의 부활(신라하대, 왕권약화)

㉢ 농민에게 정전 분급

② 조세제도

㉠ 조세 : 생산량의 1/10

㉡ 역 : 군역과 요역

㉢ 공물 : 토산물세

③ 산업

㉠ 신석기 : 농경 시작

㉡ 청동기 : 벼농사 시작, 농경의 보편화

㉢ 철기 : 철제농기구 사용 → 경작지 확대

㉣ 지증왕 : 우경 시작

㉤ 신라통일 후 상업 발달, 아라비아 상인 출입(울산항)

(3) 사회

① 신분제(신분제도 성립)

㉠ 지배층 특권을 유지하기 위해 율령제도, 신분제도 마련

㉡ 신분은 친족의 사회적 위치에 따라 결정
- 귀족 : 권력과 경제력 독점
- 평민 : 생산활동에 참여, 조세 부담
- 천민 : 노비, 부곡민

㉢ 신라 골품제
- 골품은 개인의 신분과 정치활동 제한
- 관등조직은 골품제와 연계 편성, 복색은 관등에 따라 지정

② 사회조직

㉠ 골품제도 : 중앙집권국가 성립시기에 군장세력 재편 → 신라하대에 골품제도의 모순 노출

㉡ 귀족합의기구 : 화백, 정사암, 제가회의 → 왕권 견제

㉢ 화랑제도 : 교육의 기능, 계급 갈등을 조절

㉣ 진골 귀족의 왕위 쟁탈전

㉤ 반신라 세력 : 호족, 6두품, 도당유학생, 선종, 풍수지리설

㉥ 신라하대 전국적 농민 봉기

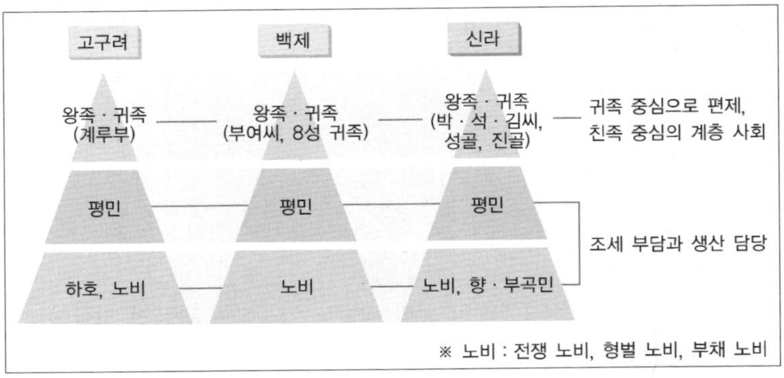

〈삼국의 신분 구조〉

(4) 문화

① 삼국시대

㉠ 불교

- 수용 : 중앙집권체제 확립과 통합
- 발전 : 왕실불교, 귀족불교

㉡ 유교

- 고구려 : 태학, 경당(모든 계층 망라)
- 백제 : 5경 박사
- 신라 : 임신서기석

㉢ 전통사상 및 도교

- 시조신 숭배 : 지배층
- 샤머니즘, 점술 : 민중
- 도교 : 사신도, 산수무늬 벽돌, 사택지적비, 백제 봉래산 향로

② 남북국시대

㉠ 불교

- 원효의 정토종 : 불교의 대중화, 화쟁 사상(불교 통합)
- 의상의 화엄종 : 전제왕권 지지
- 교종 : 경전, 귀족 – 신라중대
- 선종 : 참선, 호족 – 신라하대(반신라), 개인의 정신 중시 → 신라중대에 탄압
- 발해 : 고구려 불교 계승

㉡ 유교

- 유교이념 수용 : 국학, 독서삼품과(귀족의 반대로 실패)
- 강수 : 외교 문서
- 설총 : 이두 정리
- 김대문 : 주체적
- 최치원 : 사회개혁

㉢ 전통사상 및 도교
- 도교 : 최치원의 난랑비, 정효공주 묘비
- 풍수지리설 : 중국서 전래, 국토 재편론(호족 지지) → 신라 왕권의 권위 약화

3. 고려시대

(1) 정치

① 정치제도

㉠ 최승로의 시무28조 : 중앙집권적, 귀족정치, 유교정치이념 채택

㉡ 귀족제 : 공음전과 음서제

㉢ 합좌기구 : 도병마사 → 도평의사사(귀족연합체제)

㉣ 지배계급 변천 : 호족 → 문벌귀족 → 무신 → 권문세족 → 신진사대부

㉤ 서경제 : 관리임명 동의, 법률개폐 동의

② 지방행정

㉠ 지방제도의 불완전성(5도 양계 : 이원화)

㉡ 중앙집권의 취약성(속군, 속현)

※ 속군과 속현 : 지방관이 파견 안 된 곳으로 향리가 실제 행정을 담당. 이들 향리가 후에 신진 사대부로 성장

㉢ 중간행정기구의 미숙성(임기 6개월, 장관품계의 모순)

㉣ 지방의 향리세력이 강함

③ 군사제도

㉠ 중앙 : 2군 6위(직업군인)

㉡ 지방 : 주현군, 주진군(국방담당)

㉢ 특수군 : 광군, 별무반, 삼별초

㉣ 합의기구 : 중방

(2) 경제

① 토지제도(전시과 체제 정비)

㉠ 역분전(공신)

㉡ 전시과 제도 : 수조권만 지급, 시정전시과 → 개정전시과(직 · 산관) → 경정전시과(직관)

㉢ 귀족의 경제 기반 : 공음전

㉣ 고려 후기 : 농장 발달(권문세족)

② 조세제도

㉠ 전세 : 민전은 1/10세

㉡ 공납 : 상공, 별공

㉢ 역 : 정남(16 ~ 60세), 강제노동

㉣ 잡세 : 어세, 염세, 상세

③ 산업

㉠ 농업 중심의 자급자족사회 : 유통경제 부진

㉡ 농업 : 심경법, 2년 3작, 시비법, 목화

㉢ 상업 : 화폐주조

㉣ 무역발달(송, 여진, 거란, 일본, 아랍), 예성강 입구의 벽란도

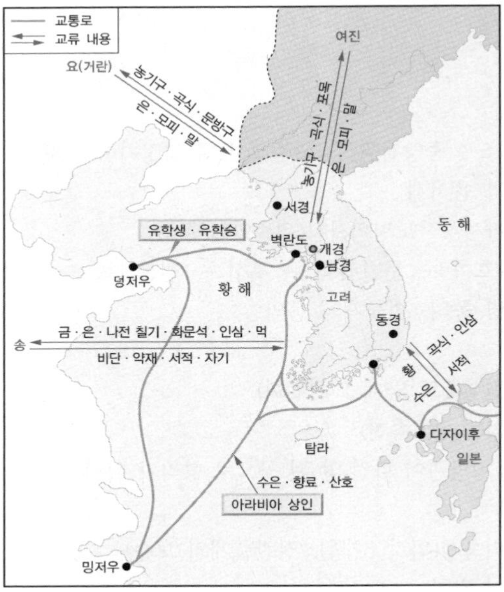

〈고려 전기의 대외 무역〉

(3) 사회

① 신분제(신분제도의 재편성)

㉠ 골품제도의 붕괴 : 호족 중심의 중세 사회 형성

㉡ 호족의 문벌 귀족화

㉢ 중간계층의 대두

- 귀족 : 왕족, 문무고위 관리
- 중간계층 : 남반, 서리, 향리, 군인
- 양인 : 농, 상, 공 – 조세부담
- 천민 : 노비, 향・소・부곡민

㉣ 여성의 지위가 조선시대보다 높음

② 사회조직

㉠ 법률 : 대가족제도를 운영하는 관습법 중심

㉡ 지배층의 성격 비교

- 문벌귀족(고려 중기) : 과거나 음서를 통해 권력 장악
- 권문세족(몽골간섭기) : 친원파로 권력 독점, 농장소유
- 사대부(무신집권기부터) : 성리학자, 지방향리출신, 중소지주

㉢ 사회시설

- 의창・제위보 : 빈민구제
- 상평창 : 물가 조절

(4) 문화

① 불교

㉠ 숭불정책(훈요 10조 : 연등회, 팔관회)

㉡ 연등회, 팔관회 : 왕실 권위 강화

㉢ 불교의 통합운동(원효 화쟁론의 영향)

- 의천의 천태종 : 교종 중심, 귀족적(중기)
- 지눌(돈오점수, 정혜쌍수)의 조계종 : 선종 중심, 무신정권기
- 혜심의 유불일치설

② 유교

㉠ 유교정치이념 채택(최승로의 시무 28조)

㉡ 유학성격변화 : 자주적(최승로) → 보수적(김부식) → 쇠퇴(무신)

㉢ 성리학의 수용(몽골간섭기) : 사대부의 정치사상으로 수용, 사회개혁 촉구

㉣ 이제현의 사략(성리학적 사관)

③ 전통사상 및 도교

㉠ 도교행사 빈번 : 장례

㉡ 풍수지리설 : 서경길지설(북진정책 기반 – 묘청의 서경천도 운동)

㉢ 묘청의 서경천도 운동 : 귀족사회의 구조적 모순에서 비롯됨

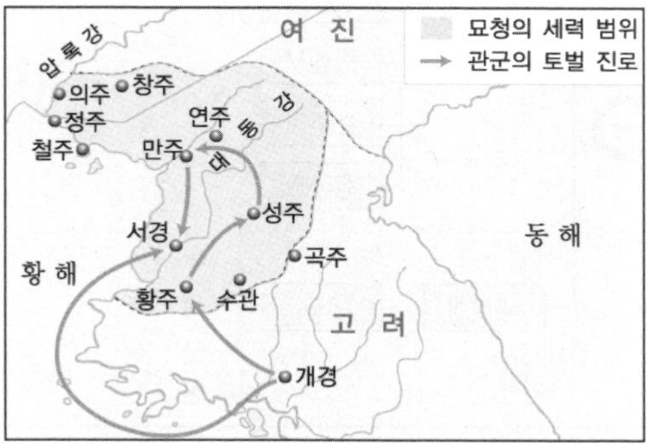

〈묘청의 서경천도 운동〉

4. 조선시대(전기)

(1) 정치

① 정치제도(15C : 훈구파 주도, 16C : 사림파의 성장과 주도)

㉠ 왕권과 신권의 균형(성리학을 바탕으로 한 왕도정치)

㉡ 의정부 : 합의기구, 왕권강화

㉢ 6조 : 행정분담

㉣ 3사 : 왕권견제

㉤ 승정원 · 의금부 : 왕권강화

② 지방행정(중앙집권과 지방자치의 조화)

㉠ 8도(일원화) : 부, 목, 군, 현 – 면, 리, 통

㉡ 모든 군현에 지방관 파견

㉢ 향리의 지위 격하(왕권강화)

㉣ 향 · 소 · 부곡 소멸 : 양인수 증가

㉤ 유향소 · 경재소 운영 : 향촌자치를 인정하면서도 중앙집권강화

㉥ 사림은 향약과 서원을 통해 향촌지배

③ 군사제도(양인개병제, 농병일치제)

㉠ 중앙 : 5위, 궁궐 수비 · 수도 방비

㉡ 지방 : 영진군

㉢ 잡색군 : 전직관리, 서리, 노비로 구성된 예비군

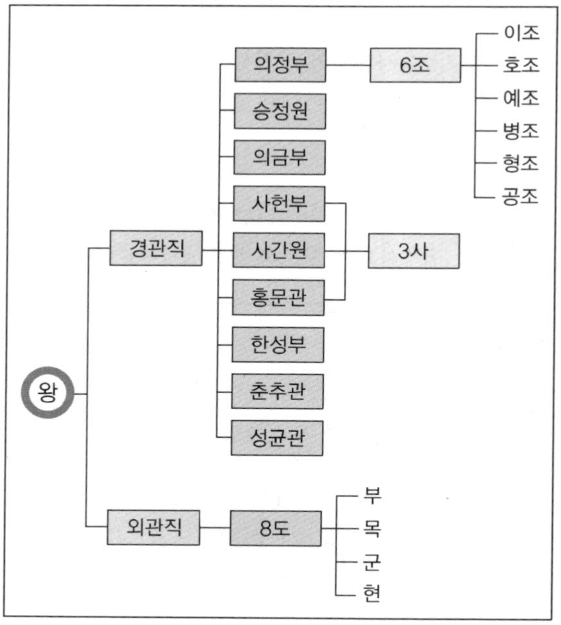

〈조선의 통치 체제〉

(2) 경제

① 토지제도(과전법 체제)

㉠ 과전법 : 사대부의 경제기반 마련

㉡ 직전법(세조, 직관) : 농장의 출현

㉢ 관수관급제(성종) : 국가의 토지 지배강화, 양반의 농장 보편화 촉진

㉣ 녹봉제(명종) : 과전법 체제의 붕괴, 지주 전호제 강화, 농민 토지 이탈 → 부역제와 수취제의 붕괴(임란과 병란이 이를 촉진시킴)

② 조세제도

㉠ 전세 : 수확의 1/10세, 영정법(4두)

㉡ 공납 : 호구세, 상공과 별공

㉢ 군역 : 양인개병제, 농병일치제

③ 산업(중농억상 정책으로 상공업 부진)

㉠ 농업 : 이앙법 시작, 이모작 보급

㉡ 상업 : 시전 중심, 지방 중심, 화폐유통 부진

㉢ 수공업 : 장인은 관청에 부역

㉣ 무역 : 조공무역 중심

(3) 사회

① 신분제(양반 관료제 사회)

㉠ 양인수 증가 : 향·소·부곡의 해체, 다수의 노비 해방

㉡ 양천제 실시(양인과 천민)

㉢ 과거를 통한 능력 중심의 관료 선발

㉣ 16C 이후 양반, 중인, 상민, 천민으로 구별

② 사회조직

㉠ 법률 : 경국대전 체제(성리학적 명분질서의 법전화)

㉡ 종법적 가족제도 발달 : 유교적 가족제도로 가부장의 권한 강화, 적서차별

㉢ 사회시설

- 환곡 : 의창 → 상평창(1/10)
- 사창 : 양반지주층 중심의 자치적인 구제기구

㉣ 사회통제책 : 오가작통법, 호패법

(4) 문화

① 불교

㉠ 불교의 정비 : 유교주의적 국가기초확립

㉡ 재정확보책 : 도첩제, 사원전 몰수, 종파의 통합

※ 고대 : 불교, 중세 : 유·불교, 근세 : 유교

② 유교

㉠ 훈구파(15C) : 중앙집권, 부국강병, 사장중시, 과학기술 수용, 단군숭배

㉡ 사림파(16C) : 향촌자치, 왕도정치, 경학중시, 과학기술 천시, 기자숭배

㉢ 주리론 : 이황(영남학파, 남인, 도덕중시)

㉣ 주기론 : 이이(기호학파, 서인, 현실중시)

③ 전통사상 및 도교

㉠ 도교 행사 정비 : 소격서(중종 때 조광조에 의해 폐지)

㉡ 풍수지리설 : 한양천도(왕권강화), 풍수・도참사상 – 관상감에서 관리

㉢ 민간신앙의 국가신앙화

※ 기타 종교와 사상에 대한 국가관리는 유교 사회를 확립하려는 의도

5. 조선시대(후기)

(1) 정치

① 정치제도

㉠ 임란을 계기로 비변사의 강화 → 왕권의 약화(상설기구 전환)

㉡ 정쟁의 심화 → 서인의 일당 독재화, 영・정조의 탕평책 실패 → 세도정치의 등장 → 대원군의 개혁(왕권강화, 농민 안정책)

② 군사제도

㉠ 중앙 : 5군영(용병제), 임란과 병란으로 인한 부역제의 해이로 실시

㉡ 지방 : 속오군(향촌자체방위, 모든 계층)

㉢ 조선 초기(진관체제) → 임란(제승방략체제) → 조선 후기(진관체제 복구, 속오군 편성)

(2) 경제

① 토지제도

중농학파 "농민의 토지 이탈과 부역제의 붕괴를 막는 것은 체제의 안정을 유지하는 것"

㉠ 유형원 : 균전제(계급 차등분배)

㉡ 이익 : 한전제(영업전 지급)

㉢ 정약용 : 여전제(급진적 내용, 공동생산과 공동분배)

② 조세제도

농민의 불만 해소와 재정 확보를 위해, 궁극적으로는 양반 지배체제의 유지를 위하여 수취 제도를 개편

㉠ 영정법(전세) : 1결 4두 → 지주 유리

㉡ 대동법(공납) : 공납의 전세화, 토지 결수로 징수

㉢ 균역법 : 2필 → 1필, 선무군관포, 결작

※ 조세의 전세화, 금납화 → 화폐경제, 도시와 시장 발달 → 수요 증대 → 상품경제와 상공업 발달 ⇒ 자본주의 맹아

③ 산업

서민경제의 성장 → 서민 의식의 향상

㉠ 농업 : 이앙법, 견종법의 보급 → 광작 → 농촌사회의 계층 분화

㉡ 상업 : 사상, 도고의 성장 → 상인의 계층 분화, 장시의 발달 → 도시의 발달

㉢ 민영수공업 발달 : 납포장, 선대제

㉣ 광업

- 17C : 사채의 허용과 은광 개발이 활발(대청 무역)
- 18C : 상업자본의 광산 경영 참여로 잠채성행(금 · 은광)
- 자본과 경영의 분리 : 덕대가 채굴 노동자 고용

〈조선 후기의 상업〉

(3) 사회

① 신분제(신분제도의 동요)

㉠ 양반수의 증가 : 납속책, 공명첩, 족보 위조

㉡ 중인층의 지위 향상 : 서얼의 규장각 등용, 역관

㉢ 평민의 분화 : 농민(경영형 부농, 임노동자), 상인(도고상인, 영세상인)

㉣ 노비 수의 감소 : 공노비 해방(순조), 양인 확보

② 사회조직(사회 불안의 고조)

㉠ 신분제 동요 : 몰락양반의 사회개혁 요구

㉡ 삼정(전정, 군정, 환곡)의 문란 : 서민의식의 향상(비판의식)

㉢ 위기의식의 고조 : 정감록 유행, 도적의 출현, 이양선의 출몰

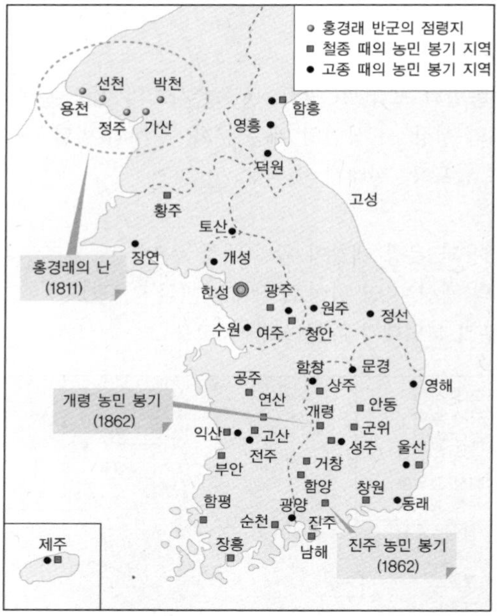

〈19세기의 농민 운동〉

(4) 문화

① 불교 : 불교의 민간 신앙화

② 유교

㉠ 양명학의 수용 : 정제두의 강화학파

※ 실학 : 통치 질서의 붕괴와 성리학의 한계, 서학의 전래, 고증학의 영향으로 등장

㉡ 중농학파 : 토지제도 개혁

㉢ 중상학파 : 상공업 진흥책, 박제가(소비론), 박지원(화폐유통론)

㉣ 국학 : 동사강목(한국사의 정통론), 해동역사(다양한 자료 이용), 동사 · 발해고(반도 사관 극복), 연려실기술(실증적 연구)

③ 전통사상 및 도교(사회의 동요)

천주교 수용, 동학의 발전, 정감록 등 비기도참 사상, 미륵신앙 유행 → 현실 비판(서민문화의 발달)

6. 근 · 현대

(1) 정치

Ⅰ. 개항과 근대 변혁운동

① 흥선대원군의 정책

㉠ 19세기 중엽의 상황 : 세도정치의 폐단, 민중 세력의 성장, 열강의 침략적 접근

㉡ 흥선대원군의 집권(1863 ~ 1873)

- 왕권강화정책 : 서원 철폐, 삼정의 문란 시정, 비변사 폐지, 의정부와 삼군부의 기능 회복, 대전회통 편찬
- 통상수교거부정책 : 병인양요, 신미양요, 척화비 건립

② 개항과 개화정책

㉠ 개항 이전의 정세

- 개화 세력의 형성
- 흥선대원군의 하야와 민씨 세력의 집권(1873)
- 운요호 사건(1875)

㉡ 문호개방

- 강화도 조약(1876) : 최초의 근대적 조약, 불평등 조약
- 조・미 수호통상조약(1882) : 서양과의 최초 수교, 불평등 조약

③ **갑신정변**(1884) : 최초의 근대화 운동(정치적 – 입헌군주제, 사회적 – 신분제 폐지 주장)

㉠ 전개 : 급진개화파(개화당) 주도

㉡ 실패원인 : 민중의 지지 부족, 개혁 주체의 세력 기반 미약, 외세 의존, 청의 무력간섭

㉢ 결과 : 청의 내정 간섭 심화

㉣ 1880년대 중반 조선을 둘러싼 열강의 대립 심화

④ 동학농민운동의 전개

㉠ 배경

- 대외적 : 열강의 침략 경쟁에 효과적으로 대응하지 못함
- 대내적 : 농민 수탈, 일본의 경제적 침투
- 농민층의 상황 : 불안과 불만 팽배 → 농촌 지식인들과 농민들 사이에서 사회 변화 움직임 고조

㉡ 전개 과정

- 고부 봉기 : 전봉준 중심으로 봉기
- 1차 봉기 : 보국안민과 제폭구민을 내세움 → 정읍 황토현 전투의 승리 → 전주 점령
- 전주 화약기 : 폐정개혁 12개조 건의, 집강소 설치
- 2차 봉기 : 항일 구국 봉기 → 공주 우금치 전투에서 패배

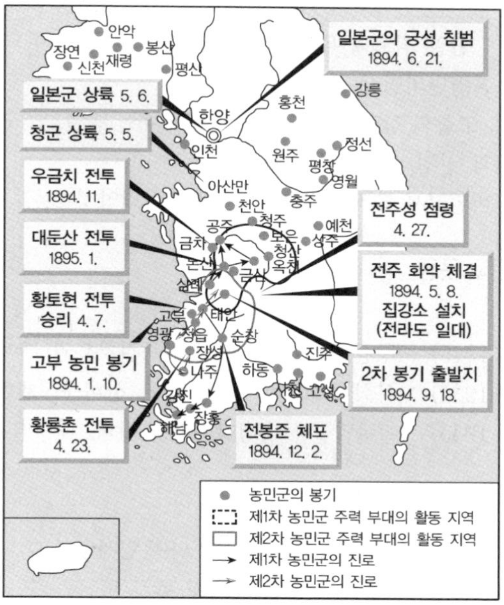

〈동학농민운동의 전개〉

⑤ 갑오개혁과 을미개혁

㉠ 갑오개혁(1894)

- 군국기무처 설치 : 초 정부적 회의 기관으로 개혁 추진
- 내용 : 내각의 권한 강화, 왕권 제한, 신분제 철폐
- 과정 : 홍범 14조 반포
- 한계 : 군사적 측면에서의 개혁이나 농민들의 요구에 소홀

㉡ 을미개혁(1895)

- 과정 : 일본의 명성 황후 시해 → 친일 내각을 통해 개혁 추진
- 내용 : 단발령, 태양력 사용 등

⑥ 독립협회와 대한제국

㉠ 독립협회(1896 ~ 1898)

- 배경 : 아관파천으로 인한 국가 위신 추락
- 활동 : 국권·이권수호 운동, 민중계몽운동, 입헌군주제 주장
- 만민공동회(1898) : 최초의 근대식 민중대회
- 관민공동회 : 헌의 6조 결의

㉡ 대한제국 성립(1897)

- 배경 : 고종의 환궁 여론 고조
- 자주 국가 선포 : 국호 – 대한제국, 연호 – 광무
- 성격 : 구본신참의 복고주의, 전제 황권 강화

⑦ 일제의 국권 강탈

㉠ 러·일 전쟁 : 일본의 승리(한반도에 대한 일본의 독점적 지배권)

㉡ 을사조약(1905, 제2차 한·일 협약)

⑧ 항일의병전쟁과 애국계몽운동

㉠ 항일의병운동

- 을미의병(1895) : 한말 최초의 의병봉기(을미사변과 단발령이 원인)
- 을사의병(1905) : 평민의병장 신돌석의 활약
- 정미의병(1907) : 고종의 강제퇴위와 군대 해산에 대한 반발, 13도 창의군 조직, 서울진공작전

㉡ 애국계몽운동(교육과 산업)

- 신민회(1907) : 비밀결사 조직, 문화적·경제적 실력양성운동, 105인 사건으로 해산

II. 민족의 수난과 항일 민족 운동

① 일제의 식민정책

㉠ 1910년대(1910 ~ 1919) : 무단통치(헌병경찰제 – 즉결처분권 부여)

㉡ 1920년대(1919 ~ 1931) : 문화통치(민족 분열 정책, 산미증식계획)

㉢ 1930년대(1931 ~ 1945) : 민족말살통치(병참기지화 정책, 내선일체, 황국신민화, 일본식 성명 강요)

② 3·1운동(1919)

㉠ 배경 : 미국 윌슨 대통령의 '민족자결주의'와 2·8독립선언

㉡ 3·1운동은 대한민국 임시정부가 세워진 계기가 됨

③ 대한민국 임시정부(1919. 9. 상하이)
㉠ 한성정부의 법통 계승
㉡ 연통제, 교통국, 외교활동(구미위원부)
④ 국내외 항일민족운동
㉠ 국내 항일운동
- 신간회(1927) : 비타협적 민족주의자와 사회주의 세력 연합 → 노동·소작쟁의, 동맹 휴학 등을 지원
- 학생운동 : 6·10만세운동(1926), 광주학생 항일운동(1929)

㉡ 국외 항일운동 : 간도와 연해주 중심
- 대표적 전과 : 봉오동 전투, 청산리 전투(1920)
- 간도 참변(1920) : 봉오동·청산리 전투에 대한 일제의 보복
- 자유시 참변(1921) : 러시아 적군에 의한 피해
- 3부의 성립(1920년대) : 정의부, 참의부, 신민부
- 중국군과 연합하여 항일전 전개(1930년대)
- 한국광복군(1940, 충칭)

㉢ 사회주의 세력 : 중국 공산당과 연계 – 화북 조선 독립 동맹 결성, 조선 의용군 조직

Ⅲ. 대한민국의 성립과 발전

① 광복 직후의 국내 정세
㉠ 모스크바 3상회의 : 한반도 신탁통치 결정
㉡ 미·소 공동위원회 : 남북한 공동 정부 수립 논의 – 결렬
② 대한민국 정부의 수립 : 5·10총선거 → 제헌국회 → 대통령 선출 → 정부수립

(2) 경제

① 토지제도
㉠ 동학농민운동에서만 토지의 평균분작 요구
㉡ 대한제국 : 지계발급
㉢ 일제의 수탈
- 토지조사사업(1910 ~ 1918) : 조선의 토지약탈을 목적으로 실시
- 산미증식계획(1920 ~ 1935) : 농지개량, 수리시설 확충 비용 소작농이 부담
- 병참기지화 정책(1930 ~ 1945) : 중화학공업, 광업 생산에 주력(기형적 산업구조) – 군사적 목적

② 조세제도
㉠ 갑신정변 : 지조법 개정
㉡ 동학농민운동 : 무명잡세 폐지
㉢ 갑오·을미개혁 : 조세 금납화
㉣ 독립협회 : 예산공표 요구
③ 산업
㉠ 근대적 자본의 성장
㉡ 일제 강점기 : 물산장려운동

(3) 사회

① 신분제(평등 사회로의 이행)

㉠ 갑신정변(1884) : 문벌폐지, 인민평등권

㉡ 동학농민운동(1894) : 노비제 폐지, 여성지위 상승

㉢ 갑오개혁(1894) : 신분제 폐지, 봉건폐습 타파

㉣ 독립협회(1896) : 민중의식 변화, 민중과 연대

㉤ 애국계몽운동(1905) : 민족교육운동, 실력양성

② 사회조직

㉠ 개혁 세력 : 민권사상을 바탕으로 평등사회 추구

㉡ 위정척사파 : 양반 중심의 봉건적 신분질서 유지

㉢ 동학농민운동 : 반봉건, 반제국주의의 개혁 요구

㉣ 독립협회 : 자주, 자유, 자강 개혁 요구

㉤ 광무개혁 : 전제 군주제를 강화하기 위한 개혁

㉥ 의병활동 : 반제국주의의 구국 항전

㉦ 애국계몽단체 : 자주독립의 기반 구축 운동

(4) 문화

① **동도서기(東道西器)** : 우리의 정신문화는 지키고 서양의 과학 기술을 받아들이자는 주장(중체서용, 구본신참) → 양무운동, 대한제국

② **불교 유신론** : 미신적 요소를 배격하고 불교의 쇄신을 주장

③ **민족사학의 발전** : 신채호, 박은식, 최남선

④ 기독교계는 애국계몽운동에 힘씀

(5) 광복 전후의 국제 논의

① **카이로 회담**(1943)

㉠ 일본에 대한 장래 군사행동 협정

㉡ 한국을 자유국가로 해방 시킬 것을 약속

② **얄타 회담**(1945)

㉠ 한국에 대한 신탁통치 약속

㉡ 한국 38도 군사경계선 확정

③ **포츠담 회담**(1945)

㉠ 일본 군대 무장해제

㉡ 한국 자유국가 해방 약속 재확인(카이로 회담의 선언)

④ **모스크바 3상 회의**(1945)

㉠ 5년간 미국, 영국, 소련, 중국 등 4개국 정부의 한국 신탁통치 결정

㉡ 미국, 소련 공동 위원회(임시정부) 설치

(6) 대한민국 정부수립

① 5・10 총선거

㉠ 남한 단독 선거

㉡ 남북 협상파 불참

㉢ 이승만, 한민당 압승

㉣ 제헌국회 구성 및 민주공화국 체제의 헌법 제정

② 대한민국 정부 수립

㉠ 대통령은 이승만, 부통령에 이시영 선출

㉡ 대한민국 성립 선포

③ 반민족 행위 처벌법 제정

㉠ 일제강점기 시대에 친일 행위를 한 자를 처벌하기 위한 법

㉡ 이승만의 소극적 태도로 처벌 실패

④ 6・25 전쟁(1950)

㉠ 북한의 무력 통일 정책

㉡ 이승만의 정치・경제 불안

㉢ 과정

- 무력 남침 → 서울 함락, 낙동강까지 후퇴 → 유엔군 참전 및 인천상륙작전 → 서울 탈환, 압록강까지 전진 → 중공군 개입 → 후퇴 → 휴전 협정

㉣ 경제적・인적 피해 및 한미상호방위조약 체결(1953)

PART

2 한국사 기출응용문제

정답 및 해설 p.008

01 다음 중 신석기시대의 특징으로 옳지 않은 것은?

① 돌을 날카롭게 갈아서 만든 뗀석기를 주로 이용하였다.
② 음식을 저장하기 위한 토기를 만들었다.
③ 콩, 조, 피 등의 잡곡류 농사를 지었다.
④ 가락바퀴 등을 이용해 옷을 만들었다.

Hard

02 다음 중 선사시대에 대한 설명으로 옳지 않은 것은?

① 구석기시대에는 뗀석기를 사용하였는데, 처음에는 찍개, 주먹도끼 등과 같이 하나의 도구를 여러 용도로 사용했으나 점차 자르개, 밀개, 찌르개 등 쓰임새가 정해진 도구를 만들어 사용하였다.
② 청동기시대에는 일부 지역에서 벼농사가 시작되는 등 농경이 더 발달했으며, 농경의 발달에 따라 토지와 생산물에 대한 사유재산 개념이 발생하면서 빈부의 차가 생기고 계급이 분화되었다.
③ 신석기시대에는 사람들이 돌을 갈아 다양한 모양의 간석기를 만들고 조리나 식량 저장에 사용할 수 있는 토기를 만들었다.
④ 신석기시대부터 도구와 불을 사용하기 시작했고, 언어를 구사하였다.

03 다음 중 고인돌에 대한 설명으로 옳지 않은 것은?

① 청동기시대의 유물이다.
② 다량의 부장품이 함께 발굴되었다.
③ 한반도는 전 세계에서 가장 많은 고인돌을 보유하고 있다.
④ 당시 사회가 계급의 구분이 없는 평등한 사회였음을 알 수 있다.

04 다음 글에서 설명하는 국가로 옳은 것은?

> 이 나라의 지방에는 마가, 우가, 저가, 구가가 있고, 이들은 사출도라 불리는 지역을 다스려 왕이 이 지역에서의 일에 간섭할 수 없었다.

① 고구려
② 부여
③ 삼한
④ 옥저

PART 2

05 다음 국가에 대한 설명으로 옳은 것은?

> 제가들은 별도로 사출도를 주관하였다. … (중략) … 옛 풍속에 가뭄이나 장마가 계속되어 곡식이 영글지 않으면 그 허물 을 왕에게 돌려 '왕을 마땅히 바꾸어야 한다.'고 하거나 '죽여야 한다.'고 하였다. … (중략) … 전쟁을 하게 되면 하늘에 제사를 지내고, 소를 잡아 발굽을 보고 길흉을 점쳤다.

① 소도라 불리는 신성한 지역이 있었다.
② 12월에는 영고라는 제천 행사를 지냈다.
③ 빈민을 구제하기 위하여 진대법을 시행하였다.
④ 가족 공동무덤인 큰 목곽에 뼈를 추려 안치하였다.

06 다음 중 고조선에 대한 탐구 활동으로 가장 적절한 것은?

① 임신서기석의 내용을 분석한다.
② 국내성 천도의 배경을 살펴본다.
③ 칠지도에 새겨진 명문을 해석한다.
④ 한의 왕검성 침략 원인을 조사한다.

07 다음 중 (가)와 (나)의 나라에 대한 설명으로 가장 적절한 것은?

> (가) 고구려 개마대산 동쪽에 있는데 개마대산은 큰 바닷가에 맞닿아 있다. … (중략) … 그 나라 풍속에 여자 나이 10살이 되기 전에 혼인을 약속한다. 신랑 집에서는 여자를 맞이하여 다 클 때까지 길러 아내를 삼는다.
> (나) 남쪽으로는 진한과 북쪽으로는 고구려・옥저와 맞닿아 있고 동쪽으로는 큰 바다에 닿았다. … (중략) … 해마다 10월이면 하늘에 제사를 지내는데 밤낮으로 술 마시며 노래 부르고 춤추니, 이를 무천이라고 한다.

① (가) : 족장들은 저마다 따로 행정구획인 사출도를 다스렸다.
② (가) : 이웃한 고구려로부터 공물을 받았다.
③ (나) : 같은 씨족끼리는 혼인을 하지 않았다.
④ (나) : 연중 5월과 10월, 두 번의 제천의식을 지냈다.

08 다음 중 ㉠의 칭호가 사용된 시기의 사실로 가장 적절한 것은?

> 거서간 – 차차웅 – 이사금 – ___㉠___ – 왕

① 국호를 바꾸고, 우산국을 복속하였다.
② 왕의 칭호가 대군장의 의미로 바뀌었다.
③ 정치적 군장과 제사장의 기능이 분리되었다.
④ 박, 석, 김의 3성이 왕위를 교대로 차지하였다.

09 다음 중 남북국시대에 대한 설명으로 적절하지 않은 것은?

① 신라는 당, 일본뿐만 아니라 아라비아 상인도 왕래하였다.
② 장보고는 당나라에 신라인을 위한 불교 사찰을 세우기도 하였다.
③ 발해는 신라도, 일본도 등의 대외교통로를 이용하여 각국과 교류하였다.
④ 발해는 당의 문화를 배척하고 고구려 전통 문화와 말갈 문화만을 계승하였다.

10 다음 중 백제 근초고왕의 업적에 대한 설명으로 적절하지 않은 것은?

① 왕위의 부자상속제를 확립하였다.
② 중국의 동진, 일본과 무역활동을 전개하였다.
③ 남쪽으로 마한을 멸하여 전라남도 해안까지 확보하였다.
④ 북쪽으로는 고구려의 평양성까지 쳐들어가 고국천왕을 전사시켰다.

Hard

11 다음은 고구려의 발전에 대한 내용이다. 발생한 순서대로 바르게 나열한 것은?

> ㄱ. 낙랑을 축출하고, 요동으로 진출하였다.
> ㄴ. 불교를 공인하고, 율령을 반포하였다.
> ㄷ. 옥저를 복속하였다.
> ㄹ. 평양으로 천도하였다.

① ㄱ – ㄴ – ㄷ – ㄹ
② ㄱ – ㄷ – ㄴ – ㄹ
③ ㄴ – ㄱ – ㄹ – ㄷ
④ ㄷ – ㄱ – ㄴ – ㄹ

12 다음 〈보기〉 중 백제 웅진시대에 있었던 일을 모두 고르면?

> 보기
> ㄱ. 마한을 정복하고, 불교를 공인하였다.
> ㄴ. 5부 5방의 제도를 정비하고, 22부의 실무관청을 설치하였다.
> ㄷ. 신라와 결혼동맹을 맺고, 탐라(제주도)를 복속하였다.
> ㄹ. 지방 22담로에 왕족을 파견하였다.

① ㄱ, ㄴ
② ㄱ, ㄷ
③ ㄴ, ㄹ
④ ㄷ, ㄹ

13 다음 내용과 관련 있는 인물은?

• 불교의 대중화	• 아미타 신앙
• 일심 사상	• 무애가

① 원효　② 의상
③ 원측　④ 혜초

Hard

14 다음 중 통일신라시대 민정문서(장적)에 대한 설명으로 적절하지 않은 것은?

① 호(戶)는 상상호(上上戶)에서 하하호(下下戶)까지 9등급으로 구분하였다.
② 사람은 남녀로 나누고, 연령을 기준으로 하여 6등급으로 구분하였다.
③ 토지에는 연수유전답, 촌주위답, 내시령답이 포함되어 있다.
④ 인구, 가호, 노비 및 소와 말의 증감까지 매년 작성하였다.

15 다음 발해에 대한 〈보기〉의 설명 중 적절한 것을 모두 고르면?

보기

ㄱ. 신라를 견제하기 위해 독자적 연호를 사용하였다.
ㄴ. 선왕 때 해동성국이라는 칭호를 들었다.
ㄷ. 정혜공주묘는 굴식돌방무덤으로 백제의 영향을 받았다.
ㄹ. 상층사회에서는 말갈 사회의 전통 생활 모습을 유지하였다.

① ㄱ　② ㄴ
③ ㄱ, ㄷ　④ ㄴ, ㄹ

16 다음 중 통일신라에 대한 설명으로 적절하지 않은 것은?

① 6두품 세력의 사회적 두각으로 왕위 쟁탈전을 벌였다.
② 조세는 생산량의 10분의 1 정도로 통일 이전보다 완화하였다.
③ 통일 후 영역 확대, 강력한 군사력 확보로 정치적으로 안정되었다.
④ 국학을 설립하고 독서삼품과를 마련하여 학문과 유학을 널리 보급하는 데 이바지했다.

17 다음 중 밑줄 친 '왕'이 재위한 시기의 사실로 가장 적절한 것은?

> 왕이 신하들을 불러 "흑수말갈이 처음에는 우리에게 길을 빌려서 당나라와 통하였다. … (중략) … 그런데 지금 당나라에 관직을 요청하면서 우리나라에 알리지 않았으니, 이는 분명히 당나라와 공모하여 우리나라를 앞뒤에서 치려는 것이다."라고 하였다. 이리하여 동생 대문예와 외숙 임아상으로 하여금 군사를 동원하여 흑수말갈을 치려고 하였다.

① 5경 15부 62주의 행정제도가 완비되었다.

② 길림성 돈화 부근 동모산 기슭에서 나라를 세웠다.

③ 북만주 일대를 차지하고 산둥의 등주를 공격하였다.

④ 수도를 중경에서 상경, 동경으로 옮겨 중흥을 꾀하였다.

PART 2

18 다음 건의를 받아들인 왕이 실시한 정책으로 가장 적절한 것은?

> 임금이 백성을 다스릴 때 집집마다 가서 날마다 그들을 살펴보는 것이 아닙니다. 그래서 수령을 나누어 파견하여, (현지에) 가서 백성의 이해(利害)를 살피게 하는 것입니다. 우리 태조께서도 통일한 뒤에 외관(外官)을 두고자 하셨으나, 대개 (건국) 초창기였기 때문에 일이 번잡하여 미처 그럴 겨를이 없었습니다. 이제 제가 살펴보건대, 지방 토호들이 늘 공무를 빙자하여 백성들을 침해하며 포악하게 굴어, 백성들이 명령을 견뎌내지 못합니다. 외관을 두시기 바랍니다.

① 서경 천도를 추진하였다.

② 5도 양계의 지방 제도를 확립하였다.

③ 지방 교육을 위해 경학박사를 파견하였다.

④ 유교 이념과는 별도로 연등회, 팔관회 행사를 장려하였다.

Easy

19 다음에서 알 수 있는 정책 방향으로 가장 적절한 것은?

> • 연등회, 팔관회 행사 비판
> • 국자감 정비와 과거 출신자 우대

① 전제 왕권 약화

② 6조 직계제 추진

③ 의정부 서사제 확대

④ 유교 정치 이념 강화

20 다음 중 여러 관청을 통괄하는 중앙 행정의 중심 역할을 했던 고려시대의 중앙통치기구는?

① 중추원
② 어사대
③ 상서성
④ 삼사

Hard

21 다음 중 현존하는 고려시대의 목조 건축물 중 가장 오래된 것은?

① 봉정사 극락전
② 부석사 무량수전
③ 성불사 응진전
④ 수덕사 대웅전

22 다음 중 조선 세조의 업적으로 적절하지 않은 것은?

① 4군 6진을 개척하여 영토를 넓혔다.
② 토지와 인구에 따라 군현제를 정비하였다.
③ 6조 직계제를 시행하여 왕권을 강화하였다.
④ 직전법을 시행하고 수신전, 휼양전을 폐지하였다.

23 다음 중 임진왜란(정유재란)으로 인해 나타난 현상으로 적절하지 않은 것은?

① 조선의 국가 재정이 궁핍해졌다.
② 중국 명나라의 국력이 쇠퇴하였다.
③ 전쟁에 패한 일본은 문화적으로 쇠퇴하였다.
④ 조선은 공명첩 등의 영향으로 신분제에 동요가 일어났다.

PART 2

24 다음에서 설명하는 조선시대의 관리는?

> 조세·공부·요역 등 조세와 관련된 수취업무를 담당하는 실무집행자로 형옥(刑獄)·사송(詞訟) 등의 업무도 하였다. 이들은 토착적이고 세습적인 성격이 강하다.

① 수령 ② 향리
③ 역관 ④ 관찰사

25 다음 중 빈칸에 들어갈 인물에 대한 설명으로 가장 적절한 것은?

> 운현궁은 ______의 개인 저택으로 그의 아들인 고종이 태어나 12살까지 살았던 잠저이다. 원래 운현은 저택이 위치한 곳의 지명이었는데, 고종이 즉위하면서 궁의 칭호를 받아 운현궁이 되었다.

① 주자소를 설치하여 계미자를 주조하였다.
② 속대전을 편찬하여 통치 체제를 정비하였다.
③ 양반에게도 군포를 징수하는 호포제를 추진하였다.
④ 삼정의 문란을 개선하기 위해 삼정이정청을 설치하였다.

26 다음과 같은 주장을 한 인물에 대한 설명으로 가장 적절한 것은?

> 일본이 한국의 국권을 박탈하고 만주와 청국에 야욕을 가졌기 때문에 동양평화가 깨지게 된 것이다. 이제 동양평화를 실현하고 일본이 자존하는 길은 우선 한국의 국권을 되돌려 주고, 만주와 청국에 대한 침략야욕을 버리는 것이다. 그러한 후에 독립한 한국·청국·일본의 동양3국이 일심협력해서 서양세력의 침략을 방어하며, 한 걸음 더 나아가서는 동양3국이 서로 화합해 개화 진보하면서 동양평화와 세계평화를 위해 진력하는 것이다.

① 진단학회를 통해 우리 문화사 연구의 지평을 열었다.
② 일제의 정체성론을 극복하는 데 기여하였다.
③ 역사를 아와 비아의 투쟁으로 규정하였다.
④ 이토 히로부미를 암살하였다.

27 다음 〈보기〉에서 설명하는 인물이 활동하던 시기에 일어난 사건으로 가장 먼 것은?

> 보기
> • 일제의 황무지 개척권 요구의 침략성과 부당성을 폭로하고 고종에게 상소를 올렸다.
> • 간도 용정촌에 서전서숙을 설립하였다.
> • 네덜란드 헤이그에서 열린 만국평화회의에 고종의 특사로 참석하였다.
> • 북만주 지역 밀산부에 국외 독립운동기지인 한흥동을 건설하였다.
> • 항일전 수행을 위해 러시아 블라디보스토크에서 의병을 규합하여 13도의군을 편성하였다.

① 대한민국 임시정부에 의해 한국광복군이 설립되었다.
② 영국인 베델을 발행인으로 대한매일신보가 창간되었다.
③ 한일신협약으로 인해 일제가 입법, 사법 등 내정 전반을 장악하였다.
④ 이인영을 총대장으로 하는 13도창의군이 결성되어 서울진공작전을 수립하였다.

28 다음 중 밑줄 친 (가)에 해당하는 것은?

> 안창호 선생은 1908년에 평양에 대성 학교를 세우고 1913년 __(가)__ 을/를 결성하였다. 1919년 대한민국 임시 정부 내무총장 겸 국무총리 대리 등을 역임하면서 독립을 위해 힘썼다. 1932년 일본 경찰에 체포되어 옥고를 치르다 병을 얻어 1938년에 순국하였다.

① 의열단
② 대한 광복회
③ 흥사단
④ 한인 애국단

29 다음은 1919년 3·1운동이 계기가 되어 설립된 조직이다. 이 조직 휘하의 독립군의 이름으로 옳은 것은?

> 우리나라의 건국 정신은 삼균제도(三均制度)의 역사적 근거를 두었으니 옛 현인이 분명히 명령하여 「머리와 꼬리가 고르고 평평하게 자리하여야 나라가 흥하고 태평항을 보전할 수 있다(首尾均平位興邦保太平).」라고 함. 이는 사회 각 계급·계층이 지력과 권력과 부력의 향유를 균평하게 하여 국가를 진흥하며 태평을 유지하라고 한 것이니, 홍익인간(널리 인간을 이롭게 한다)과 이화세계(이치로 세상을 다스린다)하자는, 우리 민족의 지켜야 할 최고의 공리(公理)임

① 조선의용대
② 한국광복군
③ 대한독립군
④ 한국독립군

30 다음 중 연결이 바르지 못한 것은?

① 얄타 협정 – 한국의 38도선 분할을 결정
② 포츠담 선언 – 대한민국이 한반도의 유일한 합법 정부로 인정받음
③ 카이로 회담 – 미·영·중 3국 수뇌가 최초로 한국의 해방과 독립을 결의
④ 모스크바 3상 회의 – 미·영·소 외상이 모여 최장 5년간 한반도 신탁 통치 실시 결정

우리가 해야할 일은 끊임없이 호기심을 갖고
새로운 생각을 시험해보고 새로운 인상을 받는 것이다.

– 월터 페이퍼 –

PART 3
최종점검 모의고사

GS그룹 온라인 인적성검사	
도서 동형 온라인 실전연습 서비스	ASVY-00000-5F8AF

GS그룹 온라인 인적성검사		
영역	문항 수	제한시간
언어비평	40문항	20분
수리비평	30문항	25분
한국사	10문항	10분

제1회

최종점검 모의고사

응시시간 : 55분 문항 수 : 80문항

정답 및 해설 p.014

01 언어비평

※ 다음 주어진 조건을 읽고 각 문제가 항상 참이면 ①, 거짓이면 ②, 알 수 없으면 ③을 고르시오. [1~3]

- 수성의 공전 속도는 금성보다 빠르다.
- 지구의 공전 속도는 금성보다 느리지만 화성보다 빠르다.
- 화성의 공전 속도는 목성보다 빠르다.
- 토성의 공전 속도는 목성보다 느리다.
- 행성들의 공전 속도는 태양에 가까울수록 빠르다.

01 여섯 개의 행성 중 토성의 공전 속도가 가장 느리다.

① 참 ② 거짓 ③ 알 수 없음

Easy

02 여섯 개의 행성 중 태양과 가장 가까이에 있는 행성은 수성이다.

① 참 ② 거짓 ③ 알 수 없음

03 지구는 금성보다 화성과 더 가깝게 위치하고 있다.

① 참 ② 거짓 ③ 알 수 없음

※ 다음 주어진 조건을 읽고 각 문장이 항상 참이면 ①, 거짓이면 ②, 알 수 없으면 ③을 고르시오. [4~6]

- 광주, 대구, 대전, 서울, 강릉의 개나리 개화일의 평균은 3월 22일이다.
- 서울의 개나리 개화일은 3월 27일로 광주보다 7일 늦다.
- 대전의 개나리 개화일은 서울보다 4일 빠르다.
- 다섯 개의 지역 중 대전의 개나리 개화일과 같은 지역이 한 곳 있다.

Hard

04 다섯 지역 중 서울의 개나리 개화 시기가 가장 늦다.

① 참 ② 거짓 ③ 알 수 없음

05 개나리 개화일이 다섯 지역의 평균 개화일보다 빠른 지역은 3곳 이상이다.

① 참 ② 거짓 ③ 알 수 없음

06 대구와 대전의 개나리 개화일이 같다면 강릉의 개나리 개화 시기가 가장 빠르다.

① 참 ② 거짓 ③ 알 수 없음

※ 다음 주어진 조건을 읽고 각 문제가 항상 참이면 ①, 거짓이면 ②, 알 수 없으면 ③을 고르시오. [7~9]

- 전공 시험을 치른 사람은 교양 시험을 치른다.
- 교양 시험을 치른 사람은 회화 시험을 치르지 않는다.
- 회화 시험을 치른 사람은 토익 시험을 치른다.
- 모든 1학년은 반드시 회화 시험을 치른다.

07 1학년이라면 전공 시험을 치르지 않는다.

① 참 ② 거짓 ③ 알 수 없음

08 회화 시험을 치른 사람은 전공 시험을 치르지 않는다.

① 참 ② 거짓 ③ 알 수 없음

09 모든 1학년은 토익 시험을 치르지 않는다.

① 참 ② 거짓 ③ 알 수 없음

※ 다음 주어진 조건을 읽고 각 문제가 항상 참이면 ①, 거짓이면 ②, 알 수 없으면 ③을 고르시오. [10~12]

- A ~ D 네 명의 사람과 귤, 사과, 수박, 딸기, 토마토가 있다.
- 네 명이 서로 겹치지 않게 한 가지씩 먹었다.
- A는 딸기를 먹었다.
- B는 귤을 먹지 않았다.
- C는 수박과 토마토 중 하나를 먹었다.

10 B가 수박과 토마토 중 하나를 먹었다면 D는 귤을 먹었을 것이다.

① 참 ② 거짓 ③ 알 수 없음

Easy

11 B가 사과를 먹었다면 D가 먹은 과일은 수박이다.

① 참 ② 거짓 ③ 알 수 없음

12 C가 토마토를 먹었다면 B가 사과를 먹었을 가능성과 D가 사과를 먹었을 가능성은 같다.

① 참 ② 거짓 ③ 알 수 없음

※ 다음 주어진 조건을 읽고 각 문제가 항상 참이면 ①, 거짓이면 ②, 알 수 없으면 ③을 고르시오. [13~15]

- K대학의 평균 입학점수는 95점이다.
- K대학의 평균 입학점수는 L대학보다 15점 높다.
- Y대학의 평균 입학점수는 K대학보다 낮고 L대학보다 높다.
- A대학의 평균 입학점수는 89점이다.

13 Y대학의 평균 입학점수가 A대학의 평균 입학점수보다 높다.

① 참 ② 거짓 ③ 알 수 없음

14 K, Y, A, L대학 중 L대학의 평균 입학점수가 가장 낮다.

① 참 ② 거짓 ③ 알 수 없음

15 Y대학의 평균 입학점수는 80점 초과이다.

① 참 ② 거짓 ③ 알 수 없음

※ 다음 글을 읽고 각 문제가 항상 참이면 ①, 거짓이면 ②, 알 수 없으면 ③을 고르시오. [16~18]

주식시장 상승과 금리상승으로 상대적인 매력도가 약화되기는 했지만 여전히 채권 대비 매력도를 유지하고 있다는 점, 투자자들의 위험자산에 대한 선호 현상이 지속되고 있다는 점, 부동산시장위축이 상당기간 지속될 것이라는 점 등을 고려해 볼 때, 적립식을 중심으로 꾸준히 진행되는 주식시장으로의 자금 유입은 오랜 기간 유행으로 자리하고 있을 것으로 본다.

적립식을 중심으로 중장기 수요 기반이 확충되면서 나타난 현상은 기관투자자의 주식 보유 비중 확대와 매매회전율 하락이다. 2004년 하반기 이후 시작된 간접투자 자금 유입으로 기관투자자는 시장의 매수 주체로 부상하기 시작했다. 이로 인해 2005년부터 지속되고 있는 외국인 투자자의 공격적인 매도 물량을 받아내며 매수 주체 공백을 메워주고 있는 것이다. 기관투자자 매수가 지속되며 2006년 이후 나타난 현상은 일평균 거래량이 현저하게 줄어들기 시작했다는 점인데 이는 기관투자자 주식 보유 비중 확대와 중장기 투자문화 정착에 따른 매매회전율 저하가 그 원인이라고 판단한다. 외국인 투자자의 순매도 규모 확대에 대한 우려가 2006년, 2007년 내내 수급의 핵심이 됐지만 주목해야 할 부분은 기관투자자 주식 보유 비중 확대, 중장기화에 따른 주식 유통 물량 감소, 즉 퇴장현상이다.

16 적립식에 자금이 유입되면서 매매회전율이 상승하고 있다.

① 참 ② 거짓 ③ 알 수 없음

Easy

17 외국인 투자자의 매도 물량을 전부 기관투자자와 개인 투자자가 받아내고 있는 실정이다.

① 참 ② 거짓 ③ 알 수 없음

18 기관투자자 매수가 지속되면서 일평균 거래량이 점차 늘고 있다.

① 참 ② 거짓 ③ 알 수 없음

※ 다음 글을 읽고 각 문제가 항상 참이면 ①, 거짓이면 ②, 알 수 없으면 ③을 고르시오. [19~21]

경제성장률은 기술 수준을 고려한 1인당 국민소득 수준과 장기균형 국민소득 수준의 격차에 비례해서 결정되고 장기적으로는 기술 증가율에 의해 결정된다. 이를 보면 기술 수준의 변화를 고려하지 않는다고 하더라도 경제성장률을 결정해 주는 것은 경제규모인 총 국민소득이 아니라 1인당 국민소득 수준이라는 것을 쉽게 알 수 있다. 세계은행이 발표한 자료 중 가장 많은 국가들이 포함된 연도인 2003년의 2000년 기준 실질자료를 보면 경제 규모를 반영하는 국내총생산(GDP)의 경우 세계 180개국 중 한국은 미국(1위), 일본(2위), 브라질(10위), 멕시코(11위) 다음인 12위였다. 반면 1인당 국민소득을 반영하는 1인당 GDP는 룩셈부르크 (1위), 노르웨이(2위) 등에 비해 한국은 1만 2,245달러로 세계에서 35위였다. 반면에 최근 고속 성장을 하는 중국과 인도를 보자. 중국은 GDP 기준으로 세계 4위에 해당되지만 1인당 GDP는 1,209달러로 세계 111위에 해당되고, 인도는 GDP로는 세계 13위이지만 1인당 GDP는 512달러로 141위에 해당한다. 경제의 성숙도를 경제규모 기준으로 본다면 중국이 한국보다 훨씬 높은 성숙단계의 국가가 되고 이는 최근 5년간 성장률이 10%에 이르는 중국이 한국(4.8%)보다 앞서는 것을 설명하기 어렵다. 또한 유사한 경제 규모를 갖고 있는 인도의 경우 최근 5년간 약 7.8%의 성장률을 보여 같은 기간 우리보다 높은 경제성장률을 보여 주는 것도 설명하기 어렵다. 이는 국가의 성숙도를 경제 규모가 아닌 1인당 국민소득으로 봐야 함을 뜻한다.

Hard

19 중국이 인도보다 1인당 GDP가 더 높다.

① 참　② 거짓　③ 알 수 없음

20 경제성장률을 결정해주는 것은 경제규모인 총 국민소득이다.

① 참　② 거짓　③ 알 수 없음

21 한국은 인도보다 GDP가 더 높다.

① 참　② 거짓　③ 알 수 없음

※ 다음 글을 읽고 각 문제가 항상 참이면 ①, 거짓이면 ②, 알 수 없으면 ③을 고르시오. [22~24]

> 인간 사유의 결정적이고도 독창적인 비약은 시각적인 표시의 코드체계의 발명에 의해서 이루어졌다. 시각적인 표시의 코드체계에 의해 인간은 정확한 말을 결정하여 텍스트를 마련하고, 또 이해할 수 있게 된 것이다. 이것이 바로 진정한 의미에서의 '쓰기(Writing)'이다.
> 이러한 '쓰기'에 의해 코드화된 시각적인 표시는 말을 사로잡게 되고, 그 결과 그때까지 소리 속에서 발전해 온 정밀하고 복잡한 구조나 지시 체계의 특수한 복잡성이 그대로 시각적으로 기록될 수 있게 되고, 나아가서는 그러한 시각적인 기록으로 인해 그보다 훨씬 정교한 구조나 지시 체계가 산출할 수 있게 된다. 그러한 정교함은 구술적인 발화가 지니는 잠재력으로써는 도저히 이룩할 수 없는 정도의 것이다. 이렇듯 '쓰기'는 인간의 모든 기술적 발명 속에서도 가장 영향력이 큰 것이었으며, 지금도 그러하다. 쓰기는 말하기에 단순히 첨가된 것이 아니다. 왜냐하면 쓰기는 말하기를 구술 – 청각의 세계에서 새로운 감각의 세계, 즉 시각의 세계로 이동시킴으로써 말하기와 사고를 함께 변화시키기 때문이다.

22 인간은 시각적 코드체계를 사용함으로써 말하기를 한층 정교한 구조로 만들었다.

① 참 ② 거짓 ③ 알 수 없음

23 인간은 쓰기를 통해 지시 체계의 복잡성을 기록함으로써 말하기와 사고의 변화를 일으켰다.

① 참 ② 거짓 ③ 알 수 없음

Hard

24 인간은 시각적 코드체계를 사용함으로써 비로소 정밀하고 복잡한 구조의 지시 체계를 마련할 수 있었다.

① 참 ② 거짓 ③ 알 수 없음

※ 다음 주어진 조건을 읽고 각 문제가 항상 참이면 ①, 거짓이면 ②, 알 수 없으면 ③을 고르시오. [25~27]

- 전기기사 시험을 보면 식품기사 시험을 보지 않는다.
- 건축기사 시험을 보면 토목기사 시험도 봐야 한다.
- 축산기사 시험을 보지 않으면 산림기사 시험도 보지 않는다.
- 토목기사 시험을 보면 축산기사 시험도 본다.
- 전기기사 시험을 보지 않으면 산림기사 시험을 봐야 한다.
- 기사 시험에는 전기, 식품, 건축, 토목, 축산, 산림만 존재한다.

25 토목기사 시험을 보지 않는 철수는 건축기사 시험도 보지 않는다.

① 참 ② 거짓 ③ 알 수 없음

26 식품기사 시험을 보는 영수는 산림기사 시험을 보지 않는다.

① 참 ② 거짓 ③ 알 수 없음

Hard

27 축산기사 시험을 보지 않는 민수는 전기기사 시험만 본다.

① 참 ② 거짓 ③ 알 수 없음

※ 다음 주어진 조건을 읽고 각 문제가 항상 참이면 ①, 거짓이면 ②, 알 수 없으면 ③을 고르시오. [28~30]

- 현정, 경서, 소희가 가지고 있는 동전은 모두 16개이다.
- 어떤 사람도 같은 개수의 동전을 가지고 있지 않다.
- 소희는 가장 많은 개수의 동전을 가지고 있다.
- 경서는 가장 적은 개수의 동전을 가지고 있고, 동전을 모두 모으면 620원이다.
- 모든 동전은 500원짜리, 100원짜리, 50원짜리, 10원짜리 중 하나이다.

28 경서는 4개의 동전을 가지고 있다.

① 참　② 거짓　③ 알 수 없음

Hard

29 소희가 모든 종류의 동전을 가지고 있다면 소희는 최소 720원을 가지고 있다.

① 참　② 거짓　③ 알 수 없음

30 현정이가 가지고 있는 동전을 모두 모았을 때 700원이 된다면, 현정이는 두 종류의 동전을 가지고 있다.

① 참　② 거짓　③ 알 수 없음

※ 다음 주어진 조건을 읽고 각 문제가 항상 참이면 ①, 거짓이면 ②, 알 수 없으면 ③을 고르시오. [31~32]

- 계획을 세우면 시간을 단축할 수 있다.
- 야식을 먹지 못했다면 공연을 못 봤다.
- 일을 빨리 끝마치면 공연을 볼 수 있다.
- 일을 빨리 마치지 못했다면 시간을 단축하지 못한 것이다.

31 계획을 세웠다면 공연을 볼 수 있다.

① 참　② 거짓　③ 알 수 없음

Easy

32 계획을 세웠어도 야식을 못 먹을 수 있다.

① 참　② 거짓　③ 알 수 없음

※ 다음 주어진 조건을 읽고 각 문제가 항상 참이면 ①, 거짓이면 ②, 알 수 없으면 ③을 고르시오. [33~34]

- 월요일부터 금요일까지 5일간 삼형제가 1박 2일로 당번을 서기로 했다.
- 아무도 당번을 서지 않는 날은 없다.
- 첫째는 월요일부터, 둘째는 목요일부터 당번을 선다.

33 둘째와 셋째는 당번을 서는 날이 겹칠 것이다.

① 참　② 거짓　③ 알 수 없음

Easy

34 첫째는 이틀 내내 혼자 당번을 선다.

① 참　② 거짓　③ 알 수 없음

※ 다음 주어진 조건을 읽고 각 문제가 항상 참이면 ①, 거짓이면 ②, 알 수 없으면 ③을 고르시오. [35~36]

- A～E가 사과 맛 사탕 2개, 레몬 맛 사탕 2개, 딸기 맛 사탕 2개를 나누어 먹으려고 한다.
- 사탕은 한 사람당 한 개씩만 먹는다.
- A는 사과 맛 사탕을 먹는다.
- C는 딸기 맛 사탕을 먹지 않는다.
- B와 E는 같은 맛 사탕을 먹는다.

35 C가 레몬 맛 사탕을 먹으면 D는 사과 맛 사탕을 먹는다.

① 참　② 거짓　③ 알 수 없음

Hard

36 B는 딸기 맛 사탕을 먹을 확률이 가장 높다.

① 참　② 거짓　③ 알 수 없음

※ 다음 주어진 조건을 읽고 각 문제가 항상 참이면 ①, 거짓이면 ②, 알 수 없으면 ③을 고르시오. [37~38]

- A ~ E 다섯 명이 지역축제 대기표를 받았다.
- A는 B보다 앞선 번호이다.
- B는 E보다 앞선 번호이다.
- C와 D는 이웃한 번호이고, C가 D보다 앞선 번호이다.

37 A가 세 번째 순서일 때, D가 첫 번째 순서이다.

① 참 ② 거짓 ③ 알 수 없음

38 E가 세 번째 순서일 때, D는 마지막 순서이다.

① 참 ② 거짓 ③ 알 수 없음

PART 3

※ 다음 주어진 조건을 읽고 각 문제가 항상 참이면 ①, 거짓이면 ②, 알 수 없으면 ③을 고르시오. [39~40]

- 갑은 달리기 경주에서 가장 먼저 들어왔다.
- 을은 달리기 경주에서 2등을 했다고 말했다.
- 병은 정보다 빠르게 들어왔다.
- 무는 병보다 늦게 들어왔지만 제일 늦게 들어오지 않았다.
- 을은 거짓말을 했다.

39 을은 병보다 늦게 들어왔다.

① 참 ② 거짓 ③ 알 수 없음

Easy

40 정은 가장 마지막으로 들어왔다.

① 참 ② 거짓 ③ 알 수 없음

02 수리비평

Easy

01 어느 도서관에서 일정 기간의 도서 대여 횟수를 작성한 자료이다. 이에 대한 설명으로 옳지 않은 것은?

〈도서 대여 횟수〉

(단위 : 회)

구분	비소설		소설	
	남자	여자	남자	여자
40세 미만	20	10	40	50
40세 이상	30	20	20	30

① 40세 미만보다 40세 이상의 전체 대여 횟수가 더 적다.

② 소설을 대여한 전체 횟수가 비소설을 대여한 전체 횟수보다 많다.

③ 남자가 소설을 대여한 횟수는 여자가 소설을 대여한 횟수의 70% 이하이다.

④ 40세 이상의 전체 대여 횟수에서 소설 대여 횟수가 차지하는 비율은 40% 이상이다.

⑤ 40세 미만의 전체 대여 횟수에서 비소설 대여 횟수가 차지하는 비율은 20%를 넘는다.

Hard

02 다음은 A ~ E과제에 대해 전문가 5명이 평가한 점수이다. 최종점수와 평균점수가 같은 과제로만 짝지어진 것은?

〈과제별 점수 현황〉

(단위 : 점)

구분	A과제	B과제	C과제	D과제	E과제
전문가 1	100	80	60	80	100
전문가 2	70	60	50	100	40
전문가 3	60	40	100	90	( )
전문가 4	50	60	90	70	70
전문가 5	80	60	60	40	80
평균점수	( )	( )	( )	( )	70

※ 최종점수는 가장 낮은 점수와 가장 높은 점수를 제외한 평균점수임

① A, B

② B, C

③ B, D

④ B, E

⑤ D, E

Hard

03 다음은 A시즌 K리그 주요 구단의 공격력을 분석한 자료이다. 이에 대한 설명으로 옳은 것은?

〈A시즌 K리그 주요 구단 공격력 통계〉

(단위 : 개)

구단	경기	슈팅	유효슈팅	골	경기당 평균 슈팅	경기당 평균 유효슈팅
울산	6	90	60	18	15	10
전북	6	108	72	27	18	12
상주	6	78	30	12	13	5
포항	6	72	48	9	12	8
대구	6	84	42	12	14	7
서울	6	42	18	10	7	3
성남	6	60	36	12	10	6

① 경기당 평균 슈팅 개수가 가장 많은 구단과 가장 적은 구단의 차이는 경기당 평균 유효슈팅 개수가 가장 많은 구단과 가장 적은 구단의 차이보다 작다.

② 골의 개수가 적은 하위 두 팀의 골 개수의 합은 전체 골 개수의 15% 이하이다.

③ 전북과 성남의 슈팅 대비 골의 비율의 차이는 10%p 이상이다.

④ 유효슈팅 대비 골의 비율은 상주가 울산보다 높다.

⑤ 슈팅과 유효슈팅 개수의 상위 3개 구단은 같다.

04 다음은 G사 서비스 센터에서 A지점의 만족도를 조사한 자료이다. 이에 대한 설명으로 옳지 않은 것은?

〈서비스 만족도 조사 결과〉

만족도	응답자 수(명)	비율(%)
매우 만족	(A)	20%
만족	33	22%
보통	(B)	(C)
불만족	24	16%
매우 불만족	15	(D)
합계	150	100%

① 응답한 고객 중 30명이 본 지점의 서비스를 '매우 만족'한다고 평가하였다.

② 내방 고객의 약 $\frac{1}{3}$이 본 지점의 서비스 만족도를 '보통'으로 평가하였다.

③ 방문 고객 150명을 대상으로 은행서비스 만족도를 조사하였다.

④ '불만족' 이하 구간이 26%의 비중을 차지하고 있다.

⑤ 고객 중 $\frac{1}{5}$이 '매우 불만족'으로 평가하였다.

Easy

05 다음은 연도별 뺑소니 교통사고 통계현황을 나타낸 자료이다. 이에 대한 〈보기〉의 설명 중 옳은 것을 모두 고르면?

〈연도별 뺑소니 교통사고 통계현황〉

(단위 : 건, 명)

구분	2019년	2020년	2021년	2022년	2023년
사고 건수	15,500	15,280	14,800	15,800	16,400
검거 수	12,493	12,606	12,728	13,667	14,350
사망자 수	1,240	1,528	1,850	1,817	1,558
부상자 수	9,920	9,932	11,840	12,956	13,940

※ $[\text{검거율}(\%)]=\frac{(\text{검거 수})}{(\text{사고건수})}\times 100$

※ $[\text{사망률}(\%)]=\frac{(\text{사망자 수})}{(\text{사고건수})}\times 100$

※ $[\text{부상률}(\%)]=\frac{(\text{부상자 수})}{(\text{사고건수})}\times 100$

보기

ㄱ. 사고 건수는 매년 감소하지만 검거 수는 매년 증가한다.
ㄴ. 2021년의 사망률과 부상률이 2022년의 사망률과 부상률보다 모두 높다.
ㄷ. 2021 ~ 2023년의 사망자 수와 부상자 수의 증감추이는 반대이다.
ㄹ. 2020 ~ 2023년 검거율은 매년 높아지고 있다.

① ㄱ, ㄴ
② ㄱ, ㄹ
③ ㄴ, ㄹ
④ ㄷ, ㄹ
⑤ ㄱ, ㄷ, ㄹ

Easy

06

다음은 A ~ C 세 사람의 신장과 체중을 비교한 자료이다. 이에 대한 설명으로 옳은 것은?

〈A, B, C 세 사람의 신장 · 체중 비교표〉

(단위 : cm, kg)

구분	2015년		2020년		2023년	
	신장	체중	신장	체중	신장	체중
A	136	41	152	47	158	52
B	142	45	155	51	163	49
C	138	42	153	48	166	55

① 세 사람 모두 신장과 체중은 계속 증가하였다.

② 세 사람의 연도별 신장 순위와 체중 순위는 동일하다.

③ 2023년에 세 사람 중 가장 키가 큰 사람은 B이다.

④ 2015년 대비 2023년 신장이 가장 많이 증가한 사람은 C이다.

⑤ 2015년 대비 2020년 체중이 가장 많이 증가한 사람은 B이다.

07

다음은 2016 ~ 2023년 G사의 콘텐츠 유형별 매출액에 대한 자료이다. 이에 대한 설명으로 옳은 것은?

〈G사의 콘텐츠 유형별 매출액〉

(단위 : 억 원)

구분	SNS	영화	음원	게임	전체
2016년	30	371	108	235	744
2017년	45	355	175	144	719
2018년	42	391	186	178	797
2019년	59	508	184	269	1,020
2020년	58	758	199	485	1,500
2021년	308	1,031	302	470	2,111
2022년	104	1,148	411	603	2,266
2023년	341	1,510	419	689	2,959
합계	987	6,072	1,984	3,073	12,116

① 영화 매출액은 매년 전체 매출액의 30% 이상이다.

② 게임과 음원의 전년 대비 2017 ~ 2018년 매출액 증감추이는 동일하다.

③ 2016 ~ 2023년 동안 매년 음원 매출액은 SNS 매출액의 2배 이상이다.

④ 2018년에는 모든 콘텐츠 유형의 매출액이 전년에 비해 증가하였다.

⑤ 2021년에 전년 대비 매출액 증가율이 가장 큰 콘텐츠 유형은 영화이다.

Easy

08 다음은 가족원수별 평균 실내 온도에 따른 일평균 에어컨 가동 시간을 나타낸 자료이다. 이에 대한 설명으로 옳은 것은?

〈가족원수별 평균 실내 온도에 따른 일평균 에어컨 가동 시간〉

(단위 : 시간/일)

가족원수 \ 평균 실내온도		26℃ 미만	26℃ 이상 28℃ 미만	28℃ 이상 30℃ 미만	30℃ 이상
1인 가구		1.4	3.5	4.4	6.3
2인 가구	자녀 있음	3.5	8.4	16.5	20.8
	자녀 없음	1.2	3.1	10.2	15.2
3인 가구		4.2	10.4	17.6	16
4인 가구		4.4	10.8	18.8	20
5인 가구		4	11.4	20.2	22.8
6인 가구 이상		5.1	11.2	20.8	22

① 1인 가구의 경우 평균 실내온도가 30℃ 이상일 때 일평균 에어컨가동시간은 26℃ 미만일 때보다 5배 이상 많다.

② 2인 가구는 자녀의 유무에 따라 평균 실내온도에 따른 일평균 에어컨가동시간이 2배 이상 차이 난다.

③ 3인 가구의 26℃ 이상 28℃ 미만일 때 에어컨가동시간은 30℃ 이상일 때의 65% 수준이다.

④ 가구원수가 4인 이상일 때, 평균 실내온도가 28℃ 이상이 될 경우 일평균 에어컨가동시간이 20시간을 초과한다.

⑤ 6인 가구 이상에서 평균 실내온도에 따른 일평균 에어컨가동시간은 5인 이상 가구보다 많다.

Easy

09 다음은 유아교육 규모에 대한 자료이다. 〈보기〉의 설명 중 옳지 않은 것을 모두 고르면?

〈유아교육 규모〉

구분	2017년	2018년	2019년	2020년	2021년	2022년	2023년
유치원 수(원)	8,494	8,275	8,290	8,294	8,344	8,373	8,388
학급 수(학급)	20,723	22,409	23,010	23,860	24,567	24,908	25,670
원아 수(명)	545,263	541,603	545,812	541,550	537,822	537,361	538,587
교원 수(명)	28,012	31,033	32,095	33,504	34,601	35,415	36,461
취원율(%)	26.2	31.4	35.3	36.0	38.4	39.7	39.9
교원 1인당 원아 수(명)	19.5	17.5	17.0	16.2	15.5	15.2	14.8

보기

ㄱ. 유치원 원아 수의 변동은 매년 일정한 흐름을 보이지는 않는다.
ㄴ. 교원 1인당 원아 수가 적어지는 것은 원아 수 대비 학급 수가 늘어나기 때문이다.
ㄷ. 취원율은 매년 증가하고 있는 추세이다.
ㄹ. 교원 수가 매년 증가하는 이유는 청년 취업과 관계가 있다.

① ㄱ, ㄴ
② ㄱ, ㄷ
③ ㄴ, ㄹ
④ ㄷ, ㄹ
⑤ ㄱ, ㄷ, ㄹ

PART 3

10 다음은 어느 해 개최된 올림픽에 참가한 6개국의 성적이다. 이에 대한 설명으로 옳지 않은 것은?

〈국가별 올림픽 성적〉

(단위 : 명, 개)

국가	참가선수	금메달	은메달	동메달	메달 합계
A	240	4	28	57	89
B	261	2	35	68	105
C	323	0	41	108	149
D	274	1	37	74	112
E	248	3	32	64	99
F	229	5	19	60	84

① 획득한 금메달 수가 많은 국가일수록 은메달 수는 적었다.
② 금메달을 획득하지 못한 국가가 가장 많은 메달을 획득했다.
③ 참가선수의 수가 많은 국가일수록 획득한 동메달 수도 많았다.
④ 획득한 메달의 합계가 큰 국가일수록 참가선수의 수도 많았다.
⑤ 참가선수가 가장 적은 국가의 메달 합계는 전체 6위이다.

Easy

11 다음은 연도별 출생과 사망 추이를 나타낸 자료이다. 이에 대한 설명으로 옳지 않은 것은?

〈출생 및 사망 추이〉

구분		2017년	2018년	2019년	2020년	2021년	2022년	2023년
출생아 수(명)		490,543	472,761	435,031	448,153	493,189	465,892	444,849
사망자 수(명)		244,506	244,217	243,883	242,266	244,874	246,113	246,942
기대수명(년)		77.44	78.04	78.63	79.18	79.56	80.08	80.55
수명(년)	남자	73.86	74.51	75.14	75.74	76.13	76.54	76.99
	여자	80.81	81.35	81.89	82.36	82.73	83.29	83.77

① 매년 기대수명은 증가하고 있다.
② 여자의 수명과 기대수명의 차이는 2021년이 가장 적다.
③ 남자와 여자의 수명은 매년 5년 이상의 차이를 보이고 있다.
④ 출생아 수는 2017년 이후 감소하다가 2020년, 2021년에 증가 이후 다시 감소하고 있다.
⑤ 매년 출생아 수는 사망자 수보다 20만 명 이상 더 많으므로 매년 총 인구는 20만 명 이상씩 증가한다고 볼 수 있다.

12 다음은 2023년 G사의 모집단위별 합격자 수 및 지원자 수를 나타낸 자료이다. 이에 대한 설명으로 옳지 않은 것은?

〈모집단위별 합격자 수 및 지원자 수〉

(단위 : 명)

모집단위	남성		여성		합계	
	합격자 수	지원자 수	합격자 수	지원자 수	모집정원	지원자 수
A	512	825	89	108	601	933
B	353	560	17	25	370	585
C	138	417	131	375	269	792
합계	1,003	1,802	237	508	1,240	2,310

※ $(\text{경쟁률}) = \dfrac{(\text{지원자 수})}{(\text{모집정원})}$

① 세 개의 모집단위 중, 총 지원자 수가 가장 많은 집단은 A이다.

② 세 개의 모집단위 중, 합격자 수가 가장 적은 집단은 C이다.

③ G사의 남자 합격자 수는 여자 합격자 수의 5배 이상이다.

④ B집단의 경쟁률은 $\dfrac{117}{74}$ 이다.

⑤ C집단에서는 남성의 경쟁률이 여성의 경쟁률보다 높다.

13 다음은 영농자재구매사업의 변화양상을 나타낸 자료이다. 이에 대한 설명으로 옳은 것은?

〈영농자재구매사업의 변화양상〉

(단위 : %)

연도	비료	농약	농기계	면세유류	종자 / 종묘	배합사료	일반자재	자동차	합계
1970년	74.1	12.6	5.4	0.0	3.7	2.5	1.7	0.0	100
1980년	59.7	10.8	8.6	0.0	0.5	12.3	8.1	0.0	100
1990년	48.5	12.7	19.6	0.3	0.2	7.1	11.6	0.0	100
2000년	30.6	9.4	7.3	7.8	0.7	31.6	12.6	0.0	100
2010년	31.1	12.2	8.5	13.0	0.0	19.2	16.9	0.0	100
2020년	23.6	11.0	4.3	29.7	0.0	20.5	10.9	0.1	100

① 일반자재는 10년 단위로 비율이 증가하였다.

② 면세유류의 비율은 1970년부터 감소한 적이 없다.

③ 2020년 이후 자동차의 비율이 가장 크게 증가할 것이다.

④ 영농자재구매 중 비료는 항상 가장 높은 비율을 차지하였다.

⑤ 배합사료와 농기계는 조사연도마다 증가와 감소를 교대로 반복하였다.

14 다음은 지역별 국내 백미 생산량을 나타낸 자료이다. 이를 그래프로 나타낸 것으로 옳지 않은 것은?

〈지역별 국내 백미 생산량〉

(단위 : ha, 톤)

구분	논벼		밭벼	
	면적	생산량	면적	생산량
서울·인천·경기	91,557	468,506	2	4
강원	30,714	166,396	0	0
충북	37,111	201,670	3	5
세종·대전·충남	142,722	803,806	11	21
전북	121,016	687,367	10	31
광주·전남	170,930	871,005	705	1,662
대구·경북	105,894	591,981	3	7
부산·울산·경남	77,918	403,845	11	26
제주	10	41	117	317
합계	777,872	4,194,617	862	2,073

① 지역별 논벼 면적의 구성비

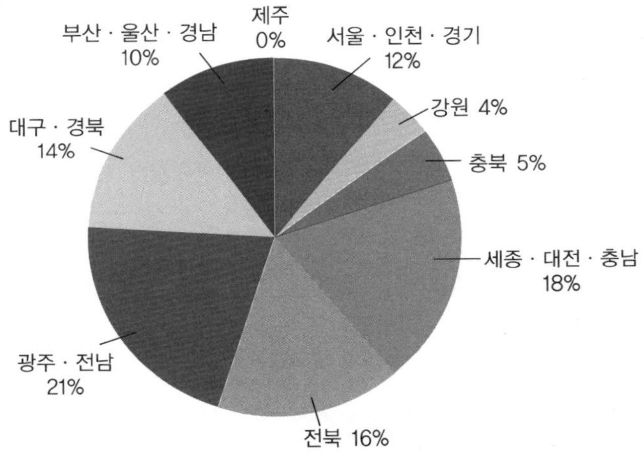

② 제주 지역 백미 생산면적 구성비

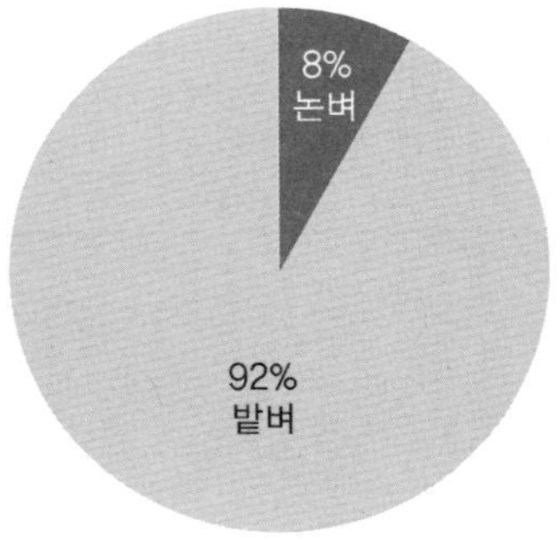

③ 제주를 제외한 지역별 1ha당 백미 생산량

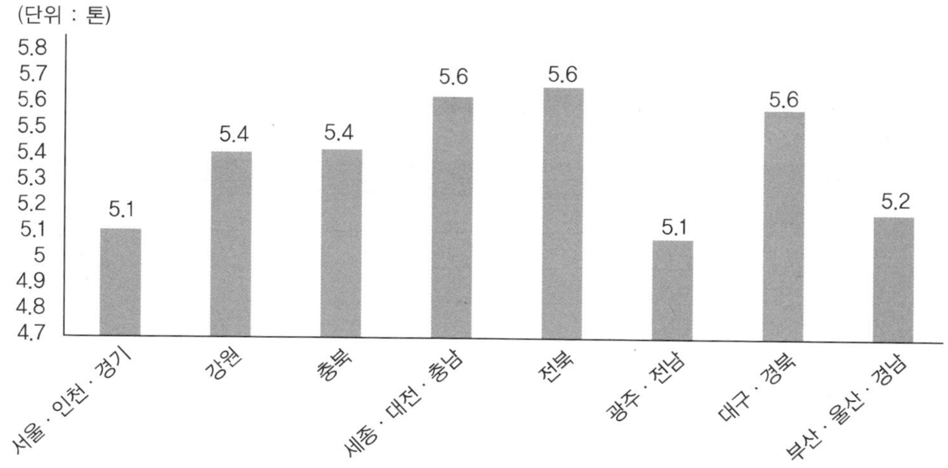

④ 논벼와 밭벼의 생산량 비교

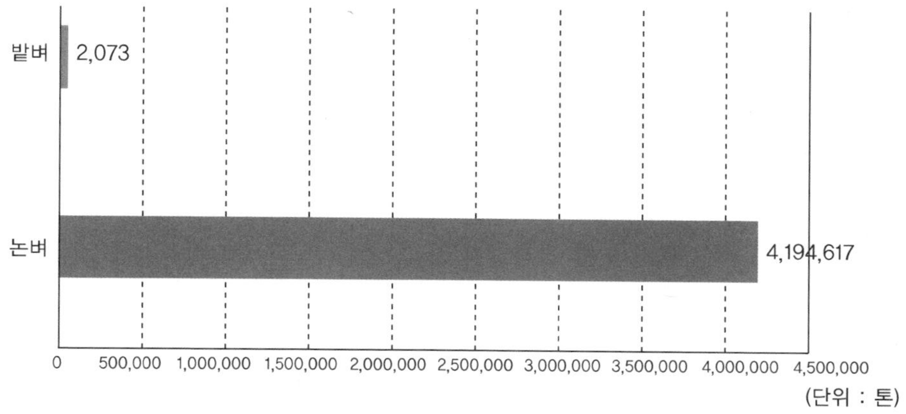

⑤ 지역별 밭벼의 생산비

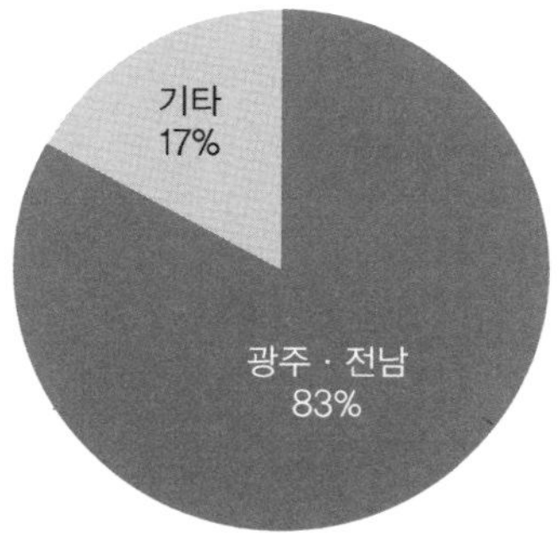

15 다음은 카페 판매음료에 대한 연령별 선호도를 나타낸 자료이다. 이에 대한 설명으로 옳은 것을 〈보기〉에서 모두 고르면?

〈연령별 카페 음료 선호도〉

(단위 : %)

구분	20대	30대	40대	50대
아메리카노	42	47	35	31
카페라테	8	18	28	42
카페모카	13	16	2	1
바닐라라테	9	8	11	3
핫초코	6	2	3	1
에이드	3	1	1	1
아이스티	2	3	4	7
허브티	17	5	16	14

보기

ㄱ. 연령대가 높아질수록 아메리카노에 대한 선호율은 낮아진다.
ㄴ. 아메리카노와 카페라테의 선호율 차이가 가장 적은 연령대는 40대이다.
ㄷ. 20대와 30대의 선호율 하위 3개 메뉴는 동일하다.
ㄹ. 40대와 50대의 선호율 상위 2개 메뉴가 전체 선호율의 70% 이상이다.

① ㄱ, ㄴ
② ㄱ, ㄹ
③ ㄴ, ㄷ
④ ㄴ, ㄹ
⑤ ㄷ, ㄹ

Hard

16 다음은 2023년 항목별 상위 7개 동의 자산규모를 나타낸 자료이다. 이에 대한 설명으로 옳은 것은?

〈항목별 상위 7개 동의 자산규모〉

순위 \ 구분	총자산(조 원)		부동산자산(조 원)		예금자산(조 원)		가구당 총자산(억 원)	
	동명	규모	동명	규모	동명	규모	동명	규모
1	여의도동	24.9	대치동	17.7	여의도동	9.6	을지로동	51.2
2	대치동	23.0	서초동	16.8	태평로동	7.0	여의도동	26.7
3	서초동	22.6	압구정동	14.3	을지로동	4.5	압구정동	12.8
4	반포동	15.6	목동	13.7	서초동	4.3	도곡동	9.2
5	목동	15.5	신정동	13.6	역삼동	3.9	잠원동	8.7
6	도곡동	15.0	반포동	12.5	대치동	3.1	이촌동	7.4
7	압구정동	14.4	도곡동	12.3	반포동	2.5	서초동	6.4

※ (총자산)=(부동산자산)+(예금자산)+(증권자산)

※ (가구 수)=$\frac{(\text{총자산})}{(\text{가구당 총자산})}$

① 이촌동의 가구 수는 2만 가구 이상이다.
② 여의도동의 증권자산은 최소 4조 원 이상이다.
③ 대치동의 증권자산은 서초동의 증권자산보다 많다.
④ 압구정동의 가구 수는 여의도동의 가구 수보다 적다.
⑤ 총자산 대비 부동산자산의 비율은 도곡동이 목동보다 높다.

17 다음은 A ~ E 5개국의 경제 및 사회지표에 대한 자료이다. 이에 대한 설명으로 옳지 않은 것은?

〈주요 5개국의 경제 및 사회지표〉

구분	1인당 GDP(달러)	경제성장률(%)	수출(백만 달러)	수입(백만 달러)	총인구(백만 명)
A	27,214	2.6	526,757	436,499	50.6
B	32,477	0.5	624,787	648,315	126.6
C	55,837	2.4	1,504,580	2,315,300	321.8
D	25,832	3.2	277,423	304,315	46.1
E	56,328	2.3	188,445	208,414	24.0

※ (총 GDP)=(1인당 GDP)×(총인구)

① A국이 E국보다 총 GDP가 더 크다.
② 경제성장률이 가장 큰 나라가 총 GDP는 가장 작다.
③ 1인당 GDP에 따른 순위와 총 GDP에 따른 순위는 서로 일치한다.
④ 5개국 중 수출과 수입에 있어서 규모에 따라 나열한 순위는 서로 일치한다.
⑤ 총 GDP가 가장 큰 나라의 GDP는 가장 작은 나라의 GDP보다 10배 이상 더 크다.

PART 3

18 다음 자료는 4대강 BOD 농도를 나타낸 자료이다. 이에 대한 설명으로 옳지 않은 것은?

〈4대강 BOD 농도〉

(단위 : mg/L)

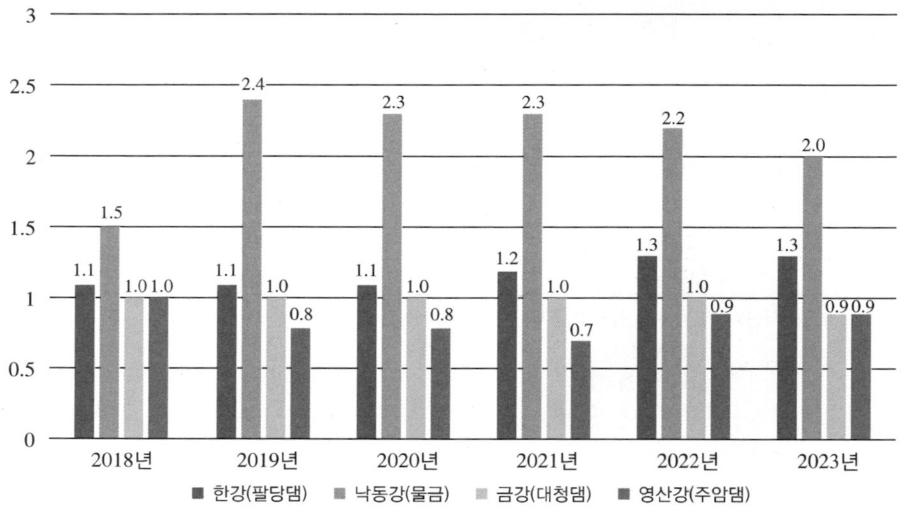

※ 생물학적 산소요구량(BOD)은 물속의 미생물이 유기물을 분해・안정화하는 데 필요한 산소의 양으로, 유기물질에 의한 오염 정도를 나타냄(수치가 클수록 오염이 심한 것임)

※ BOD 1mg/L 이하인 경우 수질등급 : '매우 좋음'으로 용존산소가 풍부하고, 오염물질이 없는 청정상태의 생태계로 간단한 정수처리 후 생활용수로 사용할 수 있음

※ BOD 2mg/L 이하인 경우 수질등급 : '좋음'으로 용존산소가 많은 편이며, 오염물질이 거의 없는 청정상태에 근접한 생태계로 볼 수 있음

※ BOD 3mg/L 이하인 경우 수질등급 : '약간 좋음'으로 약간의 오염물질은 있으나, 용존산소가 많은 상태의 다소 좋은 생태계로 일반적 정수처리 후 생활용수 또는 수영용수로 사용할 수 있는 경우를 말함

① 가장 적게 오염이 된 곳은 영산강이다.

② 매년 오염도의 변화가 가장 적은 강은 금강이다.

③ 대청댐은 '매우 좋음'의 수질등급을 유지하고 있다.

④ 2019년 이후 팔당댐을 제외한 3대강은 전년도에 비해 BOD가 줄거나 같았다.

⑤ 물속의 미생물이 유기물을 분해・안정화하는 데 필요한 산소의 양이 가장 많이 필요했던 곳은 2019년 낙동강이었다.

19 다음은 사교육의 과목별 동향을 나타낸 자료이다. 〈보기〉의 설명 중 옳은 것을 모두 고르면?

〈사교육 과목별 동향〉

(단위 : 명, 원)

구분		2018년	2019년	2020년	2021년	2022년	2023년
국·영·수	월 최대 수강자 수	368	388	379	366	359	381
	월 평균 수강자 수	312	369	371	343	341	366
	월 평균 수업료	550,000	650,000	700,000	700,000	700,000	750,000
탐구	월 최대 수강자 수	241	229	281	315	332	301
	월 평균 수강자 수	218	199	253	289	288	265
	월 평균 수업료	350,000	350,000	400,000	450,000	500,000	500,000

보기

ㄱ. 국·영·수의 월 최대 수강자 수와 평균 수강자 수는 같은 증감 추이를 보인다.
ㄴ. 국·영·수의 월 평균 수업료는 월 최대 수강자 수와 같은 증감 추이를 보인다.
ㄷ. 국·영·수의 월 최대 수강자 수의 전년 대비 증가율은 2023년이 가장 높다.
ㄹ. 2018 ~ 2023년까지 월 평균 수강자 수가 국·영·수 과목이 최대였을 때는 탐구 과목이 최소였고, 국·영·수 과목이 최소였을 때는 탐구 과목이 최대였다.

① ㄱ
② ㄷ
③ ㄱ, ㄷ
④ ㄱ, ㄹ
⑤ ㄴ, ㄹ

Easy

20 다음은 연령별 인구를 나타낸 자료이다. 이에 대한 설명으로 옳지 않은 것은?

〈연령별 인구〉

(단위 : 천 명, %)

구분		2000년	2010년	2020년	2030년	2040년	2050년	2060년
인구수	0 ~ 14세	9,911	7,907	7,643	6,118	5,525	4,777	3,763
	15 ~ 64세	33,705	35,611	35,808	35,506	31,299	26,525	22,424
	65세 이상	3,395	5,357	5,537	7,701	11,811	15,041	16,156
구성비	0 ~ 14세	21.1	16.2	15.6	12.4	11.4	10.3	839
	15 ~ 64세	71.7	72.8	73.1	72.0	64.3	57.2	53.0
	65세 이상	7.2	11.0	11.3	15.6	24.3	32.5	38.2
	합계	100.0	100.0	100.0	100.0	100.0	100.0	100.0

※ 2030년부터는 예상 수치임

① 14세 이하의 인구는 점점 감소하고 있다.
② 15 ~ 64세 인구는 2000년 이후 계속 감소하고 있다.
③ 15 ~ 64세 인구의 구성비가 가장 높은 해와 낮은 해의 차이는 20.1%p이다.
④ 65세 이상 인구의 구성비는 2000년과 비교했을 때, 2060년에는 5배 이상이 될 것이다.
⑤ 65세 이상 인구의 구성비가 14세 이하 인구의 구성비보다 높아지는 시기는 2030년이 될 것이다.

Easy

21 다음은 지역별 전력 최종에너지 소비량 변화를 나타낸 자료이다. 이에 대한 설명으로 옳지 않은 것을 〈보기〉에서 고르면?

〈지역별 전력 최종에너지 소비량 변화〉

구분	2013년		2023년		연평균 증가율(%)
	소비량(천 TOE)	비중(%)	소비량(천 TOE)	비중(%)	
전국	28,588	100.0	41,594	100.0	3.8
서울	3,485	12.2	3,903	9.4	1.1
부산	1,427	5.0	1,720	4.1	1.9
대구	1,063	3.7	1,286	3.1	1.9
인천	1,562	5.5	1,996	4.8	2.5
광주	534	1.9	717	1.7	3.0
대전	624	2.2	790	1.9	2.4
울산	1,793	6.3	2,605	6.3	3.8
세종	–	–	227	0.5	–
경기	5,913	20.7	9,034	21.7	4.3
강원	1,065	3.7	1,394	3.4	2.7
충북	1,244	4.4	1,974	4.7	4.7
충남	1,931	6.8	4,067	9.8	7.7
전북	1,169	4.1	1,899	4.6	5.0
전남	1,617	5.7	2,807	6.7	5.7
경북	2,852	10.0	3,866	9.3	3.1
경남	2,072	7.2	2,913	7.0	3.5
제주	238	0.8	381	0.9	4.8

보기

전력은 모든 지역에서 소비가 증가하였다. 특히 ㉠ 충청남도가 7.7%로 가장 높은 상승세를 나타냈으며, 이어서 ㉡ 전라도가 5%대의 연평균 증가율을 보이며, 뒤를 이었다. 반면에 ㉢ 서울을 제외한 부산 및 인천 지역은 그에 비해 증가율이 상대적으로 낮은 편인 것으로 나타났다.
인구가 가장 많은 경기도는 20%대의 비중을 유지하면서, 지속해서 가장 높은 수준의 전력을 소비하는 지역으로 나타났으며, ㉣ 2012년 두 번째로 많은 전력을 소비했던 서울은 충청남도에 밀려 2022년에는 세 번째가 되었다. 한편, ㉤ 전국 에너지 소비량은 10년 사이 13,000천 TOE 이상의 증가를 나타냈다.

① ㉠
② ㉡
③ ㉢
④ ㉣
⑤ ㉤

Hard

22 다음은 대형마트 이용자를 대상으로 조사한 소비자 만족도를 나타낸 자료이다. 이에 대한 설명으로 옳은 것은?

〈대형마트 업체별 소비자 만족도〉

(단위 : 점/5점 만점)

업체명	종합 만족도	서비스품질					서비스 쇼핑 체험
		쇼핑 체험 편리성	상품 경쟁력	매장환경 / 시설	고객접점 직원	고객관리	
A마트	3.72	3.97	3.83	3.94	3.70	3.64	3.48
B마트	3.53	3.84	3.54	3.72	3.57	3.58	3.37
C마트	3.64	3.96	3.73	3.87	3.63	3.66	3.45
D마트	3.56	3.77	3.75	3.44	3.61	3.42	3.33

〈대형마트 인터넷 / 모바일쇼핑 소비자 만족도〉

(단위 : 점/5점 만점)

분야별 이용 만족도	이용률	A마트	B마트	C마트	D마트
인터넷쇼핑	65.4%	3.88	3.80	3.88	3.64
모바일쇼핑	34.6%	3.95	3.83	3.91	3.69

① 인터넷쇼핑과 모바일쇼핑의 소비자 만족도가 가장 큰 차이를 보이는 곳은 D마트이다.

② 전체 종합만족도는 5점 만점에 평균 약 3.61점이며, 업체별로는 A마트가 가장 높고, C마트, B마트, D마트 순으로 나타났다.

③ 대형마트 인터넷쇼핑몰 이용률이 65.4%로 모바일쇼핑에 비해 높으나, 만족도에서는 모바일쇼핑이 평균 0.1점 정도 더 높게 평가되었다.

④ 대형마트를 이용하면서 느낀 감정이나 기분을 반영한 서비스쇼핑 체험 부문의 만족도는 평균 약 3.41점 정도로 서비스품질 부문들보다 낮았다.

⑤ 서비스품질 부문에 있어 대형마트는 평균적으로 쇼핑 체험 편리성에 대한 만족도가 상대적으로 가장 높게 평가되었으며, 반대로 고객 접점직원 서비스가 가장 낮게 평가되었다.

23 다음은 5월 22일 당일을 기준으로 하여 5월 15일부터의 수박 1개 판매가를 나타낸 자료이다. 이에 대한 설명으로 옳지 않은 것은?

〈5월 15일 ~ 5월 22일 수박 판매가〉

(단위 : 원/개)

구분		5/15	5/16	5/17	5/18	5/19	5/22(당일)
평균		18,200	17,400	16,800	17,000	17,200	17,400
최고값		20,000	20,000	20,000	20,000	20,000	18,000
최저값		16,000	15,000	15,000	15,000	16,000	16,000
등락률		−4.4%	0.0%	3.6%	2.4%	1.2%	−
지역별	서울	16,000	15,000	15,000	15,000	17,000	18,000
	부산	18,000	17,000	16,000	16,000	16,000	16,000
	대구	19,000	19,000	18,000	18,000	18,000	18,000
	광주	18,000	16,000	15,000	16,000	17,000	18,000

① 대구의 경우 5월 16일까지는 가격 변동이 없었지만, 5일 전인 5월 17일에 감소했다.
② 5월 16일부터 증가한 서울의 수박 가격은 최근 높아진 기온의 영향을 받은 것이다.
③ 5월 15 ~ 19일 서울의 수박 평균 가격은 동기간 부산의 수박 평균 가격보다 낮다.
④ 5월 17일부터 전체 수박의 평균 가격은 200원씩 일정하게 증가하고 있다.
⑤ 5월 16 ~ 19일 나흘간 광주의 수박 평균 가격은 16,000원이다.

Easy

24 다음은 청소년의 경제 의식에 대한 설문조사 결과를 정리한 자료이다. 이에 대한 설명으로 옳은 것은?

〈청소년의 경제 의식에 대한 설문조사 결과〉

(단위 : %)

설문 내용	구분	전체	성별		학교별	
			남	여	중학교	고등학교
용돈을 받는지 여부	예	84.2	82.9	85.4	87.6	80.8
	아니오	15.8	17.1	14.6	12.4	19.2
월간 용돈 금액	5만 원 미만	75.2	73.9	76.5	89.4	60
	5만 원 이상	24.8	26.1	23.5	10.6	40
금전출납부 기록 여부	기록한다.	30	22.8	35.8	31	27.5
	기록 안 한다.	70	77.2	64.2	69.0	72.5

① 금전출납부는 기록하는 비율이 기록 안 하는 비율보다 높다.
② 용돈을 받는 남학생의 비율이 용돈을 받는 여학생의 비율보다 높다.
③ 월간 용돈을 5만 원 미만으로 받는 비율은 중학생이 고등학생보다 높다.
④ 용돈을 받지 않는 중학생 비율이 용돈을 받지 않는 고등학생 비율보다 높다.
⑤ 고등학생 전체 인원을 100명이라 한다면, 월간 용돈을 5만 원 이상 받는 학생은 40명이다.

25 다음은 G공장에서 근무하는 근로자들의 임금수준 분포를 나타낸 자료이다. 근로자 전체에게 지급된 임금(월 급여)의 총액이 2억 원일 때, 〈보기〉의 설명 중 옳은 것을 모두 고르면?

〈공장 근로자의 임금수준 분포〉

임금수준(만 원)	근로자 수(명)
월 300 이상	4
월 270 이상 ~ 300 미만	8
월 240 이상 ~ 270 미만	12
월 210 이상 ~ 240 미만	26
월 180 이상 ~ 210 미만	30
월 150 이상 ~ 180 미만	6
월 150 미만	4
합계	90

보기

ㄱ. 근로자당 평균 월 급여액은 230만 원 이하이다.
ㄴ. 절반 이상의 근로자들이 월 210만 원 이상의 급여를 받고 있다.
ㄷ. 월 180만 원 미만의 급여를 받는 근로자의 비율은 약 14%이다.
ㄹ. 적어도 15명 이상의 근로자가 월 250만 원 이상의 급여를 받고 있다.

① ㄱ
② ㄱ, ㄴ
③ ㄱ, ㄴ, ㄹ
④ ㄴ, ㄷ, ㄹ
⑤ ㄱ, ㄴ, ㄷ, ㄹ

PART 3

Hard

26 **다음은 자동차 변속기의 부문별 경쟁력 점수의 국가별 비교를 나타낸 자료이다. 이에 대해 옳지 않은 설명을 한 사원을 모두 고르면?**

〈자동차 변속기 경쟁력 점수의 국가별 비교〉

(단위 : 점)

부문＼국가	A	B	C	D	E
변속감	98	93	102	80	79
내구성	103	109	98	95	93
소음	107	96	106	97	93
경량화	106	94	105	85	95
연비	105	96	103	102	100

※ 각국의 전체 경쟁력 점수는 각 부문 경쟁력 점수의 총합으로 구함

- 김사원 : 전체 경쟁력 점수는 E국보다 D국이 더 높습니다.
- 박과장 : 경쟁력 점수가 가장 높은 부문과 가장 낮은 부문의 차이가 가장 큰 국가는 D이고, 가장 작은 국가는 C입니다.
- 최대리 : C국을 제외한다면 각 부문에서 경쟁력 점수가 가장 높은 국가와 가장 낮은 국가의 차이가 가장 큰 부문은 내구성이고, 가장 작은 부문은 변속감입니다.
- 오사원 : 내구성 부문에서 경쟁력 점수가 가장 높은 국가와 경량화 부문에서 경쟁력 점수가 가장 낮은 국가는 동일합니다.
- 정과장 : 전체 경쟁력 점수는 A국이 가장 높습니다.

① 김사원, 박과장, 최대리
② 김사원, 최대리, 오사원
③ 김사원, 최대리, 정과장
④ 박과장, 오사원, 정과장
⑤ 박과장, 최대리, 오사원

27 **다음은 G사의 총예산 및 인건비를 정리한 자료이다. 이에 따라 하루 동안 고용할 수 있는 최대 인원은?**

〈총예산 및 인건비〉

총예산	본예산	500,000원
	예비비	100,000원
인건비	1인당 수당	50,000원
	산재보험료	(수당)×0.504%
	고용보험료	(수당)×1.3%

① 10명
② 11명
③ 12명
④ 13명
⑤ 15명

28 다음은 지역별 교통위반 단속 건수를 나타낸 자료이다. 이에 대한 설명으로 옳은 것은?

〈지역별 교통위반 단속 건수〉

(단위 : 건)

구분	무단횡단	신호위반	과속	불법주정차	음주운전	합계
서울	80	960	1,320	240	410	3,010
경기	70	820	1,020	210	530	2,650
대구	5	880	1,210	45	30	2,170
인천	50	870	1,380	240	280	2,820
부산	20	950	1,350	550	210	3,080
강원	5	180	550	15	70	820
대전	5	220	470	80	55	830
광주	15	310	550	180	35	1,090
울산	10	280	880	55	25	1,250
제주	10	980	550	140	120	1,800
세종	20	100	240	90	30	480
합계	290	6,550	9,520	1,845	1,795	20,000

※ 수도권 : 서울, 경기, 인천

① 경기의 모든 항목에서 교통위반 단속 건수는 서울보다 적다.
② 수도권 지역의 단속 건수는 전체 단속 건수의 절반 이상이다.
③ 신호위반이 가장 많이 단속된 지역이 과속도 가장 많이 단속되었다.
④ 울산 지역의 단속 건수가 전체 단속 건수에서 차지하는 비중은 6.4%이다.
⑤ 광주 지역의 단속 건수가 전체 단속 건수에서 차지하는 비중은 대전 지역보다 1.3%p 더 높다.

Easy

29 금연 프로그램을 신청한 흡연자 G씨는 국민건강보험공단에서 진료 및 상담비용과 금연보조제 비용의 일정 부분을 지원받고 있다. G씨는 의사와 상담을 6회 받았고, 금연보조제로 니코틴패치 3묶음을 구입했다고 할 때, 다음 지원 현황에 따라 흡연자 G씨가 지불하는 부담금은?

〈금연 프로그램 지원 현황〉

구분	진료 및 상담	금연보조제(니코틴패치)
가격	30,000원/회	12,000원/묶음
지원금 비율	90%	75%

※ 진료 및 상담료 지원금은 6회까지 지원함

① 21,000원
② 23,000원
③ 25,000원
④ 27,000원
⑤ 30,000원

Easy

30 다음은 우리나라 연도별 적설량에 대한 자료이다. 이를 그래프로 나타냈을 때 가장 적절한 것은?

〈우리나라 연도별 적설량〉

(단위 : cm)

구분	2020년	2021년	2022년	2023년
서울	25.3	12.9	10.3	28.6
수원	12.2	21.4	12.5	26.8
강릉	280.2	25.9	94.7	55.3

①

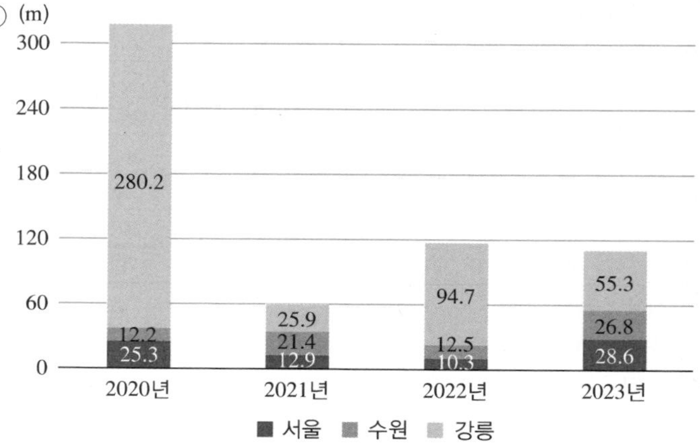

②

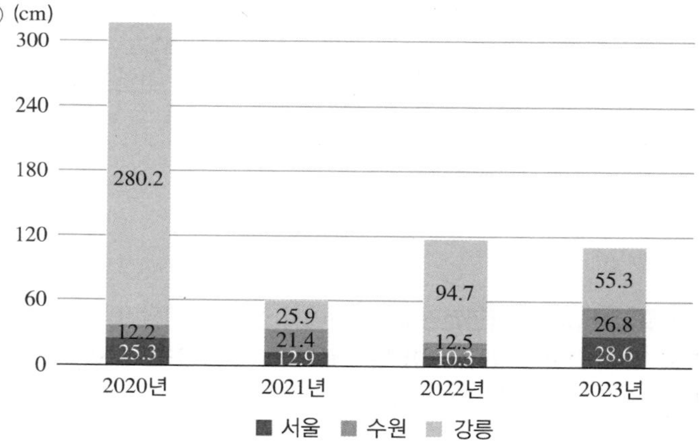

③

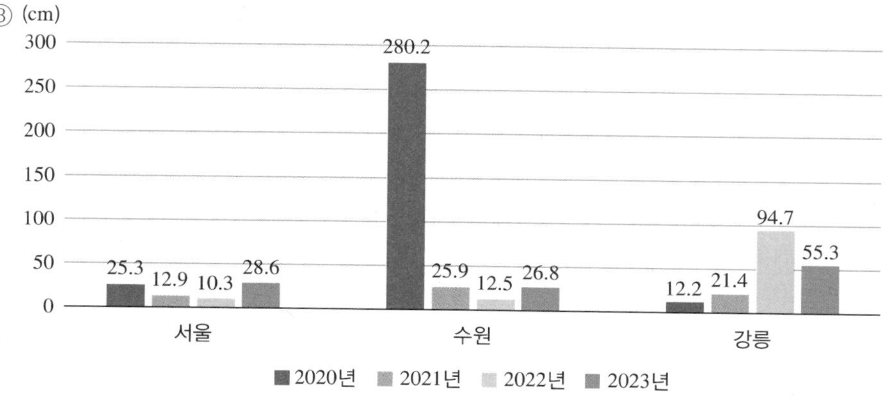
(cm)
300
250
200
150
100
50
0
280.2
94.7
55.3
25.3
12.9
10.3
28.6
25.9
12.5
26.8
12.2
21.4
서울
수원
강릉
2020년
2021년
2022년
2023년

④

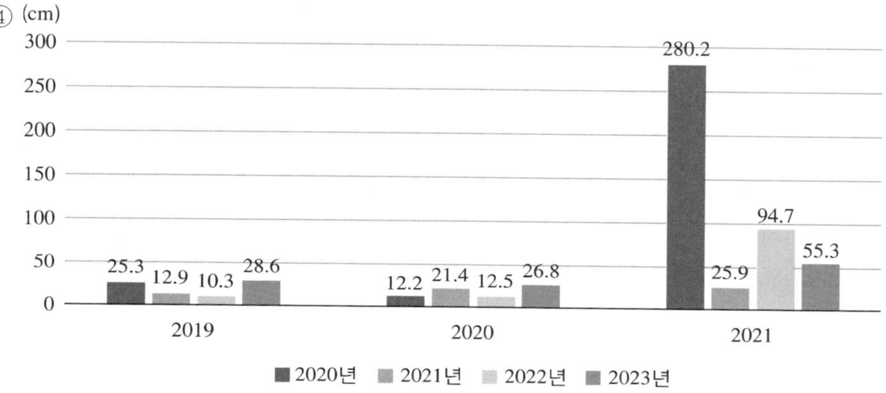
(cm)
300
250
200
150
100
50
0
280.2
94.7
55.3
25.3
12.9
10.3
28.6
12.2
21.4
12.5
26.8
25.9
2019
2020
2021
2020년
2021년
2022년
2023년

⑤

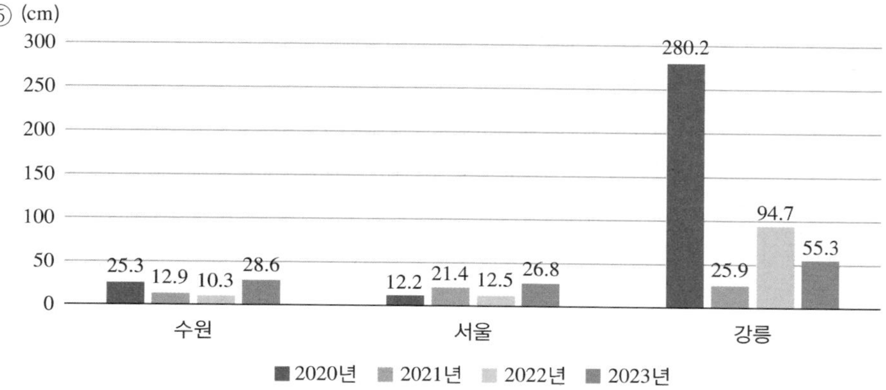
(cm)
300
250
200
150
100
50
0
280.2
94.7
55.3
25.3
12.9
10.3
28.6
12.2
21.4
12.5
26.8
25.9
수원
서울
강릉
2020년
2021년
2022년
2023년

03 한국사

Easy

01 **다음 중 청동기시대에 대한 설명으로 옳지 않은 것은?**

① 조, 피, 수수 등의 재배와 베짜기가 처음으로 시작되었다.
② 족장의 무덤은 거대한 고인돌과 돌무지무덤으로 만들었다.
③ 농경 기구는 신석기시대의 것을 대부분 그대로 사용하였다.
④ 민무늬토기 제작인들이 홍도와 흑도 계통의 문화를 흡수하였다.

02 **다음 중 발해에 대한 설명으로 옳지 않은 것은?**

① 통일신라와 적대하여 교류하지 않았다.
② 중앙교육기관으로 주자감이 있었다.
③ 중앙관제는 3성 6부제였다.
④ 독자적인 연호를 사용하였다.

Hard

03 **다음 중 고려의 대외문물교류에 대한 설명으로 적절한 것은?**

① 일본과는 정식 국교를 맺지 않아 무역 활동이 일절 중단되었다.
② 대동강 하류의 벽란도는 고려시대 대표적인 국제무역항이었다.
③ 고려는 송이 남천(南遷)함에 따라 항로를 바꾸어 무역을 계속하였다.
④ 대식국인으로 불린 아라비아 상인들은 주로 요를 거쳐 고려와 교역하였다.

04 **조선 정조의 정책으로 옳은 것을 〈보기〉에서 모두 고르면?**

보기	
ㄱ. 장용영 설치	ㄴ. 균역법 시행
ㄷ. 초계문신 제도 실시	ㄹ. 속대전 편찬

① ㄱ, ㄴ
② ㄱ, ㄷ
③ ㄴ, ㄹ
④ ㄷ, ㄹ

05 조선시대 향촌 사회의 모습으로 옳지 않은 것은?

① 세도정치기에 향회는 수령과 향리들을 견제하고 지방통치를 대리하는 기구로 성장하였다.
② 경제적으로 성장한 일부 부농층은 향회를 장악하며 상당한 지위를 확보하기도 하였다.
③ 향안은 임진왜란 전후시기에 군현마다 보편적으로 작성되었다.
④ 유향소는 수령을 보좌하고 향리를 감찰하기 위한 기구였다.

06 다음 글을 남긴 국왕의 재위 기간에 일어난 사실로 옳은 것은?

> 보잘 것 없는 나, 소자가 어린 나이로 어렵고 큰 유업을 계승하여 지금 12년이나 되었다. 그러나 나는 덕이 부족하여 위로는 천명(天命)을 두려워하지 못하고 아래로는 민심에 답하지 못하였으므로, 밤낮으로 잊지 못하고 근심하며 두렵게 여기면서 혹시라도 선대왕께서 물려주신 소중한 유업이 잘못되지 않을까 걱정하였다. 그런데 지난번 가산(嘉山)의 토적(土賊)이 변란을 일으켜 청천강 이북의 수많은 생령이 도탄에 빠지고 어육(魚肉)이 되었으니 나의 죄이다.
>
> – 『비변사등록』

① 최제우가 동학을 창도하였다.
② 미국 상선 제너럴셔먼호가 격침되었다.
③ 공노비 6만 6천여 명을 양인으로 해방시켰다.
④ 삼정 문제를 해결하기 위해 삼정이정청을 설치하였다.

07 다음 중 개항기에 대한 설명으로 옳지 않은 것은?

① 청의 알선으로 미국과 조약을 체결하였다.
② 개항 초기의 시장은 청나라 상인이 독점하였다.
③ 흥선대원군 집권기에도 개항의 필요성을 내세우는 주장이 있었다.
④ 강화도조약에서 일본은 청의 종주권 배제를 위해 조선을 자주국으로 인정하였다.

08 **다음에서 설명하는 단체는?**

> • 105인 사건으로 해체
> • 국외 독립운동 기지 건설
> • 문화적 · 경제적 실력양성운동 전개

① 보안회 ② 대만자강회
③ 신민회 ④ 헌정연구회

09 **다음 중 1920년대 문화정책에 대한 내용으로 적절하지 않은 것은?**

① 교육의 기회가 증가했지만, 일본 식민 지배에 순응하는 우민화 교육을 실시했다.
② 언론 검열제도를 제정하고 집회의 성격을 제한했다.
③ 참정권과 자치권을 부여하고 지방자치를 실시했다.
④ 신문지법이 제정되었다.

Easy

10 **다음 중 5 · 10 총선거에 의해 구성된 제헌국회에 대한 설명으로 옳지 않은 것은?**

① 대통령 이승만, 부통령 이시영을 선출했다.
② 반민족 행위 처벌법을 제정하였다.
③ 국회의원의 임기는 3년이었다.
④ 민주공화제를 채택하였다.

제2회

최종점검 모의고사

응시시간 : 55분　　문항 수 : 80문항

정답 및 해설 p.027

01 언어비평

PART 3

※ 다음 주어진 조건을 읽고 각 문제가 항상 참이면 ①, 거짓이면 ②, 알 수 없으면 ③을 고르시오. [1~3]

- 성찬, 수호, 정환, 재하는 ‘데이터 선택 65.8’, ‘데이터 선택 54.8’, ‘데이터 선택 49.3’, ‘데이터 선택 43.8’ 중 하나의 요금제를 사용한다.
- 4명 중 같은 요금제를 사용하는 사람은 아무도 없다.
- 성찬이는 ‘데이터 선택 54.8’과 ‘데이터 선택 43.8’을 사용하지 않는다.
- 수호는 ‘데이터 선택 49.3’을 사용하지 않는다.
- 정환이는 ‘데이터 선택 65.8’을 사용한다.

01 성찬이는 ‘데이터 선택 49.3’을 사용한다.

① 참　　② 거짓　　③ 알 수 없음

02 수호는 ‘데이터 선택 54.8’을 사용한다.

① 참　　② 거짓　　③ 알 수 없음

Easy

03 재하는 ‘데이터 선택 43.8’을 사용한다.

① 참　　② 거짓　　③ 알 수 없음

※ 다음 주어진 조건을 읽고 각 문제가 항상 참이면 ①, 거짓이면 ②, 알 수 없으면 ③을 고르시오. [4~6]

- A, B, C, D 네 사람은 검은색, 빨간색, 파란색 볼펜 중 한 가지 색의 볼펜을 가졌다.
- 세 가지 색의 볼펜 중 아무도 가지지 않은 색의 볼펜은 없다.
- C와 D가 가진 볼펜의 색은 서로 다르다.
- C는 빨간색 볼펜을 가지지 않았다.
- A는 검은색 볼펜을 가졌다.

Hard

04 B가 검은색 볼펜을 가졌다면, D는 빨간색 볼펜을 가졌다.

① 참 ② 거짓 ③ 알 수 없음

05 검은색 볼펜을 가진 사람은 두 명이다.

① 참 ② 거짓 ③ 알 수 없음

06 D가 빨간색 볼펜을 가졌다면, C는 파란색 볼펜을 가졌다.

① 참 ② 거짓 ③ 알 수 없음

※ 다음 주어진 조건을 읽고 각 문제가 항상 참이면 ①, 거짓이면 ②, 알 수 없으면 ③을 고르시오. [7~9]

- 게으른 사람은 일을 제때 마치지 못한다.
- 계획적인 사람은 일을 제때 마친다.
- 일을 제때 마치는 사람은 자신의 목표를 이룰 수 있다.
- 일찍 일어나는 사람은 일을 제때 마친다.

Hard

07 일찍 일어나는 사람은 게으른 사람이 아니다.

① 참 ② 거짓 ③ 알 수 없음

08 게으른 사람이 아니라면 자신의 목표를 이룰 수 있다.

① 참 ② 거짓 ③ 알 수 없음

09 계획적이지 않은 사람은 자신의 목표를 이룰 수 없다.

① 참 ② 거짓 ③ 알 수 없음

※ 다음 주어진 조건을 읽고 각 문제가 항상 참이면 ①, 거짓이면 ②, 알 수 없으면 ③을 고르시오. [10~12]

- 만약 B병원이 진료를 하지 않으면, A병원은 진료를 한다.
- 만약 B병원이 진료를 하면, D병원은 진료를 하지 않는다.
- 만약 A병원이 진료를 하면, C병원은 진료를 하지 않는다.
- 만약 C병원이 진료를 하지 않으면, E병원이 진료를 한다.

Easy

10 **C병원이 진료를 하지 않으면 A병원이 진료를 한다.**

① 참　② 거짓　③ 알 수 없음

11 **D병원이 진료를 하면 A병원이 진료를 한다.**

① 참　② 거짓　③ 알 수 없음

12 **E병원이 진료를 하지 않는다면, 진료를 하는 병원은 3곳이다.**

① 참　② 거짓　③ 알 수 없음

※ 다음 주어진 조건을 읽고 각 문제가 항상 참이면 ①, 거짓이면 ②, 알 수 없으면 ③을 고르시오. [13~15]

- A지역의 풍속은 4m/s이다.
- B지역의 풍속은 A지역의 풍속보다 1m/s 이상 빠르다.
- C지역의 풍속은 A지역보다 빠르고 B지역보다 느리다.
- D지역의 풍속은 2m/s이다.

13 가장 빠른 지역의 풍속은 5m/s 이상이다.

① 참 ② 거짓 ③ 알 수 없음

14 D지역의 풍속이 네 지역 중 가장 느리다.

① 참 ② 거짓 ③ 알 수 없음

15 C지역의 풍속은 5m/s를 넘지 않는다.

① 참 ② 거짓 ③ 알 수 없음

※ 다음 주어진 조건을 읽고 각 문제가 항상 참이면 ①, 거짓이면 ②, 알 수 없으면 ③을 고르시오. [16~18]

- 검은색 운동화, 흰색 운동화, 파란색 운동화가 2켤레씩 있고, 사람은 4명이 있다.
- 4명이 6켤레의 운동화를 모두 받고, 한 사람당 최대 두 켤레의 운동화를 받을 수 있다.
- 한 사람이 같은 색의 운동화 두 켤레를 받을 수는 없다.
- 갑은 검은색 운동화를 받았다.
- 병은 흰색 운동화를 받지 않았다.
- 을은 파란색 운동화를 받았다.
- 을과 정 중 한 명만 검은색 운동화를 받았다.
- 아무것도 받지 못한 사람은 없다.

16 을이 검은색 운동화를 받았다면 정은 흰색 운동화를 받았을 것이다.

① 참 ② 거짓 ③ 알 수 없음

Hard

17 병은 파란색 운동화를 받는다.

① 참 ② 거짓 ③ 알 수 없음

18 을이 검은색 운동화를 받았다면 갑은 흰색 운동화를 받을 수 없다.

① 참 ② 거짓 ③ 알 수 없음

※ 다음 주어진 조건을 읽고 각 문제가 항상 참이면 ①, 거짓이면 ②, 알 수 없으면 ③을 고르시오. [19~21]

- 가야금을 연주할 수 있는 사람은 거문고를 연주할 수 있다.
- 해금을 연주할 수 있는 사람은 아쟁을 연주할 수 있다.
- 거문고를 연주할 수 없는 사람은 아쟁을 연주할 수 없다.
- 가야금을 연주할 수 없는 사람은 장구를 연주할 수 없다.

19 아쟁을 연주할 수 있는 사람은 거문고를 연주할 수 있다.

① 참 ② 거짓 ③ 알 수 없음

Easy

20 가야금이나 해금을 연주할 수 있는 사람은 거문고를 연주할 수 있다.

① 참 ② 거짓 ③ 알 수 없음

21 가야금과 거문고를 연주할 수 있는 사람은 장구를 연주할 수 있다.

① 참 ② 거짓 ③ 알 수 없음

※ 다음 글을 읽고 각 문제가 항상 참이면 ①, 거짓이면 ②, 알 수 없으면 ③을 고르시오. [22~24]

위대한 예술 작품을 감상하는 데 있어서 제일 큰 장애물은 개인적인 습관과 편견을 버리려고 하지 않는 태도이다. 친숙하게 알고 있는 주제를 생소한 방법으로 표현한 그림을 접했을 때 그것에 대해 정확히 해석할 수 없다는 이유로 매도하는 것은 상당히 흔한 태도이다. 작품에 표현된 이야기를 많이 알면 알수록 그 이야기는 언제나 그랬듯이 예전과 비슷하게 표현되어야 한다는 확신에 집착하게 되는 것도 일반적인 반응이다. 특히 성경에서는 이러한 경향이 두드러진다. 성경의 어느 부분에서도 하느님을 인간의 형상으로 가시화하지 않았고 예수의 얼굴이나 모양새 등을 최초로 그려낸 사람들이 바로 과거의 화가라는 사실들을 알고 있으면서도 많은 사람들이 신에 관해서는 전통적인 형태를 벗어나면 신성모독이라고 하며 발끈한다. 이는 지양해야 할 태도이다.

22 예술은 자신이 기존에 가지고 있던 편견을 배제하고 열린 마음으로 감상해야 한다.

① 참　　② 거짓　　③ 알 수 없음

23 신에 대한 전통적인 형상이 아닌 다른 형상을 그려내는 화가들은 이단이다.

① 참　　② 거짓　　③ 알 수 없음

24 작품과 관련된 이야기나 배경 사상을 아는 것보다는 작품을 그 자체로서 즐기려고 노력하는 태도가 중요하다.

① 참　　② 거짓　　③ 알 수 없음

※ 다음 주어진 조건을 읽고 각 문제가 항상 참이면 ①, 거짓이면 ②, 알 수 없으면 ③을 고르시오. [25~27]

- 5명의 사람과 XS, S, M, L, XL, XXL 사이즈의 옷이 있다.
- 옷 사이즈가 겹치는 사람은 없다.
- 진영이는 M 사이즈를 입는다.
- 재희는 지수보다 큰 옷을 입는다.
- 수영이는 지영이보다 큰 옷을 입는다.

25 지수가 지영이보다 큰 옷을 입는다면 수영이는 지수보다 작은 옷을 입는다.

① 참 ② 거짓 ③ 알 수 없음

26 지수가 지영이보다 큰 옷을 입는다면 지영이는 진영이보다 작은 옷을 입는다.

① 참 ② 거짓 ③ 알 수 없음

Hard

27 지수가 XS 사이즈의 옷을 입고 지영이가 재희보다 큰 옷을 입는다면 재희는 진영이보다 작은 옷을 입는다.

① 참 ② 거짓 ③ 알 수 없음

※ 다음 주어진 조건을 읽고 각 명제가 항상 참이면 ①, 거짓이면 ②, 알 수 없으면 ③을 고르시오. [28~30]

- 어떤 고양이는 참치를 좋아한다.
- 참치를 좋아하면 낚시를 좋아한다.
- 모든 너구리는 낚시를 싫어한다.
- 모든 수달은 낚시를 좋아한다.

Easy

28 모든 수달은 물을 좋아한다.

① 참 ② 거짓 ③ 알 수 없음

29 모든 고양이는 낚시를 좋아한다.

① 참 ② 거짓 ③ 알 수 없음

30 참치를 좋아하면 너구리가 아니다.

① 참 ② 거짓 ③ 알 수 없음

※ 다음 주어진 조건을 읽고 각 문제가 참이면 ①, 거짓이면 ②, 알 수 없으면 ③을 고르시오. [31~32]

- B는 자식이 둘이다.
- A는 B의 딸이다.
- A와 C는 남매이다.
- D는 B의 외손녀이다.
- C는 E를 매제라 부른다.

31 E는 B의 사위이다.

① 참 ② 거짓 ③ 알 수 없음

Easy

32 D는 C의 딸이다.

① 참 ② 거짓 ③ 알 수 없음

※ 다음 주어진 조건을 읽고 각 문제가 항상 참이면 ①, 거짓이면 ②, 알 수 없으면 ③을 고르시오. [33~34]

- 올해 한국의 GDP 순위는 세계 12위이다.
- 프랑스의 GDP 순위는 한국보다 여섯 계단 더 높다.
- 한국 바로 앞 순위는 러시아이다.
- 브라질의 GDP 순위는 프랑스보다 낮지만, 러시아보다는 높다.
- 한국, 프랑스, 러시아, 브라질, 영국 다섯 국가 중 영국의 GDP 순위가 가장 높다.

Easy

33 주어진 다섯 국가 중 순위가 가장 낮은 나라는 한국이다.

① 참 ② 거짓 ③ 알 수 없음

34 브라질의 GDP 순위는 10위 이내이다.

① 참 ② 거짓 ③ 알 수 없음

※ 다음 주어진 조건을 읽고 각 문제가 항상 참이면 ①, 거짓이면 ②, 알 수 없으면 ③을 고르시오. [35~36]

- 1층부터 4층까지 있는 빌라의 각기 다른 층에 A, B, C, D가 살고 있다.
- A는 B의 바로 아래층에 산다.
- B는 4층에 살지 않는다.
- D는 C보다 위층에 산다.

35 D는 4층에 산다.

① 참 ② 거짓 ③ 알 수 없음

36 A가 1층에 산다면 C는 3층에 산다.

① 참 ② 거짓 ③ 알 수 없음

※ 다음 주어진 조건을 읽고 각 문제가 항상 참이면 ①, 거짓이면 ②, 알 수 없으면 ③을 고르시오. [37~38]

- 어느 커피숍의 오전 판매량은 아메리카노 1잔, 카페라테 2잔, 카푸치노 2잔, 카페모카 1잔이고, 손님은 A, B, C, D 총 4명이었다.
- 모든 손님은 1잔 이상의 커피를 마셨다.
- A는 카푸치노를 마셨다.
- B와 C 중 한 명은 카푸치노를 마셨다.
- B는 아메리카노를 마셨다.

Easy

37 B가 카페모카를 마셨다면 D는 카페라테를 마셨을 것이다.

① 참 ② 거짓 ③ 알 수 없음

38 커피를 가장 적게 마신 손님은 D이다.

① 참 ② 거짓 ③ 알 수 없음

※ 다음 주어진 조건을 읽고 각 문장이 항상 참이면 ①, 거짓이면 ②, 알 수 없으면 ③을 고르시오. [39~40]

- A, B, C, D 네 사람이 컴퓨터 활용능력시험에 응시했다.
- 1, 2, 3급에 각각 1명, 2명, 1명이 합격했다.
- A와 B는 다른 급수에 합격했다.
- A와 C는 다른 급수에 합격했다.
- D는 세 사람과 다른 급수에 합격했다.

39 B는 1급에 합격했다.

① 참 ② 거짓 ③ 알 수 없음

40 A는 3급에 합격했다.

① 참 ② 거짓 ③ 알 수 없음

Easy

01 총무인사과에 근무하는 G사원은 사내 복지 증진과 관련하여 임직원을 대상으로 휴게실 확충에 대한 의견을 수렴하였다. 의견 수렴 결과가 다음과 같을 때, 이에 대한 해석으로 옳지 않은 것은?

〈휴게실 확충에 대한 본부별 · 성별 찬반 의견〉

(단위 : 명)

구분	A본부		B본부	
	여성	남성	여성	남성
찬성	180	156	120	96
반대	20	44	80	104
계	200	200	200	200

① 남성의 60% 이상이 휴게실 확충에 찬성하고 있다.
② A본부 여성의 찬성률이 B본부 여성보다 1.5배 높았다.
③ A본부에 휴게실이 확충될지 B본부에 휴게실이 확충될지 아직은 알 수 없다.
④ B본부 전체인원 중 여성의 찬성률이 남성의 찬성률보다 보다 1.2배 이상 높다.
⑤ A, B본부 전체인원에서 찬성하는 사람의 수는 전체 성별 차이가 본부별 차이보다 크다.

02 반도체 부품 회사에서 근무하는 S사원은 월별매출 현황에 대한 보고서를 작성 중이었다. 그런데 실수로 파일이 삭제되어 기억나는 매출액만 다시 작성하였다. B사원이 기억하는 월평균 매출액은 35억 원이고, 상반기의 월평균 매출액은 26억 원이었다. 다음 중 남아 있는 매출 현황을 통해 상반기 평균 매출 대비 하반기 평균 매출의 증감액을 바르게 구한 것은?

〈월별매출 현황〉

(단위 : 억 원)

1월	2월	3월	4월	5월	6월	7월	8월	9월	10월	11월	12월	평균
	10	18	36				35	20	19			35

① 12억 원 증가
② 12억 원 감소
③ 18억 원 증가
④ 18억 원 감소
⑤ 20억 원 증가

03 다음은 민간 분야 사이버 침해사고 발생 현황을 나타낸 자료이다. 이에 대한 〈보기〉의 설명 중 옳지 않은 것을 모두 고르면?

〈민간 분야 사이버 침해사고 발생 현황〉

(단위 : 건)

구분	2020년	2021년	2022년	2023년
홈페이지 변조	650	900	600	390
스팸릴레이	100	90	80	40
기타 해킹	300	150	170	165
단순 침입시도	250	300	290	175
피싱 경유지	200	430	360	130
전체	1,500	1,870	1,500	900

보기

ㄱ. 단순 침입시도 분야의 침해사고는 매년 스팸릴레이 분야의 침해사고 건수의 2배 이상이다.
ㄴ. 2020년 대비 2023년 침해사고 건수가 50% 이상 감소한 분야는 2개 분야이다.
ㄷ. 2022년 홈페이지 변조 분야의 침해사고 건수가 차지하는 비중은 35% 이상이다.
ㄹ. 2021년 대비 2023년은 모든 분야의 침해사고 건수가 감소하였다.

① ㄱ, ㄴ
② ㄱ, ㄹ
③ ㄴ, ㄷ
④ ㄴ, ㄹ
⑤ ㄷ, ㄹ

04 다음은 G그룹의 주요 경영지표이다. 이에 대한 설명으로 옳은 것은?

〈경영지표〉

(단위 : 억 원)

구분	공정자산총액	부채총액	자본총액	자본금	매출액	당기순이익
2018년	2,610	1,658	952	464	1,139	170
2019년	2,794	1,727	1,067	481	2,178	227
2020년	5,383	4,000	1,383	660	2,666	108
2021년	5,200	4,073	1,127	700	4,456	−266
2022년	5,242	3,378	1,864	592	3,764	117
2023년	5,542	3,634	1,908	417	4,427	65

① 자본총액은 꾸준히 증가하고 있다.
② 각 지표 중 총액 규모가 가장 큰 것은 매출액이다.
③ 공정자산총액과 부채총액의 차가 가장 큰 해는 2023년이다.
④ 2018 ~ 2021년 사이에 자본총액 중 자본금이 차지하는 비중은 계속 증가하고 있다.
⑤ 직전 해의 당기순이익과 비교했을 때, 당기순이익이 가장 많이 증가한 해는 2019년이다.

Hard

05

다음은 마트별 비닐봉투 · 종이봉투 · 에코백 사용률을 나타낸 자료이다. 이에 대한 설명으로 옳은 것을 〈보기〉에서 모두 고르면?

〈마트별 비닐봉투 · 종이봉투 · 에코백 사용률〉

(단위 : %)

구분	대형마트 (2,000명 대상)	중형마트 (800명 대상)	개인마트 (300명 대상)	편의점 (200명 대상)
비닐봉투	7	18	21	78
종량제봉투	28	37	43	13
종이봉투	5	2	1	0
에코백	16	7	6	0
개인 장바구니	44	36	29	9

※ 마트별 전체 조사자 수는 상이함

보기

ㄱ. 대형마트의 종이봉투 사용자 수는 중형마트의 6배 이상이다.
ㄴ. 대형마트의 종량제봉투 사용자 수는 전체 종량제봉투 사용자 수의 절반 이하이다.
ㄷ. 비닐봉투 사용률이 가장 높은 곳과 비닐봉투 사용자 수가 가장 많은 곳은 동일하다.
ㄹ. 편의점을 제외한 마트의 규모가 커질수록 개인 장바구니의 사용률은 증가한다.

① ㄱ, ㄹ
② ㄱ, ㄴ, ㄷ
③ ㄱ, ㄷ, ㄹ
④ ㄴ, ㄷ, ㄹ
⑤ ㄱ, ㄴ, ㄷ, ㄹ

PART 3

06 다음은 1차 에너지 소비량 현황을 나타낸 자료이다. 이에 대한 설명으로 옳은 것은?

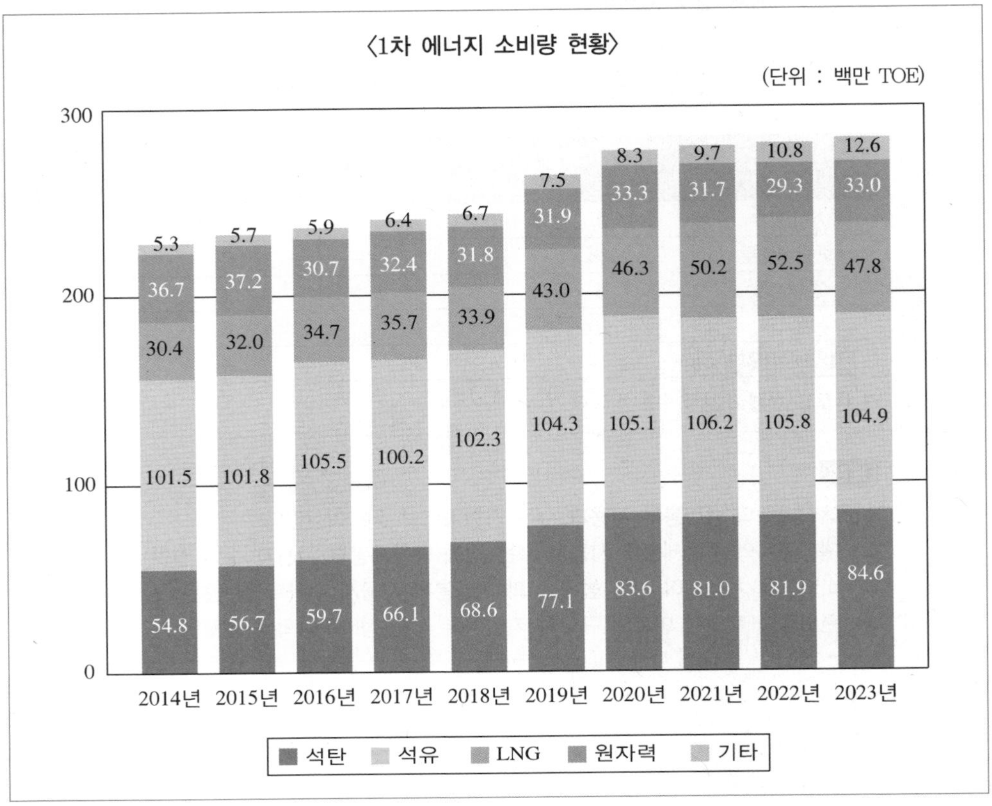

① 석탄 소비량은 완만한 하락세를 보이고 있다.
② 기타 에너지 소비량이 지속적으로 감소하는 추세이다.
③ 2015 ~ 2019년 원자력 소비량은 증감을 반복하고 있다.
④ 매년 석유 소비량이 나머지 에너지 소비량의 합보다 많다.
⑤ 2015 ~ 2019년 LNG 소비량의 증가 추세는 그 정도가 심화되었다.

07 다음은 서울 및 수도권 지역의 난방방식 현황 및 난방연료 사용 현황을 나타낸 자료이다. 이에 대한 설명으로 옳은 것은?

〈난방방식 현황〉

(단위 : %)

구분	서울	인천	경기남부	경기북부	전국 평균
중앙난방	22.3	13.5	6.3	11.8	14.4
개별난방	64.3	78.7	26.2	60.8	58.2
지역난방	13.4	7.8	67.5	27.4	27.4

※ 경기지역은 남부와 북부로 나눠 조사함

〈난방연료 사용 현황〉

(단위 : %)

구분	서울	인천	경기남부	경기북부	전국 평균
도시가스	84.5	91.8	33.5	66.1	69.5
LPG	0.1	0.1	0.4	3.2	1.4
등유	2.4	0.4	0.8	3.0	2.2
열병합	12.6	7.4	64.3	27.1	26.6
기타	0.4	0.3	1.0	0.6	0.3

① 지역난방을 사용하는 가구 수는 서울이 인천의 약 1.7배이다.

② 경기지역은 남부가 북부보다 지역난방을 사용하는 비율이 낮다.

③ 다른 난방연료와 비교했을 때 서울과 인천지역에서는 등유를 사용하는 비율이 가장 낮다.

④ 경기북부지역의 경우 도시가스를 사용하는 가구 수가 등유를 사용하는 가구 수의 30배 이상이다.

⑤ 경기남부의 가구 수가 경기북부의 가구 수의 2배라면 경기지역에서 개별난방을 사용하는 가구 수의 비율은 약 37.7%이다.

PART 3

Easy

08 다음은 시도별 인구변동 현황을 나타낸 자료이다. 이에 대한 〈보기〉의 설명 중 옳은 것을 모두 고르면?

〈시도별 인구변동 현황〉

(단위 : 천 명)

구분	2017년	2018년	2019년	2020년	2021년	2022년	2023년
전국	49,582	49,782	49,990	50,269	50,540	50,773	51,515
서울	10,173	10,167	10,181	10,193	10,201	10,208	10,312
부산	3,666	3,638	3,612	3,587	3,565	3,543	3,568
대구	2,525	2,511	2,496	2,493	2,491	2,489	2,512
인천	2,579	2,600	2,624	2,665	2,693	2,710	2,758
광주	1,401	1,402	1,408	1,413	1,423	1,433	1,455
대전	1,443	1,455	1,466	1,476	1,481	1,484	1,504
울산	1,081	1,088	1,092	1,100	1,112	1,114	1,126
경기	10,463	10,697	10,906	11,106	11,292	11,460	11,787

보기

ㄱ. 서울인구와 경기인구의 차이는 2017년에 비해 2023년에 더 커졌다.
ㄴ. 2017년과 비교했을 때, 2023년 인구가 감소한 지역은 부산뿐이다.
ㄷ. 전년 대비 증가한 인구수를 비교했을 때, 광주는 2023년에 가장 많이 증가했다.
ㄹ. 대구는 2019년부터 전년 대비 인구가 꾸준히 감소했다.

① ㄱ, ㄴ
② ㄱ, ㄷ
③ ㄴ, ㄷ
④ ㄴ, ㄹ
⑤ ㄱ, ㄴ, ㄷ

09 다음은 G사 신입사원 채용 현황을 성별로 나타낸 자료이다. 이에 대한 설명으로 옳지 않은 것은? (단, 소수점 둘째 자리에서 반올림한다)

〈신입사원 채용 현황〉

(단위 : 명)

구분	입사지원자 수	합격인원 수
남자	10,891	1,699
여자	3,984	624

① 총 입사지원자 중 합격률은 15% 이상이다.
② 여자 입사지원자의 합격률은 20% 미만이다.
③ 총 입사지원자 중 여자는 30% 미만이다.
④ 합격자 중 남자의 비율은 약 80%이다.
⑤ 남자 입사지원자의 합격률은 여자 입사지원자의 합격률과 유사하다.

Hard

10 다음은 농가 수 및 농가 인구 추이와 농가 소득을 나타낸 자료이다. 이에 대한 〈보기〉의 설명 중 옳지 않은 것을 모두 고르면?

〈농가 수 및 농가 인구 추이〉

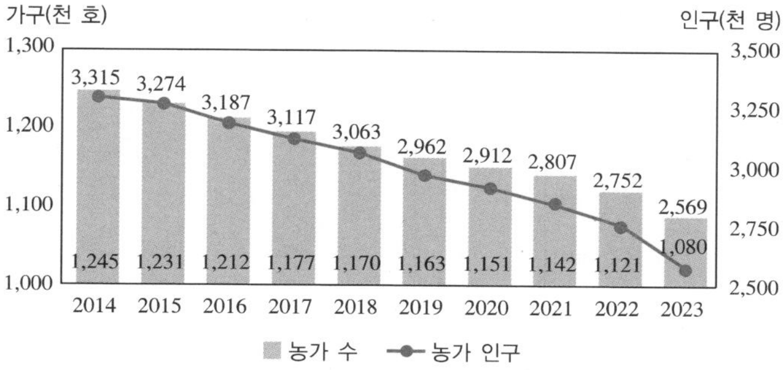

〈농가 소득 현황〉

(단위 : 천 원)

구분	2018년	2019년	2020년	2021년	2022년	2023년
농업 소득	10,098	8,753	9,127	10,035	10,303	11,257
농업 이외 소득	22,023	21,395	21,904	24,489	24,647	25,959
합계	32,121	30,148	31,031	34,524	34,950	37,216

보기

ㄱ. 농가 수 및 농가 인구는 지속적으로 감소하고 있다.
ㄴ. 전년 대비 농가 수가 가장 많이 감소한 해는 2023년이다.
ㄷ. 2018년 대비 2023년 농가 인구의 감소율은 15% 이상이다.
ㄹ. 농가 소득 중 농업 이외 소득이 차지하는 비율은 매년 증가하고 있다.
ㅁ. 2023년 농가의 농업 소득의 전년 대비 증가율은 10%를 넘는다.

① ㄱ, ㄷ
② ㄴ, ㄹ
③ ㄷ, ㄹ
④ ㄹ, ㅁ
⑤ ㄱ, ㄷ, ㅁ

PART 3

Hard

11 다음은 지역개발사업에 대한 신문과 방송의 보도 내용을 사업 착공 전후로 나누어 분석하고, 이 중 주요 분야 6개를 선택하여 작성한 자료이다. 이에 대한 설명으로 옳은 것을 〈보기〉에서 모두 고르면?

〈착공 전후 주요 분야의 신문보도 비용〉

(단위 : %)

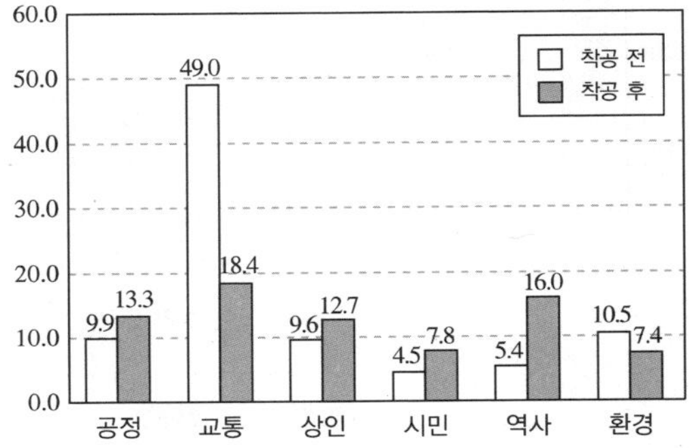

〈착공 전후 주요 분야의 방송보도 비율〉

(단위 : %)

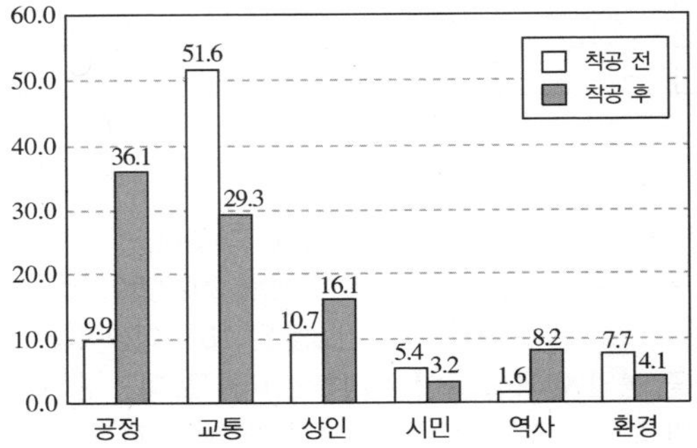

보기

ㄱ. 신문보도와 방송보도에서 각각 착공 전에 가장 높은 보도 비율을 보인 두 분야 모두 착공 후 보도 비율이 감소했다.

ㄴ. 교통은 착공 후에도 신문과 방송 모두에서 가장 많이 보도된 분야이다.

ㄷ. 착공 전에 비해 착공 후 교통에 대한 보도 비율의 감소 폭은 방송보다 신문에서 더 큰 것으로 나타났다.

ㄹ. 착공 전 대비 착공 후 보도 비율의 증가율이 신문과 방송 모두에서 가장 큰 분야는 역사이다.

ㅁ. 착공 전 교통에 대한 보도 비율은 신문보다는 방송에서 더 높은 것으로 나타났다.

① ㄱ, ㄴ, ㅁ
② ㄱ, ㄷ, ㄹ
③ ㄴ, ㄷ, ㄹ
④ ㄱ, ㄷ, ㄹ, ㅁ
⑤ ㄴ, ㄷ, ㄹ, ㅁ

12 시리얼 제품의 열량과 함량을 비교하여 다음과 같은 자료를 만들었다. 이에 대한 설명으로 가장 옳은 것은?

〈시중 시리얼 제품의 열량과 함량 비교(1회 제공량)〉

식품 유형	제품명	열량(Kcal)	탄수화물(g)	당류(g)	단백질(g)
일반 제품	콘프라이트	117	27.2	9.7	1.3
	콘프로스트	115	26.6	9.3	1.6
	콘프레이크	152	35.0	2.3	3.0
당 함량을 낮춘 제품	1/3 라이트	118	27.1	5.9	1.4
	라이트슈거	115	26.5	6.8	1.6
견과류 첨가 제품	후레이크	131	24.2	7.2	1.8
	크런치너트 프레이크	170	31.3	10.9	2.7
	아몬드 프레이크	164	33.2	8.7	2.5
초코맛 제품	오곡 코코볼	122	25.0	8.8	2.0
	첵스 초코	115	25.5	9.1	1.5
	초코볼 시리얼	151	34.3	12.9	2.9
체중조절용 제품	라이트업	155	31.4	6.9	6.7
	스페셜K	153	31.4	7.0	6.5
	바디랩	154	31.2	7.0	6.4
	슬림플러스	153	31.4	7.8	6.4

① 당류가 가장 많은 시리얼은 견과류 첨가 제품이다.
② 견과류 첨가 제품은 당 함량을 낮춘 제품보다 단백질 함량이 높은 편이다.
③ 단백질의 경우 체중조절용 제품 시리얼은 일반 제품 시리얼보다 3배 이상 많다.
④ 탄수화물 함량이 가장 낮은 시리얼은 당류 함량도 가장 낮은 수치를 보이고 있다.
⑤ 일반 제품의 시리얼 열량은 체중조절용 제품의 시리얼 열량보다 더 높은 수치를 보이고 있다.

PART 3

13 다음은 국민들의 문화예술에 대한 관심과 참여 수준을 나타낸 자료이다. 이에 대한 설명으로 옳지 않은 것은?

〈문화예술 관람률〉

(단위 : %)

구분		2018년	2019년	2022년	2023년
전체		52.4	54.5	60.8	64.5
문화예술 성별·연령별 관람률	남자	50.5	51.5	58.5	62.0
	여자	54.2	57.4	62.9	66.9
	20세 미만	77.2	77.9	82.6	84.5
	20 ~ 29세	79.6	78.2	83.4	83.8
	30 ~ 39세	68.2	70.6	77.2	79.2
	40 ~ 49세	53.4	58.7	67.4	73.2
	50 ~ 59세	35.0	41.2	48.1	56.2
	60세 이상	13.4	16.6	21.7	28.9
문화예술 종류별 관람률	음악·연주회	13.9	13.6	11.6	10.7
	연극	13.9	13.5	13.2	11.8
	무용	1.1	1.5	1.4	1.2
	영화	44.8	45.8	50.3	52.8
	박물관	13.8	14.5	13.3	13.7
	미술관	12.5	11.1	10.2	9.8

① 문화예술 관람률은 계속해서 증가하고 있다.

② 60세 이상 문화예술 관람률은 2018년 대비 2023년에 100% 이상 증가했다.

③ 문화예술 관람률은 남자보다는 여자, 고연령층보다는 저연령층의 관람률이 높은 편이다.

④ 문화예술 관람률이 접근성을 반영한다면, 접근성이 가장 떨어지는 문화예술은 무용이다.

⑤ 2022년도의 전체 인구수를 100명으로 가정했을 때 그해 미술관을 관람한 사람은 약 10명이다.

Hard

14 다음은 G국의 4 ~ 11월 평균 식재료 가격을 나타낸 자료이다. 이에 대한 설명으로 옳지 않은 것은?

〈4 ~ 11월 평균 식재료 가격〉

(단위 : 원)

구분	4월	5월	6월	7월	8월	9월	10월	11월
쌀(kg)	2,132	2,112	2,085	2,027	1,988	1,990	1,992	1,993
양파(kg)	2,358	2,392	2,373	2,383	1,610	1,412	1,385	1,409
배추(포기)	2,183	2,874	3,587	4,125	3,676	2,775	2,967	4,556
무(개)	1,255	1,745	1,712	1,927	2,038	1,664	1,653	1,829
건멸치(kg)	21,210	21,260	21,370	22,030	22,490	22,220	23,760	24,180
물오징어(마리)	2,131	2,228	2,359	2,235	2,153	2,273	2,286	2,207
계란(개)	5,493	5,473	5,260	5,259	5,216	5,260	5,272	5,322
닭(kg)	5,265	5,107	5,545	5,308	5,220	5,529	5,436	5,337
돼지(kg)	14,305	14,465	14,245	14,660	15,020	16,295	16,200	15,485
소×국산(kg)	49,054	50,884	50,918	50,606	49,334	50,802	52,004	52,220
소×미국산(kg)	21,452	23,896	22,468	23,028	21,480	22,334	21,828	22,500
소×호주산(kg)	23,577	24,375	24,087	23,538	24,388	24,060	23,760	23,777

① 계란의 가격은 4 ~ 8월에 감소 추세를 보인 뒤 9월부터 가격이 다시 증가한다.
② 5 ~ 6월 양파 가격 평균의 합은 9 ~ 10월 배추 가격 평균의 합보다 작다.
③ 국산, 미국산, 호주산에 상관없이 소의 가격은 매월 꾸준히 증가한다.
④ 4 ~ 5월 계란 가격 변동 폭은 동월 대비 닭 가격 변동 폭보다 작다.
⑤ 양파의 가격은 8월에 급격히 내려갔다.

15 다음은 2019 ~ 2023년까지의 내국인 국제결혼 현황을 나타낸 자료이다. 이를 그래프로 나타낸 것으로 옳지 않은 것은?(단, 모든 그래프의 단위는 '건'이다)

〈내국인 국제결혼 현황〉

(단위 : 건)

구분		2017년	2018년	2019년	2020년	2021년
외국인 여성 배우자	베트남	7,380	7,880	7,550	7,120	6,870
	필리핀	4,850	5,110	4,660	4,110	4,320
	일본	2,100	1,990	1,760	1,440	1,320
	중국	7,740	8,120	8,090	7,870	8,110
	미국	1,100	880	980	920	910
	합계	23,170	23,980	23,040	21,460	21,530
외국인 남성 배우자	베트남	380	210	190	220	150
	필리핀	220	120	110	250	240
	일본	1,820	2,120	2,290	1,990	2,140
	중국	2,890	3,190	3,020	1,890	1,920
	미국	2,480	2,680	2,820	2,520	2,480
	합계	7,790	8,320	8,430	6,870	6,930

① 연도별 전체 국제결혼 건수

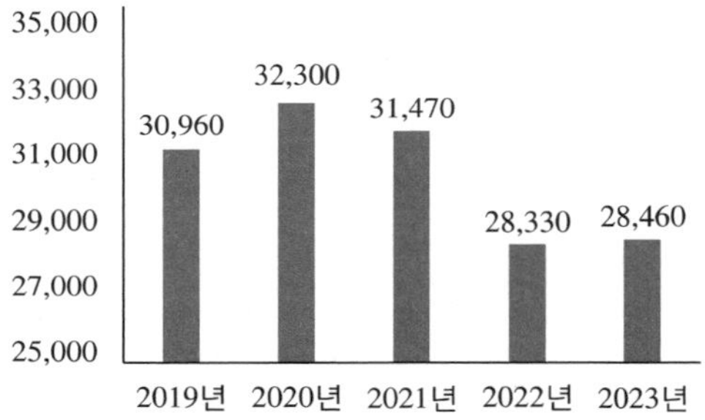

② 연도별 내국인 남녀 국제결혼 건수

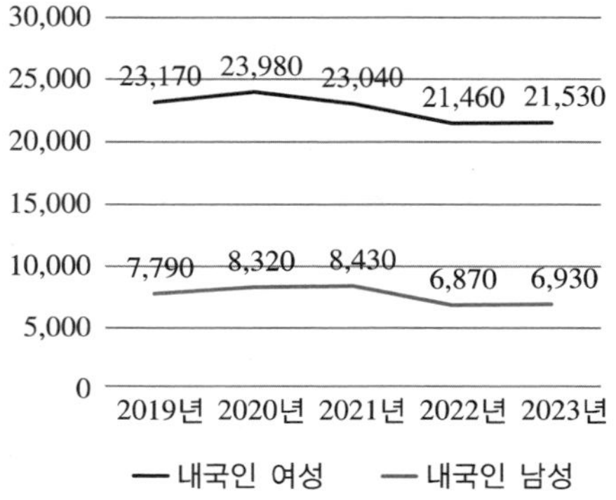

③ 2019년 외국인 여성 배우자 국적별 건수

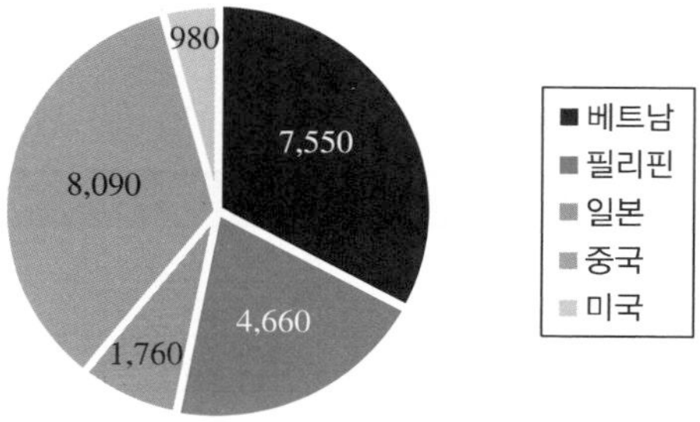

④ 2022년 외국인 남성 배우자 국적별 건수

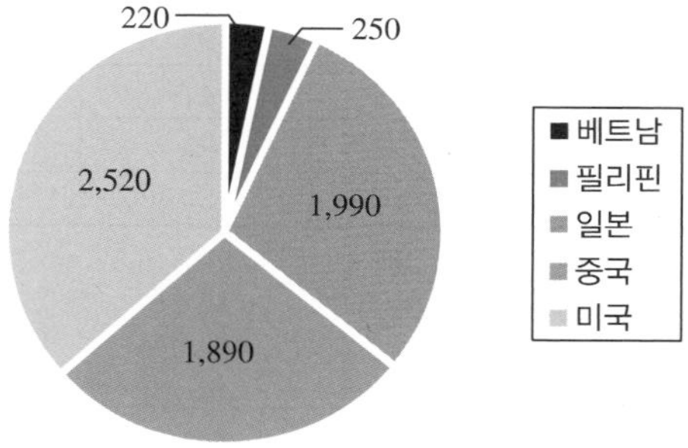

⑤ 2023년 내국인 국제결혼 배우자 국적별 건수

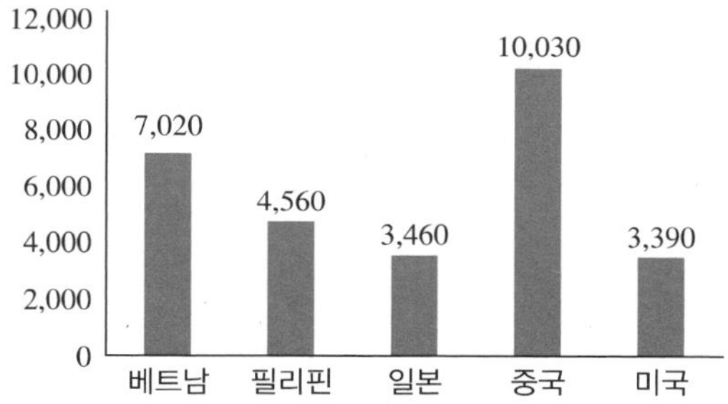

PART 3

Easy

16 다음은 전염병 백신접종자를 대상으로 연령별 백신 부작용 조사 결과를 나타낸 자료이다. 이에 대한 〈보기〉의 설명 중 옳지 않은 것을 모두 고르면?

〈백신 부작용〉

구분	위장장애	두통	근육통	발진	발열
20 ~ 24세	4%	6%	18%	2%	59%
25 ~ 29세	3%	7%	21%	1%	55%
30 ~ 34세	3%	7%	24%	1%	43%
35 ~ 39세	5%	6%	29%	4%	36%
40 ~ 44세	4%	8%	31%	3%	36%
45 ~ 49세	7%	9%	26%	2%	40%
50 ~ 54세	3%	5%	27%	2%	51%
55 ~ 59세	6%	8%	24%	4%	47%
60 ~ 64세	5%	8%	29%	4%	45%
65 ~ 69세	6%	11%	26%	5%	44%

※ 위 응답은 주 증상에 대한 것으로, 중복하여 응답한 사람은 없음

※ 응답하지 않은 비율은 부작용이 없는 백신접종자의 비율에 해당함

※ 연령구간별 조사대상자는 500명임

보기

ㄱ. 40대의 근육통 부작용자 수는 발열 부작용자 수보다 95명 더 적다.

ㄴ. 모든 연령대에서 발생률이 가장 높은 부작용은 발열이고, 가장 낮은 부작용은 위장장애이다.

ㄷ. 30대 무증상자 비율은 20대 무증상자 비율보다 9%p 더 높다.

ㄹ. 60대 무증상자 수는 100명 이상이다.

① ㄱ, ㄴ
② ㄱ, ㄹ
③ ㄴ, ㄷ
④ ㄴ, ㄹ
⑤ ㄷ, ㄹ

17 다음은 주 평균 근로 시간을 나타낸 자료이다. 이에 대한 설명으로 옳지 않은 것은?

〈업종별 근로 시간 현황〉

(단위 : %)

구분	40시간 미만	40시간 이상 52시간 미만	52시간 이상
광업	0.1	99.8	0.2
제조업	0.8	95.8	3.3
전기 가스 공급업	0	88.3	11.7
수도 하수 처리업	2.2	96.6	1.3
건설업	0.4	98	1.7
도매 및 소매업	2.8	92.3	4.9
운수 및 창고업	1	91.7	7.3
숙박 및 음식점업	1.2	83.3	15.5
정보통신업	0.2	99.5	0.4
금융 및 보험업	0	99.1	0.9
부동산업	0	96.3	3.7
전문 서비스업	0.3	98	1.7
임대 서비스업	2.7	95.7	1.6
사회복지 서비스업	2	94.5	3.5
여가관련 서비스업	1	94.2	4.8
기타 개인 서비스업	1.5	92.7	5.8

※ 각 비율은 소수점 둘째 자리에서 반올림하여 업종별 총비율 오차는 ±0.1%임

〈학력별 근로 시간 현황〉

(단위 : %)

구분	40시간 미만	40시간 이상 52시간 미만	52시간 이상
중졸이하	4.7	75.4	19.9
고졸	3.1	86.9	10
전문(초대)졸	0.5	96	3.5
대졸	1.1	96.9	2
대학원 이상	0	100	0

① 전문 서비스업의 총 종사자가 1,000명, 임대 서비스업은 2,000명이라고 할 때, 40시간 미만 동안 일하는 근로자는 임대 서비스업 인원이 전문 서비스업 인원의 18배이다.

② 40시간 미만으로 일하는 사람의 비율이 2% 이상인 업종은 52시간 이상 일하는 사람의 비율이 5% 미만이다.

③ 52시간 이상 일하는 사람이 5% 이상인 업종은 40시간 미만으로 일하는 사람이 1% 이하이다.

④ 대졸은 전문대졸보다 40시간 이상 일하는 사람의 비율이 더 적다.

⑤ 건설업에서 일하는 사람의 최소 2.1%는 학력이 대졸 이하이다.

PART 3

18 다음은 업종별 외국인 근로자의 고용 현황을 나타낸 자료이다. 이에 대한 〈보기〉의 설명 중 옳은 것을 모두 고르면?

〈업종별 외국인근로자 고용현황〉

(단위 : 명)

구분	2017년	2018년	2021년	2022년	2023년
제조업	31,114	31,804	48,967	40,874	40,223
건설업	84	2,412	1,606	2,299	2,228
농축산업	419	3,079	5,641	6,047	5,949
서비스업	41	56	70	91	71
어업	0	1,130	2,227	2,245	2,548
합계	31,658	38,481	58,511	51,556	51,019

보기

ㄱ. 2023년 전체 업종 대비 상위 2개 업종이 차지하는 비율은 2022년에 비해 낮아졌다.
ㄴ. 2023년 서비스업에 종사하는 외국인근로자의 전년 대비 증감률이 2018년 대비 증감률보다 더 높다.
ㄷ. 국내에서 일하고 있는 외국인근로자 수는 2021년 이후 감소하는 추세이다.
ㄹ. 2018년 농축산업에 종사하는 외국인근로자 수는 전체 외국인근로자의 6% 이상이다.
ㅁ. 전체적으로 건설업보다 제조업에 종사하는 외국인근로자의 소득이 더 높다.

① ㄱ, ㄴ, ㄹ
② ㄱ, ㄷ, ㄹ
③ ㄴ, ㄷ, ㄹ
④ ㄴ, ㄹ, ㅁ
⑤ ㄷ, ㄹ, ㅁ

19 다음은 연령별 인구수 현황을 나타낸 자료이다. 각 연령대를 기준으로 남성 인구가 40% 이하인 연령대 ㉠과 여성 인구가 50% 초과 60% 이하인 연령대 ㉡이 바르게 연결된 것은?

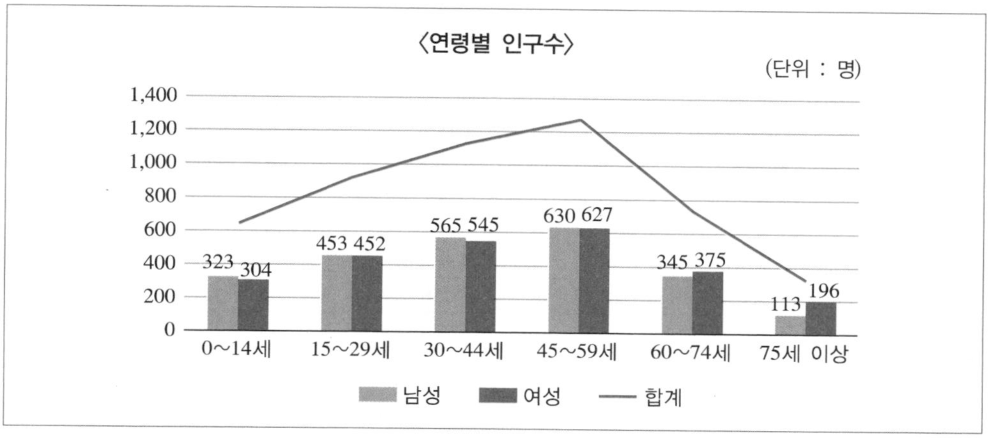

	㉠	㉡
①	0 ~ 14세	15 ~ 29세
②	30 ~ 44세	15 ~ 29세
③	45 ~ 59세	60 ~ 74세
④	75세 이상	60 ~ 74세
⑤	75세 이상	45 ~ 59세

Hard

20 다음은 우리나라 국가채권 현황을 나타낸 자료이다. 이에 대한 〈보기〉의 설명 중 옳은 것을 모두 고르면?

〈우리나라 국가채권 현황〉

(단위 : 조 원)

구분	2020년		2021년		2022년		2023년	
	국가채권	연체채권	국가채권	연체채권	국가채권	연체채권	국가채권	연체채권
합계	238	27	268	31	298	36	317	39
조세채권	26	18	30	22	34	25	38	29
경상 이전수입	8	7	8	7	9	8	10	8
융자회수금	126	0	129	0	132	0	142	0
예금 및 예탁금	73	0	97	0	118	0	123	0
기타	5	2	4	2	5	3	4	2

보기

ㄱ. 2020년 총 연체채권은 2022년 총 연체채권의 80% 이상이다.
ㄴ. 국가채권 중 조세채권의 전년 대비 증가율은 2021년이 2023년보다 높다.
ㄷ. 융자회수금의 국가채권과 연체채권의 총합이 가장 높은 해에는 경상 이전수입의 국가채권과 연체채권의 총합도 가장 높다.
ㄹ. 2020년 대비 2023년 경상 이전수입 중 국가채권의 증가율은 경상 이전수입 중 연체채권의 증가율보다 낮다.

① ㄱ, ㄴ　　② ㄱ, ㄷ
③ ㄴ, ㄷ　　④ ㄴ, ㄹ
⑤ ㄷ, ㄹ

21 다음은 어느 나라의 최종에너지 소비량을 나타낸 자료이다. 이에 대한 〈보기〉의 설명 중 옳은 것을 모두 고르면?

〈2021 ~ 2023년 유형별 최종에너지 소비량 비중〉

(단위 : %)

구분	석탄		석유제품	도시가스	전력	기타
	무연탄	유연탄				
2021년	2.7	11.6	53.3	10.8	18.2	3.4
2022년	2.8	10.3	54.0	10.7	18.6	3.6
2023년	2.9	11.5	51.9	10.9	19.1	3.7

〈2023년 부문별 · 유형별 최종에너지 소비량〉

(단위 : 천 TOE)

구분	석탄		석유제품	도시가스	전력	기타	합계
	무연탄	유연탄					
산업	4,750	15,317	57,451	9,129	23,093	5,415	115,155
가정 · 상업	901	4,636	6,450	11,105	12,489	1,675	37,256
수송	−	−	35,438	188	1,312	−	36,938
기타	−	2,321	1,299	669	152	42	4,483
합계	5,651	22,274	100,638	21,091	37,046	7,132	193,832

보기

ㄱ. 2021 ~ 2023년 동안 전력 소비량은 매년 증가한다.
ㄴ. 2023년 산업부문의 최종에너지 소비량은 전체 최종에너지 소비량의 50% 이상을 차지한다.
ㄷ. 2021 ~ 2023년 동안 석유제품 소비량 대비 전력 소비량의 비율이 매년 증가한다.
ㄹ. 2023년에는 산업 부문과 가정 · 상업 부문에서 유연탄 소비량 대비 무연탄 소비량의 비율이 각각 25% 미만이다.

① ㄱ, ㄴ
② ㄱ, ㄹ
③ ㄴ, ㄷ
④ ㄴ, ㄹ
⑤ ㄷ, ㄹ

22 다음은 조선 시대 함평 현감의 재임 기간 및 출신별 인원을 나타낸 자료이다. 이에 대한 설명으로 옳지 않은 것은?

〈함평 현감의 재임 기간별 인원〉

(단위 : 명)

재임 기간	인원
1개월 미만	2
1개월 이상～3개월 미만	8
3개월 이상～6개월 미만	19
6개월 이상～1년 미만	50
1년 이상～1년 6개월 미만	30
1년 6개월 이상～2년 미만	21
2년 이상～3년 미만	22
3년 이상～4년 미만	14
4년 이상	5
합계	171

〈함평 현감의 출신별 인원〉

(단위 : 명)

구분	문과	무과	음사(陰仕)	합계
인원	84	50	37	171

① 함평 현감 중 재임 기간이 1년 미만인 현감의 비율은 전체의 50% 이하이다.
② 재임 기간이 6개월 이상인 함평 현감 중에는 문과 출신자가 가장 많다.
③ 함평 현감의 출신별 통계를 보면 음사 출신자는 전체의 20%를 초과한다.
④ 재임 기간이 3년 미만인 함평 현감 중에는 음사 출신자가 반드시 있다.
⑤ 재임 기간이 1년 6개월 미만인 함평 현감 중 적어도 24명 이상이 문과 출신이다.

23 다음은 우리나라의 신생아 사망률을 나타낸 자료이다. 이에 대한 설명으로 옳은 것은?

〈생후 1주일 이내 성별 · 생존기간별 신생아 사망률〉

(단위 : 명, %)

생존기간	남		여	
1시간 이내	31	2.7	35	3.8
1 ~ 12시간	308	26.5	249	27.4
13 ~ 24시간	97	8.3	78	8.6
25 ~ 48시간	135	11.6	102	11.2
49 ~ 72시간	166	14.3	114	12.5
73 ~ 168시간	272	23.4	219	24.1
미상	153	13.2	113	12.4
합계	1,162	100.0	910	100.0

〈생후 1주일 이내 산모 연령별 신생아 사망률〉

(단위 : 명, %)

산모 연령	출생아 수	신생아 사망률
19세 미만	6,356	8.8
20 ~ 24세	124,956	6.3
25 ~ 29세	379,209	6.8
30 ~ 34세	149,760	9.4
35 ~ 39세	32,560	13.5
40세 이상	3,977	21.9
합계	696,818	7.7

① 생후 1주일 내에서 첫날의 신생아 사망률은 약 50%이다.
② 생후 첫날 여자 신생아 사망률은 남자 신생아 사망률보다 낮다.
③ 생후 1주일 내 신생아 사망률 중 셋째 날 신생아 사망률은 약 13.5%이다.
④ 산모 연령 25 ~ 29세가 출생아 수가 가장 많고 신생아 사망률이 가장 낮다.
⑤ 생후 1주일 내 신생아 사망자 수가 가장 많은 산모 연령대는 40세 이상이다.

24 다음은 제54회 전국기능경기대회 지역별 결과를 나타낸 자료이다. 이에 대한 설명으로 옳은 것은?

〈제54회 전국기능경기대회 지역별 결과〉

(단위 : 개)

상 / 지역	금메달	은메달	동메달	최우수상	우수상	장려상
합계(점)	3,200	2,170	900	1,640	780	1,120
서울	2	5		10		
부산	9		11	3	4	
대구	2					16
인천			1	2	15	
울산	3				7	18
대전	7		3	8		
제주		10				
경기도	13	1				22
경상도	4	8		12		
충청도		7		6		

※ 합계는 전체 참가지역의 각 메달 및 상의 점수 합계임

① 메달 및 상을 가장 많이 획득한 지역은 경상도이다.
② 울산 지역에서 획득한 메달 및 상의 총점은 800점이다.
③ 전국기능경기대회 결과표에서 메달 및 상 중 동메달 개수가 가장 많다.
④ 메달 한 개당 점수는 금메달은 80점, 은메달은 70점, 동메달은 60점이다.
⑤ 장려상을 획득한 지역 중 금·은·동메달 총 개수가 가장 적은 지역은 대전이다.

Hard

25 다음은 어린이 안전지킴이집 현황을 나타낸 자료이다. 이에 대한 〈보기〉의 설명 중 옳지 않은 것을 모두 고르면?

〈어린이 안전지킴이집 현황〉

(단위 : 개)

구분		2019년	2020년	2021년	2022년	2023년
선정위치별	유치원	2,151	1,731	1,516	1,381	1,373
	학교	10,799	9,107	7,875	7,700	7,270
	아파트단지	2,730	2,390	2,359	2,460	2,356
	놀이터	777	818	708	665	627
	공원	1,044	896	893	958	918
	통학로	6,593	7,040	7,050	7,348	7,661
	합계	24,094	21,982	20,401	20,512	20,205
선정업소 형태별	24시 편의점	3,013	2,653	2,575	2,528	2,542
	약국	1,898	1,708	1,628	1,631	1,546
	문구점	4,311	3,840	3,285	3,137	3,012
	상가	9,173	7,707	6,999	6,783	6,770
	기타	5,699	6,074	5,914	6,433	6,335
	합계	24,094	21,982	20,401	20,512	20,205

보기

ㄱ. 선정위치별 어린이 안전지킴이집의 경우 통학로를 제외한 모든 곳에서 매년 감소하고 있다.

ㄴ. 기타를 제외한 선정업소 형태별 어린이 안전지킴이집의 수가 2019년 대비 2023년에 가장 많이 감소한 업소는 상가이다.

ㄷ. 2022년 대비 2023년의 학교 안전지킴이집의 감소율은 2022년 대비 2023년의 유치원 안전지킴이집의 감소율의 10배 이상이다.

ㄹ. 2023년 선정업소 형태별 안전지킴이집 중에서 24시 편의점의 개수가 차지하는 비중은 2022년보다 감소하였다.

① ㄱ, ㄴ
② ㄱ, ㄹ
③ ㄴ, ㄷ
④ ㄱ, ㄴ, ㄹ
⑤ ㄱ, ㄷ, ㄹ

26 다음은 우리나라의 예산 분야별 재정지출 추이를 나타낸 자료이다. 이에 대한 설명으로 옳은 것은?

〈우리나라 예산 분야별 재정지출 추이〉

(단위 : 조 원, %)

구분	2019년	2020년	2021년	2022년	2023년	연평균 증가율
예산	137.3	147.5	153.7	165.5	182.8	7.4
기금	59.0	61.2	70.4	72.9	74.5	6.0
교육	24.5	27.6	28.8	31.4	35.7	9.9
사회복지 · 보건	32.4	49.6	56.0	61.4	67.5	20.1
R&D	7.1	7.8	8.9	9.8	10.9	11.3
SOC	27.1	18.3	18.4	18.4	18.9	−8.6
농림 · 해양 · 수산	12.3	14.1	15.5	15.9	16.5	7.6
산업 · 중소기업	11.4	11.9	12.4	12.6	12.6	2.5
환경	3.5	3.6	3.8	4.0	4.4	5.9
국방비	18.1	21.1	22.5	24.5	26.7	10.2
통일 · 외교	1.4	2.0	2.6	2.4	2.6	16.7
문화 · 관광	2.3	2.6	2.8	2.9	3.1	7.7
공공질서 · 안전	7.6	9.4	11.0	10.9	11.6	11.2
균형발전	5.0	5.5	6.3	7.2	8.1	12.8
기타	43.5	35.2	35.1	37.0	38.7	−2.9
총지출	196.2	208.7	224.1	238.4	257.3	7.0

※ (총지출)=(예산)+(기금)

① 교육 분야의 지출 증가율이 가장 높은 해는 2020년이다.

② 총지출에 대한 기금의 비중이 가장 컸던 해는 2019년이다.

③ 사회복지 · 보건 분야가 차지하고 있는 비율은 언제나 가장 높다.

④ 기타를 제외하고 전년 대비 지출액이 동일한 해가 있는 분야는 2개이다.

⑤ 기금의 연평균 증가율보다 낮은 연평균 증가율을 보이는 분야는 3개이다.

27 다음은 수도권 지역의 기상실황을 나타낸 자료이다. 이에 대한 설명으로 옳지 않은 것은?

〈수도권 지역 기상실황표〉

구분	시정(km)	현재기온(℃)	이슬점 온도(℃)	불쾌지수	습도(%)	풍향	풍속(m/s)	기압(hPa)
서울	6.9	23.4	14.6	70	58	동	1.8	1012.7
백령도	0.4	16.1	15.2	61	95	동남동	4.4	1012.6
인천	10	21.3	15.3	68	69	서남서	3.8	1012.9
수원	7.7	23.8	16.8	72	65	남서	1.8	1012.9
동두천	10.1	23.6	14.5	71	57	남남서	1.5	1012.6
파주	20	20.9	14.7	68	68	남남서	1.5	1013.1
강화	4.2	20.7	14.8	67	67	남동	1.7	1013.3
양평	6.6	22.7	14.5	70	60	동남동	1.4	1013
이천	8.4	23.7	13.8	70	54	동북동	1.4	1012.8

① 시정이 가장 좋은 곳은 파주이다.
② 불쾌지수가 70을 초과한 지역은 2곳이다.
③ 시정이 가장 좋지 않은 지역은 풍속이 가장 강하다.
④ 이슬점 온도가 가장 높은 지역은 불쾌지수 또한 가장 높다.
⑤ 현재기온이 가장 높은 지역은 이슬점 온도와 습도 또한 가장 높다.

PART 3

Hard

28 다음은 우리나라 첫 직장 근속기간 현황을 나타낸 자료이다. 이에 대한 설명으로 옳지 않은 것은? (단, 졸업·중퇴 후 취업 유경험자 전체는 비임금 근로자와 임금 근로자의 합이다)

〈15～29세 첫 직장 근속기간 현황〉

(단위 : 명)

구분		전체	첫 일자리를 그만둔 경우	첫 일자리가 현 직장인 경우
2021년	졸업·중퇴 후 취업 유경험자 전체	4,032	2,411	1,621
	임금 근로자	3,909	2,375	1,534
	평균 근속기간(개월)	18	14	24
2022년	졸업·중퇴 후 취업 유경험자 전체	4,101	2,516	1,585
	임금 근로자	4,012	2,489	1,523
	평균 근속기간(개월)	18	14	24
2023년	졸업·중퇴 후 취업 유경험자 전체	4,140	2,574	1,566
	임금 근로자	4,055	2,546	1,509
	평균 근속기간(개월)	18	14	25

① 첫 직장에서의 비임금 근로자 수는 전년 대비 2022～2023년까지 매년 감소하였다.

② 2021년부터 2022년까지 졸업·중퇴 후 취업 유경험자 수의 평균은 4,091명이다.

③ 2021년 첫 일자리를 그만둔 임금 근로자 수는 첫 일자리가 현 직장인 근로자 수의 약 1.5배이다.

④ 2022년 첫 일자리가 현 직장인 임금 근로자 수는 전체 임금 근로자 수의 35% 이하이다.

⑤ 2023년 첫 일자리를 그만둔 경우의 평균 근속기간은 첫 일자리가 현 직장인 경우 평균 근속기간의 56%이다.

Easy

29 다음은 수송부문 대기 중 온실가스 배출량에 대한 자료이다. 이에 대한 설명으로 옳지 않은 것은?

〈수송부문 대기 중 온실가스 배출량〉

(단위 : ppm)

연도	구분	합계	이산화탄소	아산화질소	메탄
2019년	합계	83,617.9	82,917.7	197.6	502.6
	산업 부문	58,168.8	57,702.5	138	328.3
	가계 부문	25,449.1	25,215.2	59.6	174.3
2020년	합계	85,343	84,626.3	202.8	513.9
	산업 부문	59,160.2	58,686.7	141.4	332.1
	가계 부문	26,182.8	25,939.6	61.4	181.8
2021년	합계	85,014.3	84,306.8	203.1	504.4
	산업 부문	60,030	59,553.9	144.4	331.7
	가계 부문	24,984.3	24,752.9	58.7	172.7
2022년	합계	86,338.3	85,632.1	205.1	501.1
	산업 부문	64,462.4	63,936.9	151.5	374
	가계 부문	21,875.9	21,695.2	53.6	127.1
2023년	합계	88,261.37	87,547.49	210.98	502.9
	산업 부문	65,491.52	64,973.29	155.87	362.36
	가계 부문	22,769.85	22,574.2	55.11	140.54

① 이산화탄소의 비중은 어느 시기든 상관없이 가장 크다.
② 해당기간 동안 온실가스 총량은 지속적으로 증가하고 있다.
③ 연도별 가계와 산업 부문의 배출량 차이 값은 2023년에 가장 크다.
④ 모든 시기에서 아산화질소보다 메탄은 항상 많은 양이 배출되고 있다.
⑤ 연도별 가계와 산업 부문의 배출량 차이 값은 해가 지날수록 지속적으로 증가한다.

PART 3

30 다음은 연도별 전체 스마트폰 평균 스크린 대 바디 비율을 나타낸 자료이다. 이를 바르게 나타낸 그래프는?(단, 모든 그래프의 단위는 '%'이다)

〈전체 스마트폰 평균 스크린 대 바디 비율〉

(단위 : %)

구분	평균	최고 비율
2014년	33.1	52.0
2015년	35.6	56.9
2016년	43.0	55.2
2017년	47.5	60.3
2018년	53.0	67.6
2019년	58.2	72.4
2020년	63.4	78.5
2021년	60.2	78.0
2022년	64.1	83.6
2023년	65.0	82.2

※ 스크린 대 바디 비율은 전체 바디에서 스크린이 차지하는 비율임

①

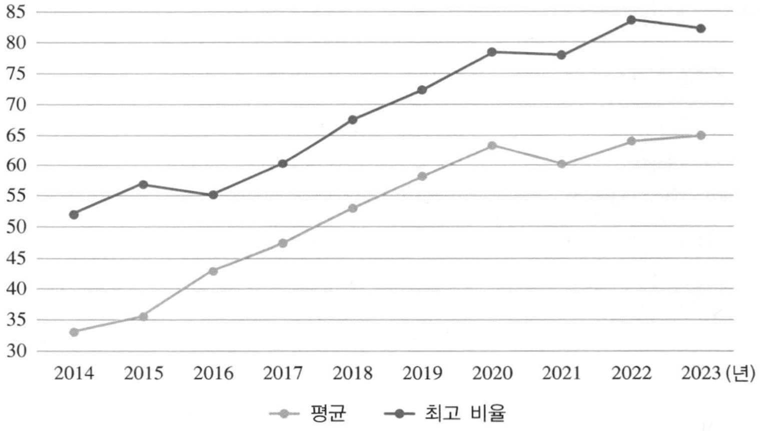

②

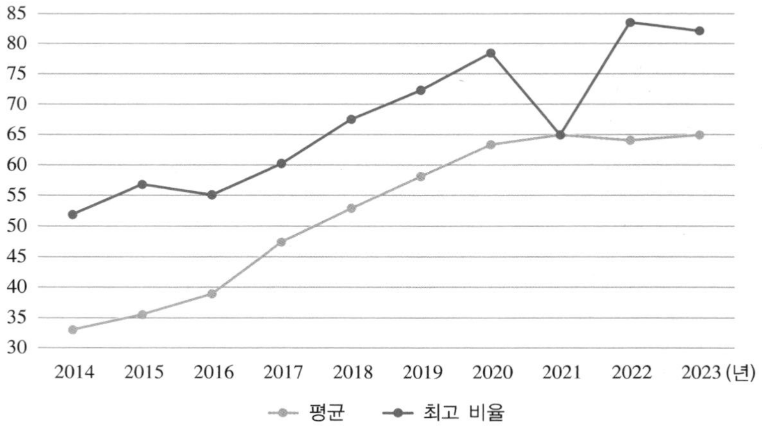

③
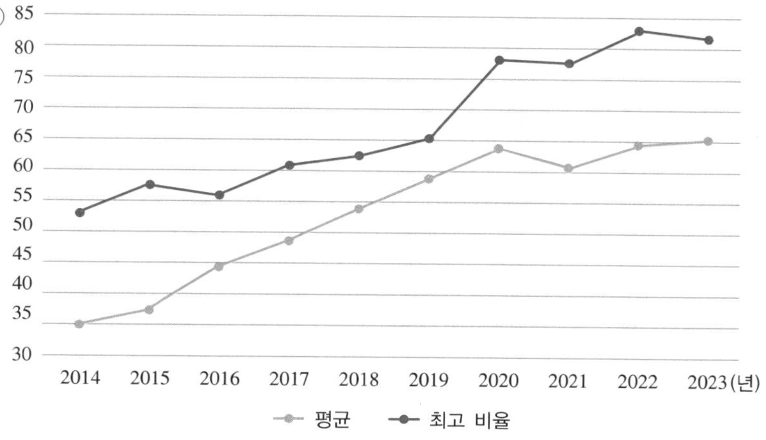
85
80
75
70
65
60
55
50
45
40
35
30
2014
2015
2016
2017
2018
2019
2020
2021
2022
2023(년)
평균
최고 비율

④
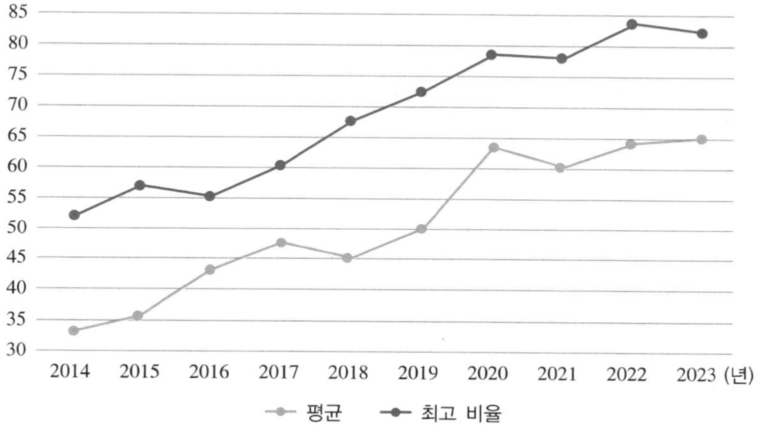
85
80
75
70
65
60
55
50
45
40
35
30
2014
2015
2016
2017
2018
2019
2020
2021
2022
2023 (년)
평균
최고 비율

⑤
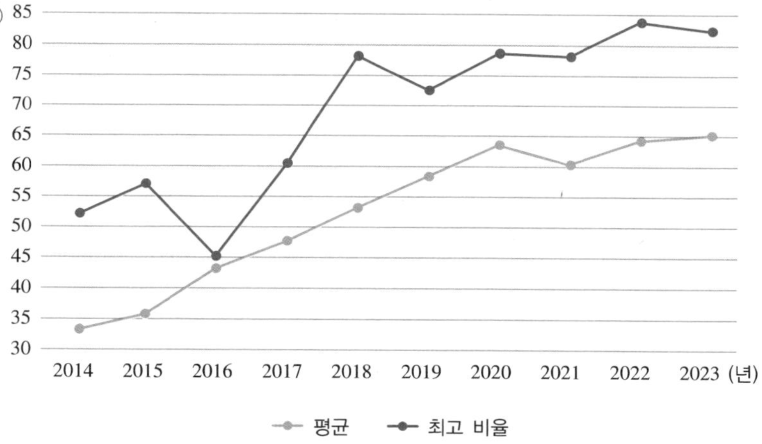
85
80
75
70
65
60
55
50
45
40
35
30
2014
2015
2016
2017
2018
2019
2020
2021
2022
2023 (년)
평균
최고 비율

01 다음 중 (가)와 (나) 사이의 시기에 있었던 사실로 옳은 것은?

> (가) 왕 16년 봄, 사비(일명 소부리라고 한다)로 도읍을 옮기고 국호를 남부여라고 하였다.
> (나) 왕 32년 가을, 신라를 습격하기 위해 왕이 직접 보병과 기병 50명을 거느리고 밤에 구천(狗川)에 이르렀는데, 신라 복병과 만나 싸우다가 신라군에게 살해되었다.
>
> – 『삼국사기』

① 지증왕이 우산국을 복속하였다.
② 근초고왕이 마한을 정벌하였다.
③ 고국원왕이 평양성에서 전사하였다.
④ 진흥왕이 한강 하류 지역을 차지하였다.

Easy

02 다음 중 6세기의 모습으로 적절하지 않은 것은?

① 신라는 왕의 칭호를 사용하였다.
② 신라는 우산국을 정복하였다.
③ 신라에 율령이 반포되었다.
④ 백제는 웅진으로 천도하였다.

03 다음 (가), (나) 국왕의 재위 시기에 있었던 사실로 적절한 것을 〈보기〉에서 모두 고르면?

> (가) 이름은 대흠무(大欽茂)이며, 발해의 제3대 왕이다. 대흥이라는 연호를 사용하였고 내치에 치중하여 정치·문화의 발전에 힘썼다.
> (나) 대부분의 말갈족을 복속시키고, 요동 지역으로 진출하였다. 이후 전성기를 맞은 발해를 중국에서는 해동성국(海東盛國)이라고 불렀다.

보기

ㄱ. (가) – 수도를 중경에서 상경으로 옮겼다.
ㄴ. (가) – 장문휴가 수군을 이끌고 당(唐)의 산둥(山東)지방을 공격하였다.
ㄷ. (나) – 당으로부터 율령을 받아들이는 등 문물을 적극 수용하였다.
ㄹ. (나) – 일본은 발해 사신의 영접비용에 대한 부담으로 사신 왕래를 제한하였다.

① ㄱ, ㄴ
② ㄱ, ㄹ
③ ㄴ, ㄷ
④ ㄷ, ㄹ

Easy

04 다음 〈보기〉에서 설명하는 세력은?

보기

- 무신정변 이후 지방의 향리들이 과거를 통해 중앙관리로 진출하여 형성되었다.
- 공민왕대 개혁 정치를 통해 정치세력으로 성장하였다.
- 급진적 개혁을 추구한 일부는 위화도 회군 이후 정치권력을 장악하고 조선을 건국하였다.

① 호족 ② 권문세족
③ 문벌귀족 ④ 신진사대부

05 다음 중 조선시대 태종의 왕권 강화책에 대한 설명으로 가장 적절한 것은?

① 국호를 조선으로 제정하였다.
② 개국 공신 세력의 지위를 격상시켰다.
③ 의정부 설치와 6조 직계제를 실시하였다.
④ 사병 제도를 신설하여 군사 지휘권을 장악하였다.

06 다음에서 설명하는 조선의 정치 기구는?

- 정치의 잘못을 비판
- 권력의 독점과 부정을 방지하는 역할

① 춘추관 ② 의금부
③ 승정원 ④ 사간원

07 다음 ㉠ 제도의 시행 결과로 옳은 것은?

과전법 → ㉠ → 관수관급제

① 전지와 시지의 지급 ② 수신전, 휼양전 폐지
③ 토지의 수조권 폐지 ④ 퇴직 관리에게 토지 지급

08 다음 중 조선시대의 신분제도에 대한 설명으로 가장 적절한 것은?

① 노비의 신분은 세습되지 않았다.
② 양인 이상이면 과거에 응시할 수 있었다.
③ 서리, 향리, 기술관은 직역 세습이 불가능했다.
④ 서얼은 양반으로 진출하는 데 제한을 받지 않았다.

09 다음 중 1970년대 시행된 정책이 아닌 것은?

① 야간통행 금지 해제
② 새마을운동의 추진
③ 원내교섭단체인 유신정우회 출범
④ 수출주도형 중화학 공업화

Hard

10 다음 중 제시된 성명 이후에 발생한 사건으로 옳은 것은?

> 쌍방은 다음과 같은 조국통일원칙들에 합의를 보았다.
> 첫째, 통일은 외세에 의존하거나 외세의 간섭을 받음이 없이 자주적으로 해결하여야 한다.
> 둘째, 통일은 서로 상대방을 반대하는 무력행사에 의거하지 않고 평화적 방법으로 실현하여야 한다.
> 셋째, 사상과 이념, 제도의 차이를 초월하여 우선 하나의 민족으로서 민족적 대단결을 도모하여야 한다.
>
> －7·4 남북공동성명

① 남북연석회의가 개최되어 남북의 정치지도자들이 통일정부 수립을 목표로 회담을 가졌다.
② 대통령의 임기가 4년이 되었고, 초대 대통령에 한해 1회 중임 제한이 면제되었다.
③ 대통령 직선제가 폐지되고 통일주체국민회의를 통한 간접선거가 되었다.
④ 3·15 부정선거에 항거하여 시민혁명이 발생하였다.

PART 4
인성검사

PART

4 인성검사

01 인성검사

인성검사는 GS그룹의 인재상과 적합한 인재인지 평가하는 테스트로, 지원자의 개인 성향이나 인성에 관한 질문으로 구성되어 있다. 출제유형은 계열사마다 상이할 수 있으므로 미리 알아두고 가면 도움이 될 것이다.

(1) 문항 수 : 107문항

(2) 출제유형 : GS그룹의 인성검사는 4문 5답 유형으로 문항당 4개의 문장이 나온다. 각 문장에 대해 자신이 동의하는 정도에 따라 답안 1에 체크하고, 멀다/가깝다 중에 하나를 답안 2에 체크한다.

02 인성검사 수검요령

인성검사는 특별한 수검요령이 없다. 다시 말하면 모범답안이 없고, 정답이 없다는 이야기이다. 국어문제처럼 말의 뜻을 풀이하는 것도 아니다. 굳이 수검요령을 말하자면, 진실하고 솔직한 내 생각이 정답이라고 할 수 있을 것이다.

인성검사에서 가장 중요한 것은 첫째, 솔직한 답변이다. 지금까지 경험을 통해서 축적되어 온 자신의 생각과 행동을 허구 없이 솔직하게 기재를 하는 것이다. 예를 들어, '나는 타인의 물건을 훔치고 싶은 충동을 느껴본 적이 있다.'라는 질문에 피검사자들은 많은 생각을 하게 된다. 생각해 보라. 유년기에 또는 성인이 되어서도 타인의 물건을 훔치는 일을 저지른 적은 없더라도, 훔치고 싶은 마음적인 충동은 누구나 조금이라도 다 느껴 보았을 것이다. 그런데 이 질문에 고민을 하는 사람이 간혹 있다. 과연 이 질문에 '매우 그렇다.'라고 대답하면 담당 검사관들이 나를 사회적으로 문제가 있는 사람으로 여기지는 않을까 하는 생각에 '전혀 그렇지 않다.'라는 답을 기재하게 된다. 이런 솔직하지 않은 답변이 답변의 신뢰와 솔직함을 나타내는 타당성 척도에 좋지 않은 점수를 주게 된다.

둘째, 일관성 있는 답변이다. 인성검사의 수많은 질문 문항 중에는 비슷한 뜻의 질문이 여러 개 숨어있는 경우가 많이 있다. 그 질문들은 피검사자의 솔직한 답변과, 심리적인 상태를 알아보기 위해 내포되어 있는 문항들이다. 가령 '나는 유년시절 타인의 물건을 훔친 적이 있다.'라는 질문에 '매우 그렇다.'라고 대답했는데, '나는 유년시절 타인의 물건을 훔쳐보고 싶은 충동을 느껴본 적이 있다.'라는 질문에는 '전혀 그렇지 않다.'라는 답을 기재한다면 어떻겠는가. 일관성 없이 '대충 기재하자'라는 식의 심리적 무성의성 답변이 되거나, 정신적으로 문제가 있는 사람으로 보일 수 있다.

인성검사는 많은 문항 수를 풀어나가기 때문에 피검사자들은 지루함과 따분함, 반복된 뜻의 질문에 의한 인내 상실 등이 나타날 수 있다. 인내를 가지고 솔직하게 내 생각을 대답하는 것이 무엇보다 중요한 요령이 될 것이다.

03 인성검사 시 유의사항

(1) 충분한 휴식으로 불안을 없애고 정서적인 안정을 취한다. 심신이 안정되어야 자신의 마음을 표현할 수 있다.

(2) 생각나는 대로 솔직하게 응답한다. 자신을 너무 과대포장하지도, 너무 비하하지도 마라. 답변을 꾸며서 하면 앞뒤가 맞지 않게끔 구성돼 있어 불리한 평가를 받게 되므로 솔직하게 답하도록 한다.

(3) 검사 문항에 대해 지나치게 골똘히 생각해서는 안 된다. 지나치게 몰두하면 엉뚱한 답변이 나올 수 있으므로 불필요한 생각은 삼간다.

(4) 검사 시간에 너무 신경 쓸 필요는 없다. 인성검사는 시간제한이 없는 경우가 많으며 시간제한이 있다해도 충분한 시간이다.

(5) 인성검사는 대개 문항 수가 많기에 자칫 건너뛰는 경우가 있는데, 가능한 한 모든 문항에 답해야 한다. 응답하지 않은 문항이 많을 경우 평가자가 정확한 평가를 내리지 못해 불리한 평가를 내릴 수 있기 때문이다.

04 인성검사 모의연습

※ 인성검사는 정답이 따로 없는 유형의 검사이므로 결과지를 제공하지 않습니다.

※ 각 문항을 읽고 ①~⑤ 중 자신에게 맞는 것을 선택하시오(① 전혀 그렇지 않다, ② 그렇지 않다, ③ 보통이다, ④ 그렇다, ⑤ 매우 그렇다). 그리고 4문항 중 자신의 성격과 가장 먼 문항(멀다)과 가까운 문항(가깝다)을 하나씩 선택하시오. [1~107]

01

문항	답안 1					답안 2	
	①	②	③	④	⑤	멀다	가깝다
A. 컨디션에 따라 기분이 잘 변한다.	☐	☐	☐	☐	☐	☐	☐
B. 당혹감을 잘 느끼지 못하는 편이다.	☐	☐	☐	☐	☐	☐	☐
C. 정서적인 반응이 적고 무신경한 편이다.	☐	☐	☐	☐	☐	☐	☐
D. 자신에게 우울증, 불안장애가 있는지 의심하곤 한다.	☐	☐	☐	☐	☐	☐	☐

02

문항	답안 1					답안 2	
	①	②	③	④	⑤	멀다	가깝다
A. 자기주장이 강한 편이다.	☐	☐	☐	☐	☐	☐	☐
B. 인간관계에 거리를 두는 편이다.	☐	☐	☐	☐	☐	☐	☐
C. 어떠한 일이 있어도 출세하고 싶다.	☐	☐	☐	☐	☐	☐	☐
D. 별로 유쾌하지 않으며 내향적이지만 자신이 불행하다고 느끼지 않는다.	☐	☐	☐	☐	☐	☐	☐

03

문항	답안 1					답안 2	
	①	②	③	④	⑤	멀다	가깝다
A. 감수성이 풍부하다는 평가를 받곤 한다.	☐	☐	☐	☐	☐	☐	☐
B. 신기한 것보다는 익숙한 것에 눈길이 간다.	☐	☐	☐	☐	☐	☐	☐
C. 감정을 중시하지 않아 정서가 무딘 편이다.	☐	☐	☐	☐	☐	☐	☐
D. 권위와 전통은 윤리처럼 반드시 지켜야 하는 것이다.	☐	☐	☐	☐	☐	☐	☐

04

문항	답안 1					답안 2	
	①	②	③	④	⑤	멀다	가깝다
A. 다른 사람의 일에 관심이 거의 없다.	☐	☐	☐	☐	☐	☐	☐
B. 성격이 사근사근하고 솔직한 편이다.	☐	☐	☐	☐	☐	☐	☐
C. 너무 자만하지 말라는 핀잔을 받곤 한다.	☐	☐	☐	☐	☐	☐	☐
D. 다소 떳떳하지 않아도 치부(致富)하는 것이 먼저라고 생각한다.	☐	☐	☐	☐	☐	☐	☐

05

문항	답안 1					답안 2	
	①	②	③	④	⑤	멀다	가깝다
A. 노력의 여하보다 결과가 중요하다.	☐	☐	☐	☐	☐	☐	☐
B. 사물을 신중하게 생각하는 편이다.	☐	☐	☐	☐	☐	☐	☐
C. 자신의 준비성과 능력이 부족함을 느낀다.	☐	☐	☐	☐	☐	☐	☐
D. 과제를 반드시 완수해야 한다는 강박을 느끼곤 한다.	☐	☐	☐	☐	☐	☐	☐

06

문항	답안 1					답안 2	
	①	②	③	④	⑤	멀다	가깝다
A. 살다 보면 힘든 일이 너무 많다.	☐	☐	☐	☐	☐	☐	☐
B. 언짢은 감정을 금방 삭이는 편이다.	☐	☐	☐	☐	☐	☐	☐
C. 고민이 생겨도 심각하게 생각하지 않는다.	☐	☐	☐	☐	☐	☐	☐
D. 어떤 경우에도 상황을 절망적으로 보지 않는다.	☐	☐	☐	☐	☐	☐	☐

07

문항	답안 1					답안 2	
	①	②	③	④	⑤	멀다	가깝다
A. 몸으로 부딪쳐 도전하는 편이다.	☐	☐	☐	☐	☐	☐	☐
B. 어수선한 번화가에서 열정을 느끼곤 한다.	☐	☐	☐	☐	☐	☐	☐
C. 나서기보다는 남의 리드를 따르는 편이다.	☐	☐	☐	☐	☐	☐	☐
D. 권투처럼 격렬한 것보다는 바둑처럼 정적인 스포츠를 선호한다.	☐	☐	☐	☐	☐	☐	☐

08

문항	답안 1					답안 2	
	①	②	③	④	⑤	멀다	가깝다
A. 미지의 세계를 동경하는 편이다.	☐	☐	☐	☐	☐	☐	☐
B. 예술 작품에 별로 흥미를 느끼지 못한다.	☐	☐	☐	☐	☐	☐	☐
C. 검증을 거치지 않은 것은 받아들일 수 없다.	☐	☐	☐	☐	☐	☐	☐
D. 미완성작은 자유롭게 상상할 여지가 많아서 가치가 있다고 생각한다.	☐	☐	☐	☐	☐	☐	☐

09

문항	답안 1					답안 2	
	①	②	③	④	⑤	멀다	가깝다
A. 우월감을 자랑하곤 한다.	☐	☐	☐	☐	☐	☐	☐
B. 타인에게 간섭받는 것을 싫어한다.	☐	☐	☐	☐	☐	☐	☐
C. 남으로부터 배려심이 깊다는 말을 듣는다.	☐	☐	☐	☐	☐	☐	☐
D. 협상에서는 역지사지(易地思之)가 가장 중요하다.	☐	☐	☐	☐	☐	☐	☐

10

문항	답안 1					답안 2	
	①	②	③	④	⑤	멀다	가깝다
A. 맡겨진 일은 기필코 끝을 맺는다.	☐	☐	☐	☐	☐	☐	☐
B. 빨리 처리해야 할 일도 미루곤 한다.	☐	☐	☐	☐	☐	☐	☐
C. 자신이 준비된 인재라고 생각할 때가 많다.	☐	☐	☐	☐	☐	☐	☐
D. 기존의 계획을 엄수하기보다는 임기응변에 강하다고 생각한다.	☐	☐	☐	☐	☐	☐	☐

11

문항	답안 1					답안 2	
	①	②	③	④	⑤	멀다	가깝다
A. 지나치게 감상적일 때가 종종 있다.	☐	☐	☐	☐	☐	☐	☐
B. 대수롭지 않은 일로 눈물을 흘리곤 한다.	☐	☐	☐	☐	☐	☐	☐
C. 대개의 경우에는 상황을 낙관적으로 본다.	☐	☐	☐	☐	☐	☐	☐
D. 일을 성공시키지 못해도 낙담하거나 불평하지 않는다.	☐	☐	☐	☐	☐	☐	☐

12

문항	답안 1					답안 2	
	①	②	③	④	⑤	멀다	가깝다
A. 바쁜 생활에서 활력과 생동감을 느낀다.	☐	☐	☐	☐	☐	☐	☐
B. 친구들과 함께 단체경기를 즐기는 편이다.	☐	☐	☐	☐	☐	☐	☐
C. 혼자 있는 게 좋아 사회적 자극을 피한다.	☐	☐	☐	☐	☐	☐	☐
D. 남들보다 높은 위치에서 그들에게 영향을 끼치는 것에 관심이 없다.	☐	☐	☐	☐	☐	☐	☐

13

문항	답안 1					답안 2	
	①	②	③	④	⑤	멀다	가깝다
A. 지식욕이 많지 않다고 생각한다.	☐	☐	☐	☐	☐	☐	☐
B. 상상력은 별로 중요하지 않다고 생각한다.	☐	☐	☐	☐	☐	☐	☐
C. 자신만의 예술관으로 작품을 감상하려 한다.	☐	☐	☐	☐	☐	☐	☐
D. 독서할 때 미적 감성이 독특한 작품을 선호한다.	☐	☐	☐	☐	☐	☐	☐

14

문항	답안 1					답안 2	
	①	②	③	④	⑤	멀다	가깝다
A. 타인들을 좀처럼 의심하지 않는 편이다.	☐	☐	☐	☐	☐	☐	☐
B. 자신의 권익을 적극적으로 주장하는 편이다.	☐	☐	☐	☐	☐	☐	☐
C. 이재민 구호단체에 성금을 보내곤 한다.	☐	☐	☐	☐	☐	☐	☐
D. 지나친 겸손은 예의가 아니며 과시욕은 자연스러운 욕망이라고 생각한다.	☐	☐	☐	☐	☐	☐	☐

15

문항	답안 1					답안 2	
	①	②	③	④	⑤	멀다	가깝다
A. 일주일의 계획을 만드는 것을 좋아한다.	☐	☐	☐	☐	☐	☐	☐
B. 책임 의식이 부족하다는 평가를 받곤 한다.	☐	☐	☐	☐	☐	☐	☐
C. 공부를 열심히 하지 않아도 마음이 느긋하다.	☐	☐	☐	☐	☐	☐	☐
D. 공간을 효율적으로 활용하도록 가재도구를 깔끔하게 수납할 수 있다.	☐	☐	☐	☐	☐	☐	☐

16

문항	답안 1					답안 2	
	①	②	③	④	⑤	멀다	가깝다
A. 화가 나도 참아 넘길 때가 많다.	☐	☐	☐	☐	☐	☐	☐
B. 슬픈 일을 당해도 비참하지 않으려 한다.	☐	☐	☐	☐	☐	☐	☐
C. 구매욕을 잘 참지 못해 적자를 내곤 한다.	☐	☐	☐	☐	☐	☐	☐
D. 우울감, 열등감에 빠지면 쉽게 떨쳐버리지 못한다.	☐	☐	☐	☐	☐	☐	☐

17

문항	답안 1					답안 2	
	①	②	③	④	⑤	멀다	가깝다
A. 남들과 가깝게 왕래하지 않는 편이다.	☐	☐	☐	☐	☐	☐	☐
B. 크게 행복하진 않지만 불행하지도 않다.	☐	☐	☐	☐	☐	☐	☐
C. 위험을 무릅쓰는 스포츠를 즐기는 편이다.	☐	☐	☐	☐	☐	☐	☐
D. 함께 일할 사람을 1명만 뽑는다면 유쾌하고 명랑한 사람을 뽑겠다.	☐	☐	☐	☐	☐	☐	☐

18

문항	답안 1					답안 2	
	①	②	③	④	⑤	멀다	가깝다
A. 새로운 생각들의 영향을 잘 받는 편이다.	☐	☐	☐	☐	☐	☐	☐
B. 실험적인 것보다는 검증된 것을 선호한다.	☐	☐	☐	☐	☐	☐	☐
C. 검증되고 원금이 확실히 보장돼야 투자한다.	☐	☐	☐	☐	☐	☐	☐
D. 호기심을 강하게 느끼며 감정을 중시하는 편이다.	☐	☐	☐	☐	☐	☐	☐

19

문항	답안 1					답안 2	
	①	②	③	④	⑤	멀다	가깝다
A. 이윤 확대보다는 상생이 먼저라고 생각한다.	☐	☐	☐	☐	☐	☐	☐
B. 알력이 발생하면 자신의 입장을 고수한다.	☐	☐	☐	☐	☐	☐	☐
C. 갈등을 겪을 때 상대방에게 의존하곤 한다.	☐	☐	☐	☐	☐	☐	☐
D. 진정으로 신뢰하고 마음을 허락할 수 있는 사람은 없다.	☐	☐	☐	☐	☐	☐	☐

20

문항	답안 1					답안 2	
	①	②	③	④	⑤	멀다	가깝다
A. 자신이 경솔하다고 자주 느낀다.	☐	☐	☐	☐	☐	☐	☐
B. 돌다리는 두드리지 않고 건너는 편이다.	☐	☐	☐	☐	☐	☐	☐
C. 실패해도 성공할 때까지 계속 도전한다.	☐	☐	☐	☐	☐	☐	☐
D. 일의 다음 단계로 넘어가기 전에 반성과 피드백을 통해 완성도를 높이려 한다.	☐	☐	☐	☐	☐	☐	☐

21

문항	답안 1					답안 2	
	①	②	③	④	⑤	멀다	가깝다
A. 사는 것이 힘들다고 느낀 적은 없다.	☐	☐	☐	☐	☐	☐	☐
B. 사물의 밝은 면만을 보려고 노력한다.	☐	☐	☐	☐	☐	☐	☐
C. 오랜 번민으로 심한 괴로움을 느끼곤 한다.	☐	☐	☐	☐	☐	☐	☐
D. 긴장이 심해지면 일손이 도무지 잡히지 않는다.	☐	☐	☐	☐	☐	☐	☐

22

문항	답안 1					답안 2	
	①	②	③	④	⑤	멀다	가깝다
A. 혼자서 사색을 즐기는 편이다.	☐	☐	☐	☐	☐	☐	☐
B. 주기주장이 강해서 알력을 일으키곤 한다.	☐	☐	☐	☐	☐	☐	☐
C. 타인과의 관계에서 의구심이 들 때가 많다.	☐	☐	☐	☐	☐	☐	☐
D. 다른 사람이 나를 어떻게 생각하는지 궁금할 때가 많다.	☐	☐	☐	☐	☐	☐	☐

23

문항	답안 1					답안 2	
	①	②	③	④	⑤	멀다	가깝다
A. 방법이 정해진 일은 안심할 수 있다.	☐	☐	☐	☐	☐	☐	☐
B. 이론적 근거가 확증된 것만을 선호한다.	☐	☐	☐	☐	☐	☐	☐
C. 예술인이 된 자신의 모습을 상상하곤 한다.	☐	☐	☐	☐	☐	☐	☐
D. 마음의 소리를 듣기 위해 깊은 생각에 잠기곤 한다.	☐	☐	☐	☐	☐	☐	☐

24

문항	답안 1					답안 2	
	①	②	③	④	⑤	멀다	가깝다
A. 다른 사람의 의견에 귀를 기울인다.	☐	☐	☐	☐	☐	☐	☐
B. 싸운 후 화해하지 못해 친구를 잃곤 한다.	☐	☐	☐	☐	☐	☐	☐
C. 규범을 따르며 공평하려고 애쓰는 편이다.	☐	☐	☐	☐	☐	☐	☐
D. 협조적인 토의보다는 경쟁적인 토론에 능숙하다.	☐	☐	☐	☐	☐	☐	☐

25

문항	답안 1					답안 2	
	①	②	③	④	⑤	멀다	가깝다
A. 추진력은 부족해도 융통성은 높은 편이다.	☐	☐	☐	☐	☐	☐	☐
B. 성취감이 큰 일에서 동기부여를 받는 편이다.	☐	☐	☐	☐	☐	☐	☐
C. 묘안이 떠올라도 여러모로 검토해 실행한다.	☐	☐	☐	☐	☐	☐	☐
D. 일을 하면서도 능력 부족으로 목표를 달성할 수 없다고 생각하곤 한다.	☐	☐	☐	☐	☐	☐	☐

26

문항	답안 1					답안 2	
	①	②	③	④	⑤	멀다	가깝다
A. 나는 내 욕구를 잘 억제하는 편이다.	☐	☐	☐	☐	☐	☐	☐
B. 때로는 암울한 기분에 휩싸이곤 한다.	☐	☐	☐	☐	☐	☐	☐
C. 쉽게 넌더리가 나서 공허하게 느껴진다.	☐	☐	☐	☐	☐	☐	☐
D. 성격이 강인하지만 정서 반응에 둔감한 편이다.	☐	☐	☐	☐	☐	☐	☐

27

문항	답안 1					답안 2	
	①	②	③	④	⑤	멀다	가깝다
A. 인맥을 유지·확대하는 일에 관심이 많다.	☐	☐	☐	☐	☐	☐	☐
B. 동문회에 가능한 한 참석하려고 노력한다.	☐	☐	☐	☐	☐	☐	☐
C. 남들의 주목을 받는 게 불쾌하게 느껴진다.	☐	☐	☐	☐	☐	☐	☐
D. 사생활을 침해당할 것 같아 유명해지고 싶지 않다.	☐	☐	☐	☐	☐	☐	☐

28

문항	답안 1					답안 2	
	①	②	③	④	⑤	멀다	가깝다
A. 꿈을 가진 사람에게 끌린다.	☐	☐	☐	☐	☐	☐	☐
B. 남의 의견에 수용적이지 않은 편이다.	☐	☐	☐	☐	☐	☐	☐
C. 굳이 나누자면 나는 보수적이라고 생각한다.	☐	☐	☐	☐	☐	☐	☐
D. 나와 관점이 다른 사람을 만나 신선한 충격을 받기를 선호한다.	☐	☐	☐	☐	☐	☐	☐

29

문항	답안 1					답안 2	
	①	②	③	④	⑤	멀다	가깝다
A. 이익의 공정한 배분을 위해 협조적이다.	☐	☐	☐	☐	☐	☐	☐
B. 겸손과 배려를 실천하려고 애쓰는 편이다.	☐	☐	☐	☐	☐	☐	☐
C. 잘 모르는 타인에 대한 불신감이 큰 편이다.	☐	☐	☐	☐	☐	☐	☐
D. 자신의 영리를 극대화하기 위해서 남을 복종시켜야 한다고 생각한다.	☐	☐	☐	☐	☐	☐	☐

30

문항	답안 1					답안 2	
	①	②	③	④	⑤	멀다	가깝다
A. 목표를 세워도 지키지 못하곤 한다.	☐	☐	☐	☐	☐	☐	☐
B. 자신이 유능하다고 믿지 못할 때가 많다.	☐	☐	☐	☐	☐	☐	☐
C. 계획을 실제로 행하기 전에 꼭 재확인한다.	☐	☐	☐	☐	☐	☐	☐
D. 사회적 규범을 준수하면서 책임을 다하려면 먼저 도덕적 인간이 되어야 한다.	☐	☐	☐	☐	☐	☐	☐

31

문항	답안 1					답안 2	
	①	②	③	④	⑤	멀다	가깝다
A. 스트레스를 받으면 자신감을 잃곤 한다.	☐	☐	☐	☐	☐	☐	☐
B. 흥분해도 마음을 잘 가라앉히는 편이다.	☐	☐	☐	☐	☐	☐	☐
C. 불행이 닥칠까봐 마음이 불안해지곤 한다.	☐	☐	☐	☐	☐	☐	☐
D. 안 좋은 일을 당하면 운이 나빴을 뿐이라며 심각하게 받아들이지 않는다.	☐	☐	☐	☐	☐	☐	☐

32

문항	답안 1					답안 2	
	①	②	③	④	⑤	멀다	가깝다
A. 남들보다 튀는 것을 싫어한다.	☐	☐	☐	☐	☐	☐	☐
B. 타인과 만났을 때 화제에 부족함이 없다.	☐	☐	☐	☐	☐	☐	☐
C. 명랑하고 유쾌하다는 평가를 받곤 한다.	☐	☐	☐	☐	☐	☐	☐
D. 연예인이 되면 삶이 불편해질 것이라 생각한다.	☐	☐	☐	☐	☐	☐	☐

33

문항	답안 1					답안 2	
	①	②	③	④	⑤	멀다	가깝다
A. 틀에 박힌 일은 몹시 싫다.	☐	☐	☐	☐	☐	☐	☐
B. 궁금증을 잘 느끼지 못하는 편이다.	☐	☐	☐	☐	☐	☐	☐
C. 새로운 것을 받아들이는 데 보수적이다.	☐	☐	☐	☐	☐	☐	☐
D. 단일민족 사회보다는 다문화사회를 지지한다.	☐	☐	☐	☐	☐	☐	☐

34

문항	답안 1					답안 2	
	①	②	③	④	⑤	멀다	가깝다
A. 자신의 이익보다 조직의 이익이 중요하다.	☐	☐	☐	☐	☐	☐	☐
B. 상대방과의 타협점을 찾는 일에 능숙하다.	☐	☐	☐	☐	☐	☐	☐
C. 필요하다면 남에게 위협조로 말할 수 있다.	☐	☐	☐	☐	☐	☐	☐
D. 남들이 반대해도 자신의 의견을 결코 고치지 않는다.	☐	☐	☐	☐	☐	☐	☐

35

문항	답안 1					답안 2	
	①	②	③	④	⑤	멀다	가깝다
A. 동기부여를 받지 못하는 편이다.	☐	☐	☐	☐	☐	☐	☐
B. 사전에 계획을 세워 행동하는 편이다.	☐	☐	☐	☐	☐	☐	☐
C. 목표가 확실하지 않으면 행동하지 않는다.	☐	☐	☐	☐	☐	☐	☐
D. 자신의 입장을 망각하고 지나치게 가볍게 행동하곤 한다.	☐	☐	☐	☐	☐	☐	☐

36

문항	답안 1					답안 2	
	①	②	③	④	⑤	멀다	가깝다
A. 자신의 삶이 덧없다고 느껴지곤 한다.	☐	☐	☐	☐	☐	☐	☐
B. 자신이 번아웃되어 껍데기만 남은 것 같다.	☐	☐	☐	☐	☐	☐	☐
C. 자질구레한 것은 별로 걱정하지 않는다.	☐	☐	☐	☐	☐	☐	☐
D. 욕망·욕구처럼 미움·절망도 절제할 수 있다고 생각한다.	☐	☐	☐	☐	☐	☐	☐

37

문항	답안 1					답안 2	
	①	②	③	④	⑤	멀다	가깝다
A. 사람들 앞에 잘 나서지 못한다.	☐	☐	☐	☐	☐	☐	☐
B. 정열은 내 삶을 움직이는 원동력이다.	☐	☐	☐	☐	☐	☐	☐
C. 사소한 일에도 즐거움을 잘 느끼곤 한다.	☐	☐	☐	☐	☐	☐	☐
D. 아는 사람과 우연히 만나도 굳이 알은척하지 않는다.	☐	☐	☐	☐	☐	☐	☐

38

문항	답안 1					답안 2	
	①	②	③	④	⑤	멀다	가깝다
A. 기발한 착상을 잘하는 편이다.	☐	☐	☐	☐	☐	☐	☐
B. 상상만으로 글의 줄거리를 지어낼 수 있다.	☐	☐	☐	☐	☐	☐	☐
C. 호기심이 적고 감정의 진폭이 좁은 편이다.	☐	☐	☐	☐	☐	☐	☐
D. 대개의 경우 감성적으로 접근하는 것은 바람직하지 않다.	☐	☐	☐	☐	☐	☐	☐

39

문항	답안 1					답안 2	
	①	②	③	④	⑤	멀다	가깝다
A. 남들의 문제에 개입하기를 꺼린다.	☐	☐	☐	☐	☐	☐	☐
B. 나는 남들보다 특별히 잘난 점이 없다.	☐	☐	☐	☐	☐	☐	☐
C. 인간은 원래 이기적인 동물이라고 여긴다.	☐	☐	☐	☐	☐	☐	☐
D. 협상할 때는 상호 이득을 이루는 것이 최선이다.	☐	☐	☐	☐	☐	☐	☐

40

문항	답안 1					답안 2	
	①	②	③	④	⑤	멀다	가깝다
A. 임시변통하는 일에 능숙한 편이다.	☐	☐	☐	☐	☐	☐	☐
B. 정돈을 잘하지 못해 주변이 어수선한 편이다.	☐	☐	☐	☐	☐	☐	☐
C. 일에 착수하면 반드시 성과를 거둬야 한다.	☐	☐	☐	☐	☐	☐	☐
D. 무리하게 일을 진행하지 않음으로써 완성도를 높이는 편이다.	☐	☐	☐	☐	☐	☐	☐

41

문항	답안 1					답안 2	
	①	②	③	④	⑤	멀다	가깝다
A. 충동적인 언행을 삼가는 편이다.	☐	☐	☐	☐	☐	☐	☐
B. 후회하느라 속을 썩이지 않는 편이다.	☐	☐	☐	☐	☐	☐	☐
C. 부질없는 심려 때문에 난감해지곤 한다.	☐	☐	☐	☐	☐	☐	☐
D. 어떤 선택을 해도 무의미하다는 생각 때문에 충동적이 되곤 한다.	☐	☐	☐	☐	☐	☐	☐

42

문항	답안 1					답안 2	
	①	②	③	④	⑤	멀다	가깝다
A. 흥분을 주는 자극적인 운동을 좋아한다.	☐	☐	☐	☐	☐	☐	☐
B. 리더들의 주장을 잘 수용해 따르는 편이다.	☐	☐	☐	☐	☐	☐	☐
C. 다른 사람의 시선을 끄는 것을 선호한다.	☐	☐	☐	☐	☐	☐	☐
D. 타인과의 만남을 회피하고 혼자 있기를 즐긴다.	☐	☐	☐	☐	☐	☐	☐

43

문항	답안 1					답안 2	
	①	②	③	④	⑤	멀다	가깝다
A. 예술은 나의 관심을 끌지 못한다.	☐	☐	☐	☐	☐	☐	☐
B. 때로는 비현실적인 공상을 하곤 한다.	☐	☐	☐	☐	☐	☐	☐
C. 학창 시절에 선생님의 지시를 어긴 적이 없다.	☐	☐	☐	☐	☐	☐	☐
D. 감수성과 통찰력에 의존해 직감적으로 판단하는 편이다.	☐	☐	☐	☐	☐	☐	☐

44

문항	답안 1					답안 2	
	①	②	③	④	⑤	멀다	가깝다
A. 낯선 이를 결코 쉽게 믿지 않는다.	☐	☐	☐	☐	☐	☐	☐
B. 다른 사람보다 고집이 세고 냉정하다.	☐	☐	☐	☐	☐	☐	☐
C. 인간들은 본래 선한 의도를 가지고 있다.	☐	☐	☐	☐	☐	☐	☐
D. 다수가 반대하면 나의 생각을 다수의 의견에 맞춰 수정한다.	☐	☐	☐	☐	☐	☐	☐

45

문항	답안 1					답안 2	
	①	②	③	④	⑤	멀다	가깝다
A. 스케줄을 짜고 행동하는 편이다.	☐	☐	☐	☐	☐	☐	☐
B. 계획에 얽매이는 것을 좋아하지 않는다.	☐	☐	☐	☐	☐	☐	☐
C. 어떤 일이 있어도 의욕을 가지고 노력한다.	☐	☐	☐	☐	☐	☐	☐
D. 한결같고 인내력이 있다는 말을 거의 듣지 못했다.	☐	☐	☐	☐	☐	☐	☐

46

문항	답안 1					답안 2	
	①	②	③	④	⑤	멀다	가깝다
A. 때로는 지나치게 성을 내곤 한다.	☐	☐	☐	☐	☐	☐	☐
B. 자잘한 일에도 흡족함을 느끼곤 한다.	☐	☐	☐	☐	☐	☐	☐
C. 따분함을 느끼면 몹시 무기력해지곤 한다.	☐	☐	☐	☐	☐	☐	☐
D. 현실적인 어려움에 부닥쳐도 차분하게 대처한다.	☐	☐	☐	☐	☐	☐	☐

47

문항	답안 1					답안 2	
	①	②	③	④	⑤	멀다	가깝다
A. 격렬한 운동을 하는 것을 싫어한다.	☐	☐	☐	☐	☐	☐	☐
B. 대인관계가 거추장스럽게 느껴지곤 한다.	☐	☐	☐	☐	☐	☐	☐
C. 타인에게 영향을 끼치는 위치에 서고 싶다.	☐	☐	☐	☐	☐	☐	☐
D. 남들보다 활기차며 무난하지 않은 것을 좋아한다.	☐	☐	☐	☐	☐	☐	☐

48

문항	답안 1					답안 2	
	①	②	③	④	⑤	멀다	가깝다
A. 언제나 익숙한 길로만 다니는 편이다.	☐	☐	☐	☐	☐	☐	☐
B. 마술쇼는 나의 흥미를 끌지 못한다.	☐	☐	☐	☐	☐	☐	☐
C. 지식을 쌓기 위해 꾸준히 독서하는 편이다.	☐	☐	☐	☐	☐	☐	☐
D. 이상을 실현하려면 개방성이 가장 중요하다고 생각한다.	☐	☐	☐	☐	☐	☐	☐

49

문항	답안 1					답안 2	
	①	②	③	④	⑤	멀다	가깝다
A. 경쟁자를 이기기 위해 선수를 치곤 한다.	☐	☐	☐	☐	☐	☐	☐
B. 타인을 이해하고 존중하려 애쓰는 편이다.	☐	☐	☐	☐	☐	☐	☐
C. 상대의 긍정적인 면을 찾으려 하는 편이다.	☐	☐	☐	☐	☐	☐	☐
D. 비협조적인 상대에게는 협박조로 응수하는 것이 적절하다고 생각한다.	☐	☐	☐	☐	☐	☐	☐

50

문항	답안 1					답안 2	
	①	②	③	④	⑤	멀다	가깝다
A. 욕구의 영향으로 변덕을 부리는 편이다.	☐	☐	☐	☐	☐	☐	☐
B. 무슨 일이든 수차례 검토하고 확인한다.	☐	☐	☐	☐	☐	☐	☐
C. 일이나 사물을 정리할 때 애를 먹곤 한다.	☐	☐	☐	☐	☐	☐	☐
D. 계획의 수립과 실천을 질서 있게 하려고 애쓴다.	☐	☐	☐	☐	☐	☐	☐

51

문항	답안 1					답안 2	
	①	②	③	④	⑤	멀다	가깝다
A. 화나면 안절부절 어쩔 줄을 모르곤 한다.	☐	☐	☐	☐	☐	☐	☐
B. 황당한 일을 겪어도 자신감을 잃지 않는다.	☐	☐	☐	☐	☐	☐	☐
C. 스트레스를 받아도 감정적 대응을 자제한다.	☐	☐	☐	☐	☐	☐	☐
D. 사고를 낼까 봐 마음이 조마조마해져 과속운전을 절대 하지 않는다.	☐	☐	☐	☐	☐	☐	☐

52

문항	답안 1					답안 2	
	①	②	③	④	⑤	멀다	가깝다
A. 공동 작업보다는 개인 작업을 선호한다.	☐	☐	☐	☐	☐	☐	☐
B. 넓은 인간관계는 나의 관심사가 아니다.	☐	☐	☐	☐	☐	☐	☐
C. 자신의 의견을 당차게 주장하는 편이다.	☐	☐	☐	☐	☐	☐	☐
D. 힘에 부치는 활동을 해도 피로를 잘 느끼지 않는다.	☐	☐	☐	☐	☐	☐	☐

53

문항	답안 1					답안 2	
	①	②	③	④	⑤	멀다	가깝다
A. 난해한 예술에 관심이 더욱 끌린다.	☐	☐	☐	☐	☐	☐	☐
B. 전통을 반드시 지켜야 한다고 생각한다.	☐	☐	☐	☐	☐	☐	☐
C. 모르는 것을 배우는 일에 적극적인 편이다.	☐	☐	☐	☐	☐	☐	☐
D. 경험하지 않은 것은 마음속으로 잘 구상하지 못한다.	☐	☐	☐	☐	☐	☐	☐

54

문항	답안 1					답안 2	
	①	②	③	④	⑤	멀다	가깝다
A. 자신을 내세우지 않는 편이다.	☐	☐	☐	☐	☐	☐	☐
B. 성악설보다는 성선설을 지지한다.	☐	☐	☐	☐	☐	☐	☐
C. 지나친 승부욕 때문에 갈등을 빚곤 한다.	☐	☐	☐	☐	☐	☐	☐
D. 타인의 곤란한 요구는 단칼에 거절하는 편이다.	☐	☐	☐	☐	☐	☐	☐

55

문항	답안 1					답안 2	
	①	②	③	④	⑤	멀다	가깝다
A. 혼자서도 꾸준히 하는 것을 좋아한다.	☐	☐	☐	☐	☐	☐	☐
B. 학창 시절에 밤새워 공부한 적이 별로 없다.	☐	☐	☐	☐	☐	☐	☐
C. 원칙의 준수보다는 변칙적 활용에 능하다.	☐	☐	☐	☐	☐	☐	☐
D. 공부할 때는 주요 내용만을 정리해 암기하곤 한다.	☐	☐	☐	☐	☐	☐	☐

56

문항	답안 1					답안 2	
	①	②	③	④	⑤	멀다	가깝다
A. 기가 죽거나 실망하지 않는 편이다.	☐	☐	☐	☐	☐	☐	☐
B. 작은 상처에도 수선을 피우곤 한다.	☐	☐	☐	☐	☐	☐	☐
C. 성격이 밝아 스트레스를 잘 느끼지 않는다.	☐	☐	☐	☐	☐	☐	☐
D. 미래를 확신할 수 없어 불안해질 때가 많다.	☐	☐	☐	☐	☐	☐	☐

57

문항	답안 1					답안 2	
	①	②	③	④	⑤	멀다	가깝다
A. 군중 앞에 나서기가 꺼려진다.	☐	☐	☐	☐	☐	☐	☐
B. 다른 사람과 대화하는 것을 좋아한다.	☐	☐	☐	☐	☐	☐	☐
C. 혼자 깊은 생각에 잠기는 것을 좋아한다.	☐	☐	☐	☐	☐	☐	☐
D. 수많은 사람들에게 영향을 끼칠 수 있는 큰일을 해보고 싶다.	☐	☐	☐	☐	☐	☐	☐

58

문항	답안 1					답안 2	
	①	②	③	④	⑤	멀다	가깝다
A. 변화가 주는 다양성을 선호한다.	☐	☐	☐	☐	☐	☐	☐
B. 통찰력보다는 익숙한 경험으로 판단한다.	☐	☐	☐	☐	☐	☐	☐
C. 도전적인 직업보다는 안정된 직업이 좋다.	☐	☐	☐	☐	☐	☐	☐
D. 감수성은 자신의 삶을 다채롭게 하는 데 도움이 된다고 생각한다.	☐	☐	☐	☐	☐	☐	☐

59

문항	답안 1					답안 2	
	①	②	③	④	⑤	멀다	가깝다
A. 친절하다는 평가를 받곤 한다.	☐	☐	☐	☐	☐	☐	☐
B. 약삭빠르다는 핀잔을 듣곤 한다.	☐	☐	☐	☐	☐	☐	☐
C. 타인의 충고나 의견을 호의적으로 듣는다.	☐	☐	☐	☐	☐	☐	☐
D. 곤경에 처한 사람을 도와주는 일에 인색한 편이다.	☐	☐	☐	☐	☐	☐	☐

60

문항	답안 1					답안 2	
	①	②	③	④	⑤	멀다	가깝다
A. 됨됨이가 진중하다는 평가를 받곤 한다.	☐	☐	☐	☐	☐	☐	☐
B. 스케줄 없이 즉흥적으로 행동하는 편이다.	☐	☐	☐	☐	☐	☐	☐
C. 의지가 굳고 착실하다는 평가를 받곤 한다.	☐	☐	☐	☐	☐	☐	☐
D. 생각이 짧아 앞뒤를 헤아리지 못한다는 비판을 받곤 한다.	☐	☐	☐	☐	☐	☐	☐

61

문항	답안 1					답안 2	
	①	②	③	④	⑤	멀다	가깝다
A. 별것 아닌 일로 안달복달하곤 한다.	☐	☐	☐	☐	☐	☐	☐
B. 어려운 상황에서도 마음이 굳센 편이다.	☐	☐	☐	☐	☐	☐	☐
C. 어떤 상황에서도 희망이 있다고 확신한다.	☐	☐	☐	☐	☐	☐	☐
D. 이성보다는 감정의 영향을 더 많이 받는 편이다.	☐	☐	☐	☐	☐	☐	☐

62

문항	답안 1					답안 2	
	①	②	③	④	⑤	멀다	가깝다
A. 에너지가 넘치고 몸놀림이 재빠른 편이다.	☐	☐	☐	☐	☐	☐	☐
B. 일찍 기상해 외출준비를 서두르는 편이다.	☐	☐	☐	☐	☐	☐	☐
C. 인간관계에 지쳐 혼자 여행을 떠나곤 한다.	☐	☐	☐	☐	☐	☐	☐
D. 같이 일할 사람을 1명만 택한다면 차분하고 진지한 사람을 뽑겠다.	☐	☐	☐	☐	☐	☐	☐

63

문항	답안 1					답안 2	
	①	②	③	④	⑤	멀다	가깝다
A. 변화는 나를 힘들게 만든다.	☐	☐	☐	☐	☐	☐	☐
B. 새로운 가게보다는 단골가게만 간다.	☐	☐	☐	☐	☐	☐	☐
C. 혁신이 이끄는 변화의 다양성을 선호한다.	☐	☐	☐	☐	☐	☐	☐
D. 설계도를 보고 기계의 작동 과정을 머릿속으로 그릴 수 있다.	☐	☐	☐	☐	☐	☐	☐

64

문항	답안 1					답안 2	
	①	②	③	④	⑤	멀다	가깝다
A. 언쟁을 별로 마다하지 않는 편이다.	☐	☐	☐	☐	☐	☐	☐
B. 아랫사람의 말도 귀담아듣는 편이다.	☐	☐	☐	☐	☐	☐	☐
C. 이익을 위해 때로는 규율을 어기곤 한다.	☐	☐	☐	☐	☐	☐	☐
D. 협상에서는 양보와 타협이 기본 원칙이라고 생각한다.	☐	☐	☐	☐	☐	☐	☐

65

문항	답안 1					답안 2	
	①	②	③	④	⑤	멀다	가깝다
A. 경우에 맞춰 다르게 행동하곤 한다.	☐	☐	☐	☐	☐	☐	☐
B. 책임감 때문에 압박감을 느끼곤 한다.	☐	☐	☐	☐	☐	☐	☐
C. 운명이라면 노력해도 성공할 수 없다.	☐	☐	☐	☐	☐	☐	☐
D. 자율성과 준법정신이 확고하다는 평가를 받곤 한다.	☐	☐	☐	☐	☐	☐	☐

66

문항	답안 1					답안 2	
	①	②	③	④	⑤	멀다	가깝다
A. 푸념을 거의 하지 않는다.	☐	☐	☐	☐	☐	☐	☐
B. 문젯거리로 좌불안석할 때가 종종 있다.	☐	☐	☐	☐	☐	☐	☐
C. 마음이 거북할 때는 식은땀을 쏟곤 한다.	☐	☐	☐	☐	☐	☐	☐
D. 자신감이 있어 타인의 비난에 휘둘리지 않는다.	☐	☐	☐	☐	☐	☐	☐

67

문항	답안 1					답안 2	
	①	②	③	④	⑤	멀다	가깝다
A. 조용한 분위기를 선호한다.	☐	☐	☐	☐	☐	☐	☐
B. 언제나 활기가 넘치는 편이다.	☐	☐	☐	☐	☐	☐	☐
C. 사람들 앞에 나서는 데 어려움이 없다.	☐	☐	☐	☐	☐	☐	☐
D. 여행을 한다면 번잡한 도시보다는 목가적인 농촌으로 가고 싶다.	☐	☐	☐	☐	☐	☐	☐

68

문항	답안 1					답안 2	
	①	②	③	④	⑤	멀다	가깝다
A. 변화에서 즐거움을 느끼는 편이다.	☐	☐	☐	☐	☐	☐	☐
B. 정해진 절차가 바뀌는 것을 싫어한다.	☐	☐	☐	☐	☐	☐	☐
C. 독창적인 발상을 하는 것에 능숙하지 않다.	☐	☐	☐	☐	☐	☐	☐
D. 디자인만 따지다가 비실용적인 물건을 사곤 한다.	☐	☐	☐	☐	☐	☐	☐

69

문항	답안 1					답안 2	
	①	②	③	④	⑤	멀다	가깝다
A. 조직 내에서 우등생 부류라고 생각한다.	☐	☐	☐	☐	☐	☐	☐
B. 집단의 명령을 받는 것이 별로 달갑지 않다.	☐	☐	☐	☐	☐	☐	☐
C. 사교적이고 활달하다는 평가를 받곤 한다.	☐	☐	☐	☐	☐	☐	☐
D. 조직 구성원의 첫 번째 덕목은 조화성이라고 생각한다.	☐	☐	☐	☐	☐	☐	☐

70

문항	답안 1					답안 2	
	①	②	③	④	⑤	멀다	가깝다
A. 성취욕을 잘 느끼지 못하는 편이다.	☐	☐	☐	☐	☐	☐	☐
B. 주체성, 자주성이 높다고 평가받곤 한다.	☐	☐	☐	☐	☐	☐	☐
C. 목표를 고집하기보다는 융통성을 중시한다.	☐	☐	☐	☐	☐	☐	☐
D. 높은 목표는 자신을 이끄는 에너지라고 생각한다.	☐	☐	☐	☐	☐	☐	☐

71

문항	답안 1					답안 2	
	①	②	③	④	⑤	멀다	가깝다
A. 실패를 곱씹으며 자책하는 편이다.	☐	☐	☐	☐	☐	☐	☐
B. 사소한 실수에 얽매이는 것이 싫다.	☐	☐	☐	☐	☐	☐	☐
C. 사소한 일에도 신경을 많이 쓰는 편이다.	☐	☐	☐	☐	☐	☐	☐
D. 자제력을 가지고 합리적으로 판단하려고 노력한다.	☐	☐	☐	☐	☐	☐	☐

72

문항	답안 1					답안 2	
	①	②	③	④	⑤	멀다	가깝다
A. 명령을 받기보다는 명령을 하고 싶다.	☐	☐	☐	☐	☐	☐	☐
B. 정적이고 사색적인 분위기를 선호한다.	☐	☐	☐	☐	☐	☐	☐
C. 타인과 관계를 이루고 대화하는 것이 좋다.	☐	☐	☐	☐	☐	☐	☐
D. 남들의 생각에는 별로 관심이 없고 내 의견을 내세우는 편이다.	☐	☐	☐	☐	☐	☐	☐

73

문항	답안 1					답안 2	
	①	②	③	④	⑤	멀다	가깝다
A. 새로운 것보다는 익숙한 것이 좋다.	☐	☐	☐	☐	☐	☐	☐
B. 새로운 변화를 별로 좋아하지 않는다.	☐	☐	☐	☐	☐	☐	☐
C. 굳이 말하자면 혁신적이라고 생각한다.	☐	☐	☐	☐	☐	☐	☐
D. 위트 있는 글로 자신의 감수성을 표현할 수 있다.	☐	☐	☐	☐	☐	☐	☐

74

문항	답안 1					답안 2	
	①	②	③	④	⑤	멀다	가깝다
A. 조직 내에서 독단적으로 움직이곤 한다.	☐	☐	☐	☐	☐	☐	☐
B. 이해득실을 과하게 따지는 사람은 꺼려진다.	☐	☐	☐	☐	☐	☐	☐
C. 협력과 공정성을 매우 중요하게 여긴다.	☐	☐	☐	☐	☐	☐	☐
D. 조직을 따르기보다는 자신의 의견을 밀어붙이는 편이다.	☐	☐	☐	☐	☐	☐	☐

75

문항	답안 1					답안 2	
	①	②	③	④	⑤	멀다	가깝다
A. 명확한 장래의 목표가 없다.	☐	☐	☐	☐	☐	☐	☐
B. 자신의 단점을 잘 고치지 못한다.	☐	☐	☐	☐	☐	☐	☐
C. 체념하지 않고 끝까지 견디는 편이다.	☐	☐	☐	☐	☐	☐	☐
D. 수차례 검토하느라 일의 진척이 느릴 때가 있다.	☐	☐	☐	☐	☐	☐	☐

76

문항	답안 1					답안 2	
	①	②	③	④	⑤	멀다	가깝다
A. 과거의 일에 괘념하지 않는다.	☐	☐	☐	☐	☐	☐	☐
B. 상심했던 경험을 쉽게 극복하지 못한다.	☐	☐	☐	☐	☐	☐	☐
C. 중병에 걸린 것은 아닌지 걱정하곤 한다.	☐	☐	☐	☐	☐	☐	☐
D. 예측할 수 없는 미래에 대해 별로 염려하지 않는다.	☐	☐	☐	☐	☐	☐	☐

77

문항	답안 1					답안 2	
	①	②	③	④	⑤	멀다	가깝다
A. 함께보다는 혼자서 일하는 것을 선호한다.	☐	☐	☐	☐	☐	☐	☐
B. 타인들 사이에서 그들을 소개하는 편이다.	☐	☐	☐	☐	☐	☐	☐
C. 새로운 사람을 소개받는 것이 달갑지 않다.	☐	☐	☐	☐	☐	☐	☐
D. 단체로 야외 활동을 할 때는 선두에 서서 인솔하는 편이다.	☐	☐	☐	☐	☐	☐	☐

78

문항	답안 1					답안 2	
	①	②	③	④	⑤	멀다	가깝다
A. 빠른 변화는 별로 달갑지 않다.	☐	☐	☐	☐	☐	☐	☐
B. 기지가 넘치는 글을 쓸 수 있다.	☐	☐	☐	☐	☐	☐	☐
C. 변화수용에 적극적인 상사와 일하고 싶다.	☐	☐	☐	☐	☐	☐	☐
D. 지적 도전을 즐기지 않으며 사실지향적인 사고를 선호한다.	☐	☐	☐	☐	☐	☐	☐

79

문항	답안 1					답안 2	
	①	②	③	④	⑤	멀다	가깝다
A. 남과 다투어도 빨리 화해할 수 있다.	☐	☐	☐	☐	☐	☐	☐
B. 남들보다 우수한 편이라고 생각한다.	☐	☐	☐	☐	☐	☐	☐
C. 지나치게 온정을 표시하는 것은 좋지 않다.	☐	☐	☐	☐	☐	☐	☐
D. 협상할 때는 개방된 질문으로 상대에게 가능성을 열어줘야 한다.	☐	☐	☐	☐	☐	☐	☐

80

문항	답안 1					답안 2	
	①	②	③	④	⑤	멀다	가깝다
A. 시간을 성실히 지키는 편이다.	☐	☐	☐	☐	☐	☐	☐
B. 계획적인 행동을 중요하게 여긴다.	☐	☐	☐	☐	☐	☐	☐
C. 성취욕, 자율성이 낮다는 평가를 받곤 한다.	☐	☐	☐	☐	☐	☐	☐
D. 일의 밑그림을 작성하는 것에 소질이 없다고 생각한다.	☐	☐	☐	☐	☐	☐	☐

81

문항	답안 1					답안 2	
	①	②	③	④	⑤	멀다	가깝다
A. 슬픈 일은 빨리 잊는 편이다.	☐	☐	☐	☐	☐	☐	☐
B. 당황하면 쓸데없는 말이 많아진다.	☐	☐	☐	☐	☐	☐	☐
C. 실패를 심기일전의 기회로 삼는 편이다.	☐	☐	☐	☐	☐	☐	☐
D. 욕구를 충족하지 못하면 강박감을 느끼곤 한다.	☐	☐	☐	☐	☐	☐	☐

82

문항	답안 1					답안 2	
	①	②	③	④	⑤	멀다	가깝다
A. 친구들과 함께보다는 혼자 노는 편이다.	☐	☐	☐	☐	☐	☐	☐
B. 다른 사람들과 함께 하는 것이 거북하다.	☐	☐	☐	☐	☐	☐	☐
C. 일을 선택할 때에는 인간관계를 중시한다.	☐	☐	☐	☐	☐	☐	☐
D. 긴밀한 관계 형성을 위해 사람들의 이름을 외우려고 하는 편이다.	☐	☐	☐	☐	☐	☐	☐

83

문항	답안 1					답안 2	
	①	②	③	④	⑤	멀다	가깝다
A. 새것보다는 옛것에서 배울 게 더 많다.	☐	☐	☐	☐	☐	☐	☐
B. 익숙한 것에서 매너리즘을 느끼곤 한다.	☐	☐	☐	☐	☐	☐	☐
C. 검증되지 않은 이론은 결코 수용할 수 없다.	☐	☐	☐	☐	☐	☐	☐
D. 함께 일할 사람을 1명만 뽑는다면 상상력·창의력이 높은 사람을 택하겠다.	☐	☐	☐	☐	☐	☐	☐

84

문항	답안 1					답안 2	
	①	②	③	④	⑤	멀다	가깝다
A. 남의 의견을 절대 참고하지 않는다.	☐	☐	☐	☐	☐	☐	☐
B. 누구하고나 허물없이 지내는 편이다.	☐	☐	☐	☐	☐	☐	☐
C. 남들의 썰렁한 농담도 웃어주는 편이다.	☐	☐	☐	☐	☐	☐	☐
D. 자신이 가장 잘 알고 있다고 생각해 남의 지적을 거의 수용하지 않는다.	☐	☐	☐	☐	☐	☐	☐

85

문항	답안 1					답안 2	
	①	②	③	④	⑤	멀다	가깝다
A. 일을 선택할 때는 일의 보람을 중시한다.	☐	☐	☐	☐	☐	☐	☐
B. 신중하게 생각하지 않고 행동으로 옮긴다.	☐	☐	☐	☐	☐	☐	☐
C. 일정을 세울 때 시간 낭비 없게 잡곤 한다.	☐	☐	☐	☐	☐	☐	☐
D. 자신은 능력이 부족하므로 많이 뜯어고쳐야 한다고 생각한다.	☐	☐	☐	☐	☐	☐	☐

86

문항	답안 1					답안 2	
	①	②	③	④	⑤	멀다	가깝다
A. 스트레스 관리를 잘하는 편이다.	☐	☐	☐	☐	☐	☐	☐
B. 망설이다가 결정을 내리지 못하곤 한다.	☐	☐	☐	☐	☐	☐	☐
C. 스트레스 받아도 남에게 화를 내지 않는다.	☐	☐	☐	☐	☐	☐	☐
D. 하찮은 일에도 신경질적으로 반응할 때가 많다.	☐	☐	☐	☐	☐	☐	☐

87

문항	답안 1					답안 2	
	①	②	③	④	⑤	멀다	가깝다
A. 자신의 존재를 과시해 주목받고 싶다.	☐	☐	☐	☐	☐	☐	☐
B. 매사에 유쾌와 재미를 찾으려 노력한다.	☐	☐	☐	☐	☐	☐	☐
C. 소극적이어서 자신을 잘 표현하지 못한다.	☐	☐	☐	☐	☐	☐	☐
D. 회의할 때 상급자의 의견을 최우선시하는 편이다.	☐	☐	☐	☐	☐	☐	☐

88

문항	답안 1					답안 2	
	①	②	③	④	⑤	멀다	가깝다
A. 예술은 내 삶에 영향을 끼치지 못한다.	☐	☐	☐	☐	☐	☐	☐
B. 특정 양식에 얽매이는 것은 진부해서 싫다.	☐	☐	☐	☐	☐	☐	☐
C. 권위에 의존하면 타성에 빠진다고 생각한다.	☐	☐	☐	☐	☐	☐	☐
D. 타인의 별것 아닌 행동에서는 깨달음을 얻을 수 없다고 생각한다.	☐	☐	☐	☐	☐	☐	☐

89

문항	답안 1					답안 2	
	①	②	③	④	⑤	멀다	가깝다
A. 성장과 분배 중에서는 분배가 우선이다.	☐	☐	☐	☐	☐	☐	☐
B. 타인의 칭찬이 아첨처럼 들릴 때가 있다.	☐	☐	☐	☐	☐	☐	☐
C. 붙임성이 없고 고집스럽다는 핀잔을 듣는다.	☐	☐	☐	☐	☐	☐	☐
D. 지나친 예절은 오히려 인간관계를 방해한다고 생각한다.	☐	☐	☐	☐	☐	☐	☐

90

문항	답안 1					답안 2	
	①	②	③	④	⑤	멀다	가깝다
A. 행동이 부주의하고 가볍다는 소리를 듣곤 한다.	☐	☐	☐	☐	☐	☐	☐
B. 어려운 일을 만나면 빨리 단념하는 편이다.	☐	☐	☐	☐	☐	☐	☐
C. 하늘은 스스로 돕는 자를 돕는다고 믿는다.	☐	☐	☐	☐	☐	☐	☐
D. 성공의 근본적 비결은 정성과 참됨, 꾸준함이라고 생각한다.	☐	☐	☐	☐	☐	☐	☐

91

문항	답안 1					답안 2	
	①	②	③	④	⑤	멀다	가깝다
A. 자신의 신세를 한탄하지 않는다.	☐	☐	☐	☐	☐	☐	☐
B. 평정심을 잃고 안절부절못하곤 한다.	☐	☐	☐	☐	☐	☐	☐
C. 스트레스를 받아도 잘 참는 편이다.	☐	☐	☐	☐	☐	☐	☐
D. 먼 미래에 대한 걱정으로 진정하지 못할 때가 종종 있다.	☐	☐	☐	☐	☐	☐	☐

92

문항	답안 1					답안 2	
	①	②	③	④	⑤	멀다	가깝다
A. 놀 때도 열정적으로 노는 편이다.	☐	☐	☐	☐	☐	☐	☐
B. 무인도에서 살고 싶을 때가 종종 있다.	☐	☐	☐	☐	☐	☐	☐
C. 여럿의 대표가 되는 일이 몹시 부담스럽다.	☐	☐	☐	☐	☐	☐	☐
D. 남들과 인사하는 것이 불필요하다고 생각하곤 한다.	☐	☐	☐	☐	☐	☐	☐

93

문항	답안 1					답안 2	
	①	②	③	④	⑤	멀다	가깝다
A. 창의적인 일을 좋아한다.	☐	☐	☐	☐	☐	☐	☐
B. 글솜씨가 별로 없는 편이다.	☐	☐	☐	☐	☐	☐	☐
C. 유머 코드가 진부하다는 핀잔을 듣곤 한다.	☐	☐	☐	☐	☐	☐	☐
D. 정해진 절차를 따르는 것보다는 자유로운 사고방식을 선호한다.	☐	☐	☐	☐	☐	☐	☐

94

문항	답안 1					답안 2	
	①	②	③	④	⑤	멀다	가깝다
A. 도덕과 윤리, 공정성 등을 몹시 중시한다.	☐	☐	☐	☐	☐	☐	☐
B. 남들과 시비를 가리기를 마다하지 않는다.	☐	☐	☐	☐	☐	☐	☐
C. 타인의 불행을 보면 애통함을 크게 느낀다.	☐	☐	☐	☐	☐	☐	☐
D. 협상에서는 상대를 굴복시키려면 주장을 강하게 전달해야 한다.	☐	☐	☐	☐	☐	☐	☐

95

문항	답안 1					답안 2	
	①	②	③	④	⑤	멀다	가깝다
A. 매사를 태평하게 보아 넘기는 편이다.	☐	☐	☐	☐	☐	☐	☐
B. 결심을 해도 생각을 바꾸는 일이 많다.	☐	☐	☐	☐	☐	☐	☐
C. 비교적 손재주가 있다는 평가를 받곤 한다.	☐	☐	☐	☐	☐	☐	☐
D. 성공한 사람의 첫 번째 덕목은 성실성이라고 생각한다.	☐	☐	☐	☐	☐	☐	☐

96

문항	답안 1					답안 2	
	①	②	③	④	⑤	멀다	가깝다
A. 때로는 공연한 불안에 휩싸이곤 한다.	☐	☐	☐	☐	☐	☐	☐
B. 낙담해도 금세 딛고 일어서는 편이다.	☐	☐	☐	☐	☐	☐	☐
C. 자신의 처지가 서럽다고 느낀 적이 없다.	☐	☐	☐	☐	☐	☐	☐
D. 예상하지 못한 상황과 맞닥뜨리면 잘 대처할 수 없을 것 같아 불안하다.	☐	☐	☐	☐	☐	☐	☐

97

문항	답안 1					답안 2	
	①	②	③	④	⑤	멀다	가깝다
A. 영향력이 보다 높은 사람이 되고 싶다.	☐	☐	☐	☐	☐	☐	☐
B. 부모님의 친구분을 접대하는 것이 귀찮다.	☐	☐	☐	☐	☐	☐	☐
C. 휴일에는 거의 집에만 틀어박혀 있곤 한다.	☐	☐	☐	☐	☐	☐	☐
D. 영화를 고를 때 액션이나 코미디 장르를 선호한다.	☐	☐	☐	☐	☐	☐	☐

98

문항	답안 1					답안 2	
	①	②	③	④	⑤	멀다	가깝다
A. 신선하고 독창적인 것을 선호한다.	☐	☐	☐	☐	☐	☐	☐
B. 지식과 교훈은 나의 흥미를 끌지 못한다.	☐	☐	☐	☐	☐	☐	☐
C. 독창적인 발상이 필요한 작업을 선호한다.	☐	☐	☐	☐	☐	☐	☐
D. 격식을 따르는 것에서 매너리즘을 느끼지 않는다.	☐	☐	☐	☐	☐	☐	☐

99

문항	답안 1					답안 2	
	①	②	③	④	⑤	멀다	가깝다
A. 윗사람을 대하는 태도가 자연스럽다.	☐	☐	☐	☐	☐	☐	☐
B. 나를 비난하는 사람은 피하는 편이다.	☐	☐	☐	☐	☐	☐	☐
C. 타인의 입에 발린 소리가 몹시 거슬린다.	☐	☐	☐	☐	☐	☐	☐
D. 타인과의 조화를 위해 남의 쓴소리를 겸허히 수용한다.	☐	☐	☐	☐	☐	☐	☐

100

문항	답안 1					답안 2	
	①	②	③	④	⑤	멀다	가깝다
A. 계획은 실천에 의해 검증된다고 생각한다.	☐	☐	☐	☐	☐	☐	☐
B. 계획을 세우지만 대부분 수포로 돌아간다.	☐	☐	☐	☐	☐	☐	☐
C. 주관과 의지가 부족하다는 평가를 받는다.	☐	☐	☐	☐	☐	☐	☐
D. 계획을 도중에 수정하지 않도록 미리 치밀한 계획을 세우는 편이다.	☐	☐	☐	☐	☐	☐	☐

101

문항	답안 1					답안 2	
	①	②	③	④	⑤	멀다	가깝다
A. 기분이 상해도 오래가지 않는다.	☐	☐	☐	☐	☐	☐	☐
B. 근거 없는 박탈감, 소외감을 느끼곤 한다.	☐	☐	☐	☐	☐	☐	☐
C. 조바심내지 않고 진득하게 기다릴 수 있다.	☐	☐	☐	☐	☐	☐	☐
D. 곤란한 상황에 처하면 시간을 돌리고 싶을 때가 많다.	☐	☐	☐	☐	☐	☐	☐

102

문항	답안 1					답안 2	
	①	②	③	④	⑤	멀다	가깝다
A. 모임에서 여론을 주도하는 편이다.	☐	☐	☐	☐	☐	☐	☐
B. 휴일에는 아무것도 하고 싶지 않다.	☐	☐	☐	☐	☐	☐	☐
C. 친구와 싸우면 낯설어져 거리를 두곤 한다.	☐	☐	☐	☐	☐	☐	☐
D. 반복적·규칙적 생활은 나에게 자극을 주지 못한다.	☐	☐	☐	☐	☐	☐	☐

103

문항	답안 1					답안 2	
	①	②	③	④	⑤	멀다	가깝다
A. 상상력이 있다는 말을 자주 듣는다.	☐	☐	☐	☐	☐	☐	☐
B. 액세서리에 맞춰 옷을 잘 골라 입는다.	☐	☐	☐	☐	☐	☐	☐
C. 슬픈 노래를 들어도 별다른 감흥이 없다.	☐	☐	☐	☐	☐	☐	☐
D. 착안하는 능력은 다소 부족해도 현실적인 사고에 능숙한 편이다.	☐	☐	☐	☐	☐	☐	☐

104

문항	답안 1					답안 2	
	①	②	③	④	⑤	멀다	가깝다
A. 타인의 충고를 기꺼이 받아들인다.	☐	☐	☐	☐	☐	☐	☐
B. 분란을 일으킨 상대와 금방 화해하곤 한다.	☐	☐	☐	☐	☐	☐	☐
C. 타인의 단점을 보면 우월감을 느끼곤 한다.	☐	☐	☐	☐	☐	☐	☐
D. 협상할 때는 상대와의 다툼이 불가피하다고 생각한다.	☐	☐	☐	☐	☐	☐	☐

105

문항	답안 1					답안 2	
	①	②	③	④	⑤	멀다	가깝다
A. 착수한 일은 어김없이 끝까지 추진한다.	☐	☐	☐	☐	☐	☐	☐
B. 융통성을 위해 업무 수칙을 어길 수 있다.	☐	☐	☐	☐	☐	☐	☐
C. 조직 내에서 행동파라는 평가를 받고 싶다.	☐	☐	☐	☐	☐	☐	☐
D. 성취를 위해 자신의 부족한 점은 반드시 고친다.	☐	☐	☐	☐	☐	☐	☐

106

문항	답안 1					답안 2	
	①	②	③	④	⑤	멀다	가깝다
A. 상심해도 금세 기운을 차리는 편이다.	☐	☐	☐	☐	☐	☐	☐
B. 예사로운 일에도 신경이 곤두서곤 한다.	☐	☐	☐	☐	☐	☐	☐
C. 광고를 보면 구매욕을 느껴 즉시 사곤 한다.	☐	☐	☐	☐	☐	☐	☐
D. 곤란한 문제를 만나도 합리적으로 대응할 수 있다고 생각한다.	☐	☐	☐	☐	☐	☐	☐

107

문항	답안 1					답안 2	
	①	②	③	④	⑤	멀다	가깝다
A. 작은 일에도 유쾌함을 크게 느낀다.	☐	☐	☐	☐	☐	☐	☐
B. 아무것도 하지 않고 오랫동안 가만히 있을 수 있다.	☐	☐	☐	☐	☐	☐	☐
C. 남들이 나를 추켜올리면 기분이 몹시 좋다.	☐	☐	☐	☐	☐	☐	☐
D. 평온하고 무난한 삶에서 깊은 사색을 즐기는 편이다.	☐	☐	☐	☐	☐	☐	☐

PART 5
면접

CHAPTER

01 면접 유형 및 실전 대책

01 면접 주요사항

면접의 사전적 정의는 면접관이 지원자를 직접 만나보고 인품(人品)이나 언행(言行) 따위를 시험하는 일로, 흔히 필기시험 후에 최종적으로 심사하는 방법이다.

최근 주요 기업의 인사담당자들을 대상으로 채용 시 면접이 차지하는 비중을 설문조사했을 때, 50 ~ 80% 이상이라고 답한 사람이 전체 응답자의 80%를 넘었다. 이와 대조적으로 지원자들을 대상으로 취업 시험에서 면접을 준비하는 기간을 물었을 때, 대부분의 응답자가 2 ~ 3일 정도라고 대답했다.

지원자가 일정 수준의 스펙을 갖추기 위해 자격증 시험과 토익을 치르고 이력서와 자기소개서까지 쓰다 보면 면접까지 챙길 여유가 없는 것이 사실이다. 그리고 서류전형과 인적성검사를 통과해야만 면접을 볼 수 있기 때문에 자연스럽게 면접은 취업시험 과정에서 그 비중이 작아질 수밖에 없다. 하지만 아이러니하게도 실제 채용 과정에서 면접이 차지하는 비중은 절대적이라고 해도 과언이 아니다.

기업들은 채용 과정에서 토론 면접, 인성 면접, 프레젠테이션 면접, 역량 면접 등의 다양한 면접을 실시한다. 1차 커트라인이라고 할 수 있는 서류전형을 통과한 지원자들의 스펙이나 능력은 서로 엇비슷하다고 판단되기 때문에 서류상 보이는 자격증이나 토익 성적보다는 지원자의 인성을 파악하기 위해 면접을 더욱 강화하는 것이다. 일부 기업은 의도적으로 압박 면접을 실시하기도 한다. 지원자가 당황할 수 있는 질문을 던져서 그것에 대한 지원자의 반응을 살펴보는 것이다.

면접은 다르게 생각한다면 '나는 누구인가'에 대한 물음에 해답을 줄 수 있는 가장 현실적이고 미래적인 경험이 될 수 있다. 취업난 속에서 자격증을 취득하고 토익 성적을 올리기 위해 앞만 보고 달려온 지원자들은 자신에 대해서 고민하고 탐구할 수 있는 시간을 평소 쉽게 가질 수 없었을 것이다. 자신을 잘 알고 있어야 자신에 대해서 자신감 있게 말할 수 있다. 대체로 사람들은 자신에게 관대한 편이기 때문에 자신에 대해서 어떤 기대와 환상을 가지고 있는 경우가 많다. 하지만 면접은 제삼자에 의해 개인의 능력을 객관적으로 평가받는 시험이다. 어떤 지원자들은 다른 사람에게 자신을 표현하는 것을 어려워한다. 평소에 잘 사용하지 않는 용어를 내뱉으면서 거창하게 자신을 포장하는 지원자도 많다. 면접에서 가장 기본은 자기 자신을 면접관에게 알기 쉽게 표현하는 것이다.

이러한 표현을 바탕으로 자신이 앞으로 하고자 하는 것과 그에 대한 이유를 설명해야 한다. 최근에는 자신감을 향상시키거나 말하는 능력을 높이는 학원도 많기 때문에 얼마든지 자신의 단점을 극복할 수 있다.

1. 자기소개의 기술

자기소개를 시키는 이유는 면접자가 지원자의 자기소개서를 압축해서 듣고, 지원자의 첫인상을 평가할 시간을 가질 수 있기 때문이다. 면접을 위한 워밍업이라고 할 수 있으며, 첫인상을 결정하는 과정이므로 매우 중요한 순간이다.

(1) 정해진 시간에 자기소개를 마쳐야 한다.

쉬워 보이지만 의외로 지원자들이 정해진 시간을 넘기거나 혹은 빨리 끝내서 면접관에게 지적을 받는 경우가 많다. 본인이 면접을 받는 마지막 지원자가 아닌 이상, 정해진 시간을 지키지 않는 것은 수많은 지원자를 상대하기에 바쁜 면접관과 대기 시간에 지친 다른 지원자들에게 불쾌감을 줄 수 있다.

또한 회사에서 시간관념은 절대적인 것이므로 반드시 자기소개 시간을 지켜야 한다. 말하기는 1분에 200자 원고지 2장 분량의 글을 읽는 만큼의 속도가 가장 적당하다. 이를 A4 용지에 10point 글자 크기로 작성하면 반 장 분량이 된다.

(2) 간단하지만 신선한 문구로 자기소개를 시작하자.

요즈음 많은 지원자가 이 방법을 사용하고 있기 때문에 웬만한 소재의 문구가 아니면 면접관의 관심을 받을 수 없다. 이러한 문구는 시대적으로 유행하는 광고 카피를 패러디하는 경우와 격언 등을 인용하는 경우, 그리고 지원한 회사의 CI나 경영이념, 인재상 등을 사용하는 경우 등이 있다. 지원자는 이러한 여러 문구 중에 자신의 첫인상을 북돋아 줄 수 있는 것을 선택해서 말해야 한다. 자신의 이름을 문구 속에 적절하게 넣어서 말한다면 좀 더 효과적인 자기소개가 될 것이다.

(3) 무엇을 먼저 말할 것인지 고민하자.

면접관이 많이 던지는 질문 중 하나가 지원동기이다. 그래서 성장기를 바로 건너뛰고, 지원한 회사에 들어오기 위해 대학에서 어떻게 준비했는지를 설명하는 자기소개가 대세이다.

(4) 면접관의 호기심을 자극해 관심을 불러일으킬 수 있게 말하라.

면접관에게 질문을 많이 받는 지원자의 합격률이 반드시 높은 것은 아니지만, 질문을 전혀 안 받는 것보다는 좋은 평가를 기대할 수 있다.

지원한 분야와 관련된 수상 경력이나 프로젝트 등을 말하는 것도 좋다. 이는 지원자의 업무 능력과 직접 연결되는 것이므로 효과적인 자기 홍보가 될 수 있다. 일부 지원자들은 자신만의 특별한 경험을 이야기하는데, 이때는 그 경험이 보편적으로 사람들의 공감대를 얻을 수 있는 것인지 다시 생각해 봐야 한다.

(5) 마지막 고개를 넘기가 가장 힘들다.

첫 단추도 중요하지만, 마지막 단추도 중요하다. 하지만 왠지 격식을 따지는 인사말은 지나가는 인사말 같고, 다르게 하자니 예의에 어긋나는 것 같은 기분이 든다. 이때는 처음에 했던 자신만의 문구를 다시 한 번 말하는 것도 좋은 방법이다. 자연스러운 끝맺음이 될 수 있도록 적절한 연습이 필요하다.

2. 1분 자기소개 시 주의사항

(1) 자기소개서와 자기소개가 똑같다면 감점일까?

아무리 자기소개서를 외워서 말한다 해도 자기소개가 자기소개서와 완전히 똑같을 수는 없다. 자기소개서의 분량이 더 많고 회사마다 요구하는 필수 항목들이 있기 때문에 굳이 고민할 필요는 없다. 오히려 자기소개서의 내용을 잘 정리한 자기소개가 더 좋은 결과를 만들 수 있다. 하지만 자기소개서와 상반된 내용을 말하는 것은 적절하지 않다. 지원자의 신뢰성이 떨어진다는 것은 곧 불합격을 의미하기 때문이다.

(2) 말하는 자세를 바르게 익혀라.

지원자가 자기소개를 하는 동안 면접관은 지원자의 동작 하나하나를 관찰한다. 그렇기 때문에 바른 자세가 중요하다는 것은 우리가 익히 알고 있다. 하지만 문제는 무의식적으로 나오는 습관 때문에 자세가 흐트러져 나쁜 인상을 줄 수 있다는 것이다. 이러한 습관을 고칠 수 있는 가장 좋은 방법은 캠코더 등으로 자신의 모습을 담는 것이다. 거울을 사용할 경우에는 시선이 자꾸 자기 눈과 마주치기 때문에 집중하기 힘들다. 하지만 촬영된 동영상은 제삼자의 입장에서 자신을 볼 수 있기 때문에 많은 도움이 된다.

(3) 정확한 발음과 억양으로 자신 있게 말하라.

지원자의 모양새가 아무리 뛰어나도, 목소리가 작고 발음이 부정확하면 큰 감점을 받는다. 이러한 모습은 지원자의 좋은 점에까지 악영향을 끼칠 수 있다. 직장을 흔히 사회생활의 시작이라고 말하는 시대적 정서에서 사람들과 의사소통을 하는 데 문제가 있다고 판단되는 지원자는 부적절한 인재로 평가될 수밖에 없다.

3. 대화법

전문가들이 말하는 대화법의 핵심은 '상대방을 배려하면서 이야기하라.'는 것이다. 대화는 나와 다른 사람의 소통이다. 내용에 대한 공감이나 이해가 없다면 대화는 더 진전되지 않는다.

『카네기 인간관계론』이라는 베스트셀러의 작가인 철학자 카네기가 말하는 최상의 대화법은 자신의 경험을 토대로 이야기하는 것이다. 즉, 살아오면서 직접 겪은 경험이 상대방의 관심을 끌 수 있는 가장 좋은 이야깃거리인 것이다. 특히 어떤 일을 이루기 위해 노력하는 과정에서 겪은 실패나 희망에 대해 진솔하게 얘기한다면 상대방은 어느새 당신의 편에 서서 그 이야기에 동조할 것이다.

독일의 사업가이자, 동기부여 트레이너인 위르겐 힐러의 연설법 중 가장 유명한 것은 '시즐(Sizzle)'을 잡는 것이다. 시즐이란, 새우튀김이나 돈가스가 기름에서 지글지글 튀겨질 때 나는 소리이다. 즉, 자신의 말을 듣고 시즐처럼 반응하는 상대방의 감정에 적절하게 대응하라는 것이다.

말을 시작한 지 10 ~ 15초 안에 상대방의 '시즐'을 알아차려야 한다. 자신의 이야기에 대한 상대방의 첫 반응에 따라 말하기 전략도 달라져야 한다. 첫 이야기의 반응이 미지근하다면 가능한 한 그 이야기를 빨리 마무리하고 새로운 이야깃거리를 생각해내야 한다. 길지 않은 면접 시간 내에 몇 번 오지 않는 대답의 기회를 살리기 위해서 보다 전략적이고 냉철해야 하는 것이다.

4. 차림새

(1) 구두

면접에 어떤 옷을 입어야 할지를 며칠 동안 고민하면서 정작 구두는 면접 보는 날 현관을 나서면서 즉흥적으로 신고 가는 지원자들이 많다. 특히, 남자 지원자들이 이러한 실수를 많이 한다. 구두를 보면 그 사람의 됨됨이를 알 수 있다고 한다. 면접관 역시 이러한 것을 놓치지 않기 때문에 지원자는 자신의 구두에 더욱 신경을 써야 한다. 스타일의 마무리는 발끝에서 이루어지는 것이다. 아무리 멋진 옷을 입고 있어도 구두가 어울리지 않는다면 전체 스타일이 흐트러지기 때문이다.

정장용 구두는 디자인이 깔끔하고, 에나멜 가공처리를 하여 광택이 도는 페이턴트 가죽 소재 제품이 무난하다. 검정 계열 구두는 회색과 감색 정장에, 브라운 계열의 구두는 베이지나 갈색 정장에 어울린다. 참고로 구두는 오전에 사는 것보다 발이 충분히 부은 상태인 저녁에 사는 것이 좋다. 마지막으로 당연한 일이지만 반드시 면접을 보는 전날 구두 뒤축이 닳지는 않았는지 확인하고 구두에 광을 내 둔다.

(2) 양말

양말은 정장과 구두의 색상을 비교해서 골라야 한다. 특히 검정이나 감색의 진한 색상의 바지에 흰 양말을 신는 것은 시대에 뒤처지는 일이다. 일반적으로 양말의 색깔은 바지의 색깔과 같아야 한다. 또한 양말의 길이도 신경 써야 한다. 남성의 경우에 의자에 바르게 앉거나 다리를 꼬아서 앉을 때 다리털이 보여서는 안 된다. 반드시 긴 정장 양말을 신어야 한다.

(3) 정장

지원자는 평소에 정장을 입을 기회가 많지 않기 때문에 면접을 볼 때 본인 스스로도 옷을 어색하게 느끼는 경우가 많다. 옷을 불편하게 느끼기 때문에 자세마저 불안정한 지원자도 볼 수 있다. 그러므로 면접 전에 정장을 입고 생활해 보는 것도 나쁘지는 않다.

일반적으로 면접을 볼 때는 상대방에게 신뢰감을 줄 수 있는 남색 계열의 옷이나 어떤 계절이든 무난하고 깔끔해 보이는 회색 계열의 정장을 많이 입는다. 정장은 유행에 따라서 재킷의 디자인이나 버튼의 개수가 바뀌기 때문에 특히 남성 지원자의 경우, 너무 오래된 옷을 입어서 아버지 옷을 빌려 입고 나온 듯한 인상을 주어서는 안 된다.

(4) 헤어스타일과 메이크업

헤어스타일에 자신이 없다면 미용실에 다녀오는 것도 좋은 방법이다. 지나치게 화려한 메이크업이 아니라면 보다 준비된 지원자처럼 보일 수 있다.

5. 첫인상

취업을 위해 성형수술을 받는 사람들에 대한 이야기는 더 이상 뉴스거리가 되지 않는다. 그만큼 많은 사람이 좁은 취업문을 뚫기 위해 이미지 향상에 신경을 쓰고 있다. 이는 면접관에게 좋은 첫인상을 주기 위한 것으로, 지원서에 올리는 증명사진을 이미지 프로그램을 통해 수정하는 이른바 '사이버 성형'이 유행하는 것과 같은 맥락이다. 실제로 외모가 채용 과정에서 영향을 끼치는가에 대한 설문조사에서도 60% 이상의 인사담당자들이 그렇다고 답변했다.

하지만 외모와 첫인상을 절대적인 관계로 이해하는 것은 잘못된 판단이다. 외모가 첫인상에서 많은 부분을 차지하지만, 외모 외에 다른 결점이 발견된다면 그로 인해 장점들이 가려질 수도 있다. 이러한 현상은 아래에서 다시 논하겠다.

첫인상은 말 그대로 한 번밖에 기회가 주어지지 않으며 몇 초 안에 결정된다. 첫인상을 결정짓는 요소 중 시각적인 요소가 80% 이상을 차지한다. 첫눈에 들어오는 생김새나 복장, 표정 등에 의해서 결정되는 것이다. 면접을 시작할 때 자기소개를 시키는 것도 지원자별로 첫인상을 평가하기 위해서이다. 첫인상이 중요한 이유는 만약 첫인상이 부정적으로 인지될 경우, 지원자의 다른 좋은 면까지 거부당하기 때문이다. 이러한 현상을 심리학에서는 초두효과(Primacy Effect)라고 한다. 그래서 한 번 형성된 첫인상은 여간해서 바꾸기 힘들다. 이는 첫인상이 나중에 들어오는 정보까지 영향을 주기 때문이다. 첫인상의 정보가 나중에 들어오는 정보 처리의 지침이 되는 것을 심리학에서는 맥락효과(Context Effect)라고 한다. 따라서 평소에 첫인상을 좋게 만들기 위한 노력을 꾸준히 해야만 하는 것이다.

좋은 첫인상이 반드시 외모에만 집중되는 것은 아니다. 오히려 깔끔한 옷차림과 부드러운 표정 그리고 말과 행동 등에 의해 전반적인 이미지가 만들어진다. 누구나 이러한 것 중에 한두 가지 단점을 가지고 있다. 요즈음은 이미지 컨설팅을 통해서 자신의 단점들을 보완하는 지원자도 있다. 특히 표정이 밝지 않은 지원자는 평소 웃는 연습을 의식적으로 하여 면접을 받는 동안 계속해서 여유 있는 표정을 짓는 것이 중요하다. 성공한 사람들은 인상이 좋다는 것을 명심하자.

02 면접의 유형 및 실전 대책

1. 면접의 유형

과거 천편일률적인 일대일 면접과 달리 면접에는 다양한 유형이 도입되어 현재는 "면접은 이렇게 보는 것이다."라고 말할 수 있는 정해진 유형이 없어졌다. 따라서 면접별로 어느 정도 유형을 파악하면 사전에 대비가 가능하다. 면접의 기본인 단독 면접부터, 다대일 면접, 집단 면접의 유형과 그 대책에 대해 알아보자.

(1) 단독 면접

단독 면접이란 응시자와 면접관이 1대1로 마주하는 형식을 말한다. 면접 위원 한 사람과 응시자 한 사람이 마주 앉아 자유로운 화제를 가지고 질의응답을 되풀이하는 방식이다. 이 방식은 면접의 가장 기본적인 방법으로 소요시간은 10 ~ 20분 정도가 일반적이다.

① 장점

필기시험 등으로 판단할 수 없는 성품이나 능력을 알아내는 데 가장 적합하다고 평가받아 온 면접방식으로 응시자 한 사람 한 사람에 대해 여러 면에서 비교적 폭넓게 파악할 수 있다. 응시자의 입장에서는 한 사람의 면접관만을 대하는 것이므로 상대방에게 집중할 수 있으며, 긴장감도 다른 면접방식에 비해서는 적은 편이다.

② 단점

면접관의 주관이 강하게 작용해 객관성을 저해할 소지가 있으며, 면접 평가표를 활용한다 하더라도 일면적인 평가에 그칠 가능성을 배제할 수 없다. 또한 시간이 많이 소요되는 것도 단점이다.

단독 면접 준비 Point

단독 면접에 대비하기 위해서는 평소 1대1로 논리 정연하게 대화를 나눌 수 있는 능력을 기르는 것이 중요하다. 그리고 면접장에서는 면접관을 선배나 선생님 혹은 아버지를 대하는 기분으로 면접에 임하는 것이 부담도 훨씬 적고 실력을 발휘할 수 있는 방법이 될 것이다.

(2) 다대일 면접

다대일 면접은 일반적으로 가장 많이 사용되는 면접방법으로 보통 2 ~ 5명의 면접관이 1명의 응시자에게 질문하는 형태의 면접방법이다. 면접관이 여러 명이므로 다각도에서 질문을 하여 응시자에 대한 정보를 많이 알아낼 수 있다는 점 때문에 선호하는 면접방법이다.

하지만 응시자의 입장에서는 질문도 면접관에 따라 각양각색이고 동료 응시자가 없으므로 숨 돌릴 틈도 없게 느껴진다. 또한 관찰하는 눈도 많아서 조그만 실수라도 지나치는 법이 없기 때문에 정신적 압박과 긴장감이 높은 면접방법이다. 따라서 응시자는 긴장을 풀고 한 시험관이 묻더라도 면접관 전원을 향해 대답한다는 느낌으로 또박또박 대답하는 자세가 필요하다.

① 장점

면접관이 집중적인 질문과 다양한 관찰을 통해 응시자가 과연 조직에 필요한 인물인가를 완벽히 검증할 수 있다.

② 단점

면접 시간이 보통 10 ~ 30분 정도로 좀 긴 편이고 응시자에게 지나친 긴장감을 조성하는 면접방법이다.

다대일 면접 준비 Point

질문을 들을 때 시선은 면접 위원을 향하고 다른 데로 돌리지 말아야 하며, 대답할 때에도 고개를 숙이거나 입속에서 우물거리는 소극적인 태도는 피하도록 한다. 면접 위원과 대등하다는 마음가짐으로 편안한 태도를 유지하면 대답도 자연스러운 상태에서 좀 더 충실히 할 수 있고, 이에 따라 면접 위원이 받는 인상도 달라진다.

(3) 집단 면접

집단 면접은 다수의 면접관이 여러 명의 응시자를 한꺼번에 평가하는 방식으로 짧은 시간에 능률적으로 면접을 진행할 수 있다. 각 응시자에 대한 질문내용, 질문횟수, 시간배분이 똑같지는 않으며, 모두에게 같은 질문이 주어지기도 하고, 각각 다른 질문을 받기도 한다.

또한 어떤 응시자가 한 대답에 대한 의견을 묻는 등 그때그때의 분위기나 면접관의 의향에 따라 변수가 많다. 집단 면접은 응시자의 입장에서는 개별 면접에 비해 긴장감은 다소 덜한 반면에 다른 응시자들과의 비교가 확실하게 나타나므로 응시자는 몸가짐이나 표현력 · 논리성 등이 결여되지 않도록 자신의 생각이나 의견을 솔직하게 발표하여 집단 속에 묻히거나 밀려나지 않도록 주의해야 한다.

① 장점

집단 면접의 장점은 면접관이 응시자 한 사람에 대한 관찰시간이 상대적으로 길고, 비교 평가가 가능하기 때문에 결과적으로 평가의 객관성과 신뢰성을 높일 수 있다는 점이며, 응시자는 동료들과 함께 면접을 받기 때문에 긴장감이 다소 덜하다는 것을 들 수 있다. 또한 동료가 답변하는 것을 들으며, 자신의 답변 방식이나 자세를 조정할 수 있다는 것도 큰 이점이다.

② 단점

응답하는 순서에 따라 응시자마다 유리하고 불리한 점이 있고, 면접 위원의 입장에서는 각각의 개인적인 문제를 깊게 다루기가 곤란하다는 것이 단점이다.

집단 면접 준비 Point

너무 자기 과시를 하지 않는 것이 좋다. 대답은 자신이 말하고 싶은 내용을 간단명료하게 말해야 한다. 내용이 없는 발언을 한다거나 대답을 질질 끄는 태도는 좋지 않다. 또 말하는 중에 내용이 주제에서 벗어나거나 자기중심적으로만 말하는 것도 피해야 한다. 집단 면접에 대비하기 위해서는 평소에 설득력을 지닌 자신의 논리력을 계발하는 데 힘써야 하며, 다른 사람 앞에서 자신의 의견을 조리 있게 개진할 수 있는 발표력을 갖추는 데에도 많은 노력을 기울여야 한다.

- 실력에는 큰 차이가 없다는 것을 기억하라.
- 동료 응시자들과 서로 협조하라.
- 답변하지 않을 때의 자세가 중요하다.
- 개성 표현은 좋지만 튀는 것은 위험하다.

(4) 집단 토론식 면접

집단 토론식 면접은 집단 면접과 형태는 유사하지만 질의응답이 아니라 응시자들끼리의 토론이 중심이 되는 면접방법으로 최근 들어 급증세를 보이고 있다. 이는 공통의 주제에 대해 다양한 견해들이 개진되고 결론을 도출하는 과정, 즉 토론을 통해 응시자의 다양한 면에 대한 평가가 가능하다는 집단 토론식 면접의 장점이 널리 확산된 데 따른 것으로 보인다. 사실 집단 토론식 면접을 활용하면 주제와 관련된 지식 정도와 이해력, 판단력, 설득력, 협동성은 물론 리더십, 조직 적응력, 적극성과 대인관계 능력 등을 쉽게 파악할 수 있다.

토론식 면접에서는 자신의 의견을 명확히 제시하면서도 상대방의 의견을 경청하는 토론의 기본자세가 필수적이며, 지나친 경쟁심이나 자기 과시욕은 접어두는 것이 좋다. 또한 집단 토론의 목적이 결론을 도출해 나가는 과정에 있다는 것을 감안하여 무리하게 자신의 주장을 관철시키기보다 오히려 토론의 질을 높이는 데 기여하는 것이 좋은 인상을 줄 수 있다는 점을 알아야 한다. 취업 희망자들은 토론식 면접이 급속도로 확산되는 추세임을 감안해 특히 철저한 준비를 해야 한다. 평소에 신문의 사설이나 매스컴 등의 토론 프로그램을 주의 깊게 보면서 논리 전개방식을 비롯한 토론 과정을 익히도록 하고, 친구들과 함께 간단한 주제를 놓고 토론을 진행해 볼 필요가 있다. 또한 사회・시사문제에 대해 자기 나름대로의 관점을 정립해두는 것도 꼭 필요하다.

(5) PT 면접

PT 면접, 즉 프레젠테이션 면접은 최근 들어 집단 토론 면접과 더불어 그 활용도가 점차 커지고 있다. PT 면접은 기업마다 특성이 다르고 인재상이 다른 만큼 인성 면접만으로는 알 수 없는 지원자의 문제해결 능력, 전문성, 창의성, 기본 실무능력, 논리성 등을 관찰하는 데 중점을 두는 면접으로, 지원자 간의 변별력이 높아 대부분의 기업에서 적용하고 있으며, 확산되는 추세이다.

면접 시간은 기업별로 차이가 있지만, 전문지식, 시사성 관련 주제를 제시한 다음, 보통 20 ~ 50분 정도 준비하여 5분가량 발표할 시간을 준다. 면접관과 지원자의 단순한 질의응답식이 아닌, 주제에 대해 일정 시간 동안 지원자의 발언과 발표하는 모습 등을 관찰하게 된다. 정확한 답이나 지식보다는 논리적 사고와 의사표현력이 더 중시되기 때문에 자신의 생각을 어떻게 설명하느냐가 매우 중요하다.

PT 면접에서 같은 주제라도 직무별로 평가요소가 달리 나타난다. 예를 들어, 영업직은 설득력과 의사소통 능력에 중점을 둘 수 있겠고, 관리직은 신뢰성과 창의성 등을 더 중요하게 평가한다.

PT 면접 준비 Point

- 면접관의 관심과 주의를 집중시키고, 발표 태도에 유의한다.
- 모의 면접이나 거울 면접으로 미리 점검한다.
- PT 내용은 세 가지 정도로 정리해서 말한다.
- PT 내용에는 자신의 생각이 담겨 있어야 한다.
- PT 중간에 자문자답 방식을 활용한다.
- 평소 지원하는 업계의 동향이나 직무에 대한 전문지식을 쌓아둔다.
- 부적절한 용어 사용이나 무리한 주장 등은 하지 않는다.

(6) 합숙 면접

합숙 면접은 대체로 1박 2일이나 2박 3일 동안 해당 기업의 연수원이나 수련원 등에서 이루어지는 면접으로, 평가 항목으로는 PT 면접, 토론 면접, 인성 면접 등을 기본으로 새벽등산, 레크리에이션, 게임 등 다양한 형태로 진행된다. 경쟁자들과 함께 생활하고 협동해야 하는 만큼 스트레스도 많이 받는 경우가 허다하다.

모든 지원자를 하루 동안 평가하게 되므로 지원자 1명을 평가하는 데 걸리는 시간은 짧게는 5분에서 길게는 1시간 이상 정도인데, 이 시간으로는 지원자를 제대로 평가하기에는 한계가 있다. 합숙 면접은 24시간 이상을 지원자와 면접관이 함께 생활하면서 다양한 프로그램을 통해 지원자의 역량을 폭넓게 평가할 수 있기 때문에 기업에서는 합숙 면접을 선호한다. 대체로 은행, 증권 등 금융권에서 합숙 면접을 통해 지원자의 의도되고 꾸며진 모습 외에 창의력, 의사소통 능력, 협동심, 책임감, 리더십 등 다양한 모습을 평가하였지만, 최근에는 기업에서도 많이 실시되고 있다.

합숙 면접에서 좋은 점수를 얻기 위해서는 무엇보다 팀워크를 중시하는 모습을 보여야 한다. 합숙 면접은 일반 면접과는 달리 개인보다는 그룹별로 과제가 주어지고 해결해야 하므로 조원 또는 동료와 얼마나 잘 어울리느냐가 중요한 평가기준이 된다. 장시간에 걸쳐 평가하기 때문에 힘든 부분도 있지만, 지원자들이 지쳐 있거나 당황하고 있는 사이에도 면접관들은 지원자들의 조직 적응력, 적극성, 사회성, 친화력 등을 꼼꼼하게 체크하기 때문에 잠시도 긴장을 늦춰서는 안 된다.

2. 면접의 실전 대책

(1) 면접 대비사항

① 지원 회사에 대한 사전지식을 충분히 준비한다.

필기시험에서 합격 또는 서류전형에서의 합격통지가 온 후 면접시험 날짜가 정해지는 것이 보통이다. 이때 수험자는 면접시험을 대비해 사전에 자기가 지원한 계열사 또는 부서에 대해 폭넓은 지식을 준비할 필요가 있다.

지원 회사에 대해 알아두어야 할 사항

- 회사의 연혁
- 회장 또는 사장의 이름, 출신학교, 관심사
- 회장 또는 사장이 요구하는 신입사원의 인재상
- 회사의 사훈, 사시, 경영이념, 창업정신
- 회사의 대표적 상품, 특색
- 업종별 계열회사의 수
- 해외지사의 수와 그 위치
- 신 개발품에 대한 기획 여부
- 자기가 생각하는 회사의 장・단점
- 회사의 잠재적 능력개발에 대한 제언

② 충분한 수면을 취한다.

충분한 수면으로 안정감을 유지하고 첫 출발의 상쾌한 마음가짐을 갖는다.

③ 얼굴을 생기 있게 한다.

첫인상은 면접에 있어서 가장 결정적인 당락요인이다. 면접관에게 좋은 인상을 줄 수 있도록 화장하는 것도 필요하다. 면접관들이 가장 좋아하는 인상은 얼굴에 생기가 있고 눈동자가 살아 있는 사람, 즉 기가 살아 있는 사람이다.

④ 아침에 인터넷 뉴스를 읽고 간다.

그날의 뉴스가 질문 대상에 오를 수가 있다. 특히 경제면, 정치면, 문화면 등을 유의해서 볼 필요가 있다.

출발 전 확인할 사항

이력서, 자기소개서, 성적증명서, 지갑, 신분증(주민등록증), 손수건, 휴지, 볼펜, 메모지, 예비스타킹 등을 준비하자.

(2) 면접 시 옷차림

면접에서 옷차림은 간결하고 단정한 느낌을 주는 것이 가장 중요하다. 색상과 디자인 면에서 지나치게 화려한 색상이나, 노출이 심한 디자인은 자칫 면접관의 눈살을 찌푸리게 할 수 있다. 단정한 차림을 유지하면서 자신만의 독특한 멋을 연출하는 것, 지원하는 회사의 분위기를 파악했다는 센스를 보여주는 것 또한 코디네이션의 포인트이다.

복장 점검

- 구두는 잘 닦여 있는가?
- 옷은 깨끗이 다려져 있으며 스커트 길이는 적당한가?
- 손톱은 길지 않고 깨끗한가?
- 머리는 흐트러짐 없이 단정한가?

(3) 면접 요령

① 첫인상을 중요시한다.

상대에게 인상을 좋게 주지 않으면 어떠한 얘기를 해도 이쪽의 기분이 충분히 전달되지 않을 수 있다. 예를 들어, '저 친구는 표정이 없고 무엇을 생각하고 있는지 전혀 알 길이 없다.'처럼 생각되면 최악의 상태이다. 우선 청결한 복장, 바른 자세로 침착하게 들어가야 한다. 건강하고 신선한 이미지를 주어야 하기 때문이다.

② 좋은 표정을 짓는다.

얘기를 할 때의 표정은 중요한 사항의 하나다. 거울 앞에서 웃는 연습을 해본다. 웃는 얼굴은 상대를 편안하게 하고, 특히 면접 등 긴박한 분위기에서는 천금의 값이 있다 할 것이다. 그렇다고 하여 항상 웃고만 있어서는 안 된다. 자기의 할 얘기를 진정으로 전하고 싶을 때는 진지한 얼굴로 상대의 눈을 바라보며 얘기한다. 면접을 볼 때 눈을 감고 있으면 마이너스 이미지를 주게 된다.

③ 결론부터 이야기한다.

자기의 의사나 생각을 상대에게 정확하게 전달하기 위해서 먼저 무엇을 말하고자 하는가를 명확히 결정해 두어야 한다. 대답을 할 경우에는 결론을 먼저 이야기하고 나서 그에 따른 설명과 이유를 덧붙이면 논지(論旨)가 명확해지고 이야기가 깔끔하게 정리된다.

한 가지 사실을 이야기하거나 설명하는 데는 3분이면 충분하다. 복잡한 이야기라도 어느 정도의 길이로 요약해서 이야기하면 상대도 이해하기 쉽고 자기도 정리할 수 있다. 긴 이야기는 오히려 상대를 불쾌하게 할 수가 있다.

④ 질문의 요지를 파악한다.

면접 때의 이야기는 간결성만으로는 부족하다. 상대의 질문이나 이야기에 대해 적절하고 필요한 대답을 하지 않으면 대화는 끊어지고 자기의 생각도 제대로 표현하지 못하여 면접자로 하여금 수험생의 인품이나 사고방식 등을 명확히 파악할 수 없게 한다. 무엇을 묻고 있는지, 무슨 이야기를 하고 있는지 그 요점을 정확히 알아내야 한다.

면접에서 고득점을 받을 수 있는 성공요령

1. 자기 자신을 겸허하게 판단하라.
2. 지원한 회사에 대해 100% 이해하라.
3. 실전과 같은 연습으로 감각을 익히라.
4. 단답형 답변보다는 구체적으로 이야기를 풀어나가라.
5. 거짓말을 하지 말라.
6. 면접하는 동안 대화의 흐름을 유지하라.
7. 친밀감과 신뢰를 구축하라.
8. 상대방의 말을 성실하게 들으라.
9. 근로조건에 대한 이야기를 풀어나갈 준비를 하라.
10. 끝까지 긴장을 풀지 말라.

CHAPTER

02 GS그룹 실제 면접

1. GS칼텍스 면접 기출

(1) 1차 면접

실무진과 임원이 함께하는 면접으로 토론 면접, PT 면접, 인성 면접으로 구성된다.

① 토론 면접(다대다) : 3명의 사람들이 한 조가 되어 주제에 관해 같은 자료를 가지고 합의점을 도출하는 방식

② PT 면접(다대일) : 직무 면접으로 3개의 주제 중 한 가지를 선택하고 준비하여 면접

③ 인성 면접(다대일) : 인재상 및 조직가치 적합성 등의 개인 역량 중심으로 진행

(2) 2차 면접

GS칼텍스의 최고 경영진(임원)이 참석하는 인성 면접으로 5대5 면접으로 진행된다.

(3) 면접 기출 문제

- 졸업 후 공백 기간에 무엇을 했는가?
- 재무에 대해 얼마나 알고 있는가?
- 성격상 장·단점을 구체적인 사례를 통해 설명해 보시오.
- 거시경제학적인 관점에서 미국의 양적완화정책이 정유업에 미칠 영향에 대해 설명해 보시오.
- 사회활동을 함으로써 얻어지는 것이 무엇인가?
- 어학연수 후에 달라진 점이 있는가?
- 자신이 살면서 가장 실패했다고 생각하는 것과 성공했다고 생각하는 것을 설명해 보시오.
- 부모님이 하시려는 일이 자신이 생각하기에 옳지 않은 일이라면 어떻게 대처할 것인가?
- 고유가 시대에 경유 값은 향후 어떻게 될 것이라고 전망하는가?
- 최근 휘발유 값은 얼마이고, 가득 채웠을 때 얼마인가?
- 사람들이 한 달에 기름을 몇 번 주유할 것이라고 생각하는가?
- GS칼텍스에 입사하고 싶은 이유는 무엇인가?
- GS칼텍스에 기여할 수 있는 역량이 무엇인지 설명해 보시오.
- GS칼텍스에 오기 위해 어떠한 노력을 하였는가?
- GS칼텍스의 경유 포션이 얼마나 되는가? 가격이 떨어지면 어떤 방법을 써야 하는가?
- GS칼텍스의 조직 가치는 무엇인가?
- 신입사원으로서의 갈등해결 자세는 무엇인가?
- 회사 규칙상 직장동료끼리 돈을 빌려 줄 수 없는데, 절친한 선배 동료가 돈을 빌려 달라면 어떻게 하겠는가?

- 상사의 업무지시가 부당하다면 어떻게 할 것인가?
- 회사에 막대한 손해를 끼친다면 어떻게 할 것인가?
- GS&포인트를 줄일 예정인데 어떻게 생각하는가?

[토론 면접]
- (A, B, C, D 특징이 적힌 자료를 주고) 새 프로젝트에 가장 적합한 사람은 누구인가?
- GS칼텍스의 향후 미래 리스크 관리와 발전을 위해 주의해야 할 점은 무엇인가?
- 광화문 현판을 한글과 한자 중 어떤 것으로 하는 것이 좋겠는가?

[PT 면접]
- 하이브리드카와 같은 자동차가 등장함에 따라 GS칼텍스가 맞이하게 될 위험요인, 극복요인, 기회요인 등에 대해 논해 보시오.
- GS칼텍스의 향후 투자 비용계획을 제시해 보시오.
- 중국, 인도 등 신흥 유정시장의 발전계획을 제시해 보시오.

2. GS리테일 면접 기출

(1) 1차 면접(다대다)

집단토론과 집단면접으로 나눠서 진행된다.

① 토론 면접 : 4～6명이 한 조가 되어 주제에 관해 개인의 생각을 정리한 후 찬반토론을 진행

② 실무 면접 : 인재상 및 조직가치 적합성 등의 개인 역량 중심으로 면접 실시

(2) 2차 면접(다대다)

임원급의 인성 면접으로 진행된다. 한국사에 대한 내용을 질문하는 경우가 있으니 준비해야 한다.

(3) 면접 기출 문제

- 지원동기에 대해 말해보시오.
- OFC가 어떤 일을 하는 직무인가?
- OFC가 할만한 방법들을 제한해 주셨는데 실제로 내가 하게 된다면 구체적으로 어떻게 진행할 것인가?
- OFC로 근무하는 중 새벽에 문제가 발생했다며 해결해 달라는 요청이 들어오면 어떻게 할 것인가?
- 다양한 편의점 중 GS25를 지원한 이유를 20초 이내로 말해보시오.
- 온라인 유통이 강세인 상황에 편의점 유통이 살아남기 위한 방법에 대해 말해보시오.
- 무인 편의점에 대해 어떻게 생각하는지 말해보시오.
- POG OUT 재고 소진 방법에 대해 말해보시오.
- 500m 내 근처 동일 편의점 규제 법안에 대해 어떻게 생각하는가?
- 점주가 발주를 실수해서 10개 주문할 것을 100개 주문했다. 어떻게 해결할 것인가?
- 초과 발주한 물품을 주변 점포에 나누고도 물량이 남았다. 어떻게 처리할 것인가?
- GS25의 경쟁사는 어디인가? 편의점 업계를 제외하고 말해보시오.

- GS25의 경쟁사는 어디인가? 편의점업계를 제외하고 말해보시오.
- 지방직 근무 가능 여부에 대해 말해보시오.
- 향후 10년 뒤 편의점업계의 전망은 어떠할 것이며, 이에 대비하여 무엇을 해야 하는지 말해보시오.
- GS25의 상품 중 좋은 것과 안 좋은 것을 하나씩 말해보시오.
- 해외에서 GS리테일이 해볼 만한 사업이 무엇이 있겠는가? 그리고 그 비용이나 인력 문제에 대해서도 구체적으로 말해보시오.
- 유통업 관련 경험에 대해 말해보시오.
- 최근 관심사가 무엇인가?
- GS리테일이 어느 나라에 진출해야 한다고 생각하는가?
- 최근 안 좋은 선례가 있음에도 중국에 진출해야 하는 이유와 해결방법이 무엇인가?
- 지금 우리들에게 해당 물건을 팔아봐라.
- 40초 내외로 자기소개를 해보시오.
- 가장 최근에 울었던 적이 언제인가? 이유가 무엇인가?

앞선 정보 제공! 도서 업데이트

언제, 왜 업데이트될까?

도서의 학습 효율을 높이기 위해 자료를 추가로 제공할 때!
공기업 · 대기업 필기시험에 변동사항 발생 시 정보 공유를 위해!
공기업 · 대기업 채용 및 시험 관련 중요 이슈가 생겼을 때!

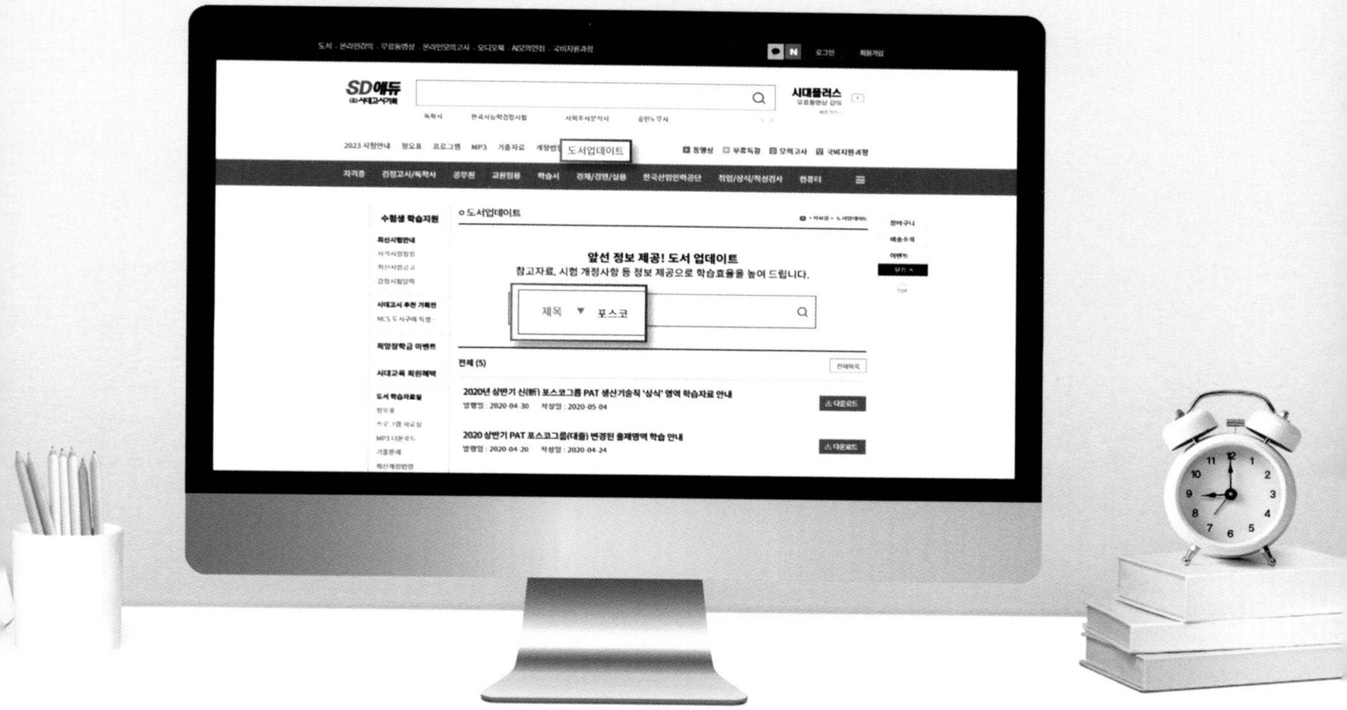

01 시대에듀 도서 www.sdedu.co.kr/book 홈페이지 접속

02 상단 카테고리 「도서업데이트」 클릭

03 해당 기업명으로 검색

참고자료, 시험 개정사항 등 정보 제공으로 학습효율을 높여 드립니다.

시대에듀

대기업 인적성검사 시리즈

신뢰와 책임의 마음으로 수험생 여러분에게 다가갑니다.

대기업 인적성 "기본서" 시리즈

대기업 취업 기초부터 합격까지! 취업의 문을 여는

Master Key!

※도서의 이미지 및 구성은 변동될 수 있습니다.

2025
최신판

GS그룹
온라인 인적성검사

정답 및 해설

최신기출유형+모의고사 4회

편저 | SDC(Sidae Data Center)

판매량
1위
YES24 GS그룹
부문

형분석 및 모의고사로
최종합격까지
**한 권으로
마무리!**

SDC는 시대에듀 데이터 센터의 약자로
약 30만 개의 NCS · 적성 문제 데이터를
바탕으로 최신 출제경향을 반영하여
문제를 출제합니다.

시대에듀

PART 1
대표기출유형

CHAPTER

01 언어비평

대표기출유형 01 기출응용문제

01

정답 ③

A가 1일 차에 사용한 데이터와 4일 차에 사용한 데이터의 차이는 70MB이나, 4일 차 여행에서 1일 차보다 데이터를 더 많이 사용하였는지 또는 더 적게 사용하였는지는 알 수 없다. 따라서 A가 4일 차 여행에서 사용한 데이터는 570MB 또는 430MB의 두 가지 경우가 가능하므로 'A는 4일 차 여행에서 570MB를 사용하였다.'는 알 수 없다.

02

정답 ①

주어진 조건에 따라 5일간 A의 데이터 사용량을 정리하면 다음과 같다.

구분	1일 차	2일 차	3일 차	4일 차	5일 차
경우 1	500MB	520MB	410MB	570MB	48MB(=2,048−2,000)
경우 2	500MB	520MB	410MB	430MB	188MB(=2,048−1,860)

따라서 두 가지 경우 모두 5일 차 여행에서 사용한 데이터의 양이 가장 적으므로 참이 된다.

03

정답 ①

A가 5일 차 여행에서 데이터를 100MB 이상 사용했다면 **02**번 해설에 따라 경우 2에 해당한다. 이때, A가 데이터를 많이 사용한 순서대로 나열하면 '2일 차 – 1일 차 – 4일 차 – 3일 차 – 5일 차'의 순이 되므로 A가 2일 차 여행에서 가장 많은 데이터를 사용했음을 알 수 있다.

04

정답 ③

부채는 C만 받았으므로 A가 받은 기념품에서 제외된다. 또한 수건을 받은 E는 D와 서로 다른 기념품을 받았다는 것만 알 수 있을 뿐, A와 B가 수건과 손거울 중 어떤 것을 기념품으로 받았는지는 알 수 없다.

05

정답 ①

부채는 C만 받았으므로 D가 받은 기념품에서 제외된다. 또한, D와 E는 서로 다른 기념품을 받았으므로 E가 받은 수건 역시 제외된다. 따라서 D는 손거울을 기념품으로 받았음을 알 수 있다.

06

정답 ③

A와 B는 같은 기념품을 받았다고 하지만, 가장 많이 선택한 기념품이 수건인지 손거울인지 알 수 없다.

대표기출유형 02 기출응용문제

01

정답 ①

악취(顎醉) 증상은 갑과 을에게 나타나고, 병에게는 나타나지 않았다. 따라서 병만 술을 먹지 않았으므로 적절한 추론이다.

02

정답 ①

미각 상실은 세 명 모두에게 발생했으므로 알코올과의 상관관계는 없다. 따라서 물에 끓여 먹은 을도 미각 상실이 발생했으므로 적절한 추론이다.

03

정답 ②

만성 골수성 백혈병은 백혈구를 필요 이상으로 증식시키는 티로신 키나아제 효소가 만들어짐으로써 나타난다. 따라서 백혈구 감소 원인 물질 C를 적정량 사용하면 만성 골수성 백혈병 치료제의 가능성이 있다. 그러나 갑, 을, 병 모두 같은 비율로 백혈구가 감소한 것으로 보아 물에 끓이면 효과가 약화되는 것은 거짓이다.

04

정답 ①

아인슈타인이 주장한 광량자설은 빛이 파동이면서 동시에 작은 입자인 이중적인 본질을 가지고 있다는 것을 의미한다. 따라서 뉴턴과 토머스 영의 가설을 모두 포함한다는 것은 참이다.

05

정답 ②

뉴턴의 가설은 그의 권위에 의해 오랫동안 정설로 여겨졌지만, 토머스 영의 겹실틈 실험에 의해 빛의 파동설이 증명되었다. 따라서 현재까지도 정설로 여겨진다는 것은 거짓이다.

06

정답 ②

일자 형태의 띠가 두 개 나타나면 빛은 입자임이 맞으나, 겹실틈 실험 결과 보강간섭이 일어난 곳은 밝아지고 상쇄간섭이 일어난 곳은 어두워지는 간섭무늬가 연속적으로 나타났으므로 거짓이다.

CHAPTER

02 수리비평

대표기출유형 01 기출응용문제

01

정답 ③

존속성 기술을 개발하는 업체의 총수는 24개, 와해성 기술을 개발하는 업체의 총수는 23개로 ③은 옳은 설명이다.

오답분석

① 와해성 기술을 개발하는 전체 기업은 23개이고 이 중 벤처기업은 12개, 대기업은 11개이다. 따라서 벤처기업이 $\frac{12}{23}\times100=52.2\%$, 대기업이 $\frac{11}{23}\times100\fallingdotseq47.8\%$으로, 벤처기업이 대기업보다 높다.

② 17 : 10으로 시장 견인 전략을 취하는 비율이 월등히 높다.

④ 10 : 10의 동일한 비율이므로 옳지 않은 설명이다.

⑤ 기술 추동 전략을 취하는 기업 중 존속성 기술은 12개, 와해성 기술은 8개로 옳지 않은 설명이다.

02

정답 ②

ㄴ. 전년 대비 2022년 대형 자동차 판매량의 감소율은 $\frac{150-200}{200}\times100=-25\%$로 판매량은 전년 대비 30% 미만으로 감소하였다.

ㄷ. 2021 ~ 2023년 동안 SUV 자동차의 총판매량은 $300+400+200=900$천 대이고, 대형 자동차의 총판매량은 $200+150+100=450$천 대이다.

따라서 2021 ~ 2023년 동안 SUV 자동차의 총판매량은 대형 자동차 총판매량의 $\frac{900}{450}=2$배이다.

오답분석

ㄱ. 2021 ~ 2023년 동안 판매량이 지속적으로 감소하는 차종은 '대형' 1종류이다.

ㄹ. 2022년 대비 2023년에 판매량이 증가한 차종은 '준중형'과 '중형'이다. 두 차종의 증가율을 비교하면 준중형은 $\frac{180-150}{150}\times100=20\%$, 중형은 $\frac{250-200}{200}\times100=25\%$로 중형 자동차가 더 높은 증가율을 나타낸다.

03

정답 ④

2022년 1 ~ 4분기의 전년 동분기 대비 확정기여형을 도입한 사업장 수의 증가폭을 구하면 다음과 같다.

- 1분기 : 109,820−66,541=43,279건
- 2분기 : 117,808−75,737=42,071건
- 3분기 : 123,650−89,571=34,079건
- 4분기 : 131,741−101,086=30,655건

따라서 2022년 중 전년 동분기 대비 확정기여형을 도입한 사업장 수가 가장 많이 증가한 시기는 1분기이다.

오답분석

① 통계자료 중 합계를 통해 확인할 수 있다.
② 분기별 확정급여형과 확정기여형 취급실적을 비교하면 확정기여형이 항상 많은 것을 확인할 수 있다.
③·⑤ 자료를 통해 확인할 수 있다.

04

정답 ⑤

6건 가입한 서비스 종사자와 기능원 및 관련 종사자 사례 수를 비교하면 다음과 같다.

- 서비스 종사자 가입 건수 : $259\times\frac{4.1}{100}\fallingdotseq 10.6$건
- 기능원 및 관련 종사자 가입 건수 : $124\times\frac{6.2}{100}\fallingdotseq 7.7$건

따라서 기능원 및 관련 종사자 가입 건수가 더 적다.

오답분석

① 3건 가입한 사례 수를 구하면 판매 종사자 가입 건수는 $443\times\frac{14.5}{100}\fallingdotseq 64.2$건, 서비스 종사자 가입 건수는 $259\times\frac{20.5}{100}\fallingdotseq 53.1$건이므로 옳은 설명이다.
② 직업별로 5건 가입한 사례 수를 비교할 때, 사무 종사자 가입 건수는 $410\times 0.189\fallingdotseq 77.5$건으로 가장 많으므로 옳은 설명이다.
③ 2건 가입한 비율을 볼 때, 전문가 및 관련종사자는 20.1%, 단순 노무 종사자는 33.8%로 다른 가입 건수보다 비율이 높음을 알 수 있으므로 옳은 설명이다.
④ 자료를 통해서 기계조작 및 조립 종사자의 평균 건수는 3.7건이고, 단순 노무 종사자의 평균 건수는 2.8건임을 알 수 있으므로 옳은 설명이다.

대표기출유형 02 기출응용문제

01

정답 ③

오답분석

① 자료보다 2021년 컴퓨터 수치가 낮다.
② 자료보다 2021년 스마트폰 수치가 높다.
④ 자료보다 2024년 스마트폰 수치가 높다.
⑤ 자료보다 2024년 스마트패드 수치가 높다.

02

정답 ①

오답분석

② 2021년 연구 인력의 평균 연령 수치는 41.2세이다.
③ 2022년 지원 인력의 평균 연령 수치는 47.1세이다.
④ 범주가 바뀌었다.
⑤ 범주가 바뀌었으며, 일부 수치도 옳지 않다.

많이 보고 많이 겪고 많이 공부하는 것은 배움의 세 기둥이다.

– 벤자민 디즈라엘리 –

PART 2
한국사

PART 2 한국사

01	02	03	04	05	06	07	08	09	10
①	④	④	②	②	④	③	②	④	④
11	12	13	14	15	16	17	18	19	20
④	④	①	④	②	①	③	③	④	③
21	22	23	24	25	26	27	28	29	30
①	①	③	②	③	④	①	③	②	②

01

정답 ①

신석기시대에는 구석기시대의 뗀석기보다 발전하여 돌을 날카롭게 갈아서 만든 간석기를 사용하였다. 따라서 ①은 옳지 않은 특징이다.

오답분석

② 신석기시대에는 음식을 저장하거나 조리하기 위해 토기를 만들었고, 대표적인 토기로 빗살무늬 토기가 있다.
③ 신석기시대에는 주로 사냥, 채집 등을 통해 먹을거리를 얻었지만, 조, 피, 수수 등의 잡곡류 농사도 시작하였다.
④ 신석기시대에는 가락바퀴에 막대를 꽂아 돌려 실을 꼬아 옷을 만드는 등의 수공업이 이루어졌다.

02

정답 ④

인간이 불을 이용하고 언어를 구사하게 된 것은 신석기시대가 아니라 구석기시대부터이다. 따라서 ④는 옳지 않은 설명이다.

오답분석

② 청동기시대에 벼농사가 시작되었다는 것은 여주 흔암리 유적과 충남 부여 송국리의 탄화미 유적으로 알 수 있다.

03

정답 ④

고인돌은 청동기시대의 대표적인 무덤이자 기념물이다. 큰 바위를 사용하여 만든 고인돌은 축조 시 많은 노동력이 필요로 하고, 비파형 동검 등 지배계급의 부장품이 발견되므로 청동기시대가 계급사회임을 알 수 있다. 또한 한반도에는 약 3만 여기가 존재하며 세계에서 가장 많은 수의 고인돌을 보유하고 있다. 따라서 ④는 옳지 않은 설명이다.

04

정답 ②

제시문에서 설명하는 이 나라는 부여이다. 부여는 사출도라는 지역을 마가, 우가, 저가, 구가가 다스렸고, 이들과 중앙 부족을 연맹한 5부족 연맹체 국가이다. 이들은 흉년이 들면 왕에게 책임을 물어 물러나게 하기도 하였다.

05

정답 ②

제시문에서 사출도의 지배, 우제점법 등을 통해 설명하고 있는 국가가 부여임을 알 수 있으며, 부여는 12월에 제천 행사인 영고를 시행하였다. 따라서 ②는 옳은 설명이다.

오답분석

① 삼한, ③ 고구려, ④ 옥저

06

정답 ④

한 무제는 고조선의 경제적·군사적 성장에 위협을 느껴 수도 왕검성을 공격하였으나, 고조선은 약 1년간 완강하게 저항하였다. 그러나 장기간의 전쟁으로 지배층의 내분이 일어나 왕검성이 함락되어 멸망하였다(B.C. 108). 따라서 고조선에 대한 탐구 활동으로 ④가 가장 적절하다.

오답분석

① 임신서기석에는 신라의 화랑들이 3년 동안 유교경전을 공부할 것을 하늘 앞에 맹세한 내용이 적혀 있다.
② 졸본에서 건국된 고구려는 2대 유리왕 재위 후반에 국내성으로 수도를 옮겼다(A.D. 3).
③ 백제왕이 일본왕에게 하사한 것으로 알려진 칠지도의 양면에는 60여 자의 명문(銘文)이 새겨져 있다.

07

정답 ③

(가) 옥저의 민며느리제, (나) 동예의 무천에 대한 설명이다. 같은 씨족끼리 혼인하지 않는 것은 동예의 족외혼 풍습이다.

오답분석

① 부여에 대한 내용이다.
② 고구려가 옥저에게 공물을 바친 것이 아니라, 옥저가 고구려에게 공물을 바쳤다
④ 삼한에 대한 내용이다.

08

정답 ②

제시된 칭호들은 신라시대에서 왕을 나타낸 것이다. ㉠에 들어갈 칭호는 '마립간'으로 '대군장'이라는 정치적 의미를 가졌으며 제17대 내물왕부터 제22대 지증왕 때까지의 왕을 마립간이라 하였다. 따라서 ②가 가장 적절하다.

09

정답 ④

발해는 8세기 중반부터 당의 문화를 적극적으로 수용하였다. 발해의 중앙정치기구인 3성 6부, 수도인 상경용천부의 도시 구조가 당의 수도인 장안과 유사한 점, 관료제도 및 관복제도 등 당의 문화를 상당 부분 수용한 면모를 보여주고 있음을 알 수 있다. 따라서 ④는 옳지 않은 설명이다.

오답분석

② 장보고는 당의 산둥 반도에 법화원을 세워 해외 포교원의 역할을 담당하였을 뿐만 아니라, 본국인 신라와의 연락기관 역할도 하였다.

10

정답 ④

근초고왕은 고구려의 평양성까지 쳐들어가 '고국원왕'을 전사시켰다. 따라서 ④는 옳지 않은 설명이다.

11

정답 ④

ㄷ. 옥저 복속(태조왕, 56) – ㄱ. 낙랑 축출(미천왕, 313) – ㄴ. 불교 공인(372), 율령 반포(소수림왕, 373) – ㄹ. 평양 천도(장수왕, 427) 순으로 나열하는 것이 가장 적절하다.

12

정답 ④

웅진시대에 동성왕은 신라 소지왕과 결혼동맹(493)을 맺고 탐라를 복속(498)하였으며, 무령왕은 지방의 22담로에 왕족으로 파견하여 왕권을 강화하였다.

오답분석

ㄱ은 한성시대, ㄴ은 사비시대에 있었던 일이다.

13

정답 ①

원효(617 ~ 686)는 일심 사상을 바탕으로 화쟁 사상을 주장하며 불교의 통합을 위해 노력했다. 정토종을 보급하여 불교 대중화에 기여하고자 했으며, 무애가를 만들어 부르며 누구나 나무아미타불하면 극락정토로 갈 수 있다는 아미타 신앙을 바탕으로 했다. 대표적인 저서로는 『십문화쟁론』, 『금강삼매경론』, 『화엄경소』 등이 있다.

14

정답 ④

통일신라시대의 민정문서는 촌주가 '3년마다' 작성하였다. 민정문서는 통일신라시대에 서원경 부근 4개 지역의 인구, 가호, 노비, 소와 말, 나무의 수와 증감을 기록한 문서로 이를 통해 관리들이 매년 수취를 하였다. 따라서 ④는 옳지 않은 설명이다.

오답분석

① 개별 호(戶)는 상상호에서 하하호까지 9등급으로 구분하였다.

②・③ 토지는 연수유전답, 촌주위답, 내시령답, 관모전답, 마전 등으로 구분하여 기록하였고, 인구는 남녀로 나누고, 연령을 기준으로 하여 6등급으로 구분하였다.

15

정답 ②

오답분석

ㄱ. 대외적으로 중국과 대등한 지위를 강조하고, 대내적으로 왕권의 강대함을 표현하기 위해 독자적 연호를 사용하였다.

ㄷ. 정혜공주묘는 고구려의 영향을 받았다.

ㄹ. 상층사회에서는 당과 고구려의 제도와 문화를 수용하였다.

16

정답 ①

6두품 세력은 학문적 식견과 실무 능력을 바탕으로 국왕을 보좌했지만, 신분적 제약으로 고위직 진출에는 한계가 있었다. 따라서 ①은 옳지 않은 설명이다.

17

정답 ③

제시문의 왕은 발해 무왕(대무예)이다. 무왕은 북만주 일대를 차지하고 산둥의 등주를 공격하였다. 따라서 ③이 가장 적절한 사실이다.

오답분석

① 선왕, ② 대조영, ④ 문왕

18

정답 ③

제시문은 고려 성종 때 최승로가 건의한 시무 28조이다. 성종은 경학박사・의학박사를 파견함으로써 교육 제도를 정비하였다. 따라서 ③이 가장 적절하다.

오답분석

① 고려 인종 때 묘청과 정지상 등이 풍수지리설을 내세워 서경 천도를 주장하였다.

② 고려 현종 때 전국을 5도 양계, 경기로 크게 나누고, 그 안에 3경, 4도호부, 8목을 비롯하여 군·현·진을 설치하였다.
④ 고려 성종은 과도한 국가 재정 지출을 막기 위해 연등회와 팔관회 등의 불교행사를 폐지하였다.

19

정답 ④

고려의 성종은 불교 행사를 억제하고 국자감을 정비하였고, 광종은 과거제도를 처음 실시하였다. 이러한 개혁적 조치들은 유교 정치를 실현하고 왕권의 강화를 이루기 위한 것이다. 따라서 가장 적절한 정책 방향은 ④이다.

20

정답 ③

오답분석

① 중추원 : 왕명 출납 담당
② 어사대 : 관리 비리 감찰 및 풍기 단속
④ 삼사 : 국가 회계 업무 담당

21

정답 ①

봉정사 극락전은 고려시대의 목조 건축물 중 가장 오래된 것으로 주심포 양식을 띠고 있다.

22

정답 ①

조선 세종 때 4군 6진을 개척하여 현재와 같은 국경선을 가지게 되었다. 따라서 세조의 업적으로 ①은 적절하지 않다.

오답분석

② 토지와 인구에 따라 합리적으로 군현제를 정비하고, 면리제 등을 시행하였다.
③ 6조 판서가 왕에게 업무를 직접 보고하는 6조 직계제를 시행하였다.
④ 전·현직 관료에게 모두 지급하는 과전법에서 현직에게만 토지를 지급하는 직전법으로 바꾸었다.

23

정답 ③

일본은 임진왜란을 통해 발달한 조선의 문화를 받아들여 자국의 문화를 발전시킬 수 있는 계기가 되었으며, 특히 성리학과 도자기 문화 발달의 토대를 마련하였다. 따라서 ③은 적절하지 않다.

24

정답 ②

제시문은 향리에 대한 설명이다. 향리는 지방 관청의 행정실무를 처리하는 하급 관리로 조세 수취업무와 형옥 등의 재판권 행사 등의 일을 하였으며, 대부분 그 지방 출신으로 세습되었다.

오답분석

① 수령 : 각 고을을 맡아 다스리던 지방관의 총칭
③ 역관 : 통역 등 역학에 대한 일을 담당
④ 관찰사 : 조선시대 각 도에 파견되어 지방 통치의 책임을 맡았던 최고의 지방 장관

25

정답 ③

빈칸에 들어갈 인물은 흥선대원군이다. 영조 때 군역의 폐단을 시정하기 위해 균역법을 실시하였으나 세도 정치기를 거치면서 삼정의 문란이 더욱 심해져 백성들의 생활이 매우 어려워졌다. 군역의 경우 죽은 사람을 군적에 올려놓고 세금을 거둬들이는 백골징포(白骨徵布), 16세 미만의 어린 아이에게 군포를 징수하는 황구첨정(黃口簽丁), 군포 부담자가 도망가면 친척이나 이웃에게 군포를 징수하는 족징(族徵), 인징(隣徵) 등의 방식으로 무분별하게 군포를 징수하였다. 이에 흥선대원군은 군역의 폐단을 해결하기 위해 호포제를 실시하여 양반에게도 군포를 부과하였다. 따라서 ③은 옳은 설명이다.

오답분석

① 조선 태종 때 주자소를 설치하고 금속 활자인 계미자를 주조하였다.
② 조선 영조는 『속대전』을 편찬하여 통치 제제를 정비하였다.
④ 조선 철종 때 임술 농민 봉기에 안핵사로 파견된 박규수는 민란의 원인이 삼정에 있다고 보고 삼정이정청의 설치를 건의하여 설치하였으나 근본적인 문제를 해결하지는 못하였다.

26

정답 ④

제시문은 안중근 의사가 옥중에서 집필한 『동양평화론』에 관한 것이다. 안중근 의사는 동양평화 실현을 위해 『동양평화론』을 집필하기 시작하였으나, 완성되기 전 사형이 집행되어 미완성의 논책으로 남아있다.

오답분석

① 이병도에 대한 설명이다.
② 사회경제사학에 대한 설명이다. 대표적 학자로는 백남운, 이청원, 박극채 등이 있다.
③ 신채호에 대한 설명이다.

27

정답 ①

보기에서 설명하는 인물은 독립운동가인 이상설이다. 이상설은 1904년에 일본인의 황무지 개척권 요구의 침략성과 부당성을 폭로하고 고종에게 상소를 올려 이를 막았다. 1906년에는 간도 연길현 용정촌에 서전서숙을 설립하여 국권 회복을 위한 교육 운동을 주도하였고, 1907년에는 고종의 밀명을 받아 이준, 이위종과 함께 헤이그 만국평화회의에 참석하였다. 이후 1909년에는 북만주 지역 밀산부에 국외 독립운동기지인 한흥동을 건설하였고, 이듬해 1910년 유인석, 이범윤, 이남기 등과 연해주 지역의 의병을 규합해 13도의군을 편성하였다. 이처럼 이상설은 대한제국 말기부터 일제강점기 초반인 1917년 사망할 때까지 국권 회복을 위해 노력하였다. 반면 대한민국 임시정부의 한국광복군 설립은 1940년 충칭 임시정부시기에 설립되었으므로 이상설의 활동 시기와 가장 거리가 먼 사건이다.

오답분석

② 국·영문 일간신문인 대한매일신보는 영국인 기자 베델을 발행인 겸 편집인으로 하고, 양기탁을 총무로 하여 1904년 창간되었다.
③ 한일신협약(정미7조약)은 고종의 헤이그특사 사건 이후 입법, 사법, 고등관리 임면권 등 내정 전반을 장악하기 위해 1907년 체결되었다. 이 조약 이후 고종이 강제 퇴위되었고, 대한제국의 군대가 강제 해산되었다.
④ 한일신협약 직후 고종의 강제 퇴위와 대한제국 군대의 강제 해산 등을 계기로 정미의병이 발생하였다. 정미의병은 해산 군인, 상·공인, 노동자, 농민 등 전 계층이 의병항쟁에 참여하여 거국적인 대일항전으로 확산되었다. 특히 1908년 이인영을 중심으로 13도창의군이 결성되어 서울진공작전을 수립하였으나 실패하고, 이후 의병들은 분산되어 독자적인 항일전을 수행해갔다.

28

정답 ③

제시문은 흥사단에 대한 설명이다. 흥사단은 1913년 5월 13일 도산 안창호 선생이 미국 샌프란시스코에서 유학 중인 청년 학생들을 중심으로 조직한 민족운동 단체로, 설립 목표는 민족 부흥을 위한 실력 양성이었다.

오답분석

① 의열단은 1919년 11월 만주 지린성에서 조직된 무력 독립운동 단체로, 1920년대에 일본 고관 암살과 관공서 폭파 등의 활발한 활동을 하였다.
② 대한 광복회는 1915년 7월 대구에서 결성된 독립운동 단체로, 1910년대 독립을 목적으로 무장투쟁을 전개해 독립을 달성하려 했던 대표적인 국내 독립운동 단체이다.
④ 한인 애국단은 1931년 상하이에서 조직된 항일 독립운동 단체로, 일본의 주요인물 암살을 목적으로 하였다.

29

정답 ②

제시문은 개인, 민족, 국가 간 균등과 정치, 경제, 교육의 균등을 주장하는 조소앙의 삼균주의를 바탕으로 1931년 대한민국 임시정부가 발표한 대한민국 건국강령이다. 3·1운동의 독립선언을 계기로 창설된 대한민국 임시정부는 1940년 휘하 군사조직으로 한국광복군을 조직하였다.

30

정답 ②

포츠담 선언(1945)에서 한국의 독립을 재확인하였다.

PART 2

배우기만 하고 생각하지 않으면 얻는 것이 없고, 생각만 하고 배우지 않으면 위태롭다.

– 공자 –

PART 3
최종점검 모의고사

제1회
최종점검 모의고사

01 언어비평

01	02	03	04	05	06	07	08	09	10
①	①	③	①	②	①	①	①	②	③
11	12	13	14	15	16	17	18	19	20
③	②	③	①	①	②	③	②	①	②
21	22	23	24	25	26	27	28	29	30
①	①	①	②	①	②	①	①	②	①
31	32	33	34	35	36	37	38	39	40
①	②	③	③	③	①	②	①	①	③

01 정답 ①

행성의 공전 속도가 빠른 순서대로 나열하면 '수성 – 금성 – 지구 – 화성 – 목성 – 토성'이 된다. 따라서 토성의 공전 속도가 가장 느린 것을 알 수 있다.

02 정답 ①

주어진 마지막 조건에 따르면, 태양에 가까울수록 행성의 공전 속도가 빠르다. 따라서 공전 속도가 빠른 수성이 태양과 가장 가깝게 위치하고 있음을 알 수 있다.

03 정답 ③

행성들의 공전 속도는 태양과의 거리와 관계가 있을 뿐이다. 주어진 조건으로는 행성 간의 거리를 알 수 없다.

04 정답 ①

주어진 조건에 따라 다섯 지역의 개나리 개화일을 표로 정리하면 다음과 같다.

광주	대구	대전	서울	강릉	평균
3.20		3.23	3.27		3.22

대구와 강릉 중 한 곳의 개화일은 대전의 개화일과 같으며 다섯 지역의 평균 개화일은 3월 22일이므로 나머지 한 곳의 개화일을 구하면 다음과 같다.

$\frac{20+23+27+23+x}{5}=22 \rightarrow x=22\times5-93=17$일이다.

따라서 개나리 개화 시기가 가장 늦은 지역은 3월 27일의 서울임을 알 수 있다.

05 정답 ②

04번 해설에 따르면 다섯 지역 중 평균 개화일인 3월 22일보다 개화일이 빠른 지역은 광주, 대구 또는 광주, 강릉이므로 3곳 이상은 거짓임을 알 수 있다.

06 정답 ①

대구와 대전의 개화일이 같다면 강릉의 개화일은 3월 17일이 되므로(04번 해설) 강릉의 개화 시기가 가장 빠른 것을 알 수 있다.

07 정답 ①

'전공 시험을 치름'을 p, '교양 시험을 치름'을 q, '회화 시험을 치름'을 r, '토익 시험을 치름'을 s, '모든 1학년'을 t라고 할 때, 조건을 정리하면 $p \rightarrow q \rightarrow \sim r \rightarrow \sim t$이다. 따라서 $p \rightarrow \sim t$이고 이의 대우 명제인 '1학년이라면 전공 시험을 치르지 않는다.'는 참이다.

08 정답 ①

$p \rightarrow \sim r$의 대우 명제인 $r \rightarrow \sim p$가 성립하므로 '회화 시험을 치른 사람은 전공 시험을 치르지 않는다.'는 참이다.

09 정답 ②

$t \rightarrow r \rightarrow s$가 성립한다. 따라서 모든 1학년은 토익 시험을 치른다.

10

정답 ③

제시된 조건을 표로 정리하면 다음과 같다.

구분	귤	사과	수박	딸기	토마토
A	×	×	×	○	×
B	×			×	
C	×	×		×	
D				×	

B가 수박과 토마토 중 하나를 먹었다면 D에게 남은 선택지는 귤과 사과 두 개이므로, 둘 중 어느 것을 먹었을지는 정확히 알 수 없다.

11

정답 ③

D가 귤이나 토마토를 먹었을 가능성도 있으므로 B가 사과를 먹었더라도 D가 먹은 과일을 알 수 없다.

12

정답 ②

C가 토마토를 먹었다면 B가 선택할 수 있는 것은 사과와 수박 2개이고, D가 선택할 수 있는 것은 귤, 사과, 수박 3개이므로 B가 사과를 먹었을 확률이 더 크다고 할 수 있다.

13

정답 ③

Y대학과 A대학의 평균 입학점수의 대소 관계에 대해서는 나타나 있지 않으므로, K－Y－A－L대학 또는 K－A－Y－L대학 모두 가능하다. 따라서 Y대학의 평균 입학점수가 A대학의 평균 입학점수보다 높은지 아닌지 알 수 없다.

14

정답 ①

13번 해설에 따라 참이다.

15

정답 ①

13번 해설에 따르면 평균 입학점수가 가장 낮은 대학은 L대학이고, L대학의 평균 입학점수는 첫 번째, 두 번째 조건에 따라 80점이므로 Y대학의 평균 입학점수는 80점보다 높다.

16

정답 ②

제시문에서는 적립식을 중심으로 중장기 수요 기반이 확충되면서 나타난 현상은 기관투자자의 주식 보유 비중 확대와 매매회전율 하락이라고 밝히고 있으므로 거짓이다.

17

정답 ③

제시문만으로는 진실 여부를 알 수 없다.

18

정답 ②

제시문에 따르면 기관투자자 매수가 지속되면서 2006년 이후 나타난 현상은 일평균 거래량이 현저하게 줄어들기 시작했으므로 거짓이다.

19

정답 ①

중국은 GDP 기준으로 세계 4위에 해당되지만 1인당 GDP는 1,209달러로 세계 111위에 해당되고, 인도는 GDP로는 세계 13위이지만 1인당 GDP는 512달러로 141위에 해당하므로 중국의 1인당 GDP가 더 높음을 알 수 있다.

20

정답 ②

제시문에서 경제성장률을 결정해 주는 것은 경제규모인 총 국민소득이 아니라 1인당 국민소득 수준이라고 하였으므로 거짓이다.

21

정답 ①

한국의 GDP는 12위, 인도의 GDP는 세계 13위로 인도의 GDP는 한국보다 낮음을 알 수 있다.

22

정답 ①

제시문에서 시각적 기록으로 인해 산출된 정교함이 구술적 발화가 지닌 잠재력으로는 도저히 이룩할 수 없는 정도의 것이라고 하였다.

23

정답 ①

'쓰기'에 의해 지시 체계의 특수한 복잡성이 그대로 시각적으로 기록될 수 있게 되고, 이는 결과적으로 말하기를 시각의 세계로 이동시킴으로써 말하기와 사고를 함께 변화시켰다.

24

정답 ②

제시문에서 정밀하고 복잡한 구조나 지시 체계는 이미 소리 속에서 발전해 왔다고 하였으므로, 시각적 코드체계를 사용하여 정밀하고 복잡한 구조의 지시 체계를 마련할 수 있었다는 내용은 일치하지 않는다.

25

정답 ①

'전기기사 시험을 봄'을 a, '식품기사 시험을 봄'을 b, '건축기사 시험을 봄'을 c, '토목기사 시험을 봄'을 d, '축산기사 시험을 봄'을 e, '산림기사 시험을 봄'을 f라고 할 때, 두 번째 조건 $c \rightarrow d$의 대우 $\sim d \rightarrow \sim c$가 성립하므로 '토목기사 시험을 보지 않는 철수는 건축기사 시험도 보지 않는다.'는 참이 된다.

26

정답 ②

첫 번째 조건의 대우인 $b \rightarrow \sim a$와 마지막 조건 $\sim a \rightarrow f$에 따라 $b \rightarrow \sim a \rightarrow f$가 성립하므로 식품기사 시험을 보면 산림기사 시험도 봐야 한다. 따라서 '식품기사 시험을 보는 영수는 산림기사 시험을 보지 않는다.'는 거짓이 된다.

27

정답 ①

조건을 정리하면 $\sim e \rightarrow \sim d \rightarrow \sim c$와 $\sim e \rightarrow \sim f \rightarrow a \rightarrow \sim b$가 성립한다. 따라서 축산기사 시험을 보지 않으면 전기기사 시험을 제외한 나머지 시험도 보지 않으므로 '축산기사 시험을 보지 않는 민수는 전기기사 시험만 본다.'는 참이 된다.

28

정답 ①

네 번째 조건을 통해 가장 적은 개수로 620원이 되는 경우는 500+100+10+10=620원이 될 때이다. 따라서 경서는 4개의 동전을 가지고 있으므로 참이다.

29

정답 ②

28번을 통해 경서가 4개의 동전을 가지고 있으므로, 현정이는 5개, 소희는 7개의 동전을 가지고 있음을 알 수 있다. 이때 소희는 모든 종류의 동전을 가지고 있으므로, 최소 금액은 500+100+50+10+10+10+10=690원이다.

30

정답 ①

29번에 따라 현정이는 5개의 동전을 가지고 있다. 이때 700원이 가능한 경우는 500+50+50+50+50=700원 뿐이므로, 두 종류의 동전을 가지고 있다.

31

정답 ①

'계획을 세움'을 p, '시간을 단축함'을 q, '야식을 먹음'을 r, '공연을 봄'을 s, '일을 빨리 마침'을 t라고 할 때, 조건을 정리하면 $p \rightarrow q \rightarrow t \rightarrow s \rightarrow r$이다. 따라서 계획을 세웠다면 공연을 볼 수 있다.

32

정답 ②

$p \rightarrow r$이므로 계획을 세웠다면 야식을 먹는다. 따라서 '계획을 세웠어도 야식을 못 먹을 수 있다.'는 거짓이다.

33

정답 ③

셋째가 수요일에 당번을 서는 것은 확실하지만, 화요일과 수요일에 서는지 수요일과 목요일에 서는지는 알 수 없다. 따라서 셋째가 당번 서는 날이 첫째와 겹칠지 둘째와 겹칠지는 제시된 조건만으로 확실히 알 수 없다.

34

정답 ③

셋째가 화요일과 수요일에 당번을 설지, 수요일과 목요일에 당번을 설지 제시된 조건만으로 확실히 알 수 없다.

35

정답 ③

제시된 조건 중 C가 레몬 맛 사탕을 먹는 경우를 표로 정리하면 다음과 같다.

구분	A	B	C	D	E
경우 1	사과 맛	딸기 맛	레몬 맛	레몬 맛	딸기 맛
경우 2	사과 맛	딸기 맛	레몬 맛	사과 맛	딸기 맛

C가 레몬 맛 사탕을 먹는 경우에 D는 사과 맛이나 레몬 맛 사탕을 먹는다. 따라서 사과 맛 사탕을 먹는지 아닌지 알 수 없다.

36

정답 ①

제시된 조건을 표로 정리하면 다음과 같다.

구분	A	B	C	D	E
경우 1	사과 맛	딸기 맛	레몬 맛	레몬 맛	딸기 맛
경우 2	사과 맛	딸기 맛	레몬 맛	사과 맛	딸기 맛
경우 3	사과 맛	딸기 맛	사과 맛	레몬 맛	딸기 맛
경우 4	사과 맛	레몬 맛	사과 맛	딸기 맛	레몬 맛

총 4가지 경우 중 B가 딸기 맛 사탕을 먹는 경우는 3가지이므로 확률이 가장 높다.

37

정답 ②

제시된 조건을 표로 정리하면 다음과 같다.

구분	첫 번째	두 번째	세 번째	네 번째	다섯 번째
경우 1	A	B	E	C	D
경우 2	A	B	C	D	E
경우 3	A	C	D	B	E
경우 4	C	D	A	B	E

경우 4에서 A가 세 번째 순서일 때, D는 두 번째 순서이다. 따라서 거짓이다.

38

정답 ①

37번의 해설에서 E가 세 번째 순서인 경우는 A → B → E → C → D의 순서가 된다. 따라서 E가 세 번째 순서일 때 D는 마지막 순서가 된다.

39

정답 ①

제시된 조건을 표로 정리하면 다음과 같다.

구분	1등	2등	3등	4등	5등
경우 1	갑	병	정	무	을
경우 2	갑	병	무	정	을
경우 3	갑	병	을	무	정
경우 4	갑	병	무	을	정

따라서 을은 항상 병보다 늦게 들어 왔으므로 참이다.

40

정답 ③

39번의 해설에 의해 정은 3등이나 4등으로 들어올 수도 있으므로 알 수 없다.

02 수리비평

01	02	03	04	05	06	07	08	09	10	11	12	13	14	15	16	17	18	19	20
③	④	④	⑤	④	④	①	③	③	③	⑤	③	②	⑤	③	③	③	④	②	②
21	22	23	24	25	26	27	28	29	30										
③	④	②	③	②	②	②	⑤	④	②										

01

정답 ③

남자가 소설을 대여한 횟수는 60회이고, 여자가 소설을 대여한 횟수는 80회이므로 $\frac{60}{80}\times100=75\%$이다.

따라서 남자가 소설을 대여한 횟수는 여자가 소설을 대여한 횟수의 70% 이상이므로 ③은 옳지 않은 설명이다.

오답분석

① 40세 미만의 전체 대여 횟수는 120회, 40세 이상의 전체 대여 횟수는 100회이므로 옳다.
② 소설 전체 대여 횟수는 140회, 비소설 전체 대여 횟수는 80회이므로 옳다.
④ 40세 이상의 전체 대여 횟수는 100회이고, 그중 소설 대여는 50회이므로 $\frac{50}{100}\times100=50\%$이므로 옳다.
⑤ 40세 미만의 전체 대여 횟수는 120회이고, 그중 비소설 대여는 30회이므로 $\frac{30}{120}\times100=25\%$이므로 옳다.

02

정답 ④

E과제에 대한 전문가 3의 점수는 $70\times5-(100+40+70+80)=60$점이고, A～E과제의 평균점수와 최종점수를 구하여 표로 정리하면 다음과 같다.

구분	평균점수	최종점수
A과제	$\frac{100+70+60+50+80}{5}=72$점	$\frac{70+60+80}{3}=70$점
B과제	$\frac{80+60+40+60+60}{5}=60$점	$\frac{60+60+60}{3}=60$점
C과제	$\frac{60+50+100+90+60}{5}=72$점	$\frac{60+90+60}{3}=70$점
D과제	$\frac{80+100+90+70+40}{5}=76$점	$\frac{80+90+70}{3}=80$점
E과제	70점	$\frac{60+70+80}{3}=70$점

따라서 평균점수와 최종점수가 같은 과제는 B, E이다.

03

정답 ④

유효슈팅 대비 골의 비율은 울산이 $\frac{18}{60}\times100=30\%$, 상주가 $\frac{12}{30}\times100=40\%$로 상주가 울산보다 높으므로 ④는 옳은 설명이다.

오답분석

① 경기당 평균 슈팅 개수가 가장 많은 구단은 18개로 전북이고, 가장 적은 구단은 7개로 서울이므로 그 차이는 $18-7=11$개이다. 또한 경기당 평균 유효슈팅 개수가 가장 많은 구단은 12개로 전북이고, 가장 적은 구단은 3개로 서울이므로 그 차이는 $12-3=9$개이다.

② 골의 개수가 적은 하위 두 팀은 9개인 포항과 10개인 서울로 골 개수의 합은 $9+10=19$개이다. 이는 전체 골 개수인 $18+27+12+9+12+10+12=100$개의 $\frac{19}{100}\times100=19\%$이므로 15% 이상이다.

③ 슈팅 대비 골의 비율은 전북이 $\frac{27}{108}\times100=25\%$, 성남이 $\frac{12}{60}\times100=20\%$로 그 차이는 $25-20=5\%$p로 10%p 이하이다.

⑤ 슈팅 개수의 상위 3개 구단은 '전북, 울산, 대구'이나 유효슈팅 개수의 상위 3개 구단은 '전북, 울산, 포항'이다.

04

정답 ⑤

'매우 불만족'으로 평가한 고객 수는 전체 150명 중 15명이므로 10%의 비율을 차지한다.

따라서 응답한 전체 고객 중 $\frac{1}{10}$이 '매우 불만족'으로 평가했다는 것을 알 수 있으므로 ⑤는 옳지 않은 설명이다.

오답분석

① '매우 만족'이라고 평가한 응답자의 비율이 20%이므로, $150\times0.2=30$명이다.

② '보통'이라고 평가한 응답자의 수를 역산하여 구하면 48명이고, 비율은 32%이다. 따라서 약 $\frac{1}{3}$이라고 볼 수 있다.

③ 응답자의 합계를 확인하면 150명이므로 옳다.

④ '불만족' 이하 구간은 '불만족' 16%와 '매우 불만족' 10%의 합인 26%이다.

05

정답 ④

ㄷ. 2021 ~ 2023년에 사망자 수는 1,850명 → 1,817명 → 1,558명으로 감소하고 있고, 부상자 수는 11,840명 → 12,956명 → 13,940명으로 증가하고 있다.

ㄹ. 각 연도의 검거율을 구하면 다음과 같다.

- 2020년 : $\frac{12,606}{15,280}\times100=82.5\%$
- 2021년 : $\frac{12,728}{14,800}\times100=86\%$
- 2022년 : $\frac{13,667}{15,800}\times100=86.5\%$
- 2023년 : $\frac{14,350}{16,400}\times100=87.5\%$

따라서 검거율은 매년 높아지고 있다.

오답분석

ㄱ. 사고 건수는 2021년까지 감소하다가 2021년부터 증가하고 있고, 검거 수는 매년 증가하고 있다.

ㄴ. 2021년과 2022년의 사망률 및 부상률은 다음과 같다.

- 2021년 사망률 : $\frac{1,850}{14,800}\times100=12.5\%$, 부상률 : $\frac{11,840}{14,800}\times100=80\%$
- 2022년 사망률 : $\frac{1,817}{15,800}\times100=11.5\%$, 부상률 : $\frac{12,956}{15,800}\times100=82\%$

따라서 사망률은 2021년이 더 높지만 부상률은 2022년이 더 높다.

06

정답 ④

2015년 대비 2022년 신장은 A가 22cm, B가 21cm, C가 28cm로 C가 가장 많이 증가하였으므로 ④는 옳은 설명이다.

오답분석

① B의 2023년 체중은 2020년에 비해 감소하였다.
② 2023년의 신장 순위는 C, B, A순이지만, 체중 순위는 C, A, B로 동일하지 않다.
③ 2023년에 세 사람 중 가장 키가 큰 사람은 C이다.
⑤ 2015년 대비 2020년 체중 증가량은 A, B, C 모두 6kg으로 같다.

07

정답 ①

영화의 매출액은 매년 전체 매출액의 약 50%를 차지함을 알 수 있으므로 ①은 옳은 설명이다.

오답분석

② 2017 ~ 2018년 전년 대비 매출액의 증감추이는 게임의 경우 '감소 – 증가'이고, 음원은 '증가 – 증가'이다.
③ 2021년과 2023년 음원 매출액은 SNS 매출액의 2배 미만이다.
④ 2018년에 SNS의 매출액은 전년에 비해 감소하였다.
⑤ 영화와 음원의 경우 2021년 매출액이 2020년 매출액의 2배 미만이지만, SNS의 경우 2021년 매출액이 전년 매출액의 5배 이상이다. 따라서 SNS의 증가율이 가장 크다.

08

정답 ③

3인 가구의 26℃ 이상 28℃ 미만일 때 에어컨 가동 시간은 10.4시간으로 30℃ 이상일 때의 16시간의 $\frac{10.4}{16}\times100=65\%$ 수준이므로 ③은 옳은 설명이다.

오답분석

① 1인 가구의 30℃ 이상일 때 일평균 에어컨가동시간은 6.3시간으로 26℃ 미만일 때의 1.4시간보다 $\frac{6.3}{1.4}=4.5$배 더 많다.
② 평균 실내온도가 28℃ 미만일 때, 자녀가 있는 2인 가구의 일평균 에어컨가동시간은 자녀가 없을 때보다 2배 이상 많지만, 28℃ 이상일 경우에는 2배 미만이다.
④ 28℃ 이상 30℃ 미만일 때의 4인 가구의 일평균 에어컨가동시간은 18.8시간이다.
⑤ 평균 실내온도가 26℃ 미만일 때와 28℃ 이상 30℃ 미만일 때는, 6인 가구 이상에서의 에어컨가동시간은 5인 이상 가구보다 많지만, 나머지 두 구간에서는 적다.

09

정답 ③

ㄴ. (교원 1인당 원아 수)$=\frac{(\text{원아 수})}{(\text{교원 수})}$이다. 따라서 교원 1인당 원아 수가 적어지는 것은 원아 수 대비 교원 수가 늘어나기 때문이다.

ㄹ. 제시된 자료만으로는 알 수 없다.

10

정답 ③

A국과 F국을 비교해보면 참가선수는 A국이 더 많지만, 동메달 수는 F국이 더 많으므로 ③은 옳지 않은 설명이다.

오답분석

① 금메달은 F>A>E>B>D>C 순서로 많고 은메달은 C>D>B>E>A>F 순서로 많다.
② C국은 금메달을 획득하지 못했지만 획득한 메달 수는 149개로 가장 많다.
④ 참가선수와 메달 합계의 순위는 동일하다.
⑤ 참가선수가 가장 적은 국가는 F로 메달 합계는 6위이다.

11

정답 ⑤

2019년과 2023년에는 출생아 수와 사망자 수의 차이가 20만 명이 되지 않으므로 ⑤는 옳지 않은 설명이다.

12

정답 ③

남자 합격자 수는 1,003명, 여자 합격자 수는 237명이고, 1,003÷237≒4이므로, 남자 합격자 수는 여자 합격자 수의 4배 이상이므로 ③은 옳지 않은 설명이다.

오답분석

④ 경쟁률은 $\frac{(\text{지원자 수})}{(\text{모집정원})}$이므로, B집단의 경쟁률은 $\frac{585}{370}=\frac{117}{74}$이다.

13

정답 ②

면세유류는 1990년부터 비율이 계속 증가하였고, 2020년에는 가장 높은 비율을 차지하였으므로 ②는 옳은 설명이다.

오답분석

① 일반자재의 비율은 2010년까지 증가한 이후 2020년에 감소하였다.
③ 제시된 표만 보고 2020년 이후의 상황은 알 수 없다.
④ 2000년에는 배합사료, 2020년에는 면세유류가 가장 높은 비율을 차지하였다.
⑤ 배합사료는 증가와 감소를 반복하였으나, 농기계는 1970～1990년까지 비율이 증가한 이후 증가와 감소를 반복하였다.

14

정답 ⑤

전체 발벼 생산량은 2,073톤이고, 광주 · 전남 지역의 발벼 생산량은 1,662톤이므로 비율을 구하면 $\frac{1,662}{2,073}\times 100 ≒ 80.17\%$이므로 ⑤는 옳지 않은 설명이다.

15

정답 ③

ㄴ. 연령대별 아메리카노와 카페라테의 선호율의 차이를 구하여 표로 정리하면 다음과 같다.

(단위 : %)

구분	20대	30대	40대	50대
아메리카노 선호율	42	47	35	31
카페라테 선호율	8	18	28	42
차이(%p)	34	29	7	11

따라서 아메리카노와 카페라테의 선호율 차이가 가장 적은 연령대는 40대임을 알 수 있다.

ㄷ. 20대와 30대의 선호율 하위 3개 메뉴를 정리하면 다음과 같다.
- 20대 : 핫초코(6%), 에이드(3%), 아이스티(2%)
- 30대 : 아이스티(3%), 핫초코(2%), 에이드(1%)

따라서 20대와 30대의 선호율 하위 3개 메뉴는 동일함을 알 수 있다.

오답분석

ㄱ. 연령대별 아메리카노 선호율은 20대가 42%, 30대가 47%, 40대가 35%, 50대가 31%로 30대의 선호율은 20대보다 높음을 알 수 있다.

ㄹ. 40대와 50대의 선호율 상위 2개 메뉴가 전체 선호율에서 차지하는 비율을 구하면 다음과 같다.
- 40대 : 아메리카노(35%), 카페라테(28%) → 63%
- 50대 : 카페라테(42%), 아메리카노(31%) → 73%

따라서 50대의 선호율 상위 2개 메뉴가 전체 선호율에서 차지하는 비율은 70%를 넘지만, 40대에서는 63%로 70% 미만이다.

16

정답 ③

대치동의 증권자산은 23.0−17.7−3.1=2.2조 원, 서초동의 증권자산은 22.6−16.8−4.3=1.5조 원이므로 ③은 옳은 설명이다.

오답분석

① 이촌동의 가구 수가 2만 이상이려면 총자산이 7.4×20,000=14.8조 원 이상이어야 한다. 그러나 이촌동은 총자산이 14.4조 원인 압구정동보다도 순위가 낮으므로 이촌동의 가구 수는 2만 가구 미만이다.

② 여의도동의 부동산자산은 12.3조 원 미만이다. 따라서 여의도동의 증권자산은 4조 원 이상이 될 수 없다.

④ 압구정동의 가구 수는 $\frac{14.4\text{조}}{12.8\text{억}}$=11,250가구, 여의도동의 가구 수는 $\frac{24.9\text{조}}{26.7\text{억}}$≒9,300가구이므로 압구정동의 가구 수가 더 많다.

⑤ 도곡동의 총자산 대비 부동산자산의 비율은 $\frac{12.3}{15.0}\times 100=82\%$이고, 목동의 총자산 대비 부동산자산의 비율은 $\frac{13.7}{15.5}\times 100 \fallingdotseq$ 88.39%이므로 옳지 않은 설명이다.

17

정답 ③

1인당 GDP 순위는 E>C>B>A>D이다. 그런데 1인당 GDP가 가장 큰 E국은 1인당 GDP가 2위인 C국보다 1% 정도밖에 높지 않은 반면, 인구는 C국의 $\frac{1}{10}$ 이하이므로 총 GDP 역시 C국보다 작다.

따라서 1인당 GDP 순위와 총 GDP 순위는 일치하지 않으므로 ③은 옳지 않은 설명이다.

오답분석

① A국의 총 GDP는 27,214×50.6=1,377,028.4백만 달러, E국의 총 GDP는 56,328×24.0=1,351,872백만 달러이므로 A국의 총 GDP가 더 크다.

② 경제성장률이 가장 큰 나라는 D국이며, 1인당 GDP와 총인구를 고려하면 D국의 총 GDP가 가장 작은 것을 알 수 있다.

③ 1인당 GDP 대비 총인구를 고려하였을 때 총 GDP가 가장 큰 나라는 C국, 가장 작은 나라는 D국이다.
- D국의 총 GDP : 25,832×46.1=1,190,855.2백만 달러
- C국의 총 GDP : 55,837×321.8=17,968,346.6백만 달러

따라서 총 GDP가 가장 큰 나라와 가장 작은 나라는 10배 이상의 차이를 보인다.

④ 수출 및 수입 규모에 따른 순위는 C>B>A>D>E이므로 서로 일치한다.

18

정답 ④

2022년 영산강(주암댐)은 2021년에 비해서 BOD가 증가하였으므로 ④는 옳지 않은 설명이다.

오답분석

① 가장 적게 오염이 되었다는 것은 BOD 수치가 가장 적다는 것이다. 따라서 BOD 수치가 다른 곳보다 항상 적거나 같았던 영산강이 가장 오염이 적다고 볼 수 있다.

② 금강의 BOD는 2018년도부터 차례대로 1.0 − 1.0 − 1.0 − 0.9mg/L이었으며 변화폭이 가장 적다.

③ 대청댐은 주어진 자료에서 항상 BOD 1.0mg/L 이하였다.

⑤ BOD 수치가 가장 컸던 때는 2.4mg/L로 2019년 낙동강이었다.

19

정답 ②

전년 대비 국・영・수의 월 최대 수강자 수가 증가한 해는 2019년과 2023년이고, 증감률은 다음과 같다.

• 2019년 : $\frac{388-368}{368}\times 100 ≒ 5.4\%$

• 2023년 : $\frac{381-359}{359}\times 100 ≒ 6.1\%$

따라서 증감률은 2022년이 가장 높다.

오답분석

ㄱ. 2020년 국・영・수의 월 최대 수강자 수는 전년 대비 감소했지만, 월 평균 수강자 수는 전년에 비해 증가하였다.
ㄴ. 2020년은 전년에 비해 월 최대 수강자 수가 감소했지만, 월 평균 수업료는 증가하였다.
ㄹ. 2018 ~ 2023년까지 월 평균 수강자 수가 국・영・수 과목에서 최대, 최소인 해는 각각 2020년, 2018년이고, 탐구 과목에서 최대, 최소인 해는 각각 2021년, 2019년이다.

20

정답 ②

15 ~ 64세 인구는 2020년까지 증가하였다가, 이후 감소 추세를 보이고 있으므로 ②는 옳지 않은 설명이다.

오답분석

①・⑤ 제시된 자료를 통해 알 수 있다.
③ 15 ~ 64세 인구의 구성비가 가장 높은 해는 2020년으로 73.1%이고, 가장 낮은 해는 2060년 53.0%이므로 20.1%p의 차이가 난다.
④ 2000년 65세 이상 인구의 구성비는 7.2%이고, 2060년에는 38.2%이므로 약 5배 이상이다.

21

정답 ③

서울(1.1%)을 포함하여 부산(1.9%) 및 인천(2.5%) 지역에서는 증가율이 상대적으로 낮게 나와 있으므로 ③은 옳지 않은 설명이다.

오답분석

㉠・㉡ 자료를 통해 확인할 수 있다.
㉣ 2023년 에너지 소비량은 경기(9,034천 TOE), 충남(4,067천 TOE), 서울(3,903천 TOE)의 순서이다.
㉤ 전국 에너지 소비량은 2013년이 28,588천 TOE, 2023년이 41,594천 TOE로서 13,006천 TOE의 증가를 보이고 있다.

22

정답 ④

서비스품질 5가지 항목의 점수와 서비스쇼핑 체험 점수를 비교해 보면, 모든 대형마트에서 서비스쇼핑 체험 점수가 가장 낮다는 것을 확인할 수 있다. 따라서 서비스쇼핑 체험 부문의 만족도는 서비스품질 부문들보다 낮다고 이해할 수 있다. 그리고 서비스쇼핑 체험 점수의 평균은 $(3.48+3.37+3.45+3.33)\div 4 ≒ 3.41$점이므로 ④는 옳은 설명이다.

오답분석

① 대형마트 인터넷 / 모바일 쇼핑 소비자 만족도 자료에서 마트별 인터넷・모바일 쇼핑 만족도의 차를 구해보면 A마트 0.07점, B마트・C마트 0.03점, D마트 0.05점으로 A마트가 가장 크다.
② 주어진 자료에서 단위를 살펴보면 5점 만점으로 조사되었음을 알 수 있으며, 종합만족도의 평균은 $(3.72+3.53+3.64+3.56)\div 4 ≒ 3.61$점이다. 업체별로는 A마트 → C마트 → D마트 → B마트 순으로 종합만족도가 낮아짐을 알 수 있다.
③ 모바일 쇼핑 만족도는 평균 3.845점이며, 인터넷 쇼핑은 평균 3.80점이다. 따라서 모바일 쇼핑이 평균 0.045점 높게 평가되었다고 이해하는 것이 적절하다.
⑤ 평균적으로 고객 접점직원 서비스보다는 고객관리 서비스가 더 낮게 평가되었다.

23

정답 ②

서울의 수박 가격은 5월 16일에 감소했다가 5월 19일부터 다시 증가하고 있으며, 수박 가격 증가의 원인이 높은 기온 때문인지는 제시된 표만으로는 알 수 없으므로 ②는 옳지 않은 설명이다.

24

정답 ③

제시된 자료를 통해 알 수 있으므로 ③은 옳은 설명이다.

오답분석

① 전체에서 금전출납부의 기록, 미기록 비율은 각각 30%, 70%이다. 따라서 기록하는 비율이 더 낮다.
② 용돈을 받는 남학생과 여학생의 비율은 각각 82.9%, 85.4%이다. 따라서 여학생이 더 높다.
④ 용돈을 받지 않는 중학생과 고등학생 비율은 각각 12.4%, 19.2%이다. 따라서 용돈을 받지 않는 고등학생 비율이 더 높다.
⑤ 고등학교 전체 인원을 100명이라 한다면 그중에 용돈을 받는 학생은 약 80.8명이다. 80.8명 중에 용돈을 5만 원 이상 받는 학생의 비율은 40%이므로 $80.8\times0.4 \fallingdotseq 32.3$명이다.

25

정답 ②

ㄱ. 근로자가 총 90명이고 전체에게 지급된 임금의 총액이 2억 원이므로 근로자당 평균 월 급여액은 $\frac{2억\ 원}{90명} \fallingdotseq 222$만 원이다. 따라서 평균 월 급여액은 230만 원 이하이다.
ㄴ. 월 210만 원 이상 급여를 받는 근로자 수는 $26+12+8+4=50$명이다. 따라서 총 90명의 절반인 45명보다 많으므로 옳은 설명이다.

오답분석

ㄷ. 월 180만 원 미만의 급여를 받는 근로자 수는 $6+4=10$명이다. 따라서 전체에서 $\frac{10}{90} \fallingdotseq 11\%$의 비율을 차지하고 있으므로 적절하지 않다.
ㄹ. '월 240만 원 이상 270만 원 미만'의 구간에서 월 250만 원 이상 받는 근로자의 수는 주어진 자료만으로는 확인할 수 없다. 따라서 적절하지 않다.

26

정답 ②

- 김사원 : 전체 경쟁력 점수는 E국이 D국보다 1점 높다. 이때 E국과 D국의 총합을 각각 계산하는 것보다 D국을 기준으로 E국의 편차를 부문별로 계산하여 판단하는 것이 좋다. 부문별 편차는 변속감 −1, 내구성 −2, 소음 −4, 경량화 +10, 연비 −2이므로 총합은 E국이 +1이다.
- 최대리 : C국을 제외하고 국가 간 차이가 가장 큰 부문은 경량화 21점, 가장 작은 부분은 연비 9점이다.
- 오사원 : 내구성이 가장 높은 국가는 B, 경량화가 가장 낮은 국가는 D이므로 동일하지 않다.

27

정답 ②

하루 1인당 인건비와 하루에 고용할 수 있는 인원을 구하면 다음과 같다.

- 하루 1인당 인건비
  =(1인당 수당)+(산재보험료)+(고용보험료)
  $=50,000+50,000\times0.504\%+50,000\times1.3\%$
  $=50,000+252+650=50,902$원
- 하루에 고용할 수 있는 인원
  ={(본예산)+(예비비)}÷(하루 1인당 인건비)
  $=600,000\div50,902 \fallingdotseq 11.8$명

따라서 G사에서 하루 동안 고용할 수 있는 최대 인원은 11명이다.

28

정답 ⑤

전체 단속 건수에서 광주 지역과 대전 지역이 차지하는 비율을 구하면 다음과 같다.

- 광주 : $\frac{1,090}{20,000} \times 100 = 5.45\%$
- 대전 : $\frac{830}{20,000} \times 100 = 4.15\%$

따라서 광주 지역이 대전 지역보다 1.3%p 더 높으므로 ⑤는 옳은 설명이다.

오답분석

① 경기의 무단횡단·신호위반·과속·불법주정차 위반 건수는 서울보다 적지만, 음주운전 위반 건수는 서울보다 많다.

② 수도권 지역의 단속 건수는 3,010+2,650+2,820=8,480건으로 전체 단속 건수에서 차지하는 비중은 $\frac{8,480}{20,000} \times 100 =$ 42.4%이다. 따라서 수도권 지역의 단속 건수는 전체 단속건수의 절반 미만이다.

③ 신호위반이 가장 많이 단속된 지역은 980건으로 제주이지만, 과속이 가장 많이 단속된 지역은 1,380건으로 인천이다.

④ 울산 지역의 단속 건수는 1,250건으로 전체 단속 건수에서 차지하는 비중은 $\frac{1,250}{20,000} \times 100 = 6.25\%$이다.

29

정답 ④

흡연자 G씨가 금연프로그램에 참여하면서 진료 및 상담 비용과 금연보조제(니코틴패치) 구매에 지불해야 하는 부담금은 지원금을 제외한 나머지이다.

따라서 G씨가 부담하는 금액은 총 $30,000 \times 0.1 \times 6 + 12,000 \times 0.25 \times 3 = 18,000 + 9,000 = 27,000$원이다.

30

정답 ②

연도별 누적 막대그래프로, 각 지역의 적설량이 올바르게 나타나 있는 ②가 가장 적절하다.

오답분석

① 적설량의 단위는 'm'가 아니라 'cm'이다.

③ 수원과 강릉의 2020년, 2021년 적설량 수치가 서로 바뀌었다.

④ 그래프의 가로축을 지역으로 수정해야 한다.

⑤ 서울과 수원의 그래프 수치가 서로 바뀌었다.

03 한국사

01	02	03	04	05	06	07	08	09	10
①	①	③	②	①	③	②	③	④	③

01

정답 ①

가락바퀴(방추차)는 실을 뽑아 감는 기구로 뼈바늘(골침)과 함께 직조술이 이루어졌음을 알 수 있는 신석기시대의 유물이므로 ①은 옳지 않은 설명이다.

02

정답 ①

발해는 통일신라와의 교역로인 신라도를 두어 교류했으며 문왕 이후 더욱 활발하게 이루어졌으므로 ①은 옳지 않은 설명이다.

오답분석

② 발해의 국가교육기관인 주자감은 왕족과 귀족 자제를 대상으로 고구려 경당의 교육 전통을 이어서 유학을 교육하였다.
③ 발해의 중앙관제는 3성 6부제로 당나라의 중앙관제를 수용하여 필요에 따라 조직을 변형하여 운영하였다.
④ 발해는 무왕시기 인안(仁安), 문왕시기 대흥(大興) 등 거의 전 기간에 걸쳐 독자적인 연호를 사용하였다.

03

정답 ③

고려는 북송 시대에 산둥반도의 등주(덩저우)에 도착하는 북선항로를 이용한 무역을 하였으며, 금(金)의 침입을 받아 남쪽으로 천도한 뒤에는 명주(밍저우)에 도착하는 남선항로를 이용하여 남송과 무역을 계속하였으므로 ③은 적절한 설명이다.

오답분석

① 일본과 정식 국교를 맺지 않은 것은 사실이나, 민간상인들이 수은·유황 등을 가지고 와서 하사품을 받아가는 형태의 무역이 이루어졌다.
② 벽란도는 대동강 하류가 아닌 예성강 하류에 있었던 수도 개성의 무역항이었다.
④ 아라비아 상인들은 요가 아닌 송을 거쳐서 고려와 거래하였다.

04

정답 ②

ㄱ·ㄷ. 왕권의 강화를 위해 정조가 실시한 정책이다.

오답분석

ㄴ·ㄹ. 영조 집권기에 이루어졌다.

05

정답 ①

조선 후기 세도정치 시기에는 양반 수의 증가로 향촌을 사대부가 아닌 수령(향리)이 통제하게 되었다. 따라서 향회는 수령의 자문기구로 전락하였고, 향회를 구성하는 장도 수령이 임명했다.

06

정답 ③

'가산의 토적', '청천강 이북'이라는 키워드를 통해 '변란'은 홍경래의 난(1811)임을 알 수 있다. 이 시기 재위한 왕은 순조이며, 순조는 양인확보책으로 내수사 등 중앙 관서에 소속된 공노비 6만 6천여 명을 해방시켰다. 따라서 ③은 옳은 사실이다.

오답분석

① 동학은 조선 철종 때 창도되었다(1860).
② 제너럴셔먼호 사건은 조선 고종 때의 일이다(1866).
④ 삼정이정청은 조선 철종 때 설치되었다.

07

정답 ②

개항 초기의 시장은 외국 상인의 활동 범위를 개항장의 10리 이내로 제한하는 거류지 무역이 행해짐에 따라 일본 상인의 무역 독점이 이루어졌으므로 ②는 옳지 않은 설명이다.

08

정답 ③

신민회는 1907년 도산 안창호 의사를 중심으로 독립협회의 청년들이 모여 결성한 항일 비밀단체로서, 국권을 회복하여 자유 독립국을 세우고, 그 정체(政體)를 공화정체로 하는 것을 목표로 삼았다. 그러나 1911년 일제가 조작한 105인 사건을 계기로 해체되었다.

09

정답 ④

신문지법은 1910년대 헌병 경찰 통치(무단통치) 시대 정책으로 정기간행물을 허가 후에 발행하는 허가제이므로 ④는 적절하지 않다.

10

정답 ③

제헌국회의원의 임기는 2년이었으므로 ③은 옳지 않은 설명이다.

제2회

최종점검 모의고사

01 언어비평

01	02	03	04	05	06	07	08	09	10
①	③	③	①	③	③	①	③	③	③
11	12	13	14	15	16	17	18	19	20
①	②	①	①	③	①	①	②	①	①
21	22	23	24	25	26	27	28	29	30
③	①	②	①	③	①	③	③	③	①
31	32	33	34	35	36	37	38	39	40
①	②	①	①	①	①	①	③	②	③

01 정답 ①

제시된 조건을 표로 정리하면 다음과 같다.

구 분	성찬	정 환	수 호	재 하
데이터 선택 65.8	×	○	×	×
데이터 선택 54.8	×	×		
데이터 선택 49.3	○	×	×	×
데이터 선택 43.8	×	×		

따라서 성찬이는 데이터 선택 49.3을 사용한다.

02 정답 ③

수호는 데이터 선택 54.8과 데이터 선택 43.8 중 하나를 사용하지만 어떤 요금제를 사용하는지 정확히 알 수 없다.

03 정답 ③

재하는 '데이터 선택 43.8'과 '데이터 선택 54.8' 중 하나를 사용하지만 어떤 요금제를 사용하는지 정확히 알 수 없다.

04 정답 ①

제시된 조건을 여섯 가지 경우로 나눠 표로 정리하면 다음과 같다.

구 분	A	B	C	D
경우 1	검은색	빨간색	검은색	파란색
경우 2	검은색	빨간색	파란색	검은색
경우 3	검은색	빨간색	파란색	빨간색
경우 4	검은색	파란색	검은색	빨간색
경우 5	검은색	파란색	파란색	빨간색
경우 6	검은색	검은색	파란색	빨간색

따라서 B가 검은색 볼펜을 가진 경우는 경우 6으로, D는 빨간색 볼펜을 가졌다.

05 정답 ③

경우 1, 경우 2, 경우 4, 경우 6의 경우 검은색 볼펜을 가진 사람은 두 명이지만, 경우 3과 경우 5에서는 그렇지 않다. 따라서 검은색 볼펜을 가진 사람이 두 명인지의 여부는 주어진 조건만으로 알 수 없다.

06 정답 ③

D가 빨간색 볼펜을 가진 경우는 경우 3, 경우 4, 경우 5, 경우 6이다. 경우 3, 경우 5, 경우 6에 C는 파란색 볼펜을 가졌으나, 경우 4에서는 그렇지 않다. 따라서 D가 빨간색 볼펜을 가졌을 때, C는 파란색 볼펜을 가졌는지의 여부는 주어진 조건만으로 알 수 없다.

07 정답 ①

'게으른 사람'을 p, '일을 제때 마치지 못함'을 q, '계획적인 사람'을 r, '자신의 목표를 이룸'을 s, '일찍 일어나는 사람'을 t라고 할 때, 첫 번째 조건인 $p \rightarrow q$의 대우 명제인 $q \rightarrow \sim p$가 성립하므로 $t \rightarrow \sim q \rightarrow \sim p$가 성립한다. 따라서 '일찍 일어나는 사람은 게으른 사람이 아니다.'는 참이 된다.

08

정답 ③

$p \rightarrow q$의 대우 명제인 $\sim q \rightarrow \sim p$가 성립하지만, 이의 이 명제인 $q \rightarrow \sim p \rightarrow s$가 참이라고 보기 어렵다. 따라서 게으른 사람이 아니라면 자신의 목표를 이룰 수 있는지의 여부는 알 수 없다.

09

정답 ③

$r \rightarrow \sim q \rightarrow s$에 따라 $r \rightarrow s$가 성립하지만, 그렇다고 해서 이의 이 명제인 $\sim r \rightarrow \sim s$가 항상 참인 것은 아니다. 따라서 '계획적이지 않은 사람은 자신의 목표를 이룰 수 없다.'가 참인지 거짓인지는 알 수 없다.

10

정답 ③

세 번째 명제의 역으로, 참인 명제의 역은 참일 수도, 참이 아닐 수도 있다. 따라서 알 수 없다.

11

정답 ①

D병원이 진료를 하면 B병원이 진료를 하지 않고, B병원이 진료를 하지 않으면 A병원은 진료를 한다. 따라서 'D병원이 진료를 하면 A병원이 진료를 한다.'는 참이 된다.

12

정답 ②

제시된 명제와 각 명제의 대우를 활용하여 정리하면 D→~B→A→~C→E가 된다. 정리한 명제의 대우인 ~E→C→~A→B→~D도 참이므로 E병원이 진료를 하지 않을 경우, B와 C병원은 진료를 하며 A와 D병원은 진료를 하지 않는다. 따라서 E병원이 진료를 하지 않을 때, 진료를 하는 병원이 3곳이라는 것은 거짓이다.

13

정답 ①

제시된 조건에 따라 풍속이 빠른 순서대로 나열하면 'B－C－A－D'이다. 이때 풍속이 가장 빠른 B지역의 풍속은 풍속 4m/s인 A지역보다 1m/s 이상 빠르므로 풍속이 5m/s 이상임을 알 수 있다.

14

정답 ①

13번의 해설에 따라 네 지역 중 D지역의 풍속이 가장 느린 것을 알 수 있다.

15

정답 ③

C지역의 풍속은 A지역의 4m/s보다 빠르고, 5m/s 이상인 B지역보다 풍속이 느리다. B지역의 정확한 풍속을 알 수 없으므로 C지역의 풍속 역시 정확히 알 수 없다. 따라서 C지역의 풍속이 5m/s 이하인지는 알 수 없다.

16

정답 ①

을이 검은색 운동화를 받는 경우를 표로 정리하면 다음과 같다.

갑	을	병	정
검은색, 흰색	파란색, 검은색	파란색	흰색

따라서 '을이 검은색 운동화를 받는다면 정은 흰색 운동화를 받았을 것이다.'는 참이 된다.

17

정답 ①

제시된 조건에서 을과 정 중 한 명만 검은색 운동화를 받는다고 하였고, 16번에서 을이 검은색 운동화를 받는 경우를 살펴봤으므로 정이 검은색 운동화를 받는 경우를 표로 정리하면 다음과 같다.

i)

갑	을	병	정
검은색, 흰색	파란색, 흰색	파란색	검은색

ii)

갑	을	병	정
검은색, 흰색	파란색	파란색	검은색, 흰색

iii)

갑	을	병	정
검은색	파란색, 흰색	파란색	검은색, 흰색

따라서 16번의 해설을 참고할 때, 을이 검은색 운동화를 받는 경우나 정이 검은색 운동화를 받는 경우 모두 병은 파란색 운동화를 받는다.

18

정답 ②

16번의 해설을 참고할 때, 을이 검은색 운동화를 받는 경우에 갑은 흰색 운동화를 받는다.

19

정답 ①

'가야금을 연주할 수 있는 사람'을 p, '거문고를 연주할 수 있는 사람'을 q, '해금을 연주할 수 있는 사람'을 r, '아쟁을 연주할 수 있는 사람'을 s, '장구를 연주할 수 있는 사람'을 t라고 할 때, 세 번째 조건에 따르면 $\sim q \rightarrow \sim s$이다. 따라서 이의 대우 명제인 '아쟁을 연주할 수 있는 사람은 거문고를 연주할 수 있다.'는 참이다.

20

정답 ①

두 번째 조건과 세 번째 조건에 따르면 $r \rightarrow s \rightarrow q$가 성립하고, $p \rightarrow q$가 참이므로 가야금이나 해금을 연주할 수 있는 사람은 거문고를 연주할 수 있음을 알 수 있다.

21

정답 ③

첫 번째 조건 $p \rightarrow q$와 네 번째 조건 $\sim p \rightarrow \sim t$의 대우인 $t \rightarrow p$에 따라 $t \rightarrow p \rightarrow q$가 성립하므로 장구를 연주할 수 있는 사람은 가야금과 거문고를 연주할 수 있음을 알 수 있다. 그러나 가야금과 거문고를 연주할 수 있다고 해서 그 사람이 장구를 연주할 수 있는지는 알 수 없다.

22

정답 ①

제시문은 예술 작품을 감상할 때 나타나는 장애물이 개인적인 습관과 편견이라고 말하고 있다. 따라서 예술 작품을 잘 감상하려면 개인적인 습관과 편견에 구애받지 않는 열린 마음이 필요하다는 점을 추론할 수 있다.

23

정답 ②

성경의 어느 부분에도 신의 형상에 대한 설명이 없음에도 불구하고 신에 대한 전통적인 형상이 있다는 것은 전통적인 형상조차도 절대적인 것이 아니라 인간이 만들어낸 상대적인 것에 불과하다는 뜻이다. 따라서 다른 형상을 그려냈다는 이유로 이단이라고 부를 수는 없으므로 거짓이다.

24

정답 ①

제시문에서 '작품에 표현된 이야기를 많이 알면 알수록 그 이야기는 언제나 그랬듯이 예전과 비슷하게 표현되어야 한다는 확신에 집착하게 되는 것도 일반적인 반응이다.'라는 설명으로 알 수 있듯, 작품에 대한 지식은 오히려 작품을 바라보는 사람에게 편견을 심어주므로 참이다.

25

정답 ③

제시된 조건을 정리하면 '지수<재희, 지영<수영'만 알 수 있으므로 수영이와 지수 중 누가 더 큰 옷을 입는지는 주어진 조건만으로는 알 수 없다.

26

정답 ①

지수가 지영이보다 큰 옷을 입는다면 재희, 지수, 수영이는 S, L, XL, XXL 중 하나의 옷을 입을 것이고, 지영이는 XS, S 중 하나의 옷을 입으므로 지영이가 진영이보다 작은 옷을 입는 것은 참이다.

27

정답 ③

제시문과 문제에 따르면 재희<지영<수영인데, 재희가 S 사이즈의 옷을 입을 수도 있지만 재희가 L 사이즈의 옷을 입고 지영이가 XL, 수영이가 XXL 사이즈의 옷을 입을 수도 있으므로 재희가 진영이보다 작은 옷을 입는지는 정확히 알 수 없다.

28

정답 ③

수달이 낚시를 좋아한다는 것이 물을 좋아하는지에 대한 판단 근거가 될 수 없다.

29

정답 ③

'어떤 고양이'를 p, '참치를 좋아함'을 q, '낚시를 좋아함'을 r, '모든 너구리'를 s, '모든 수달'을 t라고 할 때, 조건을 정리하면 $p \rightarrow q \rightarrow r \rightarrow \sim s$, $t \rightarrow r$이다. 따라서 어떤 고양이는 낚시를 좋아하지만 모든 고양이가 낚시를 좋아하는지는 알 수 없다.

30

정답 ①

$q \rightarrow r \rightarrow \sim s$가 성립하므로 '참치를 좋아하면 너구리가 아니다.'는 참이다.

31

정답 ①

제시된 조건을 통해 A, B, C, E의 관계를 정리하면 A는 B의 딸이고, A와 C는 남매이며, C는 E를 매제라 부른다고 하였으므로 A와 E는 부부관계이다. 따라서 'E는 B의 사위이다.'는 참이다.

PART 3

32

정답 ②

A는 B의 딸이고 D는 B의 외손녀이므로, D는 A의 딸이다.

33

정답 ①

주어진 조건에 따라 GDP 순위가 높은 순서대로 나열하면 '영국 – 프랑스(6위) – 브라질 – 러시아(11위) – 한국(12위)'의 순서이다. 따라서 '다섯 국가 중 순위가 가장 낮은 나라는 한국이다.'는 참이다.

34

정답 ①

브라질의 GDP 순위는 6위인 프랑스보다 낮고, 11위인 러시아보다 높으므로 7～10위 사이의 순위임을 알 수 있다. 따라서 '브라질의 GDP 순위는 10위 이내이다.'는 참이다.

35

정답 ①

B는 4층에 살지 않으므로, A와 B가 각각 1, 2층에 사느냐 2, 3층에 사느냐에 따라 제시문의 조건으로부터는 두 가지의 경우가 발생하게 된다. 그 두 가지의 경우를 표로 정리하면 다음과 같다.

i) A와 B가 각각 1, 2층에 사는 경우

4층	D
3층	C
2층	B
1층	A

ii) A와 B가 각각 2, 3층에 사는 경우

4층	D
3층	B
2층	A
1층	C

두 가지의 경우 중 모든 경우에서 D는 4층에 살고 있다. 따라서 'D는 4층에 산다.'는 항상 참이다.

36

정답 ①

35번 해설의 i) 경우에 따라 'A가 1층에 산다면 C는 3층에 산다.'는 참이다.

37

정답 ①

주어진 조건에 따르면 카푸치노 2잔과 아메리카노 1잔은 이미 선택되었으므로 B가 카페모카를 마셨다면 D에게 남은 메뉴는 카페라테밖에 없다.

38

정답 ③

주어진 조건에 따르면 카푸치노 2잔과 아메리카노 1잔은 이미 선택되었으므로 D에게 남은 것은 카페라테 2잔과 카페모카 1잔이다. D가 이 중에서 1잔을 마셨을 수도 있지만 2잔이나 3잔을 마셨을 수도 있다. 따라서 커피를 가장 적게 마신 손님을 정확히 알 수 없다.

39

정답 ②

D는 다른 세 사람과 서로 다른 급수이므로 1급이거나 3급이다. A는 B, C와 서로 다른 급수이므로, D가 1급인 경우 A는 3급이고, D가 3급인 경우 A는 1급이어야 한다. 따라서 B, C는 2급에 합격했다.

40

정답 ③

39번 해설을 참고하면, A가 합격한 급수는 1급일 수도 있고 3급일 수도 있다.

02 수리비평

01	02	03	04	05	06	07	08	09	10	11	12	13	14	15	16	17	18	19	20
⑤	③	④	③	③	③	⑤	②	④	④	④	②	⑤	③	②	④	③	②	④	③
21	22	23	24	25	26	27	28	29	30										
③	⑤	③	④	⑤	④	⑤	④	②	①										

01

정답 ⑤

A, B본부 전체인원 800명 중 찬성하는 비율로 차이를 알아보는 것이므로 인원 차이만 비교해도 된다.
따라서 전체 여성과 남성의 찬성인원 차이는 300−252=48명이며, 본부별 차이는 336−216=120명으로 성별이 아닌 본부별 차이가 더 크므로 ⑤는 옳지 않은 해석이다.

오답분석

① 두 본부 남성의 찬성률은 $\frac{(156+96)}{400}\times100=63\%$로, 60% 이상이다.

② A본부 여성의 찬성률은 $\frac{180}{200}\times100=90\%$이고, B본부는 $\frac{120}{200}\times100=60\%$이다. 따라서 A본부 여성의 찬성률이 1.5배 높음을 알 수 있다.

③ A본부가 B본부보다 찬성이 많지만, 어디에 휴게실이 확충될지는 제시된 자료만으로는 알 수 없다.

④ B본부 전체인원 중 여성의 찬성률은 $\frac{120}{400}\times100=30\%$로, 남성의 찬성률인 $\frac{96}{400}\times100=24\%$의 1.25배이다.

02

정답 ③

월평균 매출액이 35억 원이므로 연매출액은 35×12=420억 원이며, 연매출액은 상반기와 하반기 매출액을 합한 금액이다. 상반기의 월평균 매출액은 26억 원이므로 상반기 총매출액은 26×6=156억 원이고, 하반기 총매출액은 420−156=264억 원이다. 따라서 하반기 평균 매출액은 264÷6=44억 원이며, 상반기 때보다 44−26=18억 원 증가하였으므로 증감액을 바르게 구한 것은 ③이다.

03

정답 ④

ㄴ. 2020년 대비 2023년 각 분야별 침해사고 건수 감소율은 다음과 같다.

- 홈페이지 변조 : $\frac{390-650}{650}\times100=-40\%$
- 스팸릴레이 : $\frac{40-100}{100}\times100=-60\%$
- 기타 해킹 : $\frac{165-300}{300}\times100=-45\%$
- 단순 침입시도 : $\frac{175-250}{250}\times100=-30\%$
- 피싱 경유지 : $\frac{130-200}{200}\times100=-35\%$

따라서 50% 이상 감소한 분야는 ‘스팸릴레이’ 한 분야이므로 옳지 않다.

ㄹ. 기타 해킹 분야의 2023년 침해사고 건수는 2021년 대비 증가했으므로 옳지 않다.

오답분석

ㄱ. 단순 침입시도 분야의 침해사고는 매년 스팸릴레이 분야의 침해사고 건수의 2배 이상인 것을 확인할 수 있다.

ㄷ. 2022년 홈페이지 변조 분야의 침해사고 건수가 차지하는 비중은 $\frac{600}{1,500}\times100=40\%$로, 35% 이상이다.

04

정답 ③

2018년부터 공정자산총액과 부채총액의 차를 순서대로 나열하면 952, 1,067, 1,383, 1,127, 1,864, 1,908억 원이므로 ③은 옳은 설명이다.

오답분석

① 2021년에는 자본총액이 전년 대비 감소했다.
② 총액 규모가 가장 큰 것은 공정자산총액이다.
④ 2018 ~ 2021년의 자본총액 중 자본금의 비율을 구하면 다음과 같다.
⑤ 직전 해에 비해 당기순이익이 가장 많이 증가한 해는 2022년이다.

- 2018년 : $\frac{464}{952}\times100=48.7\%$
- 2019년 : $\frac{481}{1,067}\times100=45.1\%$
- 2020년 : $\frac{660}{1,383}\times100=47.7\%$
- 2021년 : $\frac{700}{1,127}\times100=62.1\%$

따라서 2019년에는 자본금의 비중이 감소했다.

05

정답 ③

ㄱ. 대형마트의 종이봉투 사용자 수는 2,000×0.05=100명으로, 중형마트의 종이봉투 사용자 수인 800×0.02=16명의 $\frac{100}{16}=$ 6.25배이다.

ㄷ. 비닐봉투 사용자 수를 정리하면 다음과 같다.
- 대형마트 : 2,000×0.07=140명
- 중형마트 : 800×0.18=144명
- 개인마트 : 300×0.21=63명
- 편의점 : 200×0.78=156명

따라서 비닐봉투 사용률이 가장 높은 곳은 78%로 편의점이며, 비닐봉투 사용자 수가 가장 많은 곳도 156명으로 편의점이므로 옳은 설명이다.

ㄹ. 마트규모별 개인 장바구니의 사용률을 살펴보면, 대형마트가 44%, 중형마트가 36%, 개인마트가 29%이다.
따라서 마트의 규모가 커질수록 개인 장바구니 사용률이 커짐을 알 수 있으므로 옳은 설명이다.

오답분석

ㄴ. 전체 종량제봉투 사용자 수를 구하면 다음과 같다.
- 대형마트 : 2,000×0.28=560명
- 중형마트 : 800×0.37=296명
- 개인마트 : 300×0.43=129명
- 편의점 : 200×0.13=26명
- 전체 종량제봉투 사용자 수 : 560+296+129+26=1,011명

따라서 대형마트의 종량제봉투 사용자 수인 560명은 전체 종량제봉투 사용자 수인 1,011명의 절반을 넘는다.

06

정답 ③

제시된 자료의 원자력 소비량 수치를 보면 증감을 반복하고 있는 것을 확인할 수 있으므로 ③은 옳은 설명이다.

오답분석

① 석탄 소비량은 2014 ~ 2020년까지 지속적으로 상승하다가 2021년 감소한 뒤 2022년부터 다시 상승세를 보이고 있다.
② 제시된 자료를 보면 기타 에너지 소비량은 지속적으로 증가하고 있다.
④ 2014년 석유 소비량을 제외한 나머지 에너지 소비량의 합을 구하면 $54.8+30.4+36.7+5.3=127.2$백만 TOE이다. 즉, 석유 소비량인 101.5백만 TOE보다 크다. 2015 ~ 2023년 역시 석유 소비량을 제외한 나머지 에너지 소비량의 합을 구해 석유 소비량과 비교하면, 석유 소비량이 나머지 에너지 소비량의 합보다 적음을 알 수 있다.
⑤ 2018년에는 LNG 소비량이 감소했으므로 증가 추세가 심화되었다고 볼 수 없다.

07

정답 ⑤

경기남부의 가구 수가 경기북부의 가구 수의 2배라면, 가구 수 비율은 남부가 $\frac{2}{3}$, 북부가 $\frac{1}{3}$이다.

따라서 경기지역에서 개별난방을 사용하는 가구 수의 비율을 가중평균으로 구하면 $\left(26.2\times\frac{2}{3}\right)+\left(60.8\times\frac{1}{3}\right)\fallingdotseq 37.7\%$이므로 ⑤는 옳은 설명이다.

오답분석

① 주어진 표에서 지역별 가구 수의 차이는 알 수가 없다. 또한 지역난방 사용비율의 차이가 가구 수의 차이와 같다고 볼 수 없다.
② 지역난방의 비율은 경기남부가 67.5%, 경기북부가 27.4%로 경기남부가 더 높다.
③ 서울과 인천지역에서 LPG 사용비율이 가장 낮다.
④ 경기북부지역에서 도시가스를 사용하는 가구 수는 66.1%, 등유를 사용하는 가구 수는 3.0%이다. 따라서 약 $66.1\div 3\fallingdotseq 22$배이다.

08

정답 ②

ㄱ. 서울과 경기의 인구수 차이는 2017년에 $10,463-10,173=290$천 명, 2023년에 $11,787-10,312=1,475$천 명으로 2023년에 차이가 더 커졌다.
ㄷ. 광주는 2023년에 22천 명이 증가하여 가장 많이 증가했다.

오답분석

ㄴ. 인구가 감소한 지역은 부산, 대구이다.
ㄹ. 대구는 전년 대비 2019년부터 인구가 감소하다가 2023년에 다시 증가했다.

09

정답 ④

합격자 중 남자의 비율은 $\frac{1,699}{1,699+624}\times 100=\frac{1,699}{2,323}\times 100\fallingdotseq 73.1\%$이다. 따라서 80% 미만이므로 ④는 옳지 않은 설명이다.

오답분석

① 총 입사지원자 중 합격률은 $\frac{1,699+624}{10,891+3,984}\times 100=\frac{2,323}{14,875}\times 100\fallingdotseq 15.6\%$이므로 15% 이상이다.

② 여자 입사지원자의 합격률은 $\frac{624}{3,984}\times 100\fallingdotseq 15.7\%$이므로 20% 미만이다.

③ 총 입사지원자 중 여자는 $\frac{3,984}{14,875}\times 100\fallingdotseq 26.8\%$이므로 30% 미만이다.

⑤ 남자의 합격률은 $\frac{1,699}{10,891}\times 100\fallingdotseq 15.6\%$이고, 여자의 합격률은 $\frac{624}{3,984}\times 100\fallingdotseq 15.7\%$로 유사하다.

10

정답 ④

ㄹ. 농가 소득 중 농업 이외 소득이 차지하는 비율을 각각 살펴보면 다음과 같다.

- 2018년 : $\frac{22,023}{32,121}\times100 ≒ 68.56\%$
- 2019년 : $\frac{21,395}{30,148}\times100 ≒ 70.97\%$
- 2020년 : $\frac{21,904}{31,031}\times100 ≒ 70.59\%$
- 2021년 : $\frac{24,489}{34,524}\times100 ≒ 70.93\%$
- 2022년 : $\frac{24,647}{34,950}\times100 ≒ 70.52\%$
- 2022년 : $\frac{25,959}{37,216}\times100 ≒ 69.75\%$

따라서 매년 증가하지 않으므로 옳지 않은 설명이다.

ㅁ. 2022년 농가의 농업 소득의 전년 대비 증가율은 $\frac{11,257-10,303}{10,303}\times100 ≒ 9.26\%$로 10% 미만이므로 옳지 않은 설명이다.

오답분석

ㄱ. 그래프를 통해 쉽게 확인할 수 있다.

ㄴ. 농가 수 그래프에서 감소폭이 큰 것은 2022년과 2023년인데, 2022년에는 21천 호가 줄고, 2023년에는 41천 호가 줄었으므로 전년 대비 농가 수가 가장 많이 감소한 해는 2023년이다.

ㄷ. 2018년 대비 2023년 농가 인구의 감소율은 $\frac{3,063-2,569}{3,063}\times100 ≒ 16.13\%$이므로 15% 이상이다.

11

정답 ④

ㄱ. 신문보도와 방송보도에서 각각 착공 전에 가장 높은 비율을 보인 두 분야는 모두 교통 분야로 착공 후에 보도 비율이 감소했다.

ㄷ. 착공 전에 비해 착공 후 교통에 대한 보도 비율의 감소 폭은 방송이 22.3%p이고, 신문은 30.6%p이다. 따라서 방송보다 신문에서 더 크게 나타난 것이 적절하다.

ㄹ. 착공 전 대비 착공 후 신문과 방송의 보도 비율이 모두 증가한 분야는 공정, 상인, 역사로 그 중 역사의 증가율이 가장 높다.

ㅁ. 착공 전 교통에 대한 보도 비율은 신문이 49.0%이고, 방송이 51.6%이므로 신문보다는 방송에서 더 높다.

오답분석

ㄴ. 착공 후 방송에서 가장 많이 보도된 분야는 공정이다.

12

정답 ②

견과류 첨가 제품의 시리얼은 단백질 함량이 1.8g, 2.7g, 2.5g이며, 당 함량을 낮춘 제품의 시리얼은 단백질 함량이 1.4g, 1.6g으로 ②는 옳은 설명이다.

오답분석

① 당류가 가장 많은 시리얼은 초코볼 시리얼(12.9g)이며, 초코맛 제품이다.
③ 콘프레이크의 단백질 함량은 3g으로 약 2배 이상 많다.
④ 탄수화물 함량이 가장 낮은 시리얼은 후레이크이며, 당류 함량이 가장 낮은 시리얼은 콘프레이크이다.
⑤ 일반 제품의 시리얼 열량은 체중조절용 제품의 시리얼 열량보다 더 낮은 수치를 보이고 있다.

13

정답 ⑤

2022년도 전체 인구수를 100명으로 가정했을 때, 같은 해 문화예술을 관람한 비율은 60.8%이므로 $100\times0.608 ≒ 61$명이다. 61명 중 그해 미술관 관람률은 10.2%이므로 $61\times0.102 ≒ 6$명이므로 ⑤는 옳지 않은 설명이다.

오답분석

① 문화예술 관람률은 52.4% → 54.5% → 60.8% → 64.5%로 계속해서 증가하고 있다.
② 60세 이상 문화예술 관람률의 2018년 대비 2023년의 증가율은 $\frac{28.9-13.4}{13.4}\times100 ≒ 115.7\%$이므로 100% 이상 증가했다.
③ 문화예술 관람률에서 남자보다는 여자가 관람률이 높으며, 고연령층에서 저연령층으로 갈수록 관람률이 높아진다.
④ 문화예술 관람률이 접근성과 관련이 있다면 조사기간 동안 가장 접근성이 떨어지는 것은 관람률이 가장 낮은 무용이다.

14

정답 ③

국산, 미국산, 호주산의 소 가격은 각각 모두 증가와 감소가 함께 나타나고 있으므로 ③은 옳지 않은 설명이다.

오답분석

①·⑤ 자료를 통해 알 수 있다.

② • 5 ~ 6월 양파 가격 평균의 합 : 2,392+2,373=4,765원
  • 9 ~ 10월 배추 가격 평균의 합 : 2,775+2,967=5,742원

④ • 4 ~ 5월 계란 가격 변동 폭 : 5,473−5,493=−20원
  • 4 ~ 5월 닭 가격 변동 폭 : 5,107−5,265=−158원

15

정답 ②

내국인 여성과 내국인 남성의 연도별 수치가 모두 바뀌었으므로 ②는 옳지 않다.

16

정답 ④

ㄴ. 모든 연령대에서 발생률이 가장 높은 부작용은 발열이나, 가장 낮은 부작용은 위장장애가 아닌 발진이다.

ㄹ. 60대 무증상자 수를 구하면 다음과 같다.

- 60 ~ 64세 : 100−(5+8+29+4+45)=9% → 500×9%=45명
- 65 ~ 69세 : 100−(6+11+26+5+44)=8% → 500×8%=40명

따라서 60대 무증상자 수는 85명으로 100명 미만이므로 옳지 않은 설명이다.

오답분석

ㄱ. 40대 근육통 부작용자 수와 발열 부작용자 수를 구하면 다음과 같다.

구분	근육통	발열
40 ~ 44세	500×31%=155명	500×36%=180명
45 ~ 49세	500×26%=130명	500×40%=200명
합계	285명	380명

따라서 40대의 근육통 부작용자 수는 발열 부작용자 수보다 380−285=95명 더 적다.

ㄷ. 20대 무증상자 비율과 30대 무증상자 비율을 구하면 다음과 같다.

- 20 ~ 24세 : 100−(4+6+18+2+59)=11% → 500×11%=55명
- 25 ~ 29세 : 100−(3+7+21+1+55)=13% → 500×13%=65명

→ 20세 무증상자 비율은 $\frac{55+65}{1,000}\times 100=12\%$이다.

- 30 ~ 34세 : 100−(3+7+24+1+43)=22% → 500×22%=110명
- 35 ~ 39세 : 100−(5+6+29+4+36)=20% → 500×20%=100명

→ 30세 무증상자 비율은 $\frac{110+100}{1,000}\times 100=21\%$이다.

따라서 30대 무증상자 비율은 20대보다 21−12=9%p 더 높다.

17

정답 ③

52시간 이상 일하는 사람이 5% 이상인 업종은 전기 가스 공급업(11.7%), 운수 및 창고업(7.3%), 숙박 및 음식점업(15.5%), 기타 개인 서비스업(5.8%)이다. 이 중 숙박 및 음식점업(1.2%)과 기타 개인 서비스업(1.5%)에서 40시간 미만으로 일하는 사람은 1%를 초과한다. 따라서 ③은 옳지 않은 설명이다.

오답분석

① 전문 서비스업의 총 종사자가 1,000명일 경우 40시간 미만 일하는 근로자는 $1,000\times0.003=3$명이고, 임대 서비스업의 총 종사자가 2,000명일 경우에는 $2,000\times0.027=54$명이다. 따라서 40시간 미만 동안 일하는 근로자는 임대 서비스업이 전문 서비스업 인원의 $\frac{54}{3}=18$배이다.

② 40시간 미만으로 일하는 사람의 비율이 2% 이상인 업종은 수도 하수 처리업(2.2%), 도매 및 소매업(2.8%), 임대 서비스업(2.7%)이며, 이 업종에서 52시간 이상 일하는 사람의 비율은 각각 1.3%, 4.9%, 1.6%이므로 5% 미만이다.

④ 대졸에서 40시간 이상 일하는 사람의 비율은 $96.9+2=98.9$%로, 전문대졸에서 40시간 이상 일하는 사람의 비율인 $96+3.5=99.5$%보다 적다.

⑤ 대학원 이상 학력의 사람은 40시간 미만 또는 52시간 이상 일하지 않으므로 건설업에 종사하는 사람 중 40시간 미만 또는 52시간 이상의 비율인 $0.4+1.7=2.1$%는 학력이 대졸 이하이다.

18

정답 ②

ㄱ. 2023년 전체 업종 대비 상위 2개 업종이 차지하는 비율은 $\frac{40,223+5,949}{51,019}\times100 \fallingdotseq 90.5$%이고, 2021년 전체 업종 대비 상위 2개 업종이 차지하는 비율은 $\frac{40,874+6,047}{51,556}\times100 \fallingdotseq 91.0$%이다. 따라서 2022년에 비해 낮아졌다.

ㄷ. 외국인근로자의 수는 2021년까지 증가했다가 이후 감소하는 것을 확인할 수 있다.

ㄹ. 전체 외국인근로자 수에 비해 2018년 농축산업에 종사하는 외국인근로자 수가 차지하는 비율은 $\frac{3,079}{38,481}\times100 \fallingdotseq 8.0$%이므로 6% 이상이다.

오답분석

ㄴ. 서비스업에 종사하는 외국인근로자 수는 2023년에 2018년보다는 증가했지만 2022년보다는 오히려 감소하였으므로 2018년이 더 높다.

ㅁ. 제시된 자료만으로는 알 수 없다.

19

정답 ④

각 연령대를 기준으로 남성과 여성의 인구비율을 계산하여 표로 정리하면 다음과 같다.

구분	남성	여성
0 ~ 14세	$\frac{323}{627}\times100 \fallingdotseq 51.5$%	$\frac{304}{627}\times100 \fallingdotseq 48.5$%
15 ~ 29세	$\frac{453}{905}\times100 \fallingdotseq 50.1$%	$\frac{452}{905}\times100 \fallingdotseq 49.9$%
30 ~ 44세	$\frac{565}{1,110}\times100 \fallingdotseq 50.9$%	$\frac{545}{1,110}\times100 \fallingdotseq 49.1$%
45 ~ 59세	$\frac{630}{1,257}\times100 \fallingdotseq 50.1$%	$\frac{627}{1,257}\times100 \fallingdotseq 49.9$%
60 ~ 74세	$\frac{345}{720}\times100 \fallingdotseq 47.9$%	$\frac{375}{720}\times100 \fallingdotseq 52.1$%
75세 이상	$\frac{113}{309}\times100 \fallingdotseq 36.6$%	$\frac{196}{309}\times100 \fallingdotseq 63.4$%

남성 인구가 40% 이하인 연령대는 75세 이상(36.6%)이며, 여성 인구가 50% 초과 60% 이하인 연령대는 60 ~ 74세(52.1%)이다. 따라서 바르게 연결된 것은 ④이다.

20

정답 ③

ㄴ. 국가채권 중 조세채권의 전년 대비 증가율은 다음과 같다.

- 2021년 : $\frac{30-26}{26}\times 100 \fallingdotseq 15.4\%$
- 2023년 : $\frac{38-34}{34}\times 100 \fallingdotseq 11.8\%$

따라서 조세채권의 전년 대비 증가율은 2023년에 비해 2021년이 높다.

ㄷ. 융자회수금의 국가채권과 연체채권의 총합이 가장 높은 해는 142조 원으로 2023년이다. 연도별 경상 이전수입의 국가채권과 연체채권의 총합을 구하면 각각 15, 15, 17, 18조 원이므로 2023년이 가장 높다.

오답분석

ㄱ. 2020년 총 연체채권은 27조 원으로 2022년 총 연체채권의 80%인 36×0.8=28.8조 원보다 작다.

ㄹ. 2020년 대비 2023년 경상 이전수입 중 국가채권의 증가율은 $\frac{10-8}{8}\times 100=25\%$이며, 경상 이전수입 중 연체채권의 증가율은 $\frac{8-7}{7}\times 100 \fallingdotseq 14.3\%$로 국가채권 증가율이 더 높다.

21

정답 ③

ㄴ. 115,155>193,832×0.5=96,916이므로 옳은 설명이다.

ㄷ. • 2021년 : $\frac{18.2}{53.3}\times 100 \fallingdotseq 34.1\%$

- 2022년 : $\frac{18.6}{54.0}\times 100 \fallingdotseq 34.4\%$
- 2023년 : $\frac{19.1}{51.9}\times 100 \fallingdotseq 36.8\%$

따라서 2021 ~ 2023년 동안 석유제품 소비량 대비 전력 소비량의 비율은 매년 증가하므로 옳은 설명이다.

오답분석

ㄱ. 비율은 매년 증가하지만, 전체 최종에너지 소비량 추이를 알 수 없으므로 절대적인 소비량까지 증가하는지는 알 수 없다.

ㄹ. • 산업 부문 : $\frac{4,750}{15,317}\times 100 \fallingdotseq 31.01\%$

- 가정 · 상업 부문 : $\frac{901}{4,636}\times 100 \fallingdotseq 19.43\%$

따라서 가정 · 상업 부문의 유연탄 소비량 대비 무연탄 소비량의 비율은 25% 미만이지만, 산업 부문의 비율은 25% 이상이다.

22

정답 ⑤

재임 기간이 1년 6개월 미만인 현감의 수는 109명이고, 무과와 음사 출신 현감을 다 더하면 87명이므로 문과 출신은 적어도 109−87=22명 이상이 포함되어 있으므로 ⑤는 옳지 않은 설명이다.

오답분석

① 재임 기간이 1년 미만인 현감의 수는 79명으로 전체 171명의 50%를 넘지 못한다.
② 재임 기간이 6개월 미만인 현감은 29명으로 이 모두가 문과라 해도 남은 문과 출신 현감의 수는 55명으로 6개월 이상인 모든 현감의 수에서 무과나 음사보다 많은 값을 갖는다.
③ 음사인 37명은 전체 171명의 20%를 초과한다.
④ 재임 기간이 3년 미만인 현감은 총 171−19=152명인데, 이 152명이 모두 문과나 무과 출신이라고 하더라도 문과와 무과 출신의 현감 총수가 134명 밖에 되지 않으므로 반드시 152명 중에는 음사 출신 현감이 포함되어 있어야 한다.

23

정답 ③

생후 1주일 내 사망자 수는 1,162+910=2,072명이고, 생후 셋째 날 사망자 수는 166+114=280명이므로, 전체의 약 13.5%를 차지한다. 따라서 ③은 옳은 설명이다.

오답분석

① 생후 1주일 내에서 첫날 여아의 사망률은 39.8%이고, 남아의 사망률은 37.5%이므로, 첫날 신생아 사망률은 40%를 넘지 않는다.
② 생후 첫날 신생아 사망률은 여아가 3.8+27.4+8.6=39.8%이고, 남아가 2.7+26.5+8.3=37.5%로 여아가 남아보다 높다.
④ 산모 연령 25 ~ 29세가 출생아 수가 가장 많지만 산모 연령 20 ~ 24세가 신생아 사망률이 가장 낮다.
⑤ 신생아 사망률은 산모의 연령이 40세 이상일 때가 제일 높으나, 출생아 수는 40세 이상이 제일 적기 때문에, 신생아 사망자 수는 산모의 연령이 19세 미만인 경우를 제외하고는 40세 이상의 경우보다 나머지 연령대가 더 많다.

24

정답 ④

메달 및 상별 점수를 표로 정리하면 다음과 같다.

구분	금메달	은메달	동메달	최우수상	우수상	장려상
총 개수(개)	40	31	15	41	26	56
개당 점수(점)	3,200÷40=80	2,170÷31=70	900÷15=60	1,640÷41=40	780÷26=30	1,120÷56=20

따라서 금메달은 80점, 은메달은 70점, 동메달은 60점임을 알 수 있으므로 ④는 옳은 설명이다.

오답분석

① 경상도가 획득한 메달 및 상의 총 개수는 4+8+12=24개이며, 가장 많은 지역은 13+1+22=36개인 경기도이다.
② 울산에서 획득한 메달 및 상의 총점은 (3×80)+(7×30)+(18×20)=810점이다.
③ 표를 참고하면 전국기능경기대회 결과표에서 동메달이 아닌 장려상이 16+18+22=56개로 가장 많다.
⑤ 장려상을 획득한 지역은 대구, 울산, 경기도이며 세 지역 중 금・은・동메달 총 개수가 가장 적은 지역은 금메달만 2개인 대구이다.

25

정답 ⑤

ㄱ. 제시된 자료를 통해 아파트단지, 놀이터, 공원의 경우 지속적으로 감소하지 않는다는 것을 알 수 있다.

ㄷ. • 2022년 대비 2022년의 학교 안전지킴이집의 증감률 : $\frac{7,270-7,700}{7,700}\times 100 ≒ -5.58\%$

• 2022년 대비 2023년의 유치원 안전지킴이집의 증감률 : $\frac{1,373-1,381}{1,381}\times 100 ≒ -0.58\%$

따라서 0.58×10=5.8%이므로 2022년 대비 2023년의 학교 안전지킴이집의 감소율은 2022년 대비 2023년의 유치원 안전지킴이집 감소율의 10배 미만이다.

ㄹ. • 2022년 전체 어린이 안전지킴이집에서 24시 편의점이 차지하는 비중 : $\frac{2,528}{20,512}\times 100 ≒ 12.32\%$

• 2023년 전체 어린이 안전지킴이집에서 24시 편의점이 차지하는 비중 : $\frac{2,542}{20,205}\times 100 ≒ 12.58\%$

따라서 편의점이 차지하는 비중이 증가하였으므로 옳지 않은 설명이다.

오답분석

ㄴ. 2019년 대비 2022년의 선정업소 형태별로 감소한 어린이 안전지킴이집의 감소량을 구하면 다음과 같다.
- 24시 편의점 : 2,542−3,013=−471개
- 약국 : 1,546−1,898=−352개
- 문구점 : 3,012−4,311=−1,299개
- 상가 : 6,770−9,173=−2,403개

따라서 2019년에 비해 2023년에 가장 많이 감소한 선정업소 형태는 상가이다.

26

정답 ④

2022년 SOC, 2022년 산업·중소기업 분야가 해당하므로 ④는 옳은 설명이다.

오답분석

① 2020년의 전년 대비 증가율은 $\frac{27.6-24.5}{24.5}\times100≒12.7\%$이고, 2023년의 증가율은 $\frac{35.7-31.4}{31.4}\times100≒13.7\%$이다.
따라서 교육 분야의 지출 증가율이 가장 높은 해는 2022년이다.
② 2019년 약 30%, 2020년은 약 31%의 비중을 차지하므로 총지출에 대한 기금의 비중이 가장 컸던 해는 2020년이다.
③ 2019년에는 기타 분야가 차지하고 있는 비율이 더 높았다.
⑤ SOC, 산업·중소기업, 환경, 기타 분야가 해당하므로 4개이다.

27

정답 ⑤

현재기온이 가장 높은 수원은 이슬점 온도는 가장 높지만 습도는 65%로 가장 높지 않으므로 ⑤는 옳지 않은 설명이다.

오답분석

① 파주의 시정은 20km로 가장 좋다.
② 불쾌지수 70을 초과한 지역은 수원, 동두천 2곳이다.
③ 시정이 0.4km로 가장 좋지 않은 백령도의 경우 풍속이 4.4m/s로 가장 강하다.
④ 수원이 이슬점 온도와 불쾌지수 모두 가장 높다.

28

정답 ④

2022년 첫 일자리가 현 직장인 임금 근로자 수는 전체 임금 근로자 수의 $\frac{1,523}{4,012}\times100≒38\%$이므로 35%를 초과한다.
따라서 ④는 옳지 않은 설명이다.

오답분석

① 2021년부터 2023년까지 비임금 근로자 수를 계산하면 다음과 같다.
- 2021년 : 4,032－3,909＝123명
- 2022년 : 4,101－4,012＝89명
- 2023년 : 4,140－4,055＝85명

따라서 비임금 근로자 수는 매년 감소하였다.

② 2021 ~ 2023년까지 졸업·중퇴 후 취업 유경험자 수의 평균은 $\frac{4,032+4,101+4,140}{3}=\frac{12,273}{3}=4,091$명이다.
③ 2021년 첫 일자리를 그만둔 임금 근로자 수는 첫 일자리가 현 직장인 근로자 수의 $\frac{2,375}{1,534}≒1.5$배이다.
⑤ 2023년 첫 일자리를 그만둔 경우 평균 근속기간은 첫 일자리가 현 직장인 경우 평균 근속기간의 $\frac{14}{25}\times100=56\%$이다.

29

정답 ②

온실가스 총량은 2021년에 한 번 감소했다가 다시 증가하므로 ②는 옳지 않은 설명이다.

오답분석

① 이산화탄소는 2019 ~ 2023년 동안 가장 큰 비중을 차지한다.
③ 2023년 가계와 산업 부문의 배출량 차이는 42,721.67ppm으로 가장 큰 값을 가진다.
④ 언제나 메탄은 아산화질소보다 산업, 가계 부문을 통틀어 더 많이 배출되고 있다.
⑤ 제시된 자료를 통해 알 수 있다.

PART 3

30

정답 ①

오답분석

② 2020년도 비율이 자료와 다르게 표시되어 있다.
③ 2017년과 2018년의 최고 비율 수치가 자료보다 낮다.
④ 2017년과 2018년의 평균 스크린 대 바디 비율이 자료보다 낮다.
⑤ 2015년 최고 비율이 자료보다 낮고, 2017년 최고 비율은 높다.

03 한국사

01	02	03	04	05	06	07	08	09	10
④	④	②	④	③	④	②	②	①	③

01

정답 ④

백제 성왕은 웅진에서 사비로 천도하고 국호를 남부여로 고쳐 새롭게 중흥을 도모하였다. 신라 진흥왕과 함께 고구려를 공격하여 한강 유역을 차지하였으나, 진흥왕이 나제 동맹을 깨고 백제가 차지한 지역까지 점령하였다. 이에 분노한 성왕이 신라를 공격하였지만, 관산성 전투에서 전사하였으므로 ④가 옳은 사실이다.

02

정답 ④

백제는 5세기(475) 문주왕 때 웅진으로 천도하였으므로 ④는 적절하지 않다.

오답분석

① 6세기 신라 지증왕 때 왕의 칭호를 사용하기 시작하였다.
② 6세기 신라 지증왕 때 이사부를 보내 우산국을 정복하였다.
③ 6세기 신라 법흥왕 때 율령이 반포되었다.

03

정답 ②

(가) 문왕은 발해의 제3대 왕으로 무왕의 아들이며, 이름은 대흠무이다.
(나) 발해가 해동성국이라고 불리는 시기에 재위한 왕은 선왕(9세기 초)이다.
ㄱ. 문왕은 동모산에서 중경으로, 중경에서 상경으로, 상경에서 동경으로 수차례에 걸쳐 천도하였다.
ㄹ. 선왕은 일본과의 사신 교류를 활발히 하였는데, 일본은 발해 사신을 영접하는 데 많은 비용을 소비하였다. 이에 부담을 느껴 827년에는 12년마다 한 번씩 사신을 교환하기로 약속하여 사신 왕래를 제한하였다.

오답분석

ㄴ. 무왕 재위시기에 장문휴가 수군을 이끌고 당의 산둥 지방을 공격하였다(732).
ㄷ. 당으로부터 율령을 받아들이고 당의 문물을 적극적으로 수용한 것은 문왕이다.

04

정답 ④

신진사대부(신흥사대부)는 고려 말, 조선 초의 변혁을 이끌었던 세력이다. 고려시대 지방 향리로 머물던 중소 지주들이 성리학을 바탕으로 과거에 급제하여 중앙관리화 되었으며, 원 간섭기 공민왕 대에 반원 개혁 정치를 통해 정치세력으로 성장하였다. 신진사대부는 위화도 회군을 기점으로 이성계를 중심으로 결집한 급진적 세력과, 이색을 중심으로 결집한 온건적 세력으로 나누어 졌으며, 급진적 세력이 우위를 장악한 결과, 새롭게 조선이 탄생하게 된다.

오답분석

① 호족은 통일신라 말기에서 고려 초기의 유력한 지방 세력이다.
② 권문세족은 원 간섭기에 완성된 지배세력으로 원과 적극적으로 결탁하여 대농장과 음서제도를 기반으로 귀족화하였다.
③ 문벌귀족은 고려 건국 이후 지방 호족 출신들이 중앙 관료로 진출하고 과거와 음서제도를 통해 중앙 정치를 장악하였다.

05

정답 ③

태종이 실시한 왕권강화책은 의정부 설치와 6조 직계제가 있으므로 ③이 가장 적절하다.

오답분석

① 국호를 조선으로 제정한 왕은 태조이다.
② 개국 공신 세력의 견제와 숙청을 하였다.
⑤ 군사 지휘권을 장악하기 위해 사병 제도를 폐지하였다.

06

정답 ④

사간원(司諫院)은 국왕에 대한 간쟁과 논박을 주요 기능으로 하는 관서이다.

오답분석

① 춘추관 : 시정(時政)을 기록
② 의금부 : 왕명을 받아 중죄인을 심문하는 일을 맡아 함
③ 승정원 : 국왕 비서기관(왕명 출납)

07

정답 ②

㉠에 들어갈 제도는 직전법으로서, 조선 전기 현직 관리에게만 수조지(收租地)를 지급한 토지제도이다. 따라서 관료의 유가족에게 지급되던 수신전과 휼양전은 폐지되었으므로 시행 결과로 옳은 것은 ②이다.

08

정답 ②

오답분석

① 노비의 신분은 세습되었고, 매매 · 양도 · 상속의 대상이었다.
③ 직역 세습과 신분 안에서 혼인이 가능했다.
④ 서얼은 정부의 관직 진출이 제한되었다.

09

정답 ①

야간통행 금지의 해제는 전두환 정부 시절인 1982년 1월의 일이다. 따라서 시행된 정책이 아닌 것은 ①이다.

오답분석

② 새마을운동은 박정희 정부 때 1970년부터 시작된 지역사회 개발운동으로 범국민적으로 추진되었다.
③ 유신정우회는 대통령의 추천으로 통일주체국민회의에 의해 선출된 국회의원들이 구성한 준정당의 원내교섭단체이며, 1973년에 출범하였다.
④ 경제 개발 5개년 계획에서 제3차 · 제4차(1972 ~ 1976, 1977 ~1981) 때에 중화학 공업, 광공업의 비중이 높아졌다.

10

정답 ③

제시문은 1972년 남북 간 정치적 대화통로와 한반도 평화정착 계기를 마련하기 위해 발표한 남북한 당사자 간의 최초의 합의 문서인 7 · 4 남북공동성명이다. 이는 고위급 정치회담을 통하여 공동성명을 합의 발표함과 동시에 상호 방문을 통하여 쌍방의 당국 최고책임자를 만나 남북문제를 논의하였다는 데 의의가 있지만, 공동성명에도 불구하고 남북한은 서로의 실체를 인정하지 않아 남한은 유신체제, 북한은 유일체제(주체사상)가 등장하였다. 10월 유신으로 박정희 정권은 통일주체국민회의를 수립하고 대의원을 통한 간접선거로 대통령을 선출하였다. 따라서 성명 이후에 발생한 사건으로 옳은 것은 ③이다.

오답분석

① 1948년 남북연석회의
② 1954년 사사오입개헌
④ 1960년 4 · 19 혁명

※ 절취선을 따라 분리하여 실제 시험과 같이 사용하면 더욱 효과적입니다.

GS그룹 인적성검사 모의고사 답안지

고사장

성 명

수 험 번 호						
⓪	⓪	⓪	⓪	⓪	⓪	⓪
①	①	①	①	①	①	①
②	②	②	②	②	②	②
③	③	③	③	③	③	③
④	④	④	④	④	④	④
⑤	⑤	⑤	⑤	⑤	⑤	⑤
⑥	⑥	⑥	⑥	⑥	⑥	⑥
⑦	⑦	⑦	⑦	⑦	⑦	⑦
⑧	⑧	⑧	⑧	⑧	⑧	⑧
⑨	⑨	⑨	⑨	⑨	⑨	⑨

감독위원 확인
㉧

언어비평								수리비평												한국사				
문번	1	2	3	문번	1	2	3	문번	1	2	3	4	5	문번	1	2	3	4	5	문번	1	2	3	4
1	①	②	③	21	①	②	③	1	①	②	③	④	⑤	21	①	②	③	④	⑤	1	①	②	③	④
2	①	②	③	22	①	②	③	2	①	②	③	④	⑤	22	①	②	③	④	⑤	2	①	②	③	④
3	①	②	③	23	①	②	③	3	①	②	③	④	⑤	23	①	②	③	④	⑤	3	①	②	③	④
4	①	②	③	24	①	②	③	4	①	②	③	④	⑤	24	①	②	③	④	⑤	4	①	②	③	④
5	①	②	③	25	①	②	③	5	①	②	③	④	⑤	25	①	②	③	④	⑤	5	①	②	③	④
6	①	②	③	26	①	②	③	6	①	②	③	④	⑤	26	①	②	③	④	⑤	6	①	②	③	④
7	①	②	③	27	①	②	③	7	①	②	③	④	⑤	27	①	②	③	④	⑤	7	①	②	③	④
8	①	②	③	28	①	②	③	8	①	②	③	④	⑤	28	①	②	③	④	⑤	8	①	②	③	④
9	①	②	③	29	①	②	③	9	①	②	③	④	⑤	29	①	②	③	④	⑤	9	①	②	③	④
10	①	②	③	30	①	②	③	10	①	②	③	④	⑤	30	①	②	③	④	⑤	10	①	②	③	④
11	①	②	③	31	①	②	③	11	①	②	③	④	⑤											
12	①	②	③	32	①	②	③	12	①	②	③	④	⑤											
13	①	②	③	33	①	②	③	13	①	②	③	④	⑤											
14	①	②	③	34	①	②	③	14	①	②	③	④	⑤											
15	①	②	③	35	①	②	③	15	①	②	③	④	⑤											
16	①	②	③	36	①	②	③	16	①	②	③	④	⑤											
17	①	②	③	37	①	②	③	17	①	②	③	④	⑤											
18	①	②	③	38	①	②	③	18	①	②	③	④	⑤											
19	①	②	③	39	①	②	③	19	①	②	③	④	⑤											
20	①	②	③	40	①	②	③	20	①	②	③	④	⑤											

※ 본 답안지는 마킹연습용 모의 답안지입니다.

※ 절취선을 따라 분리하여 실제 시험과 같이 사용하면 더욱 효과적입니다.

GS그룹 인적성검사 모의고사 답안지

고사장

성 명

수 험 번 호						
⓪	⓪	⓪	⓪	⓪	⓪	⓪
①	①	①	①	①	①	①
②	②	②	②	②	②	②
③	③	③	③	③	③	③
④	④	④	④	④	④	④
⑤	⑤	⑤	⑤	⑤	⑤	⑤
⑥	⑥	⑥	⑥	⑥	⑥	⑥
⑦	⑦	⑦	⑦	⑦	⑦	⑦
⑧	⑧	⑧	⑧	⑧	⑧	⑧
⑨	⑨	⑨	⑨	⑨	⑨	⑨

감독위원 확인
인

언어비평								수리비평												한국사				
문번	1	2	3	문번	1	2	3	문번	1	2	3	4	5	문번	1	2	3	4	5	문번	1	2	3	4
1	①	②	③	21	①	②	③	1	①	②	③	④	⑤	21	①	②	③	④	⑤	1	①	②	③	④
2	①	②	③	22	①	②	③	2	①	②	③	④	⑤	22	①	②	③	④	⑤	2	①	②	③	④
3	①	②	③	23	①	②	③	3	①	②	③	④	⑤	23	①	②	③	④	⑤	3	①	②	③	④
4	①	②	③	24	①	②	③	4	①	②	③	④	⑤	24	①	②	③	④	⑤	4	①	②	③	④
5	①	②	③	25	①	②	③	5	①	②	③	④	⑤	25	①	②	③	④	⑤	5	①	②	③	④
6	①	②	③	26	①	②	③	6	①	②	③	④	⑤	26	①	②	③	④	⑤	6	①	②	③	④
7	①	②	③	27	①	②	③	7	①	②	③	④	⑤	27	①	②	③	④	⑤	7	①	②	③	④
8	①	②	③	28	①	②	③	8	①	②	③	④	⑤	28	①	②	③	④	⑤	8	①	②	③	④
9	①	②	③	29	①	②	③	9	①	②	③	④	⑤	29	①	②	③	④	⑤	9	①	②	③	④
10	①	②	③	30	①	②	③	10	①	②	③	④	⑤	30	①	②	③	④	⑤	10	①	②	③	④
11	①	②	③	31	①	②	③	11	①	②	③	④	⑤											
12	①	②	③	32	①	②	③	12	①	②	③	④	⑤											
13	①	②	③	33	①	②	③	13	①	②	③	④	⑤											
14	①	②	③	34	①	②	③	14	①	②	③	④	⑤											
15	①	②	③	35	①	②	③	15	①	②	③	④	⑤											
16	①	②	③	36	①	②	③	16	①	②	③	④	⑤											
17	①	②	③	37	①	②	③	17	①	②	③	④	⑤											
18	①	②	③	38	①	②	③	18	①	②	③	④	⑤											
19	①	②	③	39	①	②	③	19	①	②	③	④	⑤											
20	①	②	③	40	①	②	③	20	①	②	③	④	⑤											

※ 본 답안지는 마킹연습용 모의 답안지입니다.

※ 절취선을 따라 분리하여 실제 시험과 같이 사용하면 더욱 효과적입니다.

GS그룹 인적성검사 모의고사 답안지

고사장

성 명

수 험 번 호						
⓪	⓪	⓪	⓪	⓪	⓪	⓪
①	①	①	①	①	①	①
②	②	②	②	②	②	②
③	③	③	③	③	③	③
④	④	④	④	④	④	④
⑤	⑤	⑤	⑤	⑤	⑤	⑤
⑥	⑥	⑥	⑥	⑥	⑥	⑥
⑦	⑦	⑦	⑦	⑦	⑦	⑦
⑧	⑧	⑧	⑧	⑧	⑧	⑧
⑨	⑨	⑨	⑨	⑨	⑨	⑨

감독위원 확인
인

언어비평								수리비평												한국사				
문번	1	2	3	문번	1	2	3	문번	1	2	3	4	5	문번	1	2	3	4	5	문번	1	2	3	4
1	①	②	③	21	①	②	③	1	①	②	③	④	⑤	21	①	②	③	④	⑤	1	①	②	③	④
2	①	②	③	22	①	②	③	2	①	②	③	④	⑤	22	①	②	③	④	⑤	2	①	②	③	④
3	①	②	③	23	①	②	③	3	①	②	③	④	⑤	23	①	②	③	④	⑤	3	①	②	③	④
4	①	②	③	24	①	②	③	4	①	②	③	④	⑤	24	①	②	③	④	⑤	4	①	②	③	④
5	①	②	③	25	①	②	③	5	①	②	③	④	⑤	25	①	②	③	④	⑤	5	①	②	③	④
6	①	②	③	26	①	②	③	6	①	②	③	④	⑤	26	①	②	③	④	⑤	6	①	②	③	④
7	①	②	③	27	①	②	③	7	①	②	③	④	⑤	27	①	②	③	④	⑤	7	①	②	③	④
8	①	②	③	28	①	②	③	8	①	②	③	④	⑤	28	①	②	③	④	⑤	8	①	②	③	④
9	①	②	③	29	①	②	③	9	①	②	③	④	⑤	29	①	②	③	④	⑤	9	①	②	③	④
10	①	②	③	30	①	②	③	10	①	②	③	④	⑤	30	①	②	③	④	⑤	10	①	②	③	④
11	①	②	③	31	①	②	③	11	①	②	③	④	⑤											
12	①	②	③	32	①	②	③	12	①	②	③	④	⑤											
13	①	②	③	33	①	②	③	13	①	②	③	④	⑤											
14	①	②	③	34	①	②	③	14	①	②	③	④	⑤											
15	①	②	③	35	①	②	③	15	①	②	③	④	⑤											
16	①	②	③	36	①	②	③	16	①	②	③	④	⑤											
17	①	②	③	37	①	②	③	17	①	②	③	④	⑤											
18	①	②	③	38	①	②	③	18	①	②	③	④	⑤											
19	①	②	③	39	①	②	③	19	①	②	③	④	⑤											
20	①	②	③	40	①	②	③	20	①	②	③	④	⑤											

※ 본 답안지는 마킹연습용 모의 답안지입니다.

※ 절취선을 따라 분리하여 실제 시험과 같이 사용하면 더욱 효과적입니다.

GS그룹 인적성검사 모의고사 답안지

고사장

성 명

수 험 번 호						
⓪	⓪	⓪	⓪	⓪	⓪	⓪
①	①	①	①	①	①	①
②	②	②	②	②	②	②
③	③	③	③	③	③	③
④	④	④	④	④	④	④
⑤	⑤	⑤	⑤	⑤	⑤	⑤
⑥	⑥	⑥	⑥	⑥	⑥	⑥
⑦	⑦	⑦	⑦	⑦	⑦	⑦
⑧	⑧	⑧	⑧	⑧	⑧	⑧
⑨	⑨	⑨	⑨	⑨	⑨	⑨

감독위원 확인
㉤ 인

언어비평								수리비평												한국사				
문번	1	2	3	문번	1	2	3	문번	1	2	3	4	5	문번	1	2	3	4	5	문번	1	2	3	4
1	①	②	③	21	①	②	③	1	①	②	③	④	⑤	21	①	②	③	④	⑤	1	①	②	③	④
2	①	②	③	22	①	②	③	2	①	②	③	④	⑤	22	①	②	③	④	⑤	2	①	②	③	④
3	①	②	③	23	①	②	③	3	①	②	③	④	⑤	23	①	②	③	④	⑤	3	①	②	③	④
4	①	②	③	24	①	②	③	4	①	②	③	④	⑤	24	①	②	③	④	⑤	4	①	②	③	④
5	①	②	③	25	①	②	③	5	①	②	③	④	⑤	25	①	②	③	④	⑤	5	①	②	③	④
6	①	②	③	26	①	②	③	6	①	②	③	④	⑤	26	①	②	③	④	⑤	6	①	②	③	④
7	①	②	③	27	①	②	③	7	①	②	③	④	⑤	27	①	②	③	④	⑤	7	①	②	③	④
8	①	②	③	28	①	②	③	8	①	②	③	④	⑤	28	①	②	③	④	⑤	8	①	②	③	④
9	①	②	③	29	①	②	③	9	①	②	③	④	⑤	29	①	②	③	④	⑤	9	①	②	③	④
10	①	②	③	30	①	②	③	10	①	②	③	④	⑤	30	①	②	③	④	⑤	10	①	②	③	④
11	①	②	③	31	①	②	③	11	①	②	③	④	⑤											
12	①	②	③	32	①	②	③	12	①	②	③	④	⑤											
13	①	②	③	33	①	②	③	13	①	②	③	④	⑤											
14	①	②	③	34	①	②	③	14	①	②	③	④	⑤											
15	①	②	③	35	①	②	③	15	①	②	③	④	⑤											
16	①	②	③	36	①	②	③	16	①	②	③	④	⑤											
17	①	②	③	37	①	②	③	17	①	②	③	④	⑤											
18	①	②	③	38	①	②	③	18	①	②	③	④	⑤											
19	①	②	③	39	①	②	③	19	①	②	③	④	⑤											
20	①	②	③	40	①	②	③	20	①	②	③	④	⑤											

※ 본 답안지는 마킹연습용 모의 답안지입니다.

2025 최신판 시대에듀 GS그룹 온라인 인적성검사 최신기출유형 + 모의고사 4회

개정16판1쇄 발행	2025년 02월 20일 (인쇄 2024년 09월 25일)
초 판 발 행	2015년 10월 05일 (인쇄 2015년 09월 15일)
발 행 인	박영일
책 임 편 집	이해욱
편 저	SDC(Sidae Data Center)
편 집 진 행	안희선 · 윤지원
표지디자인	박수영
편집디자인	양혜련 · 장성복
발 행 처	(주)시대고시기획
출 판 등 록	제10-1521호
주 소	서울시 마포구 큰우물로 75 [도화동 538 성지 B/D] 9F
전 화	1600-3600
팩 스	02-701-8823
홈 페 이 지	www.sdedu.co.kr

I S B N	979-11-383-7859-8 (13320)
정 가	23,000원

GS그룹

온라인 인적성검사

최신기출유형+모의고사 4회

최신 출제경향 전면 반영

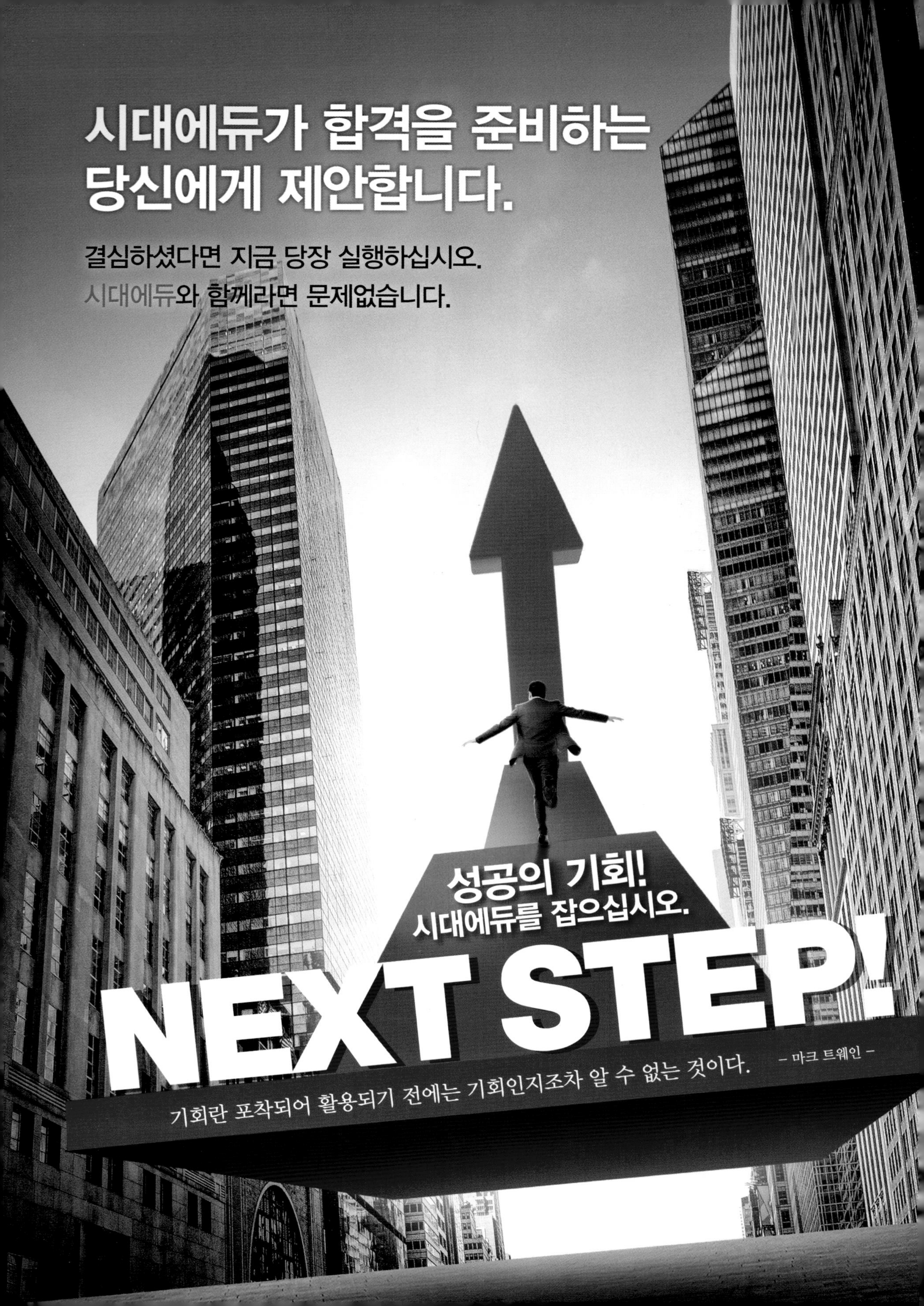
시대에듀가 합격을 준비하는
당신에게 제안합니다.
결심하셨다면 지금 당장 실행하십시오.
시대에듀와 함께라면 문제없습니다.
성공의 기회!
시대에듀를 잡으십시오.
NEXT STEP!
기회란 포착되어 활용되기 전에는 기회인지조차 알 수 없는 것이다.
– 마크 트웨인 –